Philosophia
EURASIA

IWAN ILJIN

ÜBER DEN GEWALTSAMEN WIDERSTAND GEGEN DAS BÖSE

Iwan Alexandrowitsch Iljin.
Über den gewaltsamen Widerstand gegen das Böse.
Mit „Pro et Contra“: I. A. Iljin und die Polemik um seine Ideen über den gewaltsamen Widerstand gegen das Böse von Nikolai P. Poltorazkij

Originalausgaben: И. Ильин, О сопротивлении злу силою. Берлинь, 1925 г.
Николай П. Полторацкий, И. А. Ильин и полемика вокруг его идей о сопротивлении злу силой. Лондон (Канада), 1975 г.

Reihe: **Philosophia Eurasia, Band 2.**

Übersetzung aus dem Russischen: Sascha Rudenko
Korrektorat und Lektorat: Evangelia Nikoloudakis, Adorján Kovács
Erstellung des Literatur- und Schriftstellenverzeichnisses: Adorján Kovács
Satz und Gestaltung: Gregor Fernbach

Abbildungen: Der Abdruck der Reproduktionen der Gemälde von Pawel Wiktorowitsch Ryschenko geschieht mit dem freundlichen Einverständnis von A. Ju. Maksimowa-Ryschenko.

Edition Hagia Sophia
Aerbecker Str. 8, D-47669 Wachtendonk
kontakt@edition-hagia-sophia.de
www.edition-hagia-sophia.de

Die Deutsche Bibliothek – CIP-Einheitsaufnahme:
Ein Titelsatz für diese Publikation
ist bei der Deutschen Bibliothek erhältlich

ISBN-13: 978-3-96321-005-1

Philosophia
EURASIA 2

Iwan Iljin:

ÜBER DEN GEWALTSAMEN WIDERSTAND GEGEN DAS BÖSE

Mit „Pro et contra"

von Nikolai P. Poltorazkij zur Polemik um Iljins Ideen

Herausgegeben und mit einem Vorwort versehen
von Adorján Kovács
Nachwort von Franzisk Yavtilov

EDITION HAGIA SOPHIA

Inhaltsverzeichnis

Vorwort des Herausgebers

Der im Schweizer Exil verstorbene russische Philosoph und Rechtswissenschaftler Iwan Iljin (1883-1954) ist in den letzten Jahren auch in Deutschland wenigstens dem Namen nach bekannter geworden. Seine Beurteilung oder richtiger: Vorverurteilung folgte jedoch einem von der Presse vermittelten doppelten Fehlschluss. In der Sowjetunion verfemte Autoren wie Iljin wurden nämlich in der Russischen Föderation wiederentdeckt, waren aber meist Gegner der kommunistisch-sozialistischen Ideologie, eine Haltung, die seltsamer Weise im Westen gemeinhin immer noch als „reaktionär" konnotiert ist. Andenken und Werk speziell Iljins wurden vom russischen Präsidenten Wladimir Putin seit den 2000er Jahren gefördert, wodurch dieser Philosoph in der verzerrten westlichen Sicht zu einem „Flüsterer" oder „Guru" Putins erklärt wurde. Auf das riesige und vielfältige Werk Iljins wurde inhaltlich meist nur selektiv oder gleich denunzierend mit Schlagworten wie „autoritär" und sogar „faschistisch" eingegangen, wozu vielleicht auch die missliche Übersetzungssituation beigetragen haben mag. Das vorliegende Buch soll dabei helfen, diesen Mangel zu beheben.

Im angelsächsischen Sprachraum wird Iljin hingegen wie zum Beispiel ein Wladimir Solowjew als „liberalkonservativ" bezeichnet, eine Charakterisierung, die, wie auch die deutsche Geschichte lehren sollte, zu seinem Monarchismus nicht in Widerspruch steht und zudem von seinem Schicksal beglaubigt wird. Er war sechsmal von den Bolschewisten verhaftet worden und standhaft geblieben, bevor er 1922 zwangsexiliert wurde – und damit noch Glück hatte. Nach einem längeren Aufenthalt in Berlin, wo ihn bald nach ihrer Machtergreifung diesmal die Nazis mit Berufsverbot belegten, weil er sich ihnen verweigerte, konnte er 1938 mit knapper Not in die Schweiz fliehen, weil der Komponist Sergej Rachmaninow eine Kaution für ihn stellte. Er gehört damit zu den wenigen engagierten Zeitzeugen, die keiner der beiden mörderischen Ideologien des 20. Jahrhunderts verfallen sind.

Iljins Leben und Gesamtwerk werden im 1979 von Wolfgang Offermanns unter dem Titel *Mensch, werde wesentlich!* verfassten und demnächst bei der Edition Hagia Sophia neu aufgelegten einzigen deutschsprachigen Überblick vorgestellt. Dieses Vorwort soll dagegen eine Art „Gebrauchsanweisung" für die Lektüre von Iljins berühmtestem Werk durch den deutschen Leser sein, wie das der Philosoph Michel Foucault im Vorwort zur deutschen Ausgabe der *Ordnung der Dinge* (1971) exemplarisch demonstriert hat: nicht aus Misstrauen zum Leser, sondern um das Verständnis eines Textes zu fördern.

In seiner nun erstmals auf Deutsch vorliegenden Untersuchung *Über den gewaltsamen Widerstand gegen das Böse* (1925) zog Iljin seine ethisch-philosophischen Konsequenzen aus den russischen Erfahrungen seiner Zeit, also der Zerstörung seiner Heimat durch eine totalitäre, in diesem Fall atheistische Ideologie. Ihn trieb als christlichen Philosophen die Frage um, wie sich Christen und alle Menschen guten Willens gegen solche Gewaltideologien tatkräftig wehren könnten.

Die westliche, häufig religionsferne Leserschaft sollte ihre Scheuklappen ablegen und sich auf die religionsphilosophische, christlich fundierte Argumentation Iljins einlassen. Wenn sie das macht, kann sie dem außerordentlich subtilen, logisch klaren Denkweg Iljins bestens folgen, der neben genuin ethischen auch tiefe anthropologische, psychologische, pädagogische und rechtstheoretische Einsichten bietet. Dieses Vorwort kann nur auf einige Traditionsbezüge hinweisen, die das Denken Iljins, ohne an Originalität zu verlieren, aufweist; so wird der Leserschaft bei seiner Konzeption des „Rechtsbewusstseins" eine Verwandtschaft mit Hegel auffallen, und dass Iljin sich als eines der Gründungsmitglieder der Russischen Psychoanalytischen Vereinigung mit dem „Unbewussten" auseinandergesetzt hat, wird bei seinen sozialpsychologischen Überlegungen deutlich. Dagegen sind Carl Schmitts Unterscheidung zwischen privatem und öffentlichem Feind und Arnold Gehlens Gedanken zur „Hypermoral" hier schon vorweggenommen.

Es handelt sich natürlich nicht um ein Buch nur für Christen, sondern um die Untersuchung eines ethischen Problems, das jeden Menschen betrifft. Auch zerbricht gerade die künstliche Idylle der alten BRD mit ersten Einbrüchen der grimmigen Realität, die das Problem aktuell machen. Dennoch hat der mit dem Zeitgeist vertraute Herausgeber an vielen Stellen seiner Lektüre von Iljins Werk die Fragen deutscher „aufgeklärter" Leserinnen und Leser gleichsam gehört, was „uns moderne Menschen" denn „heute noch" ethische Argumente „angehen" würden, die im Christentum gründen, da doch nur noch „vernünftige" Argumente zählten.

Bei näherem Hinsehen dürfte jedoch festgestellt werden, dass diese Leser von sich nur behaupten, „aufgeklärt" zu sein, weil sie bestimmte Ansichten vertreten, die andere nicht zu teilen brauchen, und übersehen, dass Argumente als solche zu jeder Zeit, nicht nur „heute" dann vernünftig sind, wenn sie von Personen vorgetragen werden, die Gründe für ihre Überzeugungen anführen. „Um jemanden durch Vernunft – und nicht durch Überredung oder Indoktrination – von etwas zu überzeugen, muss man Indizien anführen, oder einen Gedankengang, durch den die These einleuchten kann, oder man muss auf Wahrnehmungen verweisen oder auf verlässliche Zeugen, die behaupten, das Betreffende gesehen zu haben", wie der Philosoph Daniel von Wachter in seinem Buch über *Die kausale Struktur der Welt* (2009) ausführt. Für jene Leserinnen und Leser tritt aber „an die Stelle der Frage, was wahr ist, und der Begründung der Antwort durch Argumente die Frage, was zeitgemäß ist und was man heute nicht mehr glauben »kann«. Der normale Begriff »Vernunft« ist, wie »Wahrheit«, inhaltlich neutral. Er bezieht sich darauf, dass man nicht inkohärente Überzeugungen hegen soll und dass man seinen Sinneseindrücken in einem bestimmten Maße trauen soll. Aber er impliziert nicht, welche Meinung vernünftig ist", wie derselbe Autor mustergültig feststellt (im *Jahrbuch des Denkens* von 2017). Sich allein auf „die säkulare Aufklärung", „die moderne Zeit" oder „die Vernunft" zu berufen genügt nicht, sondern ist schlicht rhetorisch. Diesen Trick hat auch schon Iljin an seinen Kritikern bemängelt: „Erstens, meine Ansicht widerspricht dem Christentum. Zweitens, wenn sie dem Christentum nicht widerspricht, dann ist es nicht zeitgemäß, darüber zu sprechen. Wenn es aber sogar zeitgemäß ist, dann drittens, erniedrigt es die Würde eines Philosophen…", so nachzulesen im Bericht „Pro et Contra" in diesem Band. Zudem wirkt in einer Zeit, in der die Religionsphilosophie in den angelsächsischen Ländern zunehmend an Bedeutung gewinnt, die philosophische Postmoderne Westeuropas mit ihrem Wahrheitsrelativismus ohnehin immer mehr wie ein großer Irrtum und zudem hoffnungslos veraltet.

Auch sollten scheinbare Tabus wie Iljins selbstverständliche Rede vom Vaterland oder seine praktische Akzeptanz der Hinrichtung eines Übeltäters als manchmal letztem, wiewohl sittlich niemals akzeptablem Ausweg insbesondere die deutsche Leserschaft nicht vom Weiterlesen abhalten. Dies, weil zumal ein „Vaterland" schon in Ostmitteleuropa, erst recht aber in der weiten außereuropäischen Welt noch bestens bekannt ist und Immanuel Kants absolute Straftheorie ebenso wie der Vertrag von Lissabon mit der dazugehörigen Grundrechtecharta die Todesstrafe prinzipiell erlauben, mag dies in der medialen Öffentlichkeit auch nicht betont werden. Wieder geht es um das Abwägen des besseren Arguments, bevor man zurückweist, nicht um Denkverbote.

Iljin orientiert sich stark an den Grundsätzen der russisch-orthodoxen Kirche, die er aber weiterdenkt. Der westlichen Leserschaft eröffnen sich damit überraschende Einsichten in ein wehrhaftes Christentum, das dem zu einer Art „Sozialismus mit Gebeten" herabgesunkenen deutschen Protestantismus wie dem in Teilen protestantisierten und weichgespülten sozialtherapeutischen Katholizismus von heute einen starken, weil theologisch konsistenten und auf philosophischer Vernunft beruhenden Erkenntnisanspruch aufgrund des orthodoxen Glaubens entgegensetzt. Iljins Erörterungen über die christliche Liebe und ihre Grenzen sowie Veränderungen bis hin zu einer verneinenden Gestalt (in den Kapiteln 14 bis 16) stehen der heute auch im westlichen politischen Raum gepredigten Alltoleranz diametral entgegen und sind zudem von faszinierender logischer Folgerichtigkeit. Nach Iljin entspringt der Widerstand des Menschen gegen das Böse überhaupt erst aus dem Guten, also der vergeistigten, das heißt auf die Vollkommenheit hin vergegenständlichten Liebe als höchstem Streben des Menschen, denn ohne Geist ist die Liebe bloß blinder Trieb und genussvolles Mitgefühl ohne realisierende Kraft; dies, weil Gott zwar die vollkommene Liebe ist, aber eben darum gerade nicht die süßliche, „humanitäre", prinzipienlos gütige Liebe. Deshalb hat sich auch das Gebot Christi, die Feinde zu lieben, auf die persönlichen Feinde des Menschen bezogen, aber nicht auf die Feinde Gottes.

Wie weit sich die westlichen Kirchen von der christlichen Sicht auf die Liebe entfernt haben, erkennt, wer heute die Worte des katholischen Philosophen Josef Pieper in seinem 1972 verfassten Werk *Über die Liebe* liest, wo bloßer Gutherzigkeit, unterschiedsloser Billigung und dem Vorziehen des Bequemen vor dem Guten bescheinigt wird, nichts mit wirklicher Liebe zu tun zu haben und sogar noch, wie bei Iljin, der Zorn aus Liebe evoziert wird – mittlerweile weithin undenkbar.

Iljin sucht nach einer Antwort auf zwei Fragen: „Kann etwa der Mensch, der die sittliche Vollkommenheit anstrebt, sich dem Bösen mit Kraft und Schwert widersetzen? Kann etwa der Mensch, der an Gott glaubt, der Dessen Weltschöpfung und seinen eigenen Platz in der Welt akzeptiert, sich dem Bösen mit Schwert und Kraft nicht widersetzen?" (Kapitel eins). Wichtig ist ihm dabei der Begriff der „(Tat-)Kraft", der eben nicht (nur) Gewalt und Krieg impliziert, sondern eine Willens-„Erzwingung" zur Verwirklichung des Guten meint, die auf sich selbst und auf andere wirken, die psychisch wie auch physisch sein kann. Die maximale Stufe ist die physische Nötigung (zum Guten) und Unterdrückung (des Bösen). Iljin wendet sich in diesem Buch gegen den bedingungslosen Pazifismus von Leo Tolstoi. Dieser berühmte Epiker ist als Denker nie gebührend gewürdigt worden, letztlich wohl weil seine Argumentation bei allen Abweichungen immer noch eine christliche war. Doch ist sein Pazifismus über Mahatma Gandhi, der als sein Schüler bezeichnet werden kann, zu uns gelangt und lebendig geblieben. (In Zeiten der „Ethno"-Begeisterung des selbstvergessenen Westens scheint ein hinduistisch begründeter Pazifismus irgendwie akzeptabler als ein tolstoianisch-christlicher zu sein.) Doch kann durch diese Vermittlung die heutige Leserschaft von der Kritik Iljins erreicht werden, der dieser moralischen Haltung, die heute besonders in Deutschland alles Andere überwölbt, vorwirft, „sentimental", „hedonistisch", „egozentrisch" und „nihilistisch" zu sein.

Iljin argumentiert gegen Tolstoi, dass tatkräftiger Widerstand nie „gerecht", aber manchmal „notwendig" ist. Besser wäre es immer, das Böse durch die Liebe zur Einsicht zu bringen, zu „verklären", wie er es nennt, doch gelingt dies gelegentlich eben nicht. Dann kann es sein, dass die „physische Nötigung und Unterdrückung" der letzte und einzige Weg ist, mit dem der Mensch seine Pflicht, dem Bösen zu widerstehen, erfüllen kann. In solchen Fällen *muss* er kämpfen, weil er sonst am Bösen teilnimmt, indem er es gewähren lässt: „Die Erfüllung dieser Verpflichtung führt ihn", wie Iljin mit prophetischem Pathos sagt, „als Teilnehmer in den großen historischen Kampf zwischen den Knechten Gottes und den Kräften der Hölle" (Kapitel 19) mit der Konsequenz von Leiden und Tod. Weil man aber immer wenigstens teilweise verantwortlich ist für die Situation, die tatkräftigen Widerstand notwendig machte, und dieses Mittel nie heilig ist, muss man in einem geistigen Kompromiss verstehen, dass das Handeln *zugleich* ungerecht und notwendig ist. Ohne sich vor seiner Verantwortung zu drücken, muss der Kämpfer seiner Schuld ins Auge sehen und sich geistig läutern, weil nur das verhindert, dass er das Ziel aus den Augen verliert und der Weg des Schwertes sein seelisches Gleichgewicht unterminiert. „In dieser heroischen Auflösung des tragischen Grunddilemmas ist er nicht gerecht, sondern *im Recht*" (Kapitel 21) und handelt trotz allem nicht sündhaft, denn er kämpft zum Wohl seiner Nächsten nicht für sich, sondern aus der vergeistigen Liebe zur Vollkommenheit und für deren Sieg. Hypermoralisten und Relativisten sind, so Iljin, aufgrund ihrer Prämissen eigentlich nicht berechtigt, das Problem überhaupt zu stellen, und sicher nicht in der Lage, es ehrlich und richtig zu beantworten.

In einem in „Pro et Contra" zitierten Brief an den Philosophen Peter Struwe gab Iljin einen Kommentar zu seinem Buch, der einen Schlüssel zu dessen innerer Struktur bietet: Kapitel 1-8 dienen der Klärung der Grundbegriffe und der Aufstellung des Problems; Kapitel 9-12 widerlegen die Lehre Tolstois; Kapitel 13-18 enthalten die Lösung des Problems hinsichtlich aller Aspekte des tatkräftigen Widerstands; Kapitel 19-22 geben die Lösung des Problems hinsichtlich der erforderlichen Läuterung. Iljin distanziert sich in Kapitel 20 besonders auch von der westlichen Lehre vom gerechten Krieg. Im gleichen Brief formuliert Iljin seine Grundidee: „Das Buch ist nicht als Antithese zu Tolstoi gedacht, sondern wie Antithese + Synthese der richtigen Lösung: Widerstehe immer mittels der Liebe: a. durch Selbstvervollkommnung, b. durch Geistige Erziehung der anderen, c. durch das Schwert. Ich suchte [...] den Beweis dafür zu bringen, dass der Schwertträger zur Liebe nicht weniger, sondern mehr fähig ist als der Widerstandslose. Kurz, ich suchte die Lösung auf die Fragen, die Lösung, die vor dem Antlitz Gottes religiös richtig ist; ich denke, dass sie in dem alten Geiste der Orthodoxie enthalten war".

Diese Argumentation provozierte sofort nach Erscheinen Widerspruch, und es war uns ein besonderes Anliegen, diesen (ebenfalls erstmals auf Deutsch) im Anschluss an Iljins Text als „Pro et Contra" zu dokumentieren. Es handelt sich um die in russischen Emigrantenkreisen geführte und von Nikolai Poltorazkij, einem Schüler Iljins, zusammengefasste Zeitschriftendebatte über diese christliche Begründung der Anwendung physischer Nötigung und Unterdrückung im Angesicht des Bösen. Viele der dort gegen Iljin angeführten Argumente dürften auch heute noch vertreten werden; ob nun säkular verbrämt oder amtskirchlich religiös, die westliche Diskussion gibt sich heute wie die exilrussische damals „den Schein der einzig richtigen Deutung der christlichen Offenbarung [...], dass die Liebe humane Anteilnahme sei, dass [sie] das Schwert ausschließe, [...], dass nicht derjenige liebe, der kämpft, sondern derjenige, der den Kampf flieht, dass [...] Desertion die Manifestation der Heiligkeit sei [und] dass man das Werk Gottes um der eigenen moralischen Gerechtigkeit willen verraten könne und solle", wie Iljin 1925 in einem ebenfalls in „Pro et Contra" referierten Artikel formulierte. Ob diese derart motivierten Einwände dem Buch Iljins gerecht werden und überhaupt stichhaltig sind, muss jede Leserin und jeder Leser für sich entscheiden, nach sorgfältiger, unvoreingenommener Prüfung. Interessant wäre eine neue Diskussion. Es spricht viel dafür, dass Iljins Argumente immer noch sehr gut und vielleicht nach wie vor die besseren sind, weil sie einer empirischen Überprüfung standhalten.

Iljin liefert mit seiner anspruchsvollen Ethik wohlmeinenden Menschen, die zu unverantwortlicher Selbstaufgabe und zu einem sentimentalen Pazifismus erzogen wurden, der, wie gezeigt, in Wahrheit nur Teilnahme am Bösen, Verrat an den Schwachen und der Weg heuchlerisch-hedonistischer Selbstgenügsamkeit ist, eine über die bloße Selbstverteidigung hinausgehende Begründung für den tatkräftigen Widerstand gegen das Böse. Denn das Böse erschöpft sich keineswegs nur in äußerer Gewalt, sondern es erscheint ihm oft zweckmäßiger, als das Gute und Schwache verkleidet zu erscheinen, so dass man es erst erkennen muss – und das möglichst früh tun sollte. Iljin bietet die Mittel dazu. Heute kann er damit zum Nachdenken über das mangelnde Selbstbewusstsein und die aktuelle Wehrlosigkeit Europas anregen. Vor allem von der Anwendung der Iljinschen Ideen auf die Gegenwart handelt auch das von

Franzisk Yavtilov verfasste Nachwort dieses Bandes. Die Aufklärung darüber, dass es authentisches Böses gibt, es erkannt werden kann und ihm durch „geistige Erziehung", vielleicht sogar mit „physischer Nötigung und Unterdrückung" widerstanden werden muss, wird vor allem naive Christen betreffen, aber auch friedensbewegte Agnostiker. Sie wird sie nötigenfalls zum Widerstand aus Liebe zum Vollkommenen und zum Nächsten in Christus oder doch wenigstens aus Liebe zu den Heiligtümern des Eigenen aufrütteln können. Voraussetzung ist freilich das doppelte Wissen der Menschen, es gebe eine Bedrohung und es gebe etwas zu verteidigen. An dieser Einsicht in eine neue Realität mag es derzeit in Deutschland noch fehlen. Doch hilft Iljin durch die Exaktheit seiner Untersuchung, sich genau darüber klar zu werden und ein Problembewusstsein zu entwickeln, das der neuen Realität angemessen ist.

Adorján Kovács

Editorische Anmerkungen des Herausgebers

Mit dieser ersten deutschen Ausgabe von *Über den gewaltsamen Widerstand gegen das Böse* wird keine philologisch kritische und kommentierte Ausgabe angestrebt, sondern eine editorisch einwandfreie Leseausgabe. Der Herausgeber, ein Publizist und habilitierter Arzt, der auch einige Jahre Philosophie studiert hat, regte die Ausgabe an, weil er eine wissenschaftliche, politische und moralische Notwendigkeit für eine Edition dieses wohl bekanntesten Iljin-Werkes sah. Der erfahrene Übersetzer Sascha Rudenko ist ein mehrsprachiger Philosoph und Philologe; der fertige Text wurde mehrfach von der Philologin Evangelia Nikoloudakis und dem Herausgeber lektoriert und korrigiert.

Diese Übersetzung folgt der ersten russischen Ausgabe von 1925, die in der Berliner Druckerei der Gesellschaft „Presse" erschien und auch online seitenidentisch einsehbar ist (http://www.odinblago.ru/zlu_siloi). Sie wurde überprüft anhand der Ausgabe: I. A. Iljin, *Der Weg zu Beweisen* (Путь к очевидности, Put k otschevidnosti). Москва: Издательство „Республика" (Moskva: Izdatelstvo „Respublika" = Moskau: Verlag „Republik") 1993, die das Werk auf den Seiten 5-132 enthält. Bei der Übersetzung wurde auf wörtliche Genauigkeit Wert gelegt; Iwan Iljins während seines Exils auf Deutsch verfassten Bücher bezeugen einen bildhaft-saftigen sprachlichen Gout, der in dieser Übersetzung, wie wir meinen, gut getroffen wurde. Dazu gehören auch die ungewöhnlichen Zusammensetzungen von Adjektiven wie beispielsweise „naiv-unmittelbar". Die Zeichensetzung, besonders die Verwendung von Gedankenstrichen und Kommata, entspricht nicht immer den deutschen Regeln; um aber den rednerischen Duktus Iljins, der dieses Buch aus Vorträgen heraus entwickelt hat, zu bewahren, wurden diese Besonderheiten beibehalten, zumal das Verständnis dadurch nicht etwa behindert, sondern gefördert wird. Die (seltenen) Ergänzungen des Übersetzers im Fließtext und des Herausgebers in den Fußnoten, die dem besseren Verständnis dienen, stehen in eckigen Klammern.

Eines besonderen Hinweises bedarf der Titel des Werks, russisch *О сопротивлении злу силою* (O soprotivlenii zlu siloju). Wörtlich übersetzt hieße er: *Über den Widerstand gegen das Böse mit (Tat-)Kraft*. Iljin unterscheidet im 4. Kapitel ausdrücklich насилие (nasilie, „Gewalt"), die immer negativ, von сила (sila, „Kraft, Tatkraft"), die positiv besetzt ist. Im Text wurde diese Unterscheidung bei der Übersetzung natürlich durchgehend befolgt. Doch da schon seit der Erstveröffentlichung der Titel immer mit *Über den gewaltsamen Widerstand gegen das Böse* übersetzt wurde und das Werk unter diesem Titel eingeführt ist, haben wir die traditionelle Übersetzung beibehalten. Iljins Anliegen kommt auch so zur Geltung.

Ein russisches Heiligenepitheton konnte nicht übersetzt, sondern musste zum besseren Verständnis der deutschen Leserschaft übertragen werden: Георгий Победоносец (Georgij Pobedonosets, wörtlich Georg der Siegesträger) wird deutsch „Georg der Drachentöter" genannt. Zwei andere russische Wörter sind nicht adäquat übersetzbar; so hat Пошлость (Poschlost) mehrere mögliche Bedeutungen, nämlich „Trivialität", „Vulgarität", „sexuelle Promiskuität" und „Seelenlosigkeit"; der Übersetzer hat sich kontextbezogen für „Unverschämtheit" entschieden (siehe Vladimir Nabokov, *Nikolaj Gogol*. Deutsch von Jochen Neuberger [= Gesammelte Werke. Herausgegeben von Dieter Zimmer, Band XVI]. Hamburg: Rowohlt 1990, Seiten 82-96). Подвиг (Podvig) wiederum hat die Bedeutungen: „Errungenschaft", „Heldentat", „geistige Heldentat". Hier wurde „Heldentat" gewählt, weil Ijlin an eine geistig-militärische Tat denkt.

Eine weitere Schwierigkeit stellt die häufige Verwendung kirchenslavischer Worte dar, wie sie in der russischen Rhetorik üblich ist. So ist неудобно (neudobno) die Kombination des Wortes удобно (udobno) mit dem negierenden Präfix ne- und bedeutet die Negation von „bequem", „günstig", „leicht". Die

Bedeutung ist dann etwa: Wenn der Feind „unbequem“, „ungünstig“, „nicht leicht“ ist, verhält er sich „unbotmäßig“. Ein weiteres Beispiel: Iljin schreibt an zwei Stellen vom „Niedermetzeln des Teufels“ (посечению диавола, posecheniju diavola) als dem inneren Kampf gegen das konzentrierte Böse; auch in diesem Fall liegt ein kirchenslavischer Ausdruck zugrunde (посечению, posecheniju hat die Wurzel сечь, setschj, was „Schlag“, „Gemetzel“ bedeutet (siehe Jean-Paul Deschler, *Kleines Wörterbuch der kirchenslavischen Sprache*. München: Otto Sagner ^{2}1988).

Russische Namen und Begriffe werden nicht in der offiziellen wissenschaftlichen Transkription, sondern traditionell geschrieben. Bei Literaturnachweisen entspricht die Schreibweise von Namen derjenigen der zitierten Ausgabe. Wegen der theologischen Nähe der russisch-orthodoxen zur katholischen Kirche wurden Zitate aus der Bibel entsprechend der folgenden Ausgabe übersetzt, welche die bis Mitte des 20. Jahrhunderts meistverbreitete katholische Bibelübersetzung im deutschsprachigen Raum enthält und deshalb sprachlich in Zeitgenossenschaft zur Abfassung von Iljins Werk steht: *Die Heilige Schrift des Alten und Neuen Testamentes.* Aus der Vulgata mit Bezug auf den Grundtext übersetzt von Dr. Joseph Franz von Allioli, weiland katholischer Dompropst in Augsburg. Text der vom apostolischen Stuhle approbierten Ausgabe. Wien: Britische und Ausländische Bibelgesellschaft 1961. Die von Iljin angeführten Bibelstellen sind vom Herausgeber in einem Schriftstellenverzeichnis erfasst und offensichtlich falsche Stellen in diesem Verzeichnis mit einer Korrektur ergänzt worden.

Bei den Fußnoten wurde aufgrund der eigenwilligen Zitierweise Iljins folgendermaßen verfahren. So zitiert er den Namen Leo Nikolajewitsch Tolstois nicht einheitlich, sondern führt ihn sowohl als Tolstoi oder L. Tolstoi oder L. N. Tolstoi auf. Der Herausgeber hat daher entschieden, in den Fußnoten der vorliegenden Ausgabe einheitlich nur den abgekürzten Vornamen und den Nachnamen zu verwenden.

Ferner wechseln bei Iljin in den Fußnoten wörtliche Zitate aus fremden Texten mit entsprechenden Titel- und Seitenangaben ab mit Verweisen auf bestimmte Inhalte ohne wörtliches Zitat, denen ebenfalls als Fußnote Werktitel und Seitenzahlen zugeordnet werden. In der Fußnote 20 erwähnt Iljin zwar die noch zu Lebzeiten Tolstois veranstaltete „Edition der gesammelten Werke [L. Tolstois; d. Hg.], die in Moskau bei Kuschnerew erschienen ist", als diejenige Ausgabe, aus der er zitiert. Es handelt sich um *Gesammelte Werke des Grafen L. N. Tolstoj.* Moskau: Verlagsgesellschaft I. N. Kuschnerew & Co. (Сочинения графа Л. Н. Толстого. Москва: Типо-литография Товарищества И. Н. Кушнерев и Ко, Sochinenija grafa L. N. Tolstogo. Moskva: Tipo-litografia Tovarischtschestva I. N. Kuschnerev i Ko) 1884ff. Diese Ausgabe lag dem Herausgeber leider nicht vor, hätte aber auch nur bedingt geholfen. Denn bei anderen Werken Tolstois (und auch einigen Titeln anderer Autoren) gibt Iljin die zitierte Ausgabe nicht an. Daher wird in dieser Ausgabe bei den Fußnoten so verfahren: Russische Werktitel werden in der eingebürgerten deutschen Übersetzung aufgeführt (so zum Beispiel *Mein Glaube* statt *Worin mein Glaube besteht*) oder wörtlich übersetzt, wo es nach bestem Wissen keine veröffentlichte deutsche Übersetzung gibt. Die von Iljin genannten Seitenzahlen der Zitate und Verweise werden identisch angeführt, aber in eckige Klammern gesetzt, um einerseits die geschilderte Unsicherheit der Quellenlage anzuzeigen, andererseits aber den originalen Text Iljins zu erhalten. Aus all diesen Gründen hat der Herausgeber entschieden, auf eine Aktualisierung der Zitat- und Verweisnachweise der Fußnoten anhand deutscher Ausgaben zu verzichten, weil dieses Unterfangen wegen der ungenauen Quellenangaben kaum oder nur schwer möglich erschien und wegen der fehlenden deutschen Übersetzungen bestenfalls zu einer Uneinheitlichkeit geführt hätte. Deshalb sind auch die wörtlichen Zitate nicht mit bereits vorhandenen Übersetzungen abgeglichen, sondern direkt aus Iljins Text übersetzt worden.

Iljins Zitierweise ist auch sonst etwas verwirrend; so können bei ihm Werktitel oder Zitate manchmal nicht auf Anhieb unterschieden werden, da beide in Anführungszeichen stehen. Daher werden in den Fußnoten dieser Ausgabe Zitate grundsätzlich durch Anführungszeichen kenntlich gemacht und Werktitel in *schräger* Type gesetzt.

Alle von Iljin zitierten oder erwähnten Werke und Autoren (darunter etwa zur Hälfte Werke Tolstois) werden vom Herausgeber in einem Literaturverzeichnis mit ihren, so vorhanden, letzten deutschsprachigen Ausgaben aufgezählt, um den Leserinnen und Lesern eigene Recherchen zu ermöglichen. Leider gibt es aber, wie erwähnt, zitierte Werke, die bisher nicht ins Deutsche übersetzt worden sind. Dies betrifft (neben Titeln patristischer und jesuitischer Autoren) vor allem die theologischen und sozialreligiösen Schriften Tolstois. Diese nicht übersetzten Titel wurden im Literaturverzeichnis entweder in der Originalsprache bibliographisch erfasst oder, bei russischen Titeln, (identisch zu den Fußnoten) wörtlich ins Deutsche übersetzt und mit den russischen Originaltiteln in Klammern und bibliographischen Angaben sowie mit deren Übersetzungen (ebenfalls in Klammern) ergänzt. Einzig das von Iljin genannte Tolstoi-Werk *Wissenschaft und Moral* konnte bis zur Drucklegung nicht eindeutig identifiziert werden.

Bei der bibliographischen Erfassung der patristischen und jesuitischen Literatur war die Benutzung der Bibliothek der Philosophisch-Theologischen Hochschule Sankt Georgen in Frankfurt am Main eine große Hilfe.

Das Original des ebenfalls erstmals ins Deutsche übersetzten und im Anhang aufgeführten Berichts „Pro et Contra" von Nikolai P. Poltorazkij über die zeitgenössische Rezeption von Iljins Buch erschien als: *И. А. Ильин и полемика вокруг его иде й о сопротивлении злу силой* (I. A. Iljin i polemika vokrug ego idei o soprotivlenii slu siloj, I. A. Iljin und die Polemik um seine Ideen über den gewaltsamen Widerstand gegen das Böse) in: Iwan Iljin, *О сопротивлении злу силою* (O soprotivlenii zlu siloju, Über den gewaltsamen Widerstand gegen das Böse), 2. fotomechanische Auflage, London (Kanada): Verlag „Zarja" 1975. Der Übersetzer hat ein paar Stellen und das Schlusskapitel, die mit der Debatte direkt nichts zu tun haben, ausgelassen; diese Auslassungen sind durch eckige Klammern gekennzeichnet.

Auf Anmerkungen zu seltenen Wörtern oder im deutschen Sprachraum weniger bekannten Personen konnte im Zeitalter der Suchmaschinen weitestgehend verzichtet werden, zumal Kommentare die Tendenz haben, bevormundend zu sein. Was ein Starze ist oder wer Makarius der Große war, sollte ein interessierter Leser leicht herausfinden können.

Abschließend sei auf die Abbildungen hingewiesen, die Reproduktionen von Gemälden des orthodoxen russischen Malers Pawel Wiktorowitsch Ryschenko (1970-2014) sind. Seine Absicht war es, dem russischen Volk seine Erinnerung und Spiritualität wiederzugeben. Dabei bezog er sich auf Motive, die auch Iwan Iljin verwendet hat.

Adorján Kovács

„Der heilige Andrej Osljabja“
2005, Öl auf Leinwand, 1500x1600 (Ausschnitt)
von Pawel Wiktorowitsch Ryschenko

Iwan Iljin:

Über den gewaltsamen Widerstand gegen das Böse

„Da machte er eine Geißel von Stricken, und trieb sie alle zum Tempel hinaus, auch die Schafe und Ochsen, verschüttete das Geld der Wechsler, und stieß die Tische um."

(Joh 2,15)

[Vorwort]

Schreckliche und schicksalsbestimmende Ereignisse, die unsere wunderbare und unglückliche Heimat heimgesucht haben, jagen mit versengendem und reinigendem Feuer durch unsere Seelen. In diesem Feuer brennen alle falschen Grundlagen, Verirrungen und Vorurteile, auf denen die Ideologie der ehemaligen russischen Intelligenz errichtet wurde. Auf diesen Grundlagen durfte man Russland nicht erbauen, diese Verirrungen und Vorurteile führten es zur Verwesung und zum Niedergang. In diesem Feuer wird unser religiöser und staatlicher Dienst erneuert, werden unsere geistigen Augen geöffnet, werden unsere Liebe und unser Wille geläutert. Und das Erste, was dadurch in uns wiedergeboren wird, wird die religiöse und staatliche Weisheit der östlichen Orthodoxie und besonders der russischen Orthodoxie sein. Wie eine erneuerte Ikone eines alten Malstils die königlichen Angesichter zeigt, die von uns verloren und vergessen wurden, jedoch unsichtbar gegenwärtig waren und uns nicht verlassen haben, so möge in unserer neuen Vision und unserem neuen Willen die alte Weisheit und Kraft ersichtlich werden, die unsere Vorfahren leitete und unser heiliges Russland erbaute!

Auf der Suche nach dieser Vision wende ich mich an euch in Gedanken und Liebe, ihr weißen Kämpfer, Träger des orthodoxen Schwertes, und freiwillige Träger der russischen staatlichen Bürde! In euch lebt die orthodoxe Rittertradition, ihr habt euch mit eurem Leben und Tod im alten Dienst und im rechten Geist gefestigt, ihr habt die Siegeszeichen des Christus liebenden, russischen Heeres bewahrt. Euch und euren Anführern widme ich diese Seiten. Es möge euer Schwert ein Gebet sein, und euer Gebet ein Schwert!

Gegenüber allen Freunden und Gleichgesinnten, die mir bei dieser Arbeit geholfen haben, und besonders bei der Veröffentlichung dieses Buches, werde ich für immer in meiner Seele ein Gefühl der Dankbarkeit bewahren.

Der Verfasser

1.
Einführung

In den Leiden wird die Menschheit weise. Unwissenheit führt sie zu Versuchungen und Qualen, in den Qualen wird die Seele gereinigt und einsichtig, dem einsichtigen Blick wird die Quelle der Weisheit gegeben — die Evidenz.

Doch die erste Bedingung, um weise zu werden, ist die Aufrichtigkeit mit sich selbst und mit dem Betrachtungsgegenstand vor dem Antlitz Gottes.

Kann etwa der Mensch, der die sittliche Vollkommenheit anstrebt, sich dem Bösen mit Kraft und Schwert widersetzen? Kann etwa der Mensch, der an Gott glaubt, der Dessen Weltschöpfung und seinen eigenen Platz in der Welt akzeptiert, sich dem Bösen mit Schwert und Kraft nicht widersetzen? Dies ist eine zweifache Frage, die gegenwärtig einen neuen Ansatz und eine neue Lösung erfordert. Gegenwärtig und zum ersten Mal besonders, wie nie zuvor, denn grund- und fruchtlos löst man die Frage nach dem Bösen, ohne die Erfahrung des echten Bösen gemacht zu haben, unserer Generation aber ist die Erfahrung des Bösen zum ersten Mal mit besonderer Kraft gegeben worden, wie nie zuvor. Schließlich gelang es nun dem Bösen nach einem langen Reifeprozesse, sich von aller inneren Zwietracht und allen äußeren Hindernissen zu befreien, sein Gesicht zu offenbaren, seine Flügel auszubreiten, seine Ziele kundzutun, seine Kräfte zu sammeln, seine Wege und Mittel zu erkennen; außerdem legitimierte es sich selbst offenkundig, formulierte seine Dogmen und Kanones, lobte seine nicht mehr versteckte Natur und präsentierte der Welt sein geistiges Wesen. Niemals hat die menschliche Geschichte etwas auf gleiche Weise Starkes und Verdorbenes gesehen, oder sie erinnert sich zumindest nicht daran. Eine dermaßen authentische Bosheit ist dem menschlichen Geist mit solcher Offenheit zum ersten Mal gegeben worden. Und es ist klar, dass unter diesen neuen Gegebenheiten die Probleme der geistigen Kultur und Philosophie, besonders jene, die eine unmittelbare Beziehung zu den Ideen des Guten und Bösen haben, mit einem neuen Gehalt gefüllt werden, neue Bedeutung erhalten, aufs Neue beleuchtet werden und eine thematische Revision erfahren müssen. Und wichtig ist vor allem die Auflösung der dem Anschein nach moralisch-praktischen, jedoch dem Wesen nach tieferen, religions-metaphysischen Frage nach dem Widerstand gegen das Böse, nach den richtigen, notwendigen und würdigen Wegen dieses Widerstandes.

Diese Frage muss gestellt und philosophisch gelöst werden, als eine Frage, die eine reife geistige Erfahrung, einen durchdachten Ansatz und eine unvoreingenommene Auflösung erfordert. Dafür muss man sich vor allem von den vorzeitigen, voreiligen Schlüssen lossagen, die sich auf die eigene Person, vergangene Taten und zukünftige Wege beziehen. Der Forscher darf seinem Forschungsvorhaben keine abschreckenden Möglichkeiten und Perspektiven vorausschicken, er darf nicht sich beeilen, seine Vergangenheit zu verurteilen, oder dem fremden Urteil erlauben, in das Innere seines Herzens einzudringen. Ganz gleich, wie die letzte Auflösung der Frage sein wird, sie kann praktisch nicht einheitlich und für alle gleich sein: Die Naivität der abgehobenen Moral, die alle gleich macht, ist schon lange von der Philosophie erkannt worden, und wenn man fordert, dass „alle immer" sich mit Gewalt dem Bösen widersetzen, oder dass sich „niemand niemals" mit Gewalt dem Bösen widersetzt, so ist es sinnlos. Nur ein unerschrockener, freier Geist kann ehrlich, aufrichtig und wachsam an das Problem herantreten, alles durchdenken und durchsprechen, ohne sich feige zu verstecken und etwas zu vereinfachen, ohne sich selbst von Worten der affektierten Tugend berauschen zu lassen, ohne sich von heftigen Gesten mitreißen zu lassen. Die ganze Frage ist tiefgründig, komplex und kompliziert, jegliche Vereinfachung ist hier schädlich und verheißt falsche Konklusionen und Theorien, jegliche Unklarheit sowohl in der Theorie als auch in der Praxis ist gefährlich, jeglicher Kleinmut entstellt die Form der Frage, jegliche Voreingenommenheit entstellt die Form der Antwort.

Und gerade deshalb ist es notwendig, ein für alle Mal sich von jenem Problemlösungsansatz zu distanzieren, den Graf L. N. Tolstoi, seine Mitstreiter und Schüler, mit solch blinder Beständigkeit in die von der Philosophie unerprobten Seelen einzupflanzen versuchten und schließlich nach und nach einpflanzten. Ausgehend von dem Persönlichen, auf der thematischen Ebene nicht gründlich genug, ohne die Erfahrung der „Liebe" und des „Bösen" erprobt zu haben, setzten sie damit das Maß der Tiefe und der Breite dieser Fragestellung selbst fest, beschnitten ihren moralischen Horizont durch persönliche Abneigungen und Vorlieben, unterzogen keines von den diskutierten geistigen Betrachtungsobjekten (z. B. „Gewalt", „Bosheit", „Religiosität") einer gründlichen Analyse, verschwiegen die Grundlagen und eilten zu kategorischen Antworten. Und so formulierte diese Gruppe der Moralpublizisten eine falsche Fragestellung, kam zu einer falschen Problemlösung und verteidigte daraufhin mit Leidenschaft, welche nicht selten Verbissenheit erreichte, ihre falsche Problemlösung einer falschen Fragestellung als eine von Gott offenbarte Wahrheit. Und da die Materie aus der Geschichte, Biologie, Psychologie, Ethik, Politik und der ganzen geistigen Kultur nicht in die vernünftigen Schemata und Formeln passte, die Schemata und Formeln auf Allgemeingültigkeit prätendierten und mit den Ausnahmen unversöhnlich waren[1], so war selbstverständlich, dass die „passende" Materie ausgesucht, die „unpassende" widerlegt wurde, wobei die Defizite der ersten durch künstlerisch „überzeugende" Konstruktionen ausgeglichen wurden. Man predigte eine naiv-idyllische Sicht auf das menschliche Wesen[2], die dunklen Abgründe der Geschichte und der Seele aber wurden übergangen und verschwiegen. Man führte eine falsche Untersuchung des Guten und Bösen durch: Die Helden wurden zu Bösewichten gerechnet; willenlose, ängstliche, hypochon-

---

1 Vgl. L. Tolstoi, *Das Gesetz der Gewalt und das Gesetz der Liebe,* [S. 55], *Lesekreis,* [Band II, S. 162–165].

2 Vgl. L. Tolstoi, *Das Gesetz der Gewalt und das Gesetz der Liebe,* [S. 53, 79, 80], *Lesekreis,* [Band III, S. 155] und andere.

drische, patriotisch-tote, bürgerfeindliche Naturen wurden, als wären sie tugendhaft, hochgepriesen[3]. Aufrichtige Naivität[4] wechselte sich ab mit absichtlicher Paradoxie[5], Einwände wurden wie Sophismen zurückgewiesen; Verweigerer und Skeptiker erklärte man für verdorbene, käufliche, eigennützige Heuchler.[6] Die ganze Kraft der individuellen Gabe des Stifters und die ganze fanatische Beschränktheit seiner Nachfolger wurden dafür verwendet, die eigenen Fehler anderen auf geis-

---

3 Z. B. wenn ein Wächter einen entflohenen Verbrecher tötet, so ist es „eine Gemeinheit und Niedertracht". *Das Reich Gottes ist inwendig in Euch,* [S. 76]; oder: „Der betrunkene Syphilitiker Petr mit seinen Narren" - ebenso, [S. 90 ff].

4 Z. B. „Die Tiere leben in Frieden ohne staatliche Gewalt", L. Tolstoi, *Das Gesetz der Gewalt und das Gesetz der Liebe,* [S. 129]; „jeder Eid wird von den Menschen der Bosheit wegen erzwungen". *Mein Glaube,* [S. 92]; s. *Das Reich Gottes ist inwendig in Euch*: „jetzt gibt es nicht mehr jene besonderen Gewalttäter, vor denen uns der Staat schützen kann", [S. 66]; die Verbrecher „sind eben solche Menschen, wie wir alle, und sie mögen es genauso nicht, Verbrechen zu begehen wie jene, gegen welche sie ihre Verbrechen ausführen", [S. 66]; „alle europäischen Völker bekennen einheitliche Prinzipien der Freiheit und der Brüderlichkeit und sind daher auf den Schutz voreinander nicht angewiesen", [S. 67]; s. über den „Nachteil ... und Unsinn der Steuererhebung von der Arbeiterklasse", [S. 71]; „die Summe der Gewalt — nimmt unter keinen Umständen zu, indem die Regierung aus den Händen der einen Gruppe in die Hände der anderen übergeben wird.", [S. 90]; „die staatliche Gewalt gehört immer den Schlimmsten und Boshaften", [S. 89 f.]; „die Bösen regieren immer die Guten und verüben Gewalt gegen sie", [S. 90 ff].

5 Z. B. „Die politische Tätigkeit ... der Regierungsinhaber und ihrer Helfer ... ist ihrem Wesen nach eine inhaltslose und dabei schädliche menschliche Tätigkeit", *Das Gesetz der Gewalt und das Gesetz der Liebe,* [S. 134 u. a.]

6 Z. B. „Der Grad der Ablehnung der Lehre über die Widerstandslosigkeit und deren Unverständnis ist stets proportional dem Grad der Macht, des Reichtums und der Zivilisierung der Menschen", *Das Gesetz der Gewalt und das Gesetz der Liebe,* [S. 171, vgl. S. 22–27, 43, 170]. Die Staatslenker sind „großenteils bestochene Gewalttäter". Sie sind genauso wie die Räuber auf den großen Straßen. Siehe auch [S. 80, 110, 129]. „Wenn einige der Notwendigkeit zustimmen, dem Bösen sich mit Gewalt zu widersetzen, so geschieht es nur, weil diese Menschen ihre Gewohnheiten, beliebte Laster, rechtfertigen wollen: Rache, Habsucht, Neid, Ehrgeiz, Herrschsucht, Stolz, Feigheit, Bosheit", *Das Gesetz der Gewalt und das Gesetz der Liebe,* [S. 143]. Vgl. auch die Behauptung, dass Senator, Minister und Monarch — schlimmer sind als Henker und Spione, weil sie sich in Heuchelei kleiden. Ibid. [S. 147]. Es ist bekannt, dass die Anzahl solcher Behauptungen vervielfacht werden kann, denn L. Tolstoi ging nicht sparsam mit ähnlichen Charakteristiken um.

tiger Ebene aufzuzwingen und die eigene Verwirrung in den Seelen zu verbreiten. Und es war selbstverständlich, dass die Lehre — welche die Schwachheit legitimierte, den Egozentrismus hochpries, die Willenlosigkeit verhätschelte, indem sie die Seele von den gemeinschaftlichen und bürgerlichen Pflichten befreite, und, was noch schlimmer ist, von *der tragischen Last der Schöpfung* — Erfolg unter solchen Menschen haben musste, die besonders unklug, willenlos und wenig gebildet waren, und anfällig für eine vereinfachte, naiv-idyllische Weltsicht. So geschah es, dass die Lehre des Grafen L. N. Tolstoi und seiner Nachfolger die schwachen und einfältigen Menschen für sich gewann, und indem sie sich den listigen Schein der Übereinstimmung mit dem Geist der Lehre Christi verlieh, vergiftete sie die religiöse und politische Kultur.

Die russische Philosophie muss dieses ganze Nest der in die Seele eingeschlichenen, die Erfahrung und Ideen betreffenden Fehler aufdecken und sich bemühen, ein für alle Mal von hier alle Unklarheiten und alle Naivität, jeden Kleinmut und jede Voreingenommenheit zu entfernen. Darin besteht ihre religiöse, wissenschaftliche und patriotische Berufung: den Schwachen zur Einsicht und Festigung zu verhelfen, den Starken aber zur Überzeugung und Weisheit.

„Maljuta Skuratow"
2006, Öl auf Leinwand, 1200 x 700 (Ausschnitt)
von Pawel Wiktorowitsch Ryschenko

2.
Über die Selbstauslieferung an das Böse

Am Anfang unserer Problemstellung ist es nötig, mit Evidenz festzuhalten, dass niemand von den ehrlichen Menschen an eine Widerstandslosigkeit gegenüber dem Bösen im buchstäblichen Sinne denkt, und dass allein schon die Tendenz zu einer solchen Widerstandslosigkeit den Menschen aus einem Moralarzt und geistigen Subjekt — zu einem Moralpatienten und zu einem Objekt geistiger Erziehung macht. Dies bedeutet aber, dass nicht mehr *er* das Problem der Widerstandslosigkeit besprechen wird, sondern *über ihn* ein Streit geführt werden wird, was mit ihm zu tun sei und wie genau man sich ihm oder dem, was *in ihm* ist, widersetzen soll.

In der Tat, was würde denn „Widerstandslosigkeit" bedeuten, im Sinne von dem Wegbleiben jeglichen Widerstands? Dies würde bedeuten, dass das Böse *willkommen* wäre: Es würde auf die Art willkommen, dass man es in sich hereinlässt, und ihm Freiheit, Stärke und Macht erlaubt. Wenn unter diesen Bedingungen das Böse entstünde, die Widerstandslosigkeit aber fortdauerte, dann würde dies bedeuten, dass man sich ihm unterwirft, dass man sich selbst ihm ausliefert, an ihm teilnimmt, und schließlich sich selbst zu seiner Waffe macht, zu seinem Organ, zu seiner Brutstätte, indem man das Böse genießt und sich von ihm absorbieren lässt. Anfangs wäre es eine freiwillige Selbstschändung und Selbstinfizierung, am Ende eine aktive Verbreitung der Pest unter den anderen Menschen und deren Verwicklung zum gleichen Verderben. Jener aber, der *gänzlich* sich dem Bösen nicht widersetzt, der enthält sich und tadelt es nicht. Denn der Tadel, möge er auch vollständig innerlich und schweigsam sein (falls das überhaupt möglich wäre!), ist bereits ein innerer Widerstand, welcher schwanger ist mit praktischen Schlüssen und Spannungen, einem Kampf und Trotz. Außerdem bleibt, solange in der Seele eine Missbilligung oder auch nur eine vage Abneigung vorhanden ist, im Menschen noch immer ein Widerstand: Der Mensch *erhebt sich* vielleicht nicht ganz, ist aber dennoch zwiegespalten, er kämpft innerlich, und er kann infolgedessen das Böse nicht annehmen; auch wenn er äußerlich völlig passiv ist, widersetzt er sich dem Bösen innerlich, verurteilt es, empört sich, entlarvt es vor sich selbst, gibt den Angsteinflüsterungen und Verlockungen nicht nach, und sei es, dass er teilweise nachgibt, rügt er sich selbst dafür, sammelt seinen Geist, ist auf sich selbst wütend, *wendet sich* dann vom Bösen *ab* und reinigt sich durch Reue, und sei es auch, dass er sogar zu sinken droht, widersetzt er sich und ertrinkt nicht. Und gerade deswegen fordert die vollkommene Absenz jeglichen Widerstandes, sowohl des äußeren als auch des inneren, dass die Missbilligung aufhört, dass der Tadel sich beruhigt, dass *ein Befürworten des Bösen vorherrscht*. Daher gelangt auch derjenige, der dem Bösen nicht widersteht, früher oder später zu der Notwendigkeit, sich davon zu überzeugen, dass das Böse nicht so ganz schlimm und nicht so unbedingt sei, dass in ihm einige positive Charakterzüge enthalten seien, dass sie auch zahlreich seien, und dass sie vielleicht sogar dominieren. Und insofern, als es ihm gelingt, sich zu überreden, seinen gesunden Widerwillen zu benebeln, und sich davon zu überzeugen, dass Weiß Schwarz sei, erlischt in ihm das Überbleibsel des Widerstands, und eine Selbstauslieferung an das Böse realisiert sich. Und wenn der Widerwille ruhig und das Böse nicht mehr als das Böse wahrgenommen wird, dann wird die Annahme des Böse vollkommen: Die Seele beginnt *zu glauben*, dass das Schwarze Weiß sei, stellt sich darauf ein, wird dem ähnlich, wird selbst schwarz, und billigt es dann und genießt es, und es ist nur natürlich, dass sie das lobt, was ihr Genuss verschafft.

Das ist ein geistiges Gesetz: Derjenige, der dem Bösen nicht widersteht, *wird* von ihm *absorbiert* und von ihm *besessen*. Denn das „Böse" ist keine leere Worthülse, kein abstrakter Begriff, keine logische Möglichkeit und auch kein „Resultat einer subjektiven Wertung". Das Böse ist vor allem *die seelische Neigung* des Menschen, die uns allen eigen ist, es ist eine Art in uns wohnende, *leidenschaftliche Anziehungskraft* zur Entfesselung des Tieres, eine Anziehungskraft, die sich stets bemüht, ihre Macht auszubreiten und in Fülle zu herrschen. Indem sie aber auf ihrem Weg Zurückweisungen, Verbote und unüberbrückbare Hindernisse trifft, welche die geistigen und moralischen Grenzen des persönlichen und gemeinschaftlichen Daseins stützen, eilt sie sich, durch diese Hindernisse durchzusickern, die Wachsamkeit des Gewissens und des Rechtsbewusstseins einzuschläfern, die Kraft des Schamgefühls und der Missbilligung abzuschwächen, die annehmbare Gestalt zu akzeptieren, und wenn es möglich ist, so auch diese Lebensgrenzen zu erschüttern und zu zerlegen, diese fundamentalen Formen des persönlichen Geistes, die willensstarken Mauern des individuellen Kreml quasi niederzustürzen und zu zerstreuen. Die geistige Erziehung des Menschen besteht in der Errichtung dieser Mauern, und was noch wichtiger ist, in der Vermittlung der Notwendigkeit und der Fähigkeit, selbst diese Mauern zu erbauen, zu erhalten und zu verteidigen. Das Schamgefühl, das Gefühl der Verpflichtung, die lebendigen Impulse des Gewissens und des Rechtsbewusstseins, das Verlangen nach Schönheit und nach geistigem Freudengefühl im Angesicht des Lebens, die Liebe zu Gott und der Heimat — alle diese Quellen der lebendigen Spiritualität kreieren im Menschen durch einheitliche und kooperative Arbeit jene geistigen *Notwendigkeiten* und *Unmöglichkeiten*, denen das Bewusstsein die Formen der Überzeugungen verleiht, das Unbewusste hingegen die Formen eines edelmütigen Charakters. Diese geistigen Notwendigkeiten, „so" zu handeln, und diese Unmöglichkeiten, „anders" zu verfahren, vermitteln auf diese Weise die Einheit und Eindeutigkeit des persönlichen Daseins; sie stellen eine gewisse geistige Struktur zusammen, ein quasi lebendiges Skelett des persönlichen Geistes, das sein Bauwerk, sein geformtes Dasein stützt, und ihm seine Kraft und Macht mitteilt. Eine Verweichlichung dieses geistigen Skeletts, der Zerfall dieser geistigen Struktur würde das geistige Ende der Persönlichkeit, ihre Verwandlung in ein Opfer der törichten Leidenschaften und äußeren Einwirkungen, ihre Rückkehr zu jenem chaotisch-aufgelösten Zustand, in welchem es keine geistigen Notwendigkeiten gibt, die seelischen Möglichkeiten aber unzählbar sind, bedeuten.

Es ist verständlich, dass je charakterloser und prinzipienloser ein Mensch ist, er sich desto näher diesem Zustand befindet, und dass es desto natürlicher für ihn ist, sich gänzlich dem Bösen nicht zu widersetzen. Und umgekehrt, je weniger der Mensch sich dem Bösen widersetzt, desto mehr rückt er an diesen Zustand heran, indem er seine „Überzeugungen" mit den Füßen tritt und selbst seinen „Charakter" zerrüttet. Derjenige, der sich nicht widersetzt, zerstört die Mauern seines geistigen Kreml, nimmt selbst Gift zu sich, dessen Wirkung die Knochen seines Organismus weich macht.[7] Und es ist nur natürlich, dass wegen der Widerstandslosigkeit gegenüber dem Bösen die böse Leidenschaft ihre Herrschaft bis zur Gänze ausbreitet: Die Brocken der Leidenschaften, die bereits veredelt wurden, werfen ihr Adelsgewand von sich ab und vermischen sich mit dem gemeinen Mob; schon halten sie an keiner Schranke oder Grenze, sondern ergeben sich selbst dem früheren Feinde und entbrennen im Bösen. Die böse Besessenheit wird ganzheitlich und schleppt die Seele auf ihren Wegen, nach ihren Gesetzen.

---

[7] Man muss anmerken, dass einer solchen Form der inneren Widerstandslosigkeit bis zu einem gewissen Grade die Praxis der „Chlysten" entspricht, keineswegs eine spezifische Erfindung des russischen Sektierertums, sondern eine Erscheinungsform, die zu verschiedenen Zeiten und bei verschiedenen Völkern gegeben war. Allerdings organisiert und begrenzt die Chlysten-Praxis die Widerstandslosigkeit gegenüber den Leidenschaften für die bestimmte Verwendung von diesen und für die Befreiung von diesen. Die Formel des orthodoxen Asketismus lautet: „Ich quäle den, der mich quält, meiner geistigen Läuterung willen." Die Formel der Chlysten lautet hingegen: „Ich ergebe mich dem, der mich quält, um meiner seelischen Erleichterung willen." Der sich nicht widersetzende Chlyst hat anstelle der Idee die Kleinmütigkeit, anstelle des Ziels die seelische Ursache, anstelle der Errungenschaft das Verderben.

Derjenige, der von der bösen Leidenschaft besessen ist und der sich dieser nicht widersetzt, wütet deshalb, weil er selbst alles verschmähte, was ihn festhielt, lenkte und formte: Die ganze sich widersetzende Kraft wurde zu der Kraft des sturmtragenden Bösen selbst, und der Atem des Verderbens findet Nahrung in der Verbissenheit des Verlorenen selbst. Daher ist auch das Ende seiner Raserei das Ende seines seelisch-leiblichen Daseins: Wahnsinn oder Tod.

Ein solcher Zerfall der Spiritualität in der Seele kann bei einem schwachen Menschen im Erwachsenenalter eintreten, doch er kann auch seinen Anfang in der Kindheit nehmen und dabei entweder so, dass der ursprüngliche Kern der Spiritualität, der potenziell bei jedem Menschen vorhanden ist, überhaupt nicht ins eigenständige Leben gerufen wird, oder sich infolge der inneren Schwachheit und äußeren Versuchungen als nicht lebensfähig und fruchtlos erweist. Auf jeden Fall entsteht das Bild einer inneren Krankheit, die eine außerordentliche psychopathologische Bedeutung hat. Ein Mensch, der seit seiner Kindheit geistig defekt ist, kann in sich sogar eine seelische Struktur herausbilden, die bei äußerer Betrachtung als „Charakter" angenommen werden kann, und besondere Ansichten, die fälschlicherweise als „Überzeugungen" akzeptiert werden. *De facto* aber bleibt er prinzipienlos und charakterlos, bleibt immer ein Sklave seiner törichten Leidenschaften, ein Gefangener der sich herausgebildeten seelischen *Mechanismen*, die ihn festhalten und allmächtig in seinem Leben wirken, die des geistigen Maßes entbehren, und die die Kurven seines widerwärtigen Verhaltens festlegen. Er *widersetzt sich* ihnen *nicht*, sondern hat auf verschlagene Weise Gefallen an ihrem Spiel, indem er die naiven Menschen zwingt, seine *böse Besessenheit* für „Willen" zu halten, seine *instinktive List* für „Verstand" und die Impulse seiner bösen Leidenschaften für „Gefühle". Indem er sich in den antigeistigen Leidenschaften suhlt, artikuliert er seine Natur in einer entsprechenden antigeistigen „Ideologie", in der die radikale und allumfassende Gottlosigkeit mit einer für ihn nicht qualvollen seelischen Krankheit und dem vollkommenem moralischen Idiotismus zu einer Einheit verschmilzt. Es ist selbstverständlich, dass geistig gesunde Menschen bei solch einem nur Ärger und Bosheit verursachen, und in ihm krankhafte Herrschsucht entfachen, bei deren Manifestation die Ausbrüche des Größen- und des Verfolgungswahns sich unvermeidlich abwechseln.

Nach dem geistigen Unglück, welches sich über die Welt im ersten Viertel des 20. Jh. ausbreitete, kann man sich leicht vorstellen, was eine Gruppe von Menschen zustande bringen kann, die von Bosheit besessen und aggressiv-fanatisch ist.

Als Gegensatz dazu eröffnet jede reife Religion nicht nur die Natur des „Guten", sondern lehrt auch den Kampf gegen das Böse. Der ganze frühchristliche, östliche Asketismus hat zwei Ausrichtungen: eine negative — d. h. eine, die niederkämpft, und eine positive — d. h. eine, die emporführt. Dies ist eben der „Kampf (‚στρατεία'), dessen Waffen nicht fleischlich sind [der nicht mit den Waffen dieser Welt bestritten wird]", über welchen der Apostel Paulus im 2. Korintherbrief spricht[8]. Jedoch scheint es, dass nirgendwo dieser innere Widerstand gegen das Böse mit solcher Tiefe und Weisheit herausgebildet wurde wie bei den asketischen Lehrern der östlichen Orthodoxie. Indem sie den Ursprung des Bösen in der Gestalt der körperlosen Dämonen vergegenständlichen,[9] lehren Antonius der Große, Makarius der Große, Markus der Asket, Ephräm der Syrer, Johannes Klimakos und andere den unablässigen inneren „Kampf" mit „unauffälligen" und „gewaltlosen" „Eingebungen der bösen Gedanken". Johannes Cassianus aber gibt einen direkten Verweis darauf, dass „niemand vom Teufel verlockt werden kann außer jenem, *der selbst sich dazu*

---

[8] 2 Kor 10,3-5; s. auch Clemens von Rom, Epist. ad Cor. Kap. 37, darüber, dass die Laster nur durch „αγωνίζεσθαι" [griechisch: Bemühen] und „στρατεύεσθαι" [griechisch: Kämpfen] besiegt werden.

[9] Diese Belege finden sich bei Markus dem Asketen und Johannes Cassianus, jedoch gibt es auch klare Verweise darauf, dass der böse Ursprung der menschlichen Seele immanent ist.

entschließt, ihm Freiraum dafür zu geben"[10]. Die geistige Erfahrung der Menschheit zeugt davon, dass jener, der sich dem Bösen nicht widersetzt, sich ihm insofern nicht widersetzt, als er schon selbst böse ist, und als er es innerlich akzeptiert hat und *zu ihm geworden ist*. Und daher stammt der Vorschlag, der manchmal zur Zeit einer heftigen Versuchung entsteht, — „sich dem Bösen zu ergeben, um es zu meiden und durch es erneuert zu werden" —, stets aus jenen Ebenen der Seele oder, entsprechend, von jenen Menschen, die sich schon ergeben haben und auf den weiteren Fall warten: Dies ist die verborgene Stimme des Bösen selbst.

Es gibt keinen Zweifel darüber, dass Graf L. N. Tolstoi und die ihm nahestehenden Moralisten nicht gänzlich zu einer solch vollkommenen Widerstandslosigkeit aufrufen, die ja einer moralischen Selbstverderbtheit gleichbedeutend wäre. Und es würde einer irregehen, wenn er versuchte, sie in diesem Sinne zu verstehen. Im Gegenteil, ihre Idee besteht eben darin, dass der Kampf gegen das Böse notwendig ist, doch sollte er vollständig in die innere Welt des Menschen verlagert werden, und dabei eben in jenen Menschen, der selbst in sich diesen Kampf führt; ein solcher Kämpfer gegen das Böse kann in ihren Schriften sogar eine ganze Reihe von nützlichen Ratschlägen finden. Die „Widerstandslosigkeit", über welche sie schreiben und sprechen, bedeutet nicht eine innere Kapitulation und Vereinigung mit dem Bösen; im Gegenteil, sie ist *eine besondere Art des Widerstands*, d. h. eine Art der Ablehnung, der Verurteilung, der Missbilligung, der Ab- und Gegenwehr. Ihre „Widerstandslosigkeit" bedeutet Widerstand und Kampf, jedoch lediglich mit einigen beliebten Mitteln. Sie akzeptieren das Ziel, die Überwindung des Bösen,[11] doch treffen eine ei-

---

[10] Das Kursivformatierte ist von mir [I. A. Iljin].

[11] Übrigens kann man bei Tolstoi auch auf eine solche unverzeihliche Formel treffen: „widersteht nicht dem Übel [Bösen]"; auf diese Weise hält er es für möglich, die Worte Christi so wiederzugeben, Mt 5,39 (griech.: „τῷ πονηρῷ", d. h. einem törichten Menschen). Vgl. *Mein Glaube*, [S. 12–14, 16 und 43]; manchmal fügt er auch „oder einem bösen Menschen" hinzu, [S. 14-15], als

gentümliche Auswahl an Wegen und Mitteln. Ihre Lehre handelt weniger von dem Bösen, als davon, wie man es eben nicht überwinden sollte.

Es ist auch selbstverständlich, dass nur eine solche kämpfende Natur ihrer „Widerstandslosigkeit" eine Grundlage liefert, ihre Behauptungen philosophisch zu besprechen. Allerdings kann eine solche Besprechung weder die von ihnen vorgeschlagene Problemstellung noch die von ihnen angebotene Problemlösung akzeptieren.

---

ob dies gleichbedeutend wäre.

3.
Über das Gute und das Böse

Die Problemstellung, die den Widerstand gegen das Böse betrifft, lässt sich nicht richtig formulieren, wenn man nicht zu Anfang die „Ortsbestimmung“ und das Wesen des Bösen feststellt.

So ist vor allem das „Böse“, gegen welches der Widerstand geführt wird und von dem hier die Rede ist, nicht von äußerlicher, sondern von *innerer* Natur. Es mögen auch die äußerlichen, materiellen Zerstörungen und Vernichtungen groß und gewaltig sein, sie bilden nicht das Böse: weder die astralen Katastrophen noch die durch Erdbeben und Hurrikans verwüsteten Städte noch die durch Trockenheit verlorene Ernte noch die versunkenen Siedlungen und verbrannten Dörfer. Es möge der Mensch darunter leiden, es mögen sich daraus tragische Folgen entwickeln — die materielle Natur als solche, sogar wenn sie auch in einer überaus unzweckmäßigen Erscheinung auftritt, wird dadurch weder gut noch böse. Selbst die Anwendung der Idee des Bösen auf diese Erscheinungen ist ein Erbe jener Epoche, als die alles mit einer Seele ausstattende menschliche Vorstellung den lebenden seelisch-geistigen Schöpfer hinter jeder Naturerscheinung erkannte und jeden Schaden irgendeinem böswilligen Schädling zuschrieb. *De facto* können die gewaltigen natürlichen Katastrophen in den menschlichen Seelen das Böse entfesseln, denn die schwachen Menschen halten mit Mühe die Gefahr des Untergangs aus, sie werden schnell demoralisiert und ergeben sich den schamlosesten Leidenschaften; allerdings reagieren die Menschen eines starken Geistes auf die äußeren Katastrophen mit einem umgekehrten Prozess, nämlich mit einer geistigen Läuterung und Festigung im Guten, wovon zumindest die uns überlieferten historischen Beschreibungen der großen, europäischen Pest zeugen. Es ist selbstverständlich, dass die äußeren materiellen Prozesse, die in den Seelen der einen die göttlichen Kräfte erwecken, bei den anderen jedoch den Teufel, *per se* weder gut noch böse sind.

Das Böse beginnt dort, wo *der Mensch* beginnt, und dabei eben nicht der menschliche Leib in allen seinen Zuständen und Erscheinungen *als solchen*, sondern die menschliche *seelisch-geistige Welt* — dies ist der wahre Ort des Guten und des Bösen. Ein äußerer Zustand des menschlichen Körpers selbst, ein äußeres „Verhalten" des Menschen selbst, d. h. ein solches, das gesondert besprochen wird, gelöst von dem hinter ihm verborgenen und ihn hervorbringenden, seelisch-geistigen Zustand, — kann weder gut noch schlecht sein.

So kann das körperliche Leiden den einen Menschen zu grundloser Bosheit und bestialischer Grobheit führen, den anderen aber zu einer reinigenden Liebe und geistigen Scharfsinnigkeit; und es ist verständlich, dass es, indem es dem einen zum Antrieb des Bösen gereichte, dem anderen aber zum Antrieb des Guten, weder selbst so war noch gut oder böse wurde. Eben diese beiden Wirkungen der leiblichen Entsagungen und Leiden betonten die weisen Stoiker[12], indem sie die Menschen lehrten, deren Gift unschädlich zu machen und ihnen geistige Heilung zu entnehmen.

Ebenso können alle Körperbewegungen des Menschen, welche die äußere Erscheinung seines Handelns ausmachen, sowohl von guten als auch von bösen Motiven herrühren, und sind *per se* weder gut noch schlecht. Selbst hinter dem grausamsten Gesichtsausdruck müssen sich nicht zwangsläufig böse Gefühle verbergen; selbst die „schmerzlichste Unhöflichkeit" kann aus Zerstreuung hervorgehen, die durch eine tiefe Trauer oder wissenschaftliche Konzentration hervorgerufen wurde; selbst die heftigste Körperbewegung kann sich als unwillkürlicher Reflex herausstellen; selbst die „überaus beleidigenden" Worte können sich als solche erweisen, die auf einer Bühne oder im Tagtraum ausgesprochen wurden; selbst der härteste Schlag kann einen unabsichtlich getroffen haben oder als solcher, der zum Heil gereichte; selbst der schrecklichste

[12] Vgl. z. B. philosophische Abhandlungen Senecas.

Schnitt am Körper kann aus chirurgischen oder religiös-reinigenden Motiven erfolgen. Weder gibt es im Leben des Menschen noch wird es dort „das Gute“ oder „das Böse“ geben, welche eine rein leibliche Natur hätten. Selbst die Anwendung dieser Ideen auf den Körper, auf den körperlichen Zustand und die körperliche Erscheinung, ohne Beziehung zur inneren Welt, — ist töricht und sinnlos. Jedoch muss dies natürlich *nicht* bedeuten, dass das äußerliche, körperliche Verhalten *gänzlich indifferent* vor dem Angesicht des Guten und Bösen ist, oder dass der Mensch äußerlich alles machen kann, was ihm gefällt. Nein, hingegen bedeutet es, dass das Äußere insofern einer moralisch-geistigen Prüfung unterliegt, als es den inneren, seelisch-geistigen Zustand des Menschen bekundete oder bekundet: seine Absicht, seine Entscheidung, sein Gefühl, seinen Gedanken etc. Die Sache verhält sich so, dass das „Innere“, obschon es sich äußerlich nicht bekundete, oder zumindest von keinem außen wahrgenommen wurde, *bereits* Gutes oder Böses ist, oder beider tragische Vermischung; „das Äußere“ hingegen kann nur *ein Ausdruck, eine Enthüllung* dieses *inneren* Guten oder Bösen, oder deren tragischer Vermischung sein, doch es selbst kann weder Gutes noch Böses sein. Vor dem Angesicht des Guten und Bösen ist jedes Verhalten des Menschen so beschaffen, wie er *innerlich und vom Innern* heraus ist, und nicht so, wie es jemandem äußerlich oder von außen erscheint. Nur naive Menschen können glauben, dass ein Lächeln immer gütig, dass eine Verbeugung stets höflich, dass Nachgiebigkeit immer wohlwollend, dass ein Stoßen stets beleidigend, dass ein Schlag immer Feindschaft ist, und das Hinzufügen von Leid — Hass bedeutet. Bei einem moralischen und religiösen Ansatz wertet man „das Äußere“ ausschließlich als *ein Zeichen* „des Inneren“, d. h. nicht „das „Äußere“ erhält einen Wert, sondern *„das Innere, das sich im Äußeren offenbart“*, und ferner das Innere, das die Möglichkeit eines solchen äußeren Vorkommnisses *hervorbringt*. Daher können eben zwei vollkommen identische äußere Handlungen eine vollkommen verschiedene, vielleicht eben gegensätzliche, moralische und religiöse Wertung haben:

zwei Spenden, zwei Unterschriften auf einem Dokument, zwei freiwillige Meldungen zur Armee, zwei Tode im Kampf … Es scheint so, als hätte das christliche Bewusstsein solche, beinahe axiomatischen, Erklärungen nicht nötig.

Doch wenn auf diese Weise der Ort des Guten und Bösen sich in der inneren, seelisch-geistigen Welt des Menschen befindet, so bedeutet dies, dass der Kampf gegen das Böse und die Überwindung des Bösen entstehen kann und eben durch innere Anstrengungen erreicht werden muss, und die innere Verklärung eben innere Errungenschaft sein wird. Es ist irrelevant, welche „Gerechtigkeit", oder um genauer zu sein, welche moralische Treue der Mensch in seinem äußeren Verhalten und durch seine Taten erreichen kann; jede seiner Errungenschaften, ganz unabhängig von deren gemeinschaftlichem Nutzen, kann nicht als etwas Gutes gewertet werden ohne die innere, *qualitative* Umwandlung der Seele. *Das äußere Ritual der Güte* macht den Menschen nicht gut: Er bleibt ein moralisch-toter Pharisäer, ein übertünchtes Grab. Solange die Tiefe seiner persönlichen Leidenschaft nicht selbst mit ihren letzten Wurzeln vor dem Strahl der Evidenz Gottes zurückschreckt und auf diesen Strahl nicht mit ganzheitlicher Zustimmung in Liebe, Freude und tödlichem Ernst antwortet, — wird ihm keine äußerliche Korrektheit, Diszipliniertheit und Nützlichkeit einen Sieg über das Böse einbringen. Denn das systematisch nichtvorkommende Böse hört nicht auf, in der Seele zu leben, und beherrscht sie vielleicht heimlich, und es kommt sogar vor, dass es auch unbemerkt in alle äußerlich-richtigen Handlungen des moralischen Menschen durchsickert und sie durch sein Gift der Missgunst, des Neids, des Zorns, der Rache und der Intrige vergiftet. Natürlich können äußere Einwirkungen, die von der Natur und von den Menschen ausgehen, angefangen mit einer wohlduftenden Blume, der Erhabenheit der Berge und endend beim Tod eines Freundes und dem Beispiel eines Gerechten, — eine tote Seele durch den Strahl der göttlichen Offenbarung durchbohren, doch die Verklärung selbst und der endgültige Zustand der Verklärung waren immer und werden stets der innere, seelisch-geistige Prozess und Zustand sein. Das Auslösen des überwältigenden, geheimnisvollen Treffens der persönlichen, großen Tiefe mit diesem göttlichen Strahl und ihre Festigung durch die Kraft der geistigen Überzeugung und des geistigen Wesens — dies bedeutet, gegen das Böse in seinem Kern selbst zu kämpfen und es zu überwinden. Wer *de facto* sich gegen das Böse widersetzen und es überwinden möchte, der muss nicht nur seine äußeren Erscheinungsformen und nicht nur seinen inneren Drang unterbinden; der muss den Zustand erreichen, in dem die böse Leidenschaft seiner Seele aus ihrer eigenen Tiefe emporsteigt und sieht; beim Sehen entbrennt; beim Entbrennen sich reinigt; beim Reinigen wiedergeboren wird; bei der Wiedergeburt ihr böses Gewand ablegt. Derjenige, der das erlebt, ist anwesend bei der Umkehr seines persönlichen Satans; das mysteriöse Feuer — sein eigenes, und gleichzeitig viel mehr als sein eigenes Feuer — durchbrennt die ewige Unverbesserlichkeit seiner Seele bis zum tiefsten Boden; aus ihrer äußersten Dunkelheit, aus ihrer entferntesten Untiefe, durch die Lippen dieser Untiefe erhebt sich das Gebet der Dankbarkeit und Freude: Die ganze Seele wird geheilt, sie leuchtet ganz und wendet sich Gott, den Menschen und der Welt auf eine neue Weise zu. Solcher Zustand der Seele ist nur auf den inneren Wegen *der Spiritualität und der Liebe* erreichbar.

Das Gute und das Böse in seinem wesentlichen Sinn wird bestimmt durch Vorhandensein oder Fehlen eben dieser beiden additiven Merkmale: *Liebe und Spiritualität*.

Der Mensch ist dann und insofern *geistig*, als er freiwillig und selbstständig auf *die objektive Vollkommenheit* gerichtet ist, indem er sie nötig hat, sie sucht und liebt; indem er das Leben und den Lebensinhalt gemäß dem Maß der echten Göttlichkeit bewertet (sowie gemäß dem Maß der Wahrheit, der Schönheit, der Gerechtigkeit, der Liebe und des Heroismus). Jedoch erlangt die Spiritualität die echte Kraft und Ganzheitlichkeit nur dann, wenn sie von der Fülle (*πλήρωμα*) der tiefen und authentischen *Liebe* zur Vollkommenheit und ihren lebendigen Äußerungen getragen wird. Ohne diese Fülle (*πλήρωμα*) ist die Seele, sogar bei richtiger Ausrichtung, zerstückelt, zerstreut, kalt, tot, schöpferisch-unproduktiv.

Der Mensch *liebt* nur dann und insofern, als er auf den Lebensinhalt gerichtet ist — *durch die Kraft der empfangenden Einigkeit,* jener Kraft, welche zwischen dem Empfangenden und dem Empfangenen *die lebendige Identität* herstellt, indem dadurch bei dem einen das Maß und die Tiefe bis ins Unermessliche vergrößert, und dem anderen das Gefühl der Versöhnung, der Befriedung, der Würde, der Kraft und der Freiheit mitgeteilt wird. Jedoch erhält die Liebe ihren echten Wert für ihre Einigkeit und für ihre Reinheit nur dann, wenn sie in ihrer Ausrichtung und Auserwählung vergeistigt wird, d. h. sie wendet sich an das Objektiv-Vollkommene in den Dingen und Menschen, indem sie ebendieses empfängt und sich mit ebendiesem zur lebendigen Identität verbindet. Ohne Spiritualität ist die Liebe blind, mit Vorurteilen behaftet, habsüchtig, der Gottlosigkeit und der Hässlichkeit ausgeliefert.

Demnach ist das Gute *die vergeistigte* (oder, anders formuliert, religiös-gegenständliche) *Liebe,* das Böse hingegen — *die antigeistige Feindschaft.* Das Gute ist die liebende Kraft des Geistes, das Böse — die blinde Kraft des Hasses. Das Gute ist gemäß seiner Natur religiös, denn es besteht aus der sehenden und ganzheitlichen Ergebenheit gegenüber dem Göttlichen. Das Böse hingegen ist gemäß seiner Natur antireligiös, denn es besteht aus dem blinden, verweslichen Ekel gegenüber dem Göttlichen. Dies bedeutet, dass das Gute nicht einfach „Liebe" oder einfach „geistige" Sehfähigkeit ist: denn die religiös-undurchdachte Leidenschaftlichkeit und kalte Prätention bilden keine Heiligkeit. Auf die gleiche Weise bedeutet das Böse nicht einfach „Feindschaft" oder einfach „geistige Blindheit": denn *die Feindschaft wider das Böse ist nicht Bosheit* und das hilflose Umherirren einer noch nicht reifen Liebe ist keine Lasterhaftigkeit. Nur ein geistig Blinder kann *diese Liebe als solche* hochpreisen, indem er sie für eine hohe Errungenschaft hält, — und jede Erscheinung der feindseligen Antipathie verurteilen. Nur derjenige, der in der Liebe tot ist, kann *die richtige geistige Neigung als solche* loben, indem er sie für die höchste Errungenschaft hält, und die authentische und ganzheitliche Verirrung einer geistig noch nicht reifen Liebe verachten. Darin besteht das Gute und das Böse, und es reicht vielleicht dem christlichen Bewusstsein, sich das größte Gebot des Evangeliums (die Fülle der Liebe zum vollkommenen Vater) ins Gedächtnis zu rufen, damit in ihm die letzten Zweifel schwinden.

Bei solchem Stand der Dinge werden die innere Lokalisierung des Bösen und seine innere Überwindung völlig offensichtlich. Die echte Überwindung des Bösen erfolgt durch eine gründliche Verklärung der geistigen Blindheit in das geistige Sehvermögen, und einer Verklärung der unnahbaren, leugnenden Feindschaft in die dankbare, empfangende Liebe. Es ist nötig, dass nicht nur die Feindschaft, sondern auch die Liebe eine geistige Verklärung erlebt. Es ist nötig, dass durch die Liebe nicht nur die geistige Blindheit, sondern auch das geistige Sehvermögen versengt wird. In einer vom Bösen befreiten, verklärten Seele wird eine vergeistigte Liebe zu einer echten, tiefen Quelle des persönlichen Lebens, sodass alles in der Seele zu ihrer lebendigen Modifizierung sich gestaltet: die Pflichten des Tages, die Wahrnehmung der Musik, die Lektüre eines Papyrus, die Betrachtung eines Gewitters über einem Berg; und jene höchste, strenge Leidenschaftslosigkeit, in welcher ein Mönch, Wissenschaftler und Priester sowohl sich als auch andere Menschen hält; und sogar jene erbarmungslose Feindschaft wider das Böse in sich und in anderen, die einem Propheten, einem Staatenlenker und einem Kämpfer notwendig ist.

Eine solche Verklärung kann nur in der inneren, geistigen Selbsttätigkeit des Menschen realisiert werden, denn die Liebe kann auf einen fremden Befehl hin sich nicht entflammen und vergeistigen, die Spiritualität aber kann nur in der dauerhaften, religiös-moralischen Selbstläuterung der Seele erblühen und durch die Fülle (πλήρωμα) satt werden. Natürlich kann hier die Hilfe der anderen groß und mächtig sein: sowohl der Verwandten als auch der Bekannten; sowohl der Familie als auch der Kirche; sowohl in der freien Belehrung des geistigen

Weges (d. h. der Methode) als auch in der Erweckung der Liebe durch die Liebe. Und es ist auch verständlich, dass der Geist, je feuriger und scharfsinniger er ist, desto mehr andere in der ungezwungenen Unterhaltung durch Wort, Tat, Entlarvung, Trost, durch tätige Barmherzigkeit und großzügige Nachgiebigkeit belehren kann; und dass je tiefer und reiner die unterstützende Liebe ist, desto leichter und fruchtreicher ihr Feuer in eine andere Seele, die nicht brennt, übergeben wird. Eine Seele, die dem Bösen widersteht, benötigt für ihren Sieg die Liebe und Spiritualität; und jener, der ihr den Geist durch die Liebe und die Liebe durch den Geist gibt, der verhilft zu ihrem Sieg und widersteht dem Bösen nicht nur in sich selbst, sondern auch im anderen. *Die Verklärung des Bösen* kann nur durch jene Kraft realisiert werden, in deren blinder Verunstaltung das Böse gerade besteht: Allein die geistig-sehende Liebe selbst kann diese Aufgabe auf sich nehmen und sie siegreich und endgültig lösen; allein sie kann einen Weg in diese blinde Verhärtung und gottlose Selbstsucht finden, aus deren Tiefe die Umkehr, Läuterung und Wiedergeburt beginnen muss … Und für das christliche Bewusstsein kann es vielleicht hier weder etwas Umstrittenes noch etwas Zweifelhaftes geben.

Und wenn Graf L. N. Tolstoi und seine Anhänger zu der inneren Überwindung des Bösen aufrufen[13], zur Selbstvervollkommnung[14], zur Liebe[15], indem sie auf der Notwendigkeit des strengen Gerichts über sich selbst bestehen, auf der Notwendigkeit, den „Menschen“ und „das Böse in ihm“ zu unterscheiden[16], auf der falschen Annahme, den ganzen Kampf gegen das Böse lediglich auf den äußeren Zwang zu reduzieren[17], und auf dem geistigen und moralischen Vorrecht der Gesinnung[18], — dann folgen sie der heiligen Tradition des Christentums; und

13 Z. B. *Lesekreis,* [Band II, S. 18–21, 56–59].
14 Z. B. *Lesekreis,* [Band II, S. 261].
15 *Das Gesetz der Gewalt und das Gesetz der Liebe,* [S. 45, 122, 173].
16 Vgl. *Lesekreis,* [Band I, S. 273, Band III, S. 101].
17 Sie nennen ihn „Gewalt“, vgl. *Lesekreis,* [Band II, S. 18–21, 162–165].
18 Z. B. *Lesekreis,* [Band II, S.101, 248].

sie haben recht. Der mystische Prozess, bei welchem die Liebe erblüht und das Böse sich verklärt, realisiert sich natürlich durch die Liebe und nicht durch den Zwang. Und man muss sich dem Bösen *aus* Liebe und *mittels* der Liebe widersetzen.

Wer aber dies gemäß den oben dargestellten Grundannahmen akzeptiert, der ist weder verpflichtet noch kann er dadurch den restlichen Teil ihrer Lehre annehmen, die prinzipiell die Erzwingung als solche ablehnt.

De facto, wenn die vergeistigte Liebe die Fähigkeit besitzt, *das Böse zu verklären,* heißt es etwa dann, dass in dem gesamten, unmittelbaren Widerstandsprozess gegen das Böse der Zwang völlig kraftlos, zwecklos, schädlich und verderblich ist? Kann man aus der Notwendigkeit der freiwilligen Vervollkommnung — die Notwendigkeit, den Übeltätern freiwillige, ungestrafte und böse Handlungen zu erlauben, als Schlussfolgerung ableiten? Wenn ich dazu *verpflichtet* bin, die moralische Läuterung in mir selbst zu vollziehen, bedeutet dies etwa dann, dass der Übeltäter *das Recht hat,* seine Boshaftigkeit in den äußeren bösen Handlungen auszuleben? Wenn „der Mensch" und „das Böse in ihm" nicht dasselbe sind, kann man etwa nicht auf den Menschen so einwirken, dass diese Handlung heilwirkend eben das „Böse" trifft, das in ihm lebt? *Allein* durch Erzwingung kann man das Böse nicht überwinden; soll man daraus die völlige Ablehnung der Erzwingung schlussfolgern? Schließt etwa das Gründliche das Elementare aus? Und ist etwa die Bemühung um die schöpferische Verklärung der Seele nur bei der äußeren Schamlosigkeit des Übeltäters möglich?

Oder ist „Zwang" *per se* böse? Und schließt die Liebe „den Zwang" prinzipiell aus?

„Kalka. Die Gefangennahme des Großfürsten Mstisla[w]
von Kiew [vor dem Hintergrund des Grabhügels, gebaut au[f den]
Leichen der russischer Kämpfer].
1996, Öl auf Leinwand, 1750 x 3750 (Ausschnit[t])
von Pawel Wiktorowitsch Ryschenk[o]

4.
Über die Erzwingung und die Gewalt

Bevor wir zur endgültigen Problemstellung gelangen, die den tatkräftigen Widerstand gegen das Böse betrifft, ist es nötig, zuerst einige Bemühungen zu machen, die den Weg ebnen. So muss vor allem verdeutlicht werden, was „Zwang" und „Gewalt" sind. Sind sie dasselbe oder gibt es zwischen ihnen prinzipielle Unterschiede? Und wenn es solche gibt, worin bestehen sie?

Um diese wesentliche Frage zu lösen, die so gründlich von den sentimentalen Moralisten verwirrt worden ist, und die zudem am Mangel der entsprechenden Wörter in der [russischen] Sprache leidet, — ist es nötig, zuerst den allgemeinen, ursprünglichen Begriff zu betrachten, den man bedingt mit dem Begriff *„das Erzwingen"* (im Grunde, „welches zur Anwendung der Kraft auf das menschliche Wesen zwingt") kennzeichnen kann.

Man sollte *das Aufbürden des Willens auf den inneren oder äußeren Zustand des Menschen als Erzwingen bezeichnen, welches sich nicht unmittelbar auf das geistige Sehvermögen und die liebevolle Annahme der gezwungenen Seele richtet, sondern bemüht ist, die Seele zu nötigen und ihre Tätigkeit zu unterdrücken.* Es ist verständlich, dass wenn sich die vorherige Hinwendung zum geistigen Sehvermögen (sei es durch Worte der Überzeugung oder in Form des Hinhaltens seiner Wange) vollzieht und in der Seele den Zustand der Einsicht hervorruft, so *eine freie Überzeugung* entsteht, und dann die sich realisierende Handlung der Willenskraft organisch frei und nicht zwanghaft sein wird; und ebenso, dass wenn die vorherige Hinwendung zur liebenden Akzeptanz in der Seele den Zustand der Liebe hervorruft, so *Zustimmung* und *Einigkeit* entsteht, und dann die sich realisierende Handlung der Willenskraft organisch frei und nicht zwanghaft sein wird.

Ein solch zwanghaftes Aufbürden des Willens auf das menschliche Leben kann sich hinter verschlossenen Grenzen eines individuellen Wesens realisieren: *Ein Mensch kann sich selbst zwingen;* doch dies kann auch in einer Beziehung zweier oder mehrerer Menschen sich abspielen: *Menschen können einander zu etwas zwingen.* Jede Erzwingung ist entweder *eine Selbsterzwingung oder Fremderzwingung.* Ferner kann sich diese Erzwingung bei der Beeinflussung *der Verhaltensmotive* äußern (z. B. als autoritärer Befehl, Verbot[19], als Drohungen oder Boykott), sie kann sich aber auch bei der unmittelbaren Einwirkung auf den menschlichen Körper äußern (z. B. als Stoßen, Schlag, als Fesseln, Einsperrung oder Mord). Demnach muss man *psychische und physische Erzwingung* unterscheiden; wobei die Selbsterzwingung und Fremderzwingung sowohl psychischen als auch physischen Charakter haben kann.

So kann ein Mensch — der geistig ermattet oder schläfrig ist, oder einer, der in sich ein widerspenstiges Gefühl oder eine Vorstellung überwindet, oder einer, der ihm unliebsame seelische Arbeit verrichtet, oder einer, der sich etwas Mechanisches aneignet (z. B. etwas auswendig lernt, eine Arithmetik-Aufgabe löst, irgendwelche inneren Gedächtnis- und Aufmerksamkeitsübungen macht, etc.) — sich selbst und das Zentrum seiner Selbstempfindung aus der eigenwillig-schleppenden, Kräfte überwältigenden Faulheit, dem Schlaf oder dem Genuss entreißen, und dieses Zentrum in die zweckmäßige, verstärkende Geistesenergie verlagern, und seine seelische Kraft der bestimmenden Erzwingung aussetzen. Der Mensch kann innerlich sich zwingen, indem er sich selbst zu Leistungen und sogar zur Nötigung nötigt. Ein solcher Zustand der seelischen Selbsterzwingung lässt sich mit dem Begriff *Selbstnötigung* bezeichnen.

Dem ähnlich ist auch *die physische Selbsterzwingung* möglich,

---

[19] Es ist verständlich, dass die freiwillige, auf Überzeugung basierende Unterordnung, die sich einem Befehl (oder einem Verbot) fügt, ihn (den Befehl oder das Verbot) aus der Kategorie „Handlungen der Erzwingung" herausführt: hier beginnt die organisch freie Subordination, auf der die lebendige Kraft jeder würdigen und festen, gemeinschaftlichen Organisation beruht.

die gewöhnlich mit der psychischen verbunden ist. Von solcher Beschaffenheit sind zum Beispiel alle Arten physischer Arbeit, die sich ohne direkte Begeisterung oder zumindest eine Neigung vollzieht, oder die von einem ermatteten Menschen verrichtet wird; von solcher Beschaffenheit sind auch viele Arten der körperlichen Heilung; von solcher Beschaffenheit ist die Unbeweglichkeit nach einer qualvollen Operation; von solcher Beschaffenheit sind alle asketischen Übungen, die mit körperlichen Leiden verbunden sind und nicht mit einer Ekstase einhergehen. In diesen Fällen gewinnt der Mensch an Seelenstärke, damit er in sich bestimmte körperliche Zustände der aktiven Weise (z. B. muskulöse Anstrengungen), oder der passiven Weise (z. B. das Stehen auf einer Säule) durch Nötigung hervorruft. Der Mensch kann sich faktisch nicht nur seelisch nötigen, sondern er kann sich auch zur körperlichen Ausführung oder Unterlassung der bestimmten Handlungen *zwingen*. Einen solchen Zustand kann man mit dem Begriff *Selbstzwang* bezeichnen.

Man kann andere Menschen auch auf psychische und auf physische Weise zwingen.

Bei einem richtig gründlichen und breiten Verständnis erweist sich jeder Befehl und jedes Verbot, das nicht unmittelbar zur Einsicht und Liebe aufruft, sich hingegen an die freiwillige Geistesenergie wendet, jede den Befehl stützende psychische Isolation (z. B. Kontaktabbruch, Ausschließung aus einem Klub) und jede Drohung (worin sie auch bestehen mag), als eine Art psychische Erzwingung. Das Wesen dieser Erzwingung besteht im seelischen Druck auf den Willen des Menschen, wobei dieser Druck seinen eigenen Willen zu der bestimmten Lösung, und vielleicht zur Selbsterzwingung, erwecken muss; genau genommen kann dieser Druck nur den Motivationsprozess in der Seele dessen, der gezwungen wird, erschweren oder verändern, indem er dem Menschen neue Motive mitteilt, die von ihm noch nicht einfach durch Überzeugung und Ergebenheit akzeptiert wurden, oder indem er das verstärkt oder schwächt, was der Mensch bereits erwägt. Es ist verständlich, dass dieser Druck auf eine solche Widerstandsenergie in der Seele treffen kann, auf einen solch geistig-starken Willen oder auf eine seelische Besessenheit durch Leidenschaften, dass seine ganze Kraft sich als unzureichend erweist, denn die psychische Erzwingung ist bestrebt, denjenigen, der gezwungen wird, ohne Einengung seiner äußeren Freiheit dazu zu motivieren, sich *selbst* zu entschließen, etwas auszuführen oder zu unterlassen. Ein solcher Druck erweckt und *nötigt* den Menschen, indem er auf ihn „von außen" herantritt, doch sich auf seine Seele und seinen Geist richtet; daher kann man übereinkommen, diesen Druck als *psychische Nötigung* zu bezeichnen.

Schließlich erweckt die Möglichkeit *einer physischen Einwirkung auf andere,* um sie zu zwingen, anscheinend keinen Zweifel. Jedoch verdient jener Umstand Beachtung, dass jede solche Einwirkung auf einen fremden Körper unausweichliche psychische Folgen für denjenigen hat, der gezwungen wird: beginnend bei einem unangenehmen Gefühl (beim Stoßen) oder einer Schmerzempfindung (beim Foltern) und endend mit dem Ausschluss der Möglichkeit, das zu tun, was man will (bei Inhaftierung im Gefängnis), und das zu wünschen und zu tun, was überhaupt möglich ist (bei einer Hinrichtung). Eine große Zahl dieser Einwirkungen (eine Ausnahme bildet die bestialisch-grausame Gewalt) realisiert sich eben *wegen* solcher *psychischer* Spiegelungen oder Folgen; daraus ergibt sich eine Erklärung dafür, weshalb die physisch Gezwungenen diejenigen, die sie zwingen, gewöhnlich loswerden wollen, indem sie ihnen beteuern, dass sie mit ihnen „einverstanden" seien, dass die „freiwillige Einigung" bereits eingetreten und dass der folgende Gehorsam gewährleistet sei. Es ist verständlicher, dass indem einer einen anderen verhaftet, fesselt, foltert und einsperrt, er bei dem anderen nicht die unmittelbar gewünschte, seelisch-geistige Veränderung bewirken kann; er kann nicht über ihn von innen bestimmen, er kann nicht *dessen* Willen durch *seinen eigenen* Willen ersetzen, er kann in dem anderen weder die Zustimmung hervorrufen, die auf Überzeugung, noch das Verhalten, welches auf freiwilliger Treue gründet. Es ist dem Menschen nicht gegeben, andere zu echten Taten *zu zwingen*, d. h. zu geistig und zu seelisch ganzheitlichen Handlungen; die physische Einwirkung auf den anderen kann nicht immer beim Menschen irgendwelche für ihn inakzeptable *äußere* Handlungen auslösen (Mucius Scaevola, christliche Märtyrer), aber die geistige Bedeutung einer solchen Erzwingung der äußeren Handlung (z. B. unaufrichtiges Bekennen, erzwungene Unterschrift, etc.) hängt vom künftigen freiwilligen Geständnis seitens desjenigen ab, welcher der Folter nachgibt (Hexenprozesse, Galilei-Legende). Der Mensch, der physisch von einem anderen unter Druck gesetzt wird, hat stets zwei Auswege, die ihn von dem äußeren Druck befreien: *Heuchelei und Tod;* und nur jener, der vor dem Tod zurückschreckt oder die bei Heuchelei notwendige Persönlichkeitsspaltung innerlich nicht aushält, spricht vom „Zwang“ wie von einem möglichen und eingetretenen Ereignis; aber auch er sollte dessen eingedenk sein, dass dieser „Zwang“ — im Moment seiner persönlichen, geistigen, rein inneren Erhebung und in der Festigung seiner *echten* Überzeugung und *authentischen* Ergebenheit — von sich aus erlischt. Gerade deshalb ist es angemessener und richtiger, nicht von dem physischen *Zwang* zu sprechen, sondern von der physischen *Nötigung*.

Es ist schließlich verständlich, dass die physische Erzwingung sich auf *das fremde Ausführen* oder *Unterlassen einer Handlung* richten kann. Im ersten Fall ist die Erzwingung in ihren Möglichkeiten äußerst begrenzt: zu schwach, eine ganzheitliche Handlung hervorzurufen; gezwungen, stets eine Abwehrreaktion, eine Heuchelei seitens des Gezwungenen, zu erwarten. Die Erzwingung kann nur mit einem langsamen Einfluss der äußeren Art und seinem Eindringen in die Seele des Menschen rechnen. Im zweiten Fall hingegen kann die physische Einwirkung leichter mit einer Zweckmäßigkeit und einem Erfolg rechnen: Sie kann die bestimmte Handlung *unterdrücken,* kann einen bestimmten Menschen an der Ausführung einer Handlung *hindern* (natürlich nicht durch alles und nicht in allem), oder ihn *zwingen,* diese nicht zu tun. Hier ergibt sich in der Reihe mit der *physischen Nötigung* auch die Möglichkeit der physischen *Unterdrückung*.

Das sind die Arten der „Erzwingung" insgesamt: *Selbstnötigung, Selbstzwang, psychische Nötigung, physische Nötigung und Unterdrückung*.

Und deshalb wäre es ein grundlegender geistiger Fehler, wenn man jegliche *Erzwingung der Gewalt* gleichsetzt, und diesem letzten Begriff eine zentrale Bedeutung zuschreibt. Das Wort „Gewalt" birgt in sich bereits eine negative Konnotation: „Gewalt" ist eine willkürliche, grundlose, unverschämte Tat; ein „Gewalttäter" ist ein Mensch, der die Grenzen des Erlaubten überschreitet, angreift und bedrängt, — er ist ein Unterdrücker und Bösewicht. Gegen „Gewalt" muss man protestieren, man muss gegen sie kämpfen; auf jeden Fall ist der Mensch, welcher der Gewalt ausgesetzt ist, beleidigt, unterdrückt, und einer, der Mitleid und Unterstützung verdient. Allein schon die Verwendung dieses aussagekräftig und affektiv geschmückten Begriffs weckt in der Seele negative Spannung und präjudiziert die untersuchende Frage im negativen Sinne. Die Gewalt als etwas „Erlaubtes" oder „Legitimes" zu beweisen, bedeutet, „das Erlaubte des Unerlaubten" oder „die Legitimität des Illegitimen" zu beweisen; das real, geistig und logisch Bewiesene erweist sich im gleichen Augenblick als affektiv verworfen und aktuell umstritten: ein unrichtiger Begriff zerspaltet die Seele und hält sie von der Einsicht fern.

Eben daher ist es zweckmäßig, den Begriff „Gewalt" für die Bezeichnung aller Fälle *der voreingenommenen Erzwingung* zu bewahren, die von einer bösen Seele herrührt oder auf das Böse zielt, und andere Begriffe für die Bezeichnung der unvoreingenommenen Erzwingung einzuführen, die von einer gutmütigen Seele herrührt oder zum Guten zwingt. Demnach werden zum Beispiel dem Begriff *Selbsterzwingung* auf der einen Seite die Begriffe Selbstnötigung und Selbstzwang untergeordnet, auf der anderen Seite entsprechende Arten der psychischen und physischen *Selbstgewalt*; und ferner werden dem Begriff *der äußeren Erzwingung* auf der einen Seite die Begriffe der psychischen *Nötigung, der physischen Nötigung* und *Unterdrückung* untergeordnet, auf der anderen Seite entsprechende Arten *der psychischen Gewalt über andere;* und erst dann, mittels der aufgeklärten Terminologie, offenbart sich die Problematik *der unvoreingenommenen Erzwingung* und ihre Artenvielfalt.

Es ist bemerkenswert, dass L. N. Tolstoi und seine Schule die Schwierigkeit dieses ganzen Phänomens gänzlich nicht bemerken. Sie kennen nur einen Begriff, und eben einen solchen, der die ganze Fragestellung durch seine affektive Färbung präjudiziert. Sie sprechen nur über die Gewalt, und indem sie diesen ungünstigen, negativen Begriff ausgesucht haben, sichern sie sich ein voreingenommenes und blindes Verhältnis zu der ganzen Problemstellung. Das ist auch verständlich: Es ist noch nicht einmal nötig, ein sentimentaler Moralist zu sein, um auf die Frage — ob eine boshafte Schweinerei und Unterdrückung „erlaubt" oder „lobenswert" sei — negativ zu reagieren. Jedoch birgt diese Einheitlichkeit des Begriffs einen weit größeren und basalen Fehler: L. N. Tolstoi und seine Schule sehen nicht die Schwierigkeit *im Betrachtungsgegenstand selbst.* Sie *nennen* nicht nur jede Erzwingung Gewalt, sondern *weisen jede äußere Nötigung und Unterdrückung als Gewalt zurück.* Allgemein gesprochen werden die Begriffe „Gewalt" und „Bosheit" von ihnen wie gleichwertige Begriffe verwendet, was das Problem des Widerstands „gegen das Böse mittels der Gewalt" zu dem Problem des Widerstands „gegen das Böse mittels der Bosheit"[20], oder zum Problem der Vergeltung „des Bösen mit Bösem"[21]

---

[20] Z. B. L. Tolstoi, *Das Gesetz der Gewalt und das Gesetz der Liebe,* [S. 55, 173–175]. *Lesekreis,* [Band I, S. 238–240, Band II, S. 163]. *Drei Gleichnisse,* [Band XIII, S. 184] (mit einem Verweis auf die Bände XI, XII, XIII, XIV, gemeint ist die volle Edition der gesammelten Werke, die in Moskau bei Kuschnerew erschienen ist). Vgl. auch über die Gleichsetzung „der Kraft", „der Gewalt" und „des Bösen"; *Mein Glaube,* [S. 94–95, 193, 255, ferner: S. 17, 48, 249]. In der Proklamation Garrisons: „Grundsätze darüber, dass man das Böse mit Bösem nicht vergelten darf". *Das Reich Gottes ist inwendig in Euch,* [S. 3]. Im „Katechismus des Nicht-Widerstrebens" sagt Balu: „den Satan — mit Satan, das Böse — mit Bösem, die Ungerechtigkeit — mit Ungerechtigkeit". *Das Reich Gottes ist inwendig in Euch,* [S. 6].

[21] *Lesekreis,* [Band III, S. 220], vgl. *Der Patensohn,* [Band XI, S. 179].

verwandelt; daher wird auch die Gewalt manchmal „dem Satan" gleichgesetzt[22], und die Verwendung der Gewalt wird als der Weg „des Teufels" beschrieben[23]. Es ist verständlich, dass die Hinwendung zu dieser „satanischen Bosheit" ein für alle Mal und ohne Ausnahme verboten wird[24], sodass es besser ist, zu sterben oder getötet zu werden, als Gewalt anzuwenden[25]; außerdem bemüht einer von diesen Moralisten sich, die Regel aufzustellen, dass wenn einer durch Kraft siegt, er „für immer und unabänderlich im Unrecht" ist, denn „die Wahrheit" und „Gott" sind immer mit „den Besiegten"[26].

Die Gerechtigkeit fordert einzugestehen, dass sie alle diese Urteile nicht auf die innere Selbsterzwingung beziehen, die vereinfacht als „die Gewalt des Geistes über den Körper" charakterisiert[27] und im Rahmen der moralischen Handlung *erlaubt wird*. Doch an den Grenzen „seines Körpers"[28] endet auch die Erlaubnis der Erzwingung: „Der fremde Körper" hat „seinen eigenen Herrn", und daher ist „die Gewalt", die sich gegen einen anderen richtet, „nicht nötig"[29]; denn man kann ja nicht beweisen, dass „der andere" nicht fähig ist, sich selbst aus dem Inneren heraus richtig zu lenken[30], „die Freiheit" und „den Menschen" aber zu leugnen, wäre unzulässig.[31] Und daher wird unbegründet als Nutzen, unnötig als Notwendigkeit jedes aus den Grenzen seines Wesens Heraustretendes anerkannt, — das in das Werk Gottes sich einmischt, das gotteslästerlich den Willen Gottes als einen unzureichenden ersetzt, das auch in der Seele „des Gewalttäters" eine direkte Verleugnung

---

22 *Lesekreis*, [Band I, S. 238–240].

23 Ibid., [Band II, S. 162–165].

24 L. Tolstoi, *Das Gesetz der Gewalt und das Gesetz der Liebe*, [S. 54–55, 108–109, 111, 178]; *Lesekreis*, [Band II, S. 162-165, Band III, S. 61].

25 *Lesekreis*, [Band I, S. 238–240, Band II, S. 162–165].

26 *Lesekreis*, [Band II, S. 18–21].

27 *Lesekreis*, [Band II, S. 18].

28 Ibid.

29 Ibid.

30 L. Tolstoi, *Das Gesetz der Gewalt und das Gesetz der Liebe*, [S. 53]; *Lesekreis*, [Band II, S. 18–21, Band III, S. 155].

31 *Lesekreis*, [Band II, S. 18–21].

Gottes offenbart[32]. Man muss die anderen sich selbst überlassen[33], und gänzlich den äußeren Kampf gegen das Böse als einen unnatürlichen und fruchtlosen aufgeben.[34] Man muss aufhören „über das Leben der anderen zu bestimmen"[35], und begreifen, dass ganz gleich wer Gewalt tut und weshalb, sie trotzdem Bosheit bleibt, ohne jegliche Ausnahme.[36] Und all jene, die dies nicht verstehen wollen und ihr gewalttätiges Verhalten fortsetzen — die Räuber auf großen Straßen[37], die Revolutionäre[38], Henker, Spione[39], Senatoren, Minister, Monarchen, Parteiführer[40], und insgesamt alle Parteianhänger[41]—, sind im Prinzip „verirrte" und „großenteils bestechliche" Menschen[42], die sich ihren „gewöhnlichen, beliebten Lastern ausliefern: der Rache, der Habsucht, dem Neid, dem Ehrgeiz, der Herrschsucht, dem Stolz, der Feigheit, der Bosheit ..."[43].

Auf diese Weise sehen aus der ganzen Sphäre der Willenserzwingung L. N. Tolstoi und seine Gleichgesinnten nur *Selbstzwang* („Gewalt am eigenen Körper") und *physische Gewalt an einem anderen Menschen*; den ersten billigen sie, die zweite lehnen sie bedingungslos ab. Jedoch rechnen sie offensichtlich *die physische Nötigung und Unterdrückung einer anderen Person* zur Sphäre der abzulehnenden „Gewalt", und indem sie scheinbar nicht die Möglichkeit *der psychischen*

---

32 Ibid.

33 L. Tolstoi, *Das Gesetz der Gewalt und das Gesetz der Liebe,* [S. 152]; *Lesekreis,* [Band II, S. 56–59, Band III, S. 14].

34 *Lesekreis,* [Band II, S. 18–21]; vgl. Leben „ohne Widerstand". *Worin besteht das Glück,* [Band XI, S. 212].

35 L. Tolstoi, *Das Gesetz der Gewalt und das Gesetz der Liebe,* [S. 152]. „Man muss aufhören sich um die äußeren und gemeinschaftlichen Angelegenheiten zu kümmern". *Über die Frage der Willensfreiheit,* [Band XI, S. 581].

36 *Lesekreis,* [Band II, S. 162–165]. Vgl. *Das Gesetz der Gewalt und das Gesetz der Liebe,* [S. 54, 108–109].

37 *Das Gesetz der Gewalt und das Gesetz der Liebe,* [S. 80].

38 Ibid., [S. 134].

39 Ibid., [S. 147].

40 Ibid., [S. 147].

41 Ibid., [S. 53, 80, 129, 134, 139, 147].

42 Ibid., [S. 80].

43 Ibid., [S. 143].

Nötigung einer anderen Person und der psychischen Gewalt über andere bemerken, lehnen sie alles als eine unnütze, böse und gottlose Einmischung in fremdes Leben ab.

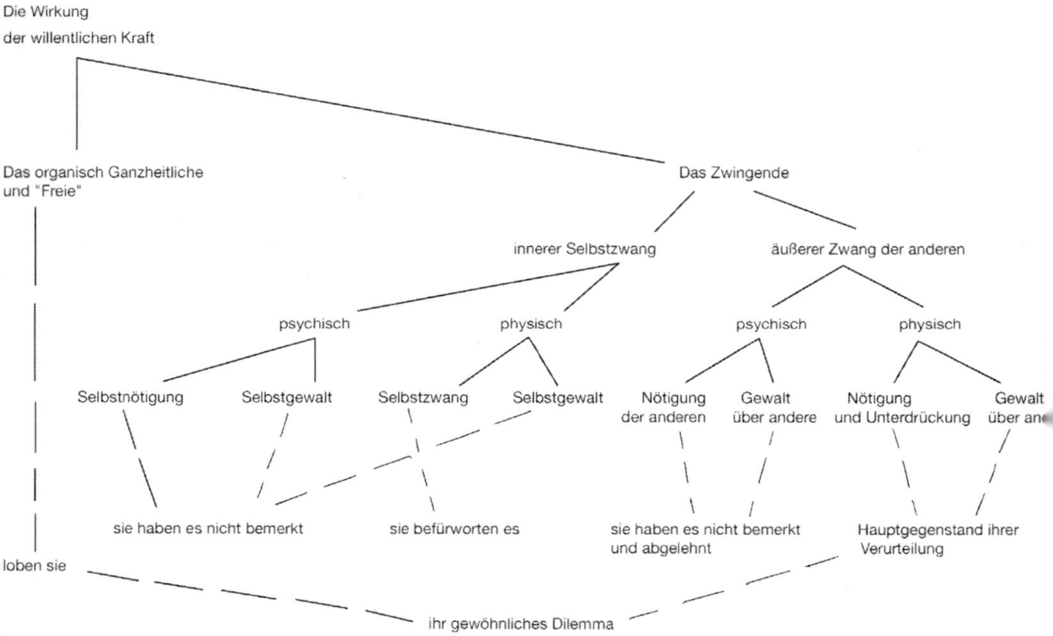

5.
Über die psychische Nötigung

Trotz allem ist es notwendig, dass der „Erzwinger" überhaupt keine böse Handlung ausführt, weder dann, wenn er sich selbst, noch dann, wenn er andere zwingt.

So ist es überflüssig zu beweisen, dass alle Hauptarten *der Selbstnötigung* und *des Selbstzwangs* von entscheidender Bedeutung im Prozess der äußeren Zivilisation und inneren Kultur des Menschen sind. Der ganze Zustand der Faulheit, der schlechten Angewohnheiten, des Suffs und die Vielzahl der sogenannten problematischen, unglücklichen, gefallenen und sogar verdorbenen Naturen entbehren in ihrer Grundlage der Fähigkeit zu einer solchen seelischen und körperlichen Selbstnötigung: Sie haben entweder eine nicht-proportionale Schwäche des nötigenden Willens oder eine nicht-proportionale Kraft der törichten Leidenschaften — oder sowohl das eine als auch das andere zusammen. Wem es jemals gelungen ist, sich in das Problem der geistigen Erziehung einzufühlen und hineinzudenken, der muss verstanden haben, dass ihre tiefste Grundlage und ihr Ziel *die Selbsterziehung* bildet, und dass der Prozess der Selbsterziehung sich nicht nur darauf beschränkt, die Einsicht und die Liebe in sich selbst zu erwecken, sondern auch den Willen stark zu machen, der einen nötigt und zwingt. Der sentimentale Optimismus im Geiste Rousseaus und seiner zeitgenössischen Anhänger charakterisiert Menschen, die naiv sind in der Erfahrung des Bösen, und wirft stets mit Recht die Frage auf, ob sie überhaupt wissen, was die Selbsterziehung ist, und ob sie stets die Erfahrung einer organisch-freien und ganzheitlichen Handlung der Willenskraft, die auf das höchste Gut gerichtet ist, haben machen können? Jener, der sich geistig erzieht, weiß genau, was Selbstnötigung und Selbstzwang bedeuten.

Es versteht sich, dass man sich nicht nur zum Guten, sondern auch zum Bösen zwingen und nötigen kann. So ist die psychische Selbstnötigung, eine Kränkung zu verzeihen oder ein Gebet zu sprechen, keine böse Tat. Doch die Nötigung seiner selbst, nachtragend zu bleiben, jemanden zu belügen oder eine im Kern falsche und geistig-giftige Theorie zu beweisen oder eine listige Ode zu verfassen, ist die eigene psychische Erzwingung einer Hinwendung zum Bösen, ist *Selbstgewalt*. Ebenso ist die physische (genauer genommen *psychophysische*) Nötigung seiner selbst zu einer Arbeit, welche die Muskeln strapaziert, oder zur Einnahme einer bitteren Medizin, oder zur strengen Lebensweise keine böse Tat, sondern *Selbstzwang*; jener aber, der sich selbst entgegen seiner Disposition zwingt, falsch zu lächeln, heuchlerisch zu schmeicheln, demagogische Reden zu halten oder an blasphemischen Veranstaltungen teilzunehmen, der nötigt sich zum Bösen und *fügt sich* (psychophysische) *Gewalt zu*.

Und eben daher besteht die Aufgabe eines jeden Menschen, der sich selbst geistig erzieht, darin, das richtige Maß zwischen einerseits Selbstnötigung und Selbstzwang und andererseits Selbstgewalt zu finden, indem er sich in ersteren festigt und sich niemals zweiter zuwendet: denn Selbstgewalt ist immer gefährlich und dem geistigen Selbstverrat gleichwertig.[44]

Die gütige Selbsterzwingung ist dazu berufen, einen aktiven Kampf gegen das antigeistige, boshafte „ich will nicht“ zu führen. Wer nicht fähig ist, diesen Kampf zu führen, zeigt Charakterlosigkeit. Und eben die Schwäche in der Selbstnötigung und im Selbstzwang, diese Willensschwäche bei gleichzeitiger Stärke der bösen Leidenschaften, hebt die Notwendigkeit der geistigen Hilfe hervor, d. h. der psychischen Nötigung seitens einer anderen Person. Es wäre vergeblich, würde die naive Moral, welche an die bedingungslose Willensfreiheit glaubt, hierbei zu einer persönlichen „Anstrengung“ aufrufen, die angeblich „jeder aufbringen kann“[45]. Das Problem der Charakterlosigkeit

---

[44] Siehe Kapitel zwei.

[45] Siehe L. Tolstoi: „Sollten die Menschen dies verstanden haben … damit … jeder einzelne das höchste Gut erreicht …“, *Über die Frage der Willensfreiheit*, [Band XI, S. 581]. Scheinbar meint Tolstoi, dass die Menschen unfrei sind nur

ist *einem Indeterministen* unbegreiflich. Es wäre auch vergeblich, wenn ein Gegner „der Gewalt", indem er an die bedingungslose Kraft der willenlosen Einsicht und der willenlosen Liebe glaubt, versuchte, die charakterlose Seele zu „überzeugen" und zu „entbrennen". Das Problem der Erziehung lässt sich von einem Sentimentalen nicht lösen.[46] Es ist erlaubt, einem Menschen, der nicht fähig ist zu gütiger Selbsterzwingung, zu helfen, indem man entweder die Kräfte seiner Leidenschaften schwächt (der Weg der Katharsis, zu welcher der Indeterminist nicht fähig ist) oder die Kräfte seines Willens stärkt (der Weg des Imperativs, zu welchem der Sentimentale nicht fähig ist). Ein charakterloses Kind zu erziehen oder — was beinahe identisch ist — einen charakterlosen Erwachsenen, bedeutet nicht nur, in ihm das geistige Sehvermögen zu erwecken, in ihm die Liebe zu entbrennen, sondern auch, ihn kathartisch die Selbstnötigung und imperativisch *den Selbstzwang* zu lehren. Denn für einen Menschen, welcher zu der gütigen Selbsterzwingung nicht fähig ist, gibt es nur den einen Weg, der ihn zu dieser Kunst führt — nämlich der äußere Druck, der von den anderen Menschen ausgeht.

Es ist verständlich, dass ein Mensch, je weniger sein Leben auf den Kräften der Einsicht und Liebe gründet, und je weniger er zur Selbsterzwingung fähig ist, desto mehr diesen Beistand braucht, diese geistige Hilfe von außen. Allein schon das Verhalten eines solchen Menschen — seine Worte, seine Willensäußerungen, seine Handlungen — fordert von den Außenstehenden eine aktive Hilfe; er selbst kann vielleicht nicht direkt darum bitten — teils weil er nicht versteht, *was* ihm fehlt, und er nicht errät, dass Hilfe von außen möglich wäre, teils weil es ihm an Demut mangelt, er von törichter Selbstliebe und dem Gefühl der falschen Scham beherrscht wird. Sein Leben aber bittet stumm um Erlösung oder zumindest um Hilfe, und weil die Wurzel seiner Leiden in der willenlosen Unfähigkeit zur

in „den äußeren und gemeinschaftlichen Angelegenheiten", ibid.

46 Siehe L. Tolstoi, [Band XI, S. 617]. *Der Uhrmacher*: „verfahret nur wie der Uhrmacher: sanft und vorsichtig …"

Selbstnötigung liegt, so tut ihm weder Überredung noch Entbrennen der Liebe gut, sondern eben geistig-psychische Nötigung. Der charakterlose Mensch ermattet; er kommt mit der Aufgabe der geistigen Selbsterziehung nicht zurecht, es gelingt ihm nicht, seinen Willen zu bestimmen noch einzugrenzen; ihm tut objektiv Hilfe von außen gut, und weil er sie nicht findet, liefert er sich selbst dem zügellosen Strom der Leidenschaften und Laster aus. Es wäre vergeblich, sich angesichts dieser Aufgabe auf den „fremden Herrn" und auf die „persönliche Selbstbestimmung" zu beziehen ... Die ganze Menge der Menschen, die in sich keinen willensstarken Charakter entwickelt haben, die weder einen „Zaren im Kopf" noch richtungsweisende Heiligtümer im Herzen haben, beweist mit jeder ihrer Handlungen ihre Unfähigkeit zur Selbstbestimmung und ihren Bedarf an sozialer Erziehung. Und die Tragödie jener, die vor dieser Aufgabe fliehen, besteht darin, dass diese Aufgabe für sie unerfüllbar bleibt ...

Alle Menschen erziehen einander ununterbrochen — ob sie wollen oder nicht, ob sie sich dessen bewusst sind oder nicht, ob sie es können oder nicht, ob sie sich darin bemühen oder darin nachlässig sind. Sie erziehen einander in jeglicher Erscheinungsform: durch ihre Antwort und Intonation, durch ihr Lächeln und dessen Abwesenheit, durch ihr Erscheinen und Wegbleiben, durch ihren Ausruf und ihr Schweigen, durch ihre Bitten und Forderungen, durch ihre Hinwendung und ihren Boykott. Jeder Einwand, jede Missbilligung, jeder Protest berichtigen und festigen die äußere Grenze der menschlichen Persönlichkeit: Der Mensch ist ein Wesen, das von der Gemeinschaft abhängig ist, das sich an die Gemeinschaft anpasst, und je charakterloser ein Mensch ist, desto stärker wird auch dieses Gesetz der Rückfalls und der Abwehr. Aber gerade deswegen verleiht das Fehlen von Einwänden, Missbilligung und Protest der äußeren Grenze der menschlichen Persönlichkeit sichere Ungeniertheit, törichte Unordentlichkeit und die Neigung zum ungehemmten Drang. Die Menschen erziehen einander nicht nur durch Taten, durch zuversichtliche Reaktionshandlungen, sondern auch *durch Unterlassen von Handlungen,* durch faules, ausweichendes, willenloses Unterlassen einer Reaktionshandlung. Und wenn auf der einen Seite eine schroffe Antwort, eine grobe Forderung, eine böse Handlung denjenigen, gegen den sie gerichtet ist, nicht bessert, sondern erzürnen kann, so vermag auf der anderen Seite die Vermeidung einer energischen, offensichtlich-tadelnden Handlung *dem Willfahren, der Nachsicht und der Mitwirkung* gleichwertig zu sein. Bei der gemeinschaftlichen, gegenseitigen Erziehung der Menschen — sowohl der Kinder als auch der Erwachsenen, sowohl der Vorgesetzten als auch der Untergebenen — ist nicht nur ein *sanftes* „nein" in der Sphäre der bittenden Liebe notwendig, sondern auch das *sichere* „nein" im Rahmen bevorstehender Uneinigkeit und bereits eingetretener Spaltung. Der Mensch verhält sich böse nicht nur deshalb, weil er böse ist, sondern auch deshalb, weil er von der willenlosen Selbsterniedrigung seines Umkreises darin unterwiesen wurde. Der Sklavenbesitz verdirbt nicht nur den Sklaven, sondern auch den Sklavenbesitzer; der zügellose Mensch ist nicht nur von sich aus zügellos geworden, sondern auch durch die Öffentlichkeit, die ihm erlaubt hat, zügellos zu werden; ein Despot ist nicht möglich, wenn sich ihm keiner anschließt; nur dort „ist alles erlaubt", wo die Menschen einander alles erlauben.

Es ist von Gott und von Natur aus so eingerichtet, dass die Menschen aufeinander nicht nur absichtlich, sondern auch unabsichtlich einwirken; und dies lässt sich nicht vermeiden. Ähnlich wie der mystische Prozess der inneren Läuterung durch den Geist und die Liebe sich unausweichlich, auch wenn unfreiwillig, in Gesichtszügen, in der Stimme, im Gestus, im Gang äußert, so wirkt ebenfalls unausweichlich, wenn auch oft unbewusst, auf die anderen Menschen der befriedende und inspirierende — quasi durch seinen verborgenen Gesang auffordernde — Antwortgesang; demgemäß wirkt der energische Wille, indem er festigt, formt und quasi durch den schöpferischen Rhythmus den schöpferischen Rhythmus auf die Mitmenschen hinlenkt.

Doch lässt sich bewusst und absichtlich diese Wirkung nur kraft grundlosen Argwohns und traurigen Mangels an Verstand meiden. Der argwöhnische Mensch hat extreme Angst zu schaden — und schadet deshalb doppelt. Denn er handelt unentschlossen und so, dass er in sich Willensschwäche erlaubt und sie gedeihen lässt, und überall Willenlosigkeit sät. In sich selbst erweckt er Unsicherheit in Bezug auf sein Recht, und in anderen die Vorstellung von seiner Untreue gegenüber dem Guten. Und wenn er dabei sich zu überzeugen sucht, dass er „wegging" und den anderen das zu tun „überließ", was sie wollen, so belügt er — als Krönung des Ganzen — sich selbst und andere.

Ähnlich wie ein „Beweis" dem Mitmenschen zum Erkennen und Anerkennen verhilft, die starke, aufrichtige Liebe aber dem Mitmenschen zum Entbrennen und Lieben, so hilft ebenfalls ein starker, formspendender Wille dem Mitmenschen, eine Entscheidung zu treffen und die geistige Grenze seiner Persönlichkeit zu festigen Und dies geschieht nicht nur in einer solchen Abfolge, dass der Willensakt durch sein unmittelbares Beispiel, seine Aktivierung, Lenkung und Lockung („Suggestion") wirkt, sondern auch in solcher Abfolge, dass *der Wille zum fremden Wollen dem Willenlosen seinen Willensakt zu realisieren hilft*.

Die Menschen gewöhnen sich an diese Teilnahme des fremden Willens an der Festigung und Erziehung ihres eigenen Willens bereits seit ihrer frühen Jugend, sodass sie später, nachdem sie in den Genuss der Teilnahme gekommen sind und sie genutzt haben, sie vergessen und aufrichtig beginnen, diese Teilnahme, ihre Bedeutung und ihren Nutzen zu leugnen. Das Bewusstsein oder sogar das vage Gefühl, der „andere" Mensch will, dass ich eben etwas will, war immer und wird stets eines von den stärksten Mitteln in der menschlichen Erziehung sein; und dieses Mittel wirkt insofern stärker, als dieser Fremde autoritärer ist, als seine Willensäußerung bestimmter und unerschütterlicher ist, als sie vor Gott treuer ist, als sie imposanter zum Ausdruck kommt, als die Entscheidungen verantwortungsvoller zu sein haben, und als der Wille des Zöglings schwächer ist.

Der Mensch nimmt von Kindheit an in seine Seele die Flut der fremden, erziehenden Willensäußerungen auf; dies geschieht dann, wenn die Kraft der Einsicht noch nicht in seiner Seele erwacht ist und die Kraft der Liebe sich noch nicht für die Selbsterziehung vergeistigt hat. In seine Seele flutete gewissermaßen der Wille anderer Menschen, der darauf gerichtet war, seinen Willen zu bestimmen, zu formen und zu festigen; da er noch nicht in der Lage war, sich selbständig zu bilden, so bildete er sich durch die autoritäre Willensäußerung anderer — der Eltern, der Kirche, der Lehrer, der staatlichen Macht —, indem er die wahre und feste Willensrichtlinie lernte. Und nur die allverschlingende Arbeit eines Besinnungslosen konnte ihm in der Folge erlauben, die empfangenen Willensgüter zu vergessen und die Lehre über die Schädlichkeit und Nichtigkeit dieser Güter zu proklamieren.

Im Prozess der geistigen Reifung der Menschheit akkumulieren sich die Ressourcen *der richtig-gelenkten Willensenergie*, sie lösen sich von einzelnen, subjektiven Trägern ab, sie finden für sich neue, unsterbliche, gemeinschaftlich-organisierte Zentren und Möglichkeiten der Einwirkung, und sie werden in dieser konzentrierten und gefestigten Form von Generation zu Generation weitergereicht. Es bilden sich gleichermaßen unpersönliche Reservoirs des äußeren, erziehenden Willens, die sich entweder hinter der nicht fassbaren Gestalt des „Anstands“ und „Taktgefühls“ verbergen, oder die sich in der Flut der „Anordnungen“ und „Gesetze“ kundtun, die entweder durch die einfache und unpersönliche gemeinschaftliche „Verurteilung“ getragen werden oder die durch Handlungen eines ganzen Systems organisierter Einrichtungen verknüpft werden. Und das Hauptziel dieser ganzen persönlichen Nötigung und des überpersönlichen Drucks besteht natürlich nicht darin, dass „auf gewaltsame Weise“ die Menschen physisch zu einem bestimmten Verhalten genötigt werden — dies wäre auch nicht realisierbar, aber auch die Absicht, dies zu erreichen, könnte nicht bei einem seelisch-gesunden Menschen Wurzeln schlagen. Nein, der Zögling — sowohl Kind als auch Erwachsener — bleibt unter allen Umständen ein selbstregulatives, autonomes Zentrum (eine Persönlichkeit, ein Rechtssubjekt, ein Bürger), dessen Willensäußerung und Initiative durch nichts Äußeres ersetzt werden können. Und die Aufgabe dieser Einwirkung auf seinen autonomen Willen besteht darin, dass er selbst zu dem notwendigen und geistig-wahren, *autonomen Selbstzwang* verleitet wird.

Die Aufgabe der gemeinschaftlich-organisierten, psychischen Nötigung besteht zusammengefasst in der *Festigung* und *Verbesserung der geistigen Selbsterzwingung* des Menschen. Und die bezieht sich nicht auf einen Menschen, der schon stark ist im Bösen (dann wird sie ihm nicht helfen), sondern auf einen Menschen, der zwar im Guten schwach ist, doch im Bösen noch nicht gefestigt wurde. Für ihn kann und muss die psychische Nötigung, die von außen kommt und sich an seinen Willen wendet, eine starke Stütze für das Werk der Selbsterziehung darstellen. Natürlich ist die Idee des Guten und der Gerechtigkeit auch seiner Erfahrung zugänglich. Denn dieser *Gegenstand* steht *per se* immer und allen Menschen offen; doch die *Erprobung* dieses Gegenstands, die sich im Gewissensakt realisiert und sehr oft den Menschen kategorische Anordnungen gibt, die schwer anzunehmen sind für ihre persönliche Selbsterhaltung, — bleibt sehr häufig eine abstrakte Möglichkeit und eine nicht realisierbare Fähigkeit. Diese Erprobung fordert persönliche geistige Anstrengungen, und der Mensch ist sehr oft bereit, diese Anstrengungen zu meiden. Der psychische Druck von außen nötigt ihn, entweder anfangs diese Anstrengungen zu tätigen, in einer inneren Erfahrung die Gesetze der Gerechtigkeit und Wechselbeziehung, die das gesunde Gemeinschaftsleben bilden, zu verstehen, und dann freiwillig die notwendigen Handlungen auszuführen — oder anfangs sich dem Selbstzwang auszuliefern und dann herauszufinden, was mit ihm geschehen ist …

Und so muss man eingestehen, dass die Rechts- und staatlichen Gesetze *de facto* keine Gesetze der Gewalt sind,[47] sondern Gesetze der psychischen Nötigung, die eben dieses Ziel verfolgen und sich an die autonomen Rechtssubjekte wenden, damit sie suggestiv ihrem Willen die richtige Richtung zur Selbstregulierung und Selbsterziehung weisen. Das Rechtsgesetz ist in seiner Grundidee und in seiner normalen Handlung *die Formel eines reifen Rechtsbewusstseins,* die durch das Denken gefestigt, durch den Willen vorgeschlagen wurde, und die einem Unreifen zu Hilfe eilt, der jedoch sich selbst im Rechtsbewusstsein erzieht; dabei stellt eben das willentliche Element des Gesetzes den Beginn der psychischen Nötigung dar. Das Rechtsgesetz fügt dem Menschen keineswegs Gewalt zu, es missachtet nicht die Würde des Menschen und raubt ihm nicht seine geistige Selbstregulierung; im Gegenteil, er lebt, handelt und vervollkommnet sich nur deshalb, weil er es freiwillig und eigenständig angenommen und selbst verinnerlicht hat. Allerdings nötigt es die Psyche des Menschen dabei gebieterisch: sowohl durch unmittelbare, imponierende Autorität als auch durch die Form des Befehls, Verbots und der Erlaubnis; sowohl durch das Bewusstsein der gemeinschaftlich-organisierten Meinung als auch schließlich durch die Perspektive der wahrscheinlichen und vielleicht sogar bevorstehenden unangenehmen Folgen: Ablehnungen, Verruf, Vorladung vor Gericht, Verluste, vielleicht auch Ausschließung aus einem bekannten, gemeinschaftlichen Kreis, und sogar physische Nötigung und Unterdrückung … Und alle diese *psychischen* Kräfte (denn *gefährlicher* als die physische Nötigung wirkt die psychische!) ermutigen ihn, jene inneren Anstrengungen für die „Beurteilung" und „Willensäußerung" zu machen, die notwendig waren, die er

[47] Siehe L. Tolstoi: „der gesamte komplizierte Mechanismus unserer Einrichtungen, die zum Zweck die Gewalt haben", *Mein Glaube,* [S. 47]; *Das Reich Gottes ist inwendig in Euch,* Kapitel V-VIII; oder auch: „Die Regierungsmacht ist die Anwendung der Fessel, der Kette, …, der Peitsche, …, des Messers, der Axt", *Das Reich Gottes ist inwendig in Euch,* [S. 61]; „Die Grundlage der Regierungsmacht ist die physische Gewalt", ibid., [S. 61].

tun *konnte*, die er jedoch selbst *bis dato* aus irgendeinem Grund nicht ausführte …

Doch was ist, wenn diese ganze psychische Nötigung sich als unzureichend erweist und der Genötigte es dennoch vorzieht, nicht zu „beurteilen" und sich selbst nicht dem notwendigen Selbstzwang auszuliefern? Dann gibt es zwei Auswege: Entweder man gewährt ihm die Freiheit der Willkür und der Übeltat; man erkennt an, dass der Befehl und das Verbot durch nichts gestützt werden außer durch Tadel und Boykott, und man rückt dadurch die verführerische Idee der äußeren Zügellosigkeit an den verderblichen und bösen Willen heran — oder man bedient sich der physischen Einwirkung …

Doch kann es sein, dass dies bedeutet, sich „dem Bösen durch Böses" zu widersetzen? Handelt es sich vielleicht nicht bei der psychischen Nötigung, sondern bei der *physischen* Nötigung und Unterdrückung um das Grundböse und um den Weg des Teufels?

6.
Über die physische Nötigung und Unterdrückung

Gerade in diesem Zusammenhang und nur in ihm ist es richtig, an das Problem der physischen Erzwingung anderer Menschen heranzutreten. Denn diese Art der Erzwingung ist vor allem nicht unabhängig und nicht losgelöst von den anderen Arten, sondern ist ihre Stütze und Festigung. Die physische Einwirkung auf andere Menschen bildet das letzte und *äußerste Stadium* der erzwingenden Nötigung; sie tritt dann auf, wenn Selbsterzwingung nicht funktioniert; die äußere psychische Nötigung aber erweist sich als unzureichend und haltlos. Offenkundig sind einfache, grobe, ungestüme, unausgeglichene und böse Naturen dafür anfällig, diesen Zusammenhang aus dem Blick zu verlieren und diese Grenze zu ignorieren; jedoch ändert sich im Prinzip nichts an der Sache: Es gibt kein solches Mittel, es gibt kein solches Heilmittel oder Gift, welches die Menschen aus Leichtsinnigkeit oder aus Zügellosigkeit nicht missbraucht hätten, und alle diese Missbrauchsfälle machen deshalb die betreffenden Mittel als solche nicht böse. Die Maßlosigkeit rührt nicht vom Mittel her, sondern vom maßlosen Menschen; die Unangemessenheit oder Unzeit des betreffenden Heilmittels zeugt nicht von seinen „bösen" Eigenschaften; Arsenik führt zur Vergiftung, doch Arsenik heilt auch, und ist es nicht naiv zu denken, ein unbegabter und praxisferner Chirurg, der auf den Gedanken gekommen ist, Operieren sei das Allheilmittel, kompromittiere die Chirurgie? Man sollte nicht amputieren, außer in Extremfällen; bedeutet dies etwa, dass die Amputation *per se* etwas Böses ist, und der Amputierende sein Werk aus Rache, Neid, Herrschsucht und Bosheit durchführt? Ist es nicht etwa naiv, dem Wasserheilbad das zuzuschreiben, was aus dem Missbrauch des Wasserheilbads resultiert? Oder ist etwa das

Geld schuld an den Veruntreuungen des Verschwenders und an den Bosheiten eines Kinderhändlers? Und handelt etwa ein Erzieher richtig, wenn er einem Kind beibringt, den Stuhl zu schlagen, gegen welchen er sein Bein schlug? Natürlich ist es demjenigen, welcher der Versuchung nicht standhielt, eigen, in allen Dingen die verlockenden Umstände zu beschuldigen; der schwache Mensch beschuldigt in allen Niederlagen den ihn „verwickelnden" Teufel; jedoch gibt es Auswege, die mehr Würde haben, und die in geistiger Beziehung mehr Halt bieten …

Die analytischen Überlegungen, die oben dargelegt wurden, fordern anzuerkennen, dass die physische Nötigung eines Menschen durch einen anderen *nichts Böses ist*, und ferner, dass das Böse weder auf denjenigen, der dem Nächsten die physischen Leiden zufügt, reduziert werden darf noch auf die Einwirkung auf den Geist des Menschen mittels seines Körpers.

Die äußere physische Einwirkung als solche ist nichts Böses allein schon deshalb, weil *das Äußere per se weder* das Gute *noch* das Böse sein kann — das Äußere kann nur eine Manifestation des inneren Guten oder Bösen sein. Jener, der das Äußere moralisch bewertet, begeht entweder eine Torheit, indem er die moralischen Begriffe ohne jeglichen Sinn verwendet, oder er verurteilt, ohne es selbst zu merken, nicht das Äußere, sondern das Innere, welches vielleicht diese Verurteilung nicht verdient. So hat es Sinn zu sagen, dass „die grausame Rache etwas Böses ist", doch es hat keinen Sinn zu sagen, dass „der blutige Einschnitt etwas Böses ist". Auf die gleiche Weise hat es Sinn zu sagen, dass „der Hass, welcher zur Vergiftung gelangt, etwas Böses ist", doch es hat keinen zu sagen, dass „die Einführung eines Gifts in einen fremden Organismus etwas Böses ist".

Doch wenn einer behaupten wollte, jede physische Einwirkung auf einen anderen wäre etwas Böses, *weil es absichtlich geschah,* so ist dies ebenfalls haltlos. Jede absichtliche physische Einwirkung auf einen anderen ist natürlich die Manifestation der Willensäußerung und der freiwilligen Handlung; jedoch ist die Willensanstrengung *per se* nichts Böses — denn sie kann direkt die Forderung der Einsicht und der Liebe ausführen, sie kann sich in ihre Richtung wenden, sie kann ihnen bedingt zuvorkommen und sie temporär ersetzen. Der Wille *kann* etwas Böses *sein,* und dann erweist er sich als antigeistig und richtet sich gegen die Liebe, er löst sich von seiner Schau und aus seiner tiefen, schöpferisch-erbaulichen Kraft, wird blind, grundlos und zerstörerisch, und verwandelt sich in einen Mechanismus der bösen Besessenheit; doch er kann auch nicht böse sein, und dann bleibt er seiner Natur treu: Er sieht und urteilt, er wird nicht geschleppt, sondern gibt die Richtung vor, er ist schöpferisch und erbaut dann, wenn er dem äußeren Anschein nach etwas zerstört. Daher reicht es nicht aus, auf die Absichtlichkeit der physischen Einwirkung zu verweisen, um die Erzwingung als solche zu verurteilen und zurückzuweisen.

In Anbetracht dessen unterliegt die äußere physische Erzwingung keiner Verurteilung, weder kraft ihrer „äußeren Körperlichkeit" noch kraft ihrer „willentlichen Absichtlichkeit". Beide Merkmale können vorliegen, ohne dass eine Boshaftigkeit stattfindet. So kann das strengste *Verbot,* welches sich an einen eigenwilligen Jugendlichen richtet, der mit einem Boot in die wilde See stechen möchte, das Verbot, welches *mit der Drohung,* ihn einzusperren, einhergeht, und welches schließlich, infolge des Ungehorsams, *mit der Realisierung der Drohung* endet, nicht als Boshaftigkeit bezeichnet werden; die physische Unterdrückung manifestiert sich, doch wenn man sie als „Gewalt" verurteilen würde, so würde dies bedeuten, den moralischen Kern der Handlung vollkommen zu ignorieren. Ähnlich ist es, wenn meine Freunde, wenn sie sehen, dass ich von wütendem Zorn ergriffen bin, dass ich zum Mord stürme und auf Zureden keine Acht gebe, mich binden und einsperren, solange bis mein Anfall der Bosheit vorüber ist — dann üben sie keine „Gewalt" an mir, sondern leisten mir eine große geistige Wohltat, und es ist natürlich, dass ich bis zum Ende meiner Tage ein Gefühl der Dankbarkeit ihnen gegenüber bewahren werde. Der Befehl eines Erpressers hingegen, ihm Geld auszuhändigen, das ihm nicht zusteht, der mit der Drohung einhergeht, das entführte Kind bis zum Tod zu foltern, der auch in der Realisierung der Drohung endet, weil das Lösegeld nicht bezahlt wird — ist echte Bosheit; und nur eine geistige und terminologische Blindheit kann alle diese Fälle unter einen Hut „Gewalt als solche" bringen und zurückweisen.

Dies alles bedeutet, dass die Frage nach dem moralischem Wert der äußeren physischen Erzwingung nicht von der „äußeren Körperlichkeit" der Einwirkung und nicht von der „willentlichen Absichtlichkeit" der Handlung abhängt, sondern von dem Zustand der Seele und des Geistes des physisch wirkenden Menschen.

Die physische Erzwingung wäre eine Manifestation des Bösen, wenn sie ihrem Wesen nach *antigeistig* wäre und sich *gegen die Liebe* richten würde. Jedoch ist sie *de facto* keineswegs weder dem Geist noch der Liebe feindlich gesinnt. Sie ist die Manifestation des Falls, in dem sich der Zwingende durch den Gezwungenen nicht *unmittelbar an die Einsicht und Liebe* richtet, die prinzipiell und ihrem Wesen nach gänzlich unbezwingbar sind, sondern *an dessen Willen,* indem er diesen Willen mittels des Körpers der Nötigung oder einer direkten äußeren Einschränkung aussetzt. Eine solche Nötigung und Unterdrückung können *nicht von dem Bösen* herrühren, können den Menschen *nicht zum Bösen* bewegen, können kein böses Ziel ins Auge fassen. Denn das Böse lehnt den Geist und die Einsicht ab, strebt danach, sie kraftlos zu machen, zu zersetzen, sie zu stoppen; die physische Nötigung und Unterdrückung dagegen lehnen — im Unterschied zur bösen Gewalt — *den Geist* und *die Einsicht* nicht ab, streben nicht danach, sie kraftlos zu machen, sie zu zersetzen, sie zu stoppen: Sie appellieren nur nicht an die Einsicht, sondern an den menschlichen *Willen,* oder nötigen ihn zur Selbstnötigung, oder sie verbieten ihm die Möglichkeit der bösen Manifestation außerhalb. Dem ähnlich lehnt das Böse *die Liebe* und liebevolle *Einigkeit* ab, strebt danach, sie kraftlos, untauglich zu machen, sie auszulöschen; die physische Nötigung und Unterdrückung dagegen lehnen — im Unterschied zur bösen Gewalt — die Liebe und liebevolle Einigkeit nicht ab, streben nicht danach, sie kraftlos, untauglich zu machen, sie auszulöschen: Sie appellieren nur nicht an die Liebe, sondern an den menschlichen *Willen*, oder nötigen ihn zur Selbstnötigung, oder sie verbieten seine äußeren, bösen Manifestationen.

Die physische Nötigung und Unterdrückung wären *antigeistig*, wenn sie der geistigen Selbsterziehung des Genötigten ein Ende setzen oder ein solches anstreben würden, indem sie seinen Willen erschüttern oder seine Einsicht schädigen, oder sich bemühen würden, seine Einsicht und seinen Willen gänzlich zu unterdrücken. Doch dies bezieht sich nur auf besondere, spezifisch-törichte Arten der physischen Einwirkung, welche die körperliche und seelische Gesundheit des Genötigten zerstören (z. B. Entzug der Nahrung und des Schlafs, obligatorische, unerträgliche Aufgaben, physische Folter, aufgedrängte Beziehung zu boshaften Menschen etc.); jedoch zeugt die Antigeistigkeit der antigeistigen Nötigung nicht von Antigeistigkeit *jeder* Nötigung. *De facto* handelt es sich beim Auferlegen der physischen Nötigung und Unterdrückung eben um das Gegensätzliche: Es geht nicht um die Zerrüttung des Willens, sondern um seine Stärkung; es geht nicht um die Unterdrückung des Willens, sondern es soll in ihm die Selbsttätigkeit geweckt werden, die ihn auf den richtigen Pfad lenkt; die Einsicht soll weder beschädigt noch unterdrückt werden, sondern das äußere Wüten der Blindheit soll verboten werden, indem dadurch der Weg zur Öffnung des inneren Auges geebnet wird und vielleicht zum Sehertum. Die physische Nötigung kann selbst keine gute Einsicht hervorrufen, natürlich nicht. Doch die Isolation eines zügellosen Menschen zum Beispiel, die ihn zwingt, die Anhäufung seiner törichten Neigungen und Leidenschaften zu beenden, motiviert ihn, sich auf seinen inneren Zustand zu konzentrieren, in dem seine Seele unter günstigen Umständen versengt und verklärt werden kann und muss: Für viele Menschen ist die Freiheitseinschränkung des äußeren Wütens die erste Bedingung für die Erlangung der inneren Freiheit, d. h. für die geistige Läuterung, das geistige Sehvermögen und die Reue. Somit können *törichte* Arten der physischen Nötigung und Unterdrückung dem Genötigten schaden, doch dies bedeutet nicht, dass alle Arten der Nötigung „böse" und „schädlich" sind.

Ebenso würde die physische Nötigung sich gegen die Liebe richten, wenn sie der empfangenden Einheit der Menschen ein Ende bereiten, sie unterdrücken oder ersetzen würde, indem sie eine boshafte Feindseligkeit dem Genötigten entgegenbringen würde, oder ihn selbst zur boshaften Feindseligkeit nötigen würde, oder alle übrigen Menschen aufrufen würde, den Genötigten oder einander zu hassen. Doch all dies bezieht sich nur auf die besonderen, spezifischen, törichten Arten der Nötigung und Unterdrückung, die eben kraft dessen näher an *die Gewalt* rücken und der Zurückweisung unterliegen (z. B. grober, beleidigender Umgang mit Gefangenen; körperliche Bestrafungen; Aberkennung jeglicher Äußerung der Liebe: Besuch, Übergabe von Verpflegungsmitteln, Lektüre, Gottesdienst, Kontakt zu einem Geistlichen; Ausstattung mit menschenverachtender Literatur etc.); jedoch zeugt die Antiliebe der Nötigung, die sich gegen die Liebe richtet, nicht von der Antiliebe jeglicher Nötigung. Es entspricht aber der Wahrheit, dass Menschen, die andere nötigen, der Bosheit verfallen oder infolge von beruflichen Gründen innerlich böse werden (Gefängniswärter, Henker); doch ist es deshalb erlaubt, generalisierend festzustellen, dass jeder, der nötigt und verbietet, gleichzeitig hasst, oder dass die Nötigung wegen einer wechselseitigen Verbitterung geschieht? Gibt es etwa eine solche Handlung oder einen solchen Beruf, in dem die Menschen *nicht* der Bosheit oder dem Hass verfallen können? Und eben jene, die im Interesse des Staates Nötigung und Unterdrückung praktizieren, haben nicht die Bosheit, sondern Leidenschaftslosigkeit nötig, nicht den Hass, sondern gemäßigte, seelische Harmonie, nicht die Rachsucht, sondern Gerechtigkeit. In Wahrheit haben sie eine willensstarke Mäßigkeit, Strenge sowie persönlichen Mut nötig; doch ist dies dasselbe wie Bosheit und Hass? In Wahrheit müssen sie frei sein von der nachgiebigen Sentimentalität und vom grundlosen Mitleid; doch ist dies dasselbe wie Liebe und geistige Einigkeit? Natürlich schadet der boshafte Zwingende auf geistige Weise sowohl dem Gezwungenen als auch anderen Menschen sowie dem ganzen Staat; doch woher soll man wissen, dass jeder, der die Boshaftigkeit unterdrückt, ein Menschenhasser ist? Woher kommt dieses ganze Märchen von den guten, unterdrückten Bösewichten[48] und von den durch Bosheit Beleidigten, und von lasterhaft hasserfüllten Staatsfunktionären? Und sollte man nicht ein für alle Mal mit diesem törichten und schädlichen Märchen Schluss machen?

Man muss anerkennen, dass die physische Nötigung und Unterdrückung fast immer unangenehm und sogar oft seelisch qualvoll sind, und dabei nicht nur für den Genötigten, sondern auch für den Nötigenden. Doch nur ein völlig naiver Hedonist kann meinen, alles „Unangenehme" und alles, „was Leiden hervorruft", wäre das Böse, alles „Angenehme" aber und alles, „was Befriedigung verschafft", das Gute. *De facto* aber ist es sehr oft so, dass das Böse den Menschen angenehm ist, das Gute hingegen unangenehm. Gewiss raubt die physische Unterdrückung dem Menschen die Befriedigung und fügt ihm Leiden zu; doch der wahre Erzieher weiß, dass die Liebe zum Zögling sich überhaupt nicht im Verschaffen der Befriedigung und im ängstlichen Absondern von den Leiden äußern darf. Im Gegenteil, eben in den Leiden, die dem Menschen gemäß einem weisen Maß besonders zukommen, bekommt die Seele Tiefe, wird gefestigt und gelangt zur Sehertum; und eben in der Befriedigung, besonders wenn in ihr kein weises Maß eingehalten wird, verfällt die Seele den bösen Leidenschaften und erblindet. Natürlich erlebt ein Mensch, der verstoßen, niedergeschlagen, gefesselt wurde, vielleicht sogar ein ins Gefängnis eingeschlossener, unangenehme, vielleicht qualvolle Stunden und Tage; doch dies bedeutet bei weitem nicht, dass fremde Bosheit über sein Haupt ausgegossen wurde, dass er zum Objekt des Hasses wurde, und dass all dies ihn zwingt, auf diese Bosheit zu

[48] Siehe *Das Gesetz der Gewalt und das Gesetz der Liebe*, [S. 139]; *Lesekreis*, [Band I, S. 238-240, Band III, S. 101-103].

reagieren und in sich die Liebe auszulöschen. Im Gegenteil, die von ihm erlebten Unannehmlichkeiten und Leiden hätten ihm durch den Willen hinzugefügt werden können, der ihm und den anderen Gutes wünscht, und sie können für ihn zur Quelle des größten Lebensgutes werden. Es ist wahr, dass *„die boshafte Gewalt"* oft (jedoch nicht immer) in der Seele des Leidenden ein böses Gefühl hervorruft, doch hier ist nicht die Rede von der „boshaften" und nicht von der „Gewalt". Man kann annehmen, dass auch *keine* boshafte physische Unterdrückung bei einem Gefangenen ein böses Gefühl hervorruft. Doch gibt es überhaupt eine solche Tat, die das reagierende böse Gefühl hervorbringen würde, und kommt es etwa nicht vor, dass Menschen mit Hass auf die Wohltat eines Gerechten antworten? Bedeutet dies etwa, dass man sich aufgrund der Befürchtung vor menschlicher Bosheit jeder, auch sogar authentisch wohlwollenden Tat enthalten sollte? Natürlich nicht. Und ganz ähnlich bedeutet es nicht, dass wenn die physische Nötigung notwendig ist, doch bei dem Genötigten ein böses Gefühl hervorruft, man sich dann der Nötigung enthalten sollte, sondern es bedeutet, dass zuerst die Nötigung stattfinden soll, *daraufhin* aber *andere, nicht physische Maßnahmen* zum Einsatz kommen sollen, damit das böse Gefühl überwunden und durch die böse Seele selbst verklärt werden kann. Und dies ist nur möglich, weil die Nötigung keine Manifestation des Bösen, sondern einer geistigen Forderung, einer willensstarken Festigkeit und Strenge ist; die Strenge, Festigkeit und Forderung aber richten sich überhaupt nicht gegen die Liebe; und die Aufgabe der Nötigung besteht eben nicht in der Verbreitung der Feindschaft und des Hasses — im Gegenteil, *in der Unterdrückung des seelischen Mechanismus des Hasses und der Feindschaft, die nach außen hervorzukommen und sich in unabänderlichen Taten zu festigen strebt.*

Doch vielleicht wurzelt das Verderben der physischen Nötigung und Unterdrückung nicht in der Boshaftigkeit des zwingenden Geistes, sondern in der *Art* der Einwirkung des Menschen auf einen Menschen selbst?

7.
Über die Kraft und das Böse

In der physischen Nötigung und Unterdrückung als einer *Art der Einwirkung* gibt es scheinbar drei Momente, die antigeistig erscheinen und als solche, die sich gegen die Liebe richten können: erstens, Hinwendung zum menschlichem Willen als solchem, *ungeachtet der Einsicht und Liebe;* zweitens, Einwirkung auf den fremden *Willen unabhängig von seiner Zustimmung,* und vielleicht *entgegen* seiner Zustimmung; und drittens, Einwirkung auf den fremden Willen *durch den Körper* des Genötigten. *De facto* sind dieser Art der Einwirkung alle drei Momente eigen, und dabei nicht getrennt, sondern in wechselseitiger Verknüpfung: Die physische Nötigung und Unterdrückung wenden sich nicht an die Einsicht und Liebe, sondern wirken auf den Körper des Genötigten entgegen seiner Zustimmung. Eben diese Verbindung aller drei Arten erweckt in sentimentalen Seelen einen solchen Eindruck, welcher in ihnen Empörung, Protest und Ablehnung der empörenden „Gewalt" hervorruft.

Die physische Nötigung und Unterdrückung jedoch, die alle diese drei Momente in sich vereinen, werden dadurch noch lange nicht zu einer *bösen Tat* oder zu einer „bösen Beziehungsart". Sie können und dürfen nicht antigeistig und gegen die Liebe sein; darin liegt auch ihr wesentlicher Unterschied zur Gewalt, und eben gemäß diesem Maß und nur gemäß diesem Maß unterliegen sie der geistigen und moralischen Akzeptanz.

De facto besteht die Geistigkeit des Menschen darin, dass er selbst *autonom* sucht, wünscht und seinen Blick auf *die objektive Vollkommenheit* richtet, indem er sich zu dieser Schau und Schöpfungsfähigkeit erzieht. Eben in dieser Natur und in diesem Odem ist die innere Freiheit des Menschen heilig und sind ihre äußeren Manifestationen unantastbar. Eben das Bestreben des geistigen Auges nach Vollkommenheit heiligt die Kraft der inneren Selbstregulierung und verleiht der äußeren Handlung des Menschen die Bedeutung des geistigen Ereignisses; eben die Kraft der inneren Selbstregulierung formt die Persönlichkeit des geistig-sehenden Menschen, und dann hat sein äußeres Verhalten keine Unterdrückung nötig und duldet keine Nötigung. Außerdem benötigt, solange noch im Menschen die Kraft der geistig-willensstarken Selbstregulierung ganz ist, sein Fehltritt im sichtbaren Gehalt weder die Unterdrückung noch die Nötigung, und solange im Menschen das willensstarke Bestreben des geistigen Auges nach Vollkommenheit ganz ist, benötigt die Schwäche des autonomen Selbst-Zustandes nicht die Unterdrückung und die Nötigung, sondern die liebevolle Mitwirkung der Selbsterziehungsbemühungen.

Doch wenn der Mensch seine Selbstständigkeit mit bösen Taten erfüllt, indem er seine Autonomie missbraucht und dadurch seine Geistigkeit pervertiert, dann findet sich seine Persönlichkeit in tiefer innerer Spaltung wieder. Auf der einen Seite erlischt *potenziell* seine Geistigkeit nicht — irgendwo, in ihrer sich nicht realisierenden Tiefe, bewahrt sie die Fähigkeit, das Auge auf die geistige Vollkommenheit zu richten und den Weg der Selbstzügelung und Selbstregulierung zu beschreiten, und nur besondere Sachverhalte, die von dem Vorhandensein *der absoluten Übeltat* zeugen, können den Menschen zwingen, diese Möglichkeit überhaupt nicht zu berücksichtigen. Doch auf der anderen Seite ist es so, dass seine Seelenkräfte von dem antigeistigen Inhalt und den antigeistigen Bestrebungen, die sich gegen die Liebe richten, faktisch verschlungen sind, sein geistiges Auge verschlossen oder geblendet ist, seine Leidenschaften und Taten Feindschaft und Zwietracht hauchen. Er realisiert nicht seine Geistigkeit, sondern Antigeistigkeit, und die ihm eigene Kraft der liebevollen Akzeptanz ist pervertiert und verderblich. Die Einsicht leitet nicht seinen Willen, die Liebe ernährt ihn nicht; er lebt und handelt nicht wie ein geistig-freier Herr der eigenen Seele und seines eigenen Verhaltens, sondern wie ein hilfloser Sklave seiner bösen Triebe und seelischen Mechanismen. Er wird nicht zu dem, wozu er potentiell berufen worden ist, und er kann nicht das werden, was er in seiner sich nicht realisierenden Innenwelt *ist*. Seine Persönlichkeit besteht aus einem sterbenden Geist und angespannt lebender Antigeistigkeit, aus austrocknender Liebe, kaltem gleichgültigen Zynismus und versengender Bosheit.

Und eben diese zweifache Zusammensetzung seiner Persönlichkeit stellt andere, geistig-gesunde Menschen vor die Aufgabe der Nötigung und Unterdrückung.

Es ist klar, dass jener, der sich einer solchen Tätigkeit eines solchen Menschen widersetzt, nicht gegen den Geist kämpft, sondern gegen die Antigeistigkeit, und er kämpft nicht gegen die Liebe, sondern gegen die schamlose Bosheit. Seine Energie ist nicht gegen die sich nicht realisierende, sterbende Innenwelt des Übeltäters gerichtet, sondern gegen die sich realisierende, seine Seele besitzende und seine äußeren Handlungen unterfütternde Kraft. Von Anfang an gibt es keinen Zweifel darüber, dass die Hinwendung zum Willen des Übeltäters nicht nur nicht die parallele Hinwendung zu seiner Einsicht und Liebe ausschließt, sondern im Gegenteil, nicht selten macht jene diese erst möglich, denn solange der wütende Übeltäter durch seinen Willen seine Besessenheit nicht zügelt, ist er nicht fähig, die Stimme dessen, der ihn zu überzeugen sucht, wahrzunehmen, und Strahlen der fremden Liebe blenden ihn nur und stören sein Toben; eine Besessenheit aber kann er durch den Willen nicht zügeln und „wird dies auch nicht wollen" ohne die fremde helfende Nötigung und Unterdrückung. Je ganzheitlicher und vollendeter in ihren Übeltaten die Seele des Übeltäters ist, desto schwächer sind in ihr jene seelischen Organe, die das Vermögen besitzen, die geistige Schau wahrzunehmen und in der singenden Liebe innerlich bewegt zu werden. Denn die in ihr wohnenden Leidenschaften verschlingen in ihrer Spannung und beseitigen unablässig eben jene Kräfte und Fähigkeiten der Seele selbst, in deren verklärter und veredelter Handlung Liebe und Einsicht erblühen. Ein Übeltäter könnte *lieben*, wenn er nicht seine ganze Liebe in den ihn befriedigenden Strom der zynisch-hassenden Quälerei verlagern würde; ein Übeltäter könnte *sehen* — sowohl den Gott in den Höhen als auch die

Kraft des Guten im Gewissen sowie die hohe Schönheit und die Rechte der Menschen —, wenn sein ganzes Sehvermögen nicht in die böse List und die berechnend sich windende Intrige wegwandern würde. Und jener, der diesen Ausbruch der Bosheit verhindert, der diesem nach außen herausfließenden Strom Einhalt gebietet, versetzt die Seele in die Lage der äußeren Ausweglosigkeit, der fruchtlosen Anhäufung der inneren Energie und derer ausweglosen Verbrennung in dem beunruhigenden und erstickenden Leiden. Diese Hinwendung in das Innere ist die erste und notwendige Bedingung für die Läuterung und Verklärung der Seele, wenn sie dazu überhaupt fähig ist. Gerade deswegen ist derjenige, der die äußere Übeltat des Übeltäters verbietet, nicht der Feind der Liebe und der Einsicht, aber auch nicht ihr schöpferischer Antrieb, sondern ihr notwendiger und treuer Knecht.

Wendet er sich jedoch an den Willen des Übeltäters, ist es keineswegs eine gesunde innere Kraft, die zur Selbstnötigung und Selbstzügelung nicht fähig ist, welche er vorfindet, sondern eine zerrüttete, zersetzte und ruhelose Begierde. Wenn es ein Wille ist, so ist es ein blinder Wille, der nicht führt, sondern besessen ist, der nicht auswählt, sondern überladen ist, und wenn er auch herrscht, so doch nur unter der Führung der bösen Leidenschaft. Dieser „Wille", der keine Selbstzügelung kennt und sie auch nicht kennen möchte, ist auch dabei soweit innerlich motiviert, dass die Kraft der psychischen Nötigung, die von innen herrührt, sich als kraft- und haltlos erweist. Und dennoch ist dies ein „Wille", der sich im Strom der äußeren Taten und Handlungen manifestiert und vergegenständlicht, die ihm Lebensbefriedigung einbringen. Darauf bestehen, dass der äußere Druck auf diesen „Willen" nur mit seiner vorherigen Zustimmung zulässig ist, kann nur ein geistig und psychologisch naiver Mensch. Denn nur die geistige Naivität ist fähig, vor der Autonomie der boshaften Begierde in Ehrfurcht zu geraten, und nur die psychologische Naivität kann zulassen, dass die boshafte Begierde ihre Zustimmung dazu gibt, dass die äußere Einmischung sie ihrer Befriedigung beraubt. Daher sollte man sich davon nicht blenden und sich nicht durch diese „Weigerung“ der boshaften Begierde hemmen lassen. Ein Übeltäter wird natürlich *durch seine Bosheit* „nicht damit einverstanden sein“, und das ist selbstverständlich, denn das Böse wäre nicht das Böse, sondern gutmütige Schwachheit, wenn es sich mit einem Widerstand versöhnte. Doch derjenige, der sich widersetzt, indem er nötigt und verbietet, indem er außen die aktive boshafte Begierde des Übeltäters angreift, muss sich an dessen potentielle Geistigkeit wenden und sicher sein, dass diese geistige Willensstärke noch am Leben und *auf seiner* Seite ist. Die Autonomie des Übeltäters wäre nur dann heilig, wenn sie in der Boshaftigkeit und in den Übeltaten eine Manifestation *des Geistes* wäre, doch ist sie *de facto* eine Manifestation der Antigeistigkeit, und ihr Wesen besteht nicht mehr in der Selbstlegitimation (Autonomie) und nicht in der Selbstregulierung, sondern in der Gesetzlosigkeit und Selbstausschweifung.

Schließlich wird dieser ganze nötigende und unterdrückende Widerstand nicht deshalb zur Manifestation des Bösen oder einer bösen Handlung, weil er *den Körper des Betreffenden als Vermittler* benutzt.

De facto ist der Körper des Menschen nicht höher einzuschätzen als seine Seele und nicht heiliger als sein Geist. Der Körper ist nichts anderes als äußere Erscheinungsform des inneren Wesens oder, was auch dasselbe ist, das sich materialisierte Wesen seiner Persönlichkeit. Der Körper des Menschen birgt in sich sowohl seinen Geist als auch seine Leidenschaften, doch er verbirgt sie so, dass er sie auf körperliche Weise findet, wie wenn er sie in einer fremden, gefühlsmäßigen äußeren Sprache mitteilen würde, sodass ein scharfsinniges Auge die seelische Rede eines Menschen hinter der organischen Allegorie (buchstäblich: einem Gleichnis) seiner äußeren Zusammensetzung und seiner äußeren Manifestation gewissermaßen lesen kann. Vielleicht ist die Sprache des Körpers, dieser materielle Faden der immateriellen Güte und Bosheit, grundlegender, gröber als die seelisch-geistige Sprache, doch im irdischen Leben ist es den Menschen, die getrennt voneinander in ihren individuellen Körpern verborgen sind, nicht gegeben, miteinander anders zu kommunizieren als mittels des Körpers: durch Blicke, Stimme, Gestus, Berührung teilen sie einander ihren inneren Zustand und ihre Haltung mit, indem sie Zustimmung und Ablehnung signalisieren. Und wenn es unausweichlich und zulässig ist, dass ein Mensch dem anderen auf körperliche Weise Mitleid, Billigung und Akzeptanz ausdrückt, so ist es auch unausweichlich und zulässig, dass Menschen auf körperliche Weise einander kein Mitleid, keine Missbilligung und Inakzeptanz mitteilen, d. h. geistige Verurteilung, gerechten Zorn und willensstarken Widerstand.

Und so kann die physische Einwirkung auf einen anderen Menschen, entgegen seiner Zustimmung und als Zeichen eines entschlossenen, willensstarken Widerstands gegen sein geistig missbilligtes, äußeres Verhalten sich als *einziges* geistig-richtiges und geistig-authentisches Wort der Kommunikation zwischen den Menschen erweisen, und dabei so, dass diese Einwirkung, indem sie beide Seiten seelisch anspannt und erschüttert, und ihre geistige Diskrepanz und ihren Kampf in der Sprache der physischen Kräfte formuliert, nicht feindselig infolge einer missverstandenen Geistigkeit des Menschen und einer missverstandenen Liebe wird. Der geistig-gesunde Mensch kann sich unmöglich beim Anblick von innerlich triumphierendem und äußerlich herausströmendem Bösen nicht entrüsten; er kann unmöglich nicht wahrnehmen, dass die Widerstandslosigkeit ihm gegenüber nicht nur Duldung, Ermutigung und schweigsame Billigung ist, sondern auch *Mitwirkung* bei seinem Handeln; indem er den Übeltäter gemäß seinem Gewissen beurteilt als wütenden Ofen der Antigeistigkeit und die Zwecklosigkeit der geistigen und verbalen Nötigung sieht, kann er nicht, und darf er auch nicht, sich der äußeren Unterdrückung enthalten. Denn der Körper des Menschen ist nicht höher einzuschätzen als seine Seele und nicht heiliger als sein Geist, er ist ganz und gar kein unantastbares Heiligtum des Bösen oder eine unnahbare Festung der begehrlichen Leidenschaften. Der Körper des Übeltäters ist seine Waffe, sein Organ, er ist nicht von ihm losgelöst, er ist in ihm zugegen, er ist in ihn eingegossen, und durch ihn strömt er hinaus in die Welt. Sein Körper ist das Territorium seiner Bosheit, und dieses geistig verwüstete Territorium ist nicht exterritorial für den fremden Geist. Das ehrfürchtige Zittern vor dem Körper des Übeltäters, der nicht vor dem Antlitz Gottes ehrfürchtig zittert, ist unnatürlich, denn dies ist ein moralisches Vorurteil, geistiger Kleinmut, Willenlosigkeit, sentimentaler Aberglaube. Dieses Zittern, das durch irgendeine Psychose den gesunden und wahren Impuls des Geistes fesselt, — führt den Menschen unter der Fahne der „Widerstandslosigkeit gegenüber dem Bösen durch Gewalt" zu der vollkommenen Widerstandslosigkeit gegenüber dem Bösen, d. h. zur geistigen Desertion, zum Verrat, zur Mitwirkung und Selbstverwesung.

Die physische Einwirkung auf den anderen Menschen entgegen seinem Willen erscheint geistig im Leben jedes Mal so, wie wenn *die innere Selbstregulierung ihn betrügen würde, und es keine seelisch-geistigen Kräfte gäbe, um die unverbesserlichen Folgen seiner Fehler oder bösen Leidenschaften zu verhindern.* Im Recht ist jener, der den gähnenden Reisenden vom Abgrund zurückstößt, der den Giftflakon aus der Hand des trotzigen Selbstmörders herausreißt, der zeitig auf die Hand des schießbereiten Revolutionärs schlägt, der in letzter Minute den Brandstifter von den Beinen stößt, der den schamlosen Blasphemiker aus der Kirche vertreibt, der mit der Waffe sich in die Schar der Soldaten stürzt, die ein Mädchen vergewaltigen, der einen Geistesgestörten fesselt und einen besessenen Übeltäter zähmt. Zeigt er etwa darin Bosheit? Nein — [sondern] Verurteilung, Entrüstung, Zorn und authentischen Willen zur Unzulässigkeit der Vergegenständlichung des Bösen. Wird dies die Missachtung des geistigen Ursprungs des Menschen sein? Nein, sondern dessen willensstarke Festigung in sich selbst und dessen willensstarker Aufruf zu ihm in einem anderen, der dessen Haltlosigkeit ausfindig macht. Wird dies ein Akt sein, der die liebevolle Einigung zerstört? Nein, sondern ein Akt, der die geistige Spaltung zwischen dem Übeltäter und dem Nicht-Übeltäter wahrhaftig und mutig offenbart. Wird dies ein Verrat am göttlichen Werk in der Welt sein? Nein, sondern der wahre und selbstaufopfernde Dienst für ihn.

Doch kann dies vielleicht doch „Gewalt“ sein? Nicht jede Kraftanwendung gegen einen, der damit nicht einverstanden ist, ist Gewalt. *Der Gewalttäter* sagt zu seinem Opfer: „Du bist ein Mittel meiner Interessen und meiner Begierde“, „Du bist kein autonomer Geist, sondern ein mir unterworfener beseelter Gegenstand“, „Du bist in der Macht meiner Willkür“. Ein Mensch dagegen, *der im Auftrag des Geistes Nötigung und Unterdrückung ausübt,* macht den Genötigten nicht zu einem Mittel seiner Interessen und seiner Begierde, verleugnet nicht dessen autonome Geistigkeit, bietet ihm nicht an, sein gehorsamer, beseelter Gegenstand zu werden, macht ihn nicht zum Opfer seiner Willkür. Doch er sagt ihm gewissermaßen: „Schau, du regulierst dich unaufmerksam, fehlerhaft, ungenügend, töricht, und befindest dich am Vorabend verheerender, unabwendbarer Ereignisse“ oder: „Du erniedrigst dich, du wütest besinnungslos, du trittst deine Geistigkeit mit Füßen, du bist besessen von dem Odem der Bosheit, du bist von Sinnen und richtest andere und dich zugrunde — bleib stehen, hier setze ich dir eine Grenze!“. Und dadurch zerstört er nicht die Geistigkeit des Tors, sondern legt den Grund für dessen Selbstzügelung und Selbstkonstruktion; er erniedrigt nicht dessen Würde, sondern nötigt ihn, seine Selbsterniedrigung einzustellen; er tritt nicht dessen Autonomie mit Füßen, sondern ruft zu ihrer Restauration auf; er „vergewaltigt“ nicht dessen „Überzeugungen“, sondern erschüttert dessen Blindheit und führt ihm in dessen Bewusstsein seine Prinzipienlosigkeit vor; er stärkt nicht dessen Antiliebe, sondern macht dessen über den Rand schwankenden Hass ein Ende. Der Gewalttäter greift an, derjenige, der verbietet, gebietet Einhalt. Der Gewalttäter verlangt Gehorsam sich selbst gegenüber, der Nötigende aber verlangt Gehorsam gegenüber dem Geist und seinen Gesetzen. Der Gewalttäter verachtet den geistigen Ursprung des Menschen, der Nötigende aber ehrt und verteidigt ihn. Der Gewalttäter hasst selbstsüchtig, der Nötigende aber wird nicht von der Bosheit und Habsucht bewegt, sondern vom gerechten zweckorientierten Zorn.

Natürlich gibt es ähnliche Charakterzüge: Sowohl der Gewalttäter als auch derjenige, der etwas verbietet, überreden und hätscheln nicht, beide wirken auf den Menschen ohne seine „Zustimmung" ein; beide machen nicht Halt vor der Einwirkung auf seine äußere Struktur. Doch welch oberflächliche Sichtweise ist notwendig, um aufgrund dieser formalen Analogien zu behaupten, Gewalt und Unterdrückung seien ihrem Wesen nach ähnlich und geistig gleichermaßen nicht erlaubt?

Somit erweist sich die ganze Lehre von der Antigeistigkeit und Antiliebe der physischen Nötigung und Unterdrückung, die sich gegen einen Übeltäter richtet, als haltlos, als Vorurteil und Aberglaube. Antigeistig und gegen die Liebe ist nicht die Nötigung und Unterdrückung, sondern *die boshafte Gewalt*; indem der Mensch Gewalt anwendet, ist er *immer im Unrecht* — sowohl deshalb, weil er böse ist, als auch deshalb, weil er seine Bosheit vergegenständlicht hat, sowie deshalb, weil er die fremde Geistigkeit missachtet, und deshalb, weil er den anderen in das Mittel seiner Begierde verwandelt hat, und sein Unrecht bleibt bestehen, unabhängig davon, ob seine Handlung letztendlich dem Leidenden oder vielleicht sogar ihm selbst moralischen Nutzen oder moralischen Schaden zufügen wird … *Die Nötigung*, die gegen einen Übeltäter gerichtet ist, und *die boshafte Gewalt* — unabhängig davon, gegen wen sie sich richtet — sind nicht ein und dasselbe; ihre Vermischung ist unzweckmäßig, ungerecht, voreingenommen und blind.

Doch wenn auf diese Weise die physische Unterdrückung und Nötigung des Menschen durch einen anderen Menschen nichts Böses ist, so darf man auch nicht das Böse auf das Einwirken auf den Menschen mittels dessen Körpers reduzieren oder darauf, seinem Nächsten physische Leiden zuzufügen.

De facto kann das Böse sich manifestieren, und oft manifestiert es sich auch nicht nur in der Form der physischen Gewalt und in den damit verbundenen physischen Qualen. Es wäre naiv zu denken, die Tätigkeit des Übeltäters ließe sich nur auf den physischen Angriff, auf den Raub des Vermögens, auf die Verletzung, Vergewaltigung und auf den Mord reduzieren. Natürlich beschweren alle diese Taten eine übeltätige Seele meistens wenig oder überhaupt nicht, und indem die Übeltäter die äußeren Güter anderer Menschen angreifen, fügen sie ihnen auch dadurch einen lebendigen, seelischen und geistigen Schaden zu. Außerdem können die gewalttätigen Übeltäter, indem sie sich verschwören und untereinander organisieren, dem geistigen Leben nicht nur einzelner Menschen, sondern auch ganzer Völker und der ganzen Menschheit unzählige Verluste einbringen. Nichtsdestoweniger ist die physische Gewalt nicht die einzige, nicht die hauptsächliche, nicht die verderblichste Manifestation ihrer Boshaftigkeit.

Der Mensch geht nicht zugrunde, wenn er arm wird, hungert, leidet und stirbt, sondern wenn er geistig arm wird und moralisch und religiös verwest; er geht nicht zugrunde, wenn er ein schweres Leben hat oder es unmöglich ist, seine Existenz aufrechtzuerhalten, sondern dann, wenn er unwürdig lebt und in Schande stirbt. Er geht nicht zugrunde, wenn er leidet und Entbehrungen und Unglück duldet, sondern dann, wenn er sich dem Bösen ausliefert. Und eben den Zustand, in dem der Mensch sich ausliefert, keinen Widerstand leistet, gehorsam ist, in den Genuss des Bösen kommt und ihm treu bleibt, kann man weitaus leichter nicht durch physische Gewalt, sondern durch andere, weitaus mildere Mittel erreichen; außerdem führt gerade die physische Gewalt nicht selten zum gegensätzlichen Resultat: zur Läuterung der Seele, Festigung und Abhärtung des geistigen Willens. Das Böse findet seinen Eingang in die Seele leichter, indem es sich hineinschleicht und lockt, als dass es Gewalt antut und verletzt; für das Böse erscheint es zweckmäßiger, unter einem Deckmantel zu erscheinen, als seine Widerwärtigkeit kundzutun. Daher üben die Übeltäter, indem sie die Nicht-Übeltäter zu überwinden wünschen, nicht nur Gewalt aus und töten, sondern loben das Böse, tadeln das Gute, lügen, verleumden, sind listig, propagieren und agitieren. Nach der Erlangung der Autorität befehlen und unterdrücken sie, schließen aus und nötigen mit Drohungen; sie verführen, indem sie gefühlsmäßig den Blick, das Gehör und Bewusstsein betören, und indem sie den törichten Instinkten frönen und diese bis zum Zustand leidenschaftlichen Brandes bringen. Sie erwecken in den Seelen das Gefühl der Beleidigung, des Neids, der Feindschaft, der Rache, des Hasses und der Bosheit; sie versetzen die Menschen in belastende, erniedrigende und unerträgliche Lebensbedingungen; sie erkaufen sich Menschen durch Vorteile, Ruhm und Macht; sie bemühen sich, das Gefühl der eigenen Würde, des Respekts und der Treue der Menschen zueinander zu untergraben; sie lehren das Böse durch einfache Wiederholung, schamloses Beispiel, unauffällige Ansteckung, Suggestion, Erschütterung des Willens, Vermittlung verderblicher seelischer Mechanismen; und sie streben danach, das Ganze durch offensichtliches Glück, durch die Straflosigkeit und den Lärm eines satten Festessens zu verhüllen …

Die boshafte Gewalt und der Mord verdichten natürlich die widerwärtige Atmosphäre dieses boshaften Dahinschreitens, doch die Hauptmanifestation des Bösen und seine verderblichste Folge bleibt eben die qualitative Pervertierung und architektonische Verwesung des lebendigen Geistes. Die Gewalt selbst, bei all ihrer äußerlichen Grobheit, vergiftet nicht so sehr den Körper als den Geist; der Mord selbst, bei all seiner tragischen Unverbesserlichkeit, richtet sich nicht so sehr gegen das Opfer, sondern gegen seine Verbliebenen. Sowohl das eine als auch das andere flößt Angst ein und verstärkt die Wirkung der Anstößigkeit: beides erschüttert den Willen, weckt die Leidenschaften, verzerrt die Einsicht …

Daher eben muss man anerkennen, dass die äußere Gewalt zur Manifestation des Bösen führt und seine Wirkung verstärkt, doch das Böse wird überhaupt nicht durch die äußere Gewalt definiert und dadurch erschöpft.

So beschaffen ist das richtig verstandene Verhältnis zwischen physischer Nötigung, Gewalt und Bosheit.

„Der Schlag der Glocke“
Teil 1 des Triptychons „Reue“
2004, Öl auf Leinwand, 700 x 1300 (Ausschnitt)
von Pawel Wiktorowitsch Ryschenko

8.
Problemstellung

Alle diese Voruntersuchungen und Vorüberlegungen, die den Weg ebnen und die Perspektive verdeutlichen, erlauben es nun, sich der Grundproblemstellung zuzuwenden: der geistigen Zulässigkeit des Widerstands gegen das Böse mittels der physischen Nötigung und Unterdrückung.

Es versteht sich, dass das Problem solange nicht vorliegt, bis die hinter ihm verborgenen, realen, gegenständlichen Werte festgelegt und definiert sind. Wie kann man über das Böse diskutieren, ohne dessen echte Natur bezeichnet und erschlossen zu haben? Was kann man über die Nötigung sagen, wenn man sie mit Gewalt verwechselt und weder ihre geistigen Funktionen sieht noch ihre Motive noch ihre Bestimmung? Ist es etwa erlaubt, sich auf die Natur des Guten zu berufen, indem man annimmt, dass sein Wesen allgemein bekannt ist, und ohne zu bemerken, dass es vereinfacht und in der Betrachtung verzerrt wird? Zu welchem Resultat kann man gelangen, außer zu einer haltlosen Frage und zu einer haltlosen Antwort?

Doch damit eine Problemstellung und deren Lösung richtig gelingt, bedarf es nicht nur der Bestimmtheit des objektiven Reflexionsvermögens — notwendig ist auch die konzentrierte Anstrengung der Aufmerksamkeit, um jene vorliegende Zusammensetzung der Bedingungen festzuhalten, außerhalb welcher die Problematik scheitert oder aufgehoben wird. So ist es nicht angebracht, die Problematik des „spezifischen Gewichts des Stahls" deswegen zu untersuchen, um später unauffällig „Stahl" durch „Roheisen" zu ersetzen, und indem man ferner nebenbei erklärt, dass „Roheisen" im Grunde „Erz" wäre, nicht das „spezifische Gewicht" bestimmt würde, sondern das „absolute Gewicht" irgendeines zufällig gefundenen Erzstücks … Dem ähnlich ist es nicht angebracht, das Formproblem der „Sonate" deswegen zu untersuchen, um zu erklären, dass es überhaupt keine Sonate gäbe, dass ihre Existenz unmöglich, dass es besser wäre, überhaupt keine Musik zu hören, und dass das Allerbeste die innere Selbstbetrachtung eines tauben Menschen wäre … Jedes Problem hat nur *bei zugrundeliegenden Werten* Sinn und bei deren *richtiger praktischen* Wahrnehmung; ohne diese scheitert das Problem und entbehrt jeden Sinns; und dann zeigt sich jener, der trotzdem das Problem in dieser Form weiterhin zu lösen versucht, in einer lächerlichen Lage und erweist sich als jemand, der scheinbar an scheinbaren Werten sich abmüht und dann mit Begeisterung die absolute Wahrheit verkündet.

Das Problem über die Zulässigkeit des Widerstands gegen das Böse mittels der physischen Nötigung und Unterdrückung zu diskutieren, hat nur unter Erfüllung folgender Bedingungen einen Sinn.

Erstens dann, wenn *das echte Böse* gegeben ist — nicht etwas, was ihm ähnlich ist, nicht sein Schatten, sein Gespenst, nicht äußerliche „Katastrophen" und „Leiden", nicht Verirrung, nicht Schwäche, nicht die „Krankheit" eines unglücklichen Leidenden. Man muss sich *den bösen menschlichen Willen* vor Augen halten, der sich in allen äußeren Handlungen dartut. Vor dem Gericht *des Rechtsbewusstseins* wird es der Wille sein, der sich gegen das Wesen des Rechts und das Ziel des Rechts richtet; da aber die Geistigkeit *das Wesen* des Rechts bildet, und das Dasein des lebendigen Geistes *das Ziel* des Rechts ist, so wird es *ein antigeistiger Wille* sein — gemäß seiner Quelle, seiner Richtung, seines Ziels und seines Mittels. Vor dem Angesicht *des moralischen Bewusstseins* wird es ein Wille sein, der sich gegen die lebendige Einigkeit der Menschen richtet; da aber die Liebenswürdigkeit das Wesen dieser Einigkeit und die Liebe die einigende Kraft selbst ist, so wird es *ein Wille* sein, *der gegen die Liebe ist* — gemäß seiner Quelle, seiner Richtung, seines Ziels und seines Mittels. Überall dort, wo sich ein Wille, der antigeistig und gegen die Liebe ist, in den äußeren Handlungen dartut, taucht die Frage über den Widerstand gegen das Böse mittels der Unterdrückung auf. Es ist verständlich, dass diese Frage überall dort *unverzüglich gelöst* werden muss, wo die innere Nötigung sich als kraftlos erweist, der böse Wille aber als innerlich besessene äußere Kraft fungiert, d. h. dort, wo der Wille sich als geistig blinde, verbissene, aggressive, gott- und schamlose, geistig verwesliche und unaufhaltsame Bosheit manifestiert; und folglich dort, wo auf reale Weise jene Zusammensetzung des Verhaltens und der Handlungen gegeben ist, für welche die Barmherzigkeit des Evangeliums als das Mindestmaß die Versenkung mit dem Mühlstein um den Hals bestimmt hat (Mt 18,6).

Es ist verständlich, dass die Deutung der vorliegenden Bosheit als eine Krankheit, eine Verirrung, eine Schwäche, ein zufälliger Fauxpas etc.[49] — das Problem nicht löst, sondern die Problemstellung *verwirft;* und dann erweisen sich alle Aufrufe zu der überredenden Widerstandslosigkeit nicht als Antwort auf die Frage, sondern als *das verhüllte Ausweichen* vor der Frage und der Antwort.

Die *zweite* Bedingung der richtigen Problemstellung ist das Vorhandensein *einer richtigen Wahrnehmung* des Bösen, einer Wahrnehmung, die jedoch *nicht zu dessen Akzeptanz* führt. Solange das Böse von keinem wahrgenommen wird, solange keine einzige Seele seine äußeren Handlungen sieht und die sich hinter ihnen verborgene und in ihnen sich realisierende Bosheit erkennt, hat niemand Grund noch Anlass, das Problem des äußeren Widerstands aufzustellen und zu lösen. Gerade deswegen *ignorieren* viele Menschen, indem sie von der vorahnenden Notwendigkeit der Antwort im Voraus beschwert werden, das Böse und ziehen es vor, es nicht zu sehen: Sie meiden die heranrückenden Fakten[50], sie deuten diese „gutmütig" im besten Sinne, sie verstecken sich hinter der Unmöglichkeit und Unzulässigkeit, den Nächsten zu verurteilen, sie verhärten sich

---

49 Siehe Tolstoi, *Das Gesetz der Gewalt und das Gesetz der Liebe,* [S. 3, 139]; *Lesekreis,* [Band III, S. 14, 101, 103]; *Der Patensohn,* [Band XI, S. 629-634].

50 Siehe Tolstoi, *Lesekreis,* [Band I, S. 15]: „Wenn du über die dummen Taten der Menschen hörst, höre nicht zu Ende und bemühe dich das zu vergessen, was du gehört hast".

im „Glauben", dass das Böse den Menschen nicht eigen wäre.[51] Es ist verständlich, dass ein Mensch, der sich abwendet, der nicht sieht, nicht wahrnimmt, nicht untersucht, das Problem nicht lösen kann, denn er *rottet es in sich selbst aus,* er befreit sich von dessen Bürde, hebt dessen Ernst und Schwierigkeit auf, sich selbst aber entzieht er das Recht, an dessen Diskussion teilzunehmen; demzufolge erweisen sich alle seine Urteile bezüglich der gegebenen Fragestellung als entweder inkompetent — wie die Urteile eines Blindgeborenen über die Komplementärfarben — oder als scholastisch — wie die Urteile eines Moralpredigers über von ihm nicht erfahrene, sondern ausgedachte Zustände.

Sollte man mittels der Physis Übeltaten unterdrücken oder nicht — bei dieser Problemstellung ist nur derjenige kompetent, der *reales Übel gesehen hat,* der es empfangen und untersucht hat, der teuflische Verbrennungen erfahren und davongetragen hat; der sich nicht abgewendet, sondern seinen Blick in die Augen des Satans gerichtet hat, der der Gestalt des Bösen erlaubt hat, sich authentisch und wahr in ihm zu spiegeln, der dieses ertrug, ohne davon angesteckt zu werden, der *das Böse zwar empfangen,* jedoch *es nicht angenommen hat.* Denn derjenige, der das Böse annimmt, wird von ihm angesteckt, wird bis zu einem gewissen Grad selbst zum Bösen, und dadurch verwandelt er sich von einem sich widersetzenden Subjekt zu einem Subjekt, dem man sich widersetzen sollte. Soll er die Frage nach den Möglichkeiten des Widerstands lösen? Derjenige aber, der das Böse nicht angenommen hat, hat es wirklich erkannt, wurde jedoch selbst nicht zum Bösen; er hat es in seiner geistigen Erfahrung, sieht seine Natur, kennt seine Wege und Gesetze, und daher ist er in der Lage, richtig das Problem des Widerstands aufzustellen und es zu lösen; indem er es erfuhr und zurückwies, wurde er weiser und erlangte dadurch die Kraft der Schau und das Recht zu urteilen.

---

[51] Siehe Tolstoi, *Das Gesetz der Gewalt und das Gesetz der Liebe,* [S. 129], *Das Reich Gottes ist inwendig in Euch,* [S. 66].

Die *dritte* Bedingung der richtigen Fragestellung ist das Vorhandensein *der authentischen Liebe zum Guten* in der fragenden und das Problem lösenden Seele. Das Problem des Widerstands gegen das Böse ist kein theoretisches, sondern ein praktisches Problem; die Problemstellung, ihre Diskussion und Lösung setzen voraus, dass der Mensch nicht nur die Äußerungen und die Handlungen der Menschen wahrnimmt, betrachtet und sogar untersucht, sondern sie auch bewertet, zu ihnen eine lebendige akzeptierende oder ablehnende Beziehung knüpft, mit dem Ausgewählten und Vorgezogenen sein Wohlbefinden auswählt, vorzieht und verbindet, seine Freude, sein Leben und sein Schicksal. Hier reicht es nicht aus zu untersuchen und wahrzunehmen — man muss lieben und in die lebendige Gleichheit damit treten; hier reicht es nicht aus zu denken, man muss aufrichtig und authentisch fühlen; hier reicht es nicht aus zu konstatieren, man muss sich freuen und sich entrüsten. Wenn ein Mensch, der den Unterschied zwischen dem Guten und dem Bösen nicht kennt, nicht einmal das Problem des Widerstands gegen das Böse erkennen kann, so kann ein Mensch, der diesen Unterschied kennt, sich jedoch *indifferent* dazu verhält, dieses Problem zwar erkennen, doch weder die Problemstellung vorbringen noch zur Lösung des Problems etwas beitragen. Denn es eröffnet sich nur demjenigen, der es zum zentralen Sinn seiner Seele macht, der es deshalb nimmt, weil es ihm unmöglich ist, es nicht nehmen zu können, und es ist ihm deshalb unmöglich, es nicht nehmen zu können, weil die Frage nach dem Sieg des Guten über das Böse die Frage nach seinem persönlichen Sein und Nichtsein ist. Der authentische Widerstand gegen das Böse wird nicht auf seinen Tadel reduziert und wird nicht durch seine Ablehnung erschöpft, nein, er stellt den Menschen vor die Frage nach Leben und Tod, indem er von ihm die Antwort fordert, ob er beim Vorhandensein des siegenden Bösen leben sollte, und wenn es sich lohnt, *wie* er *eben* leben sollte, um diesen Sieg zu verhindern. Wenn der Triumph der blasphemischen Antigeistigkeit und der boshaften Antiliebe den Menschen nicht erwürgt und das Licht in seinen Augen nicht auslöscht, dann bedeutet dies, dass in seiner Seele keine Basis für das wahre Begreifen und Lösen des Problems des Widerstands gegen das Böse gegeben ist. Denn dieses Problem wird wie folgt formuliert: Was sollte derjenige tun, der *authentisch die Naturkraft des Geistes und der Liebe liebt* und nun bei ihrer Beschädigung, Pervertierung und Auslöschung zugegen ist? Ist etwa derjenige, der nicht liebt, kompetent genug, über die Tragödie des Liebenden zu urteilen? Was haben ein „Kalter" und ein „Warmer" demjenigen zu sagen, der durch das Brennen das Göttliche empfängt? Sollte man etwa von einem Gleichgültigen erfahren wollen, was er tun wird, wenn er das Verderben dessen sieht, dem gegenüber er gleichgültig ist? Wenn deswegen ein geistiger Nihilist und Indifferenter das Problem des Widerstands gegen das Böse mittels der physischen Nötigung und Unterdrückung aufstellen, heben sie es durch ihre Einstellung auf und liefern dem Problem eine scheinbare Lösung.

Die *vierte* Bedingung der richtigen Problemstellung ist das Vorhandensein *der willensstarken Beziehung zu dem Weltprozess* in der fragenden und das Problem lösenden Seele. Die praktische Natur der Frage setzt nicht nur das Vorhandensein der lebendigen Liebe voraus, sondern auch die Fähigkeit zum *willensstarken Handeln*, und dabei zum willensstarken Handeln nicht nur im Rahmen der eigenen Persönlichkeit, sondern auch außerhalb ihrer Grenzen — in der Beziehung zu anderen Menschen, zu ihrer boshaften Tätigkeit und zu dem Weltprozess, in welchen sie organisch eingegliedert sind.[52] Dieser Prozess bei seiner liebenden und willensstarken Wahrnehmung tritt in der Gestalt eines großen, sich entwickelnden Kampfes zum Vorschein, in welchem der lebendige und gesunde Geist unmöglich auf der Seite des Guten nicht teilnehmen kann: Er kann unmöglich nicht lieben, nicht die Lösung suchen und sich nicht anstrengen, indem er dem einen beisteht und dem anderen

[52] Siehe zwei Regeln, die von Athenagoras und Tatianus geprägt und ausformuliert wurden, in denen Tolstoi seine Gleichgesinnten in Bezug auf die „Widerstandslosigkeit" sah: „verachte die Welt" und „gedenke des Todes".

widersteht. Wenn man also schon nicht danach fragen sollte, was der Gleichgültige tun soll, so ist es erst recht töricht, danach zu fragen, was der Mensch tun soll, der innerlich willenlos ist (wenn so etwas überhaupt möglich wäre) oder der sich der künstlichen Willenlosigkeit ausliefert. Der Mensch, der bewusst seinen Willen von der Teilnahme an der für ihn äußeren Welt ausschließt oder der ihn von der Einwirkung auf das seelisch-geistige Leben und die seelisch-körperliche Tätigkeit anderer Menschen zurückhält, hat weder die Basis noch das Recht, das Problem über den Widerstand gegen das Böse mittels der äußeren Nötigung aufzustellen und es zu lösen. Denn von Anfang an löscht oder vertreibt er von sich jene seelische Fähigkeit (den Willen) und geistige Ausrichtung (auf die fremde Willensäußerung), welche allein dieses Problem nachvollziehen können. Er sollte auch das Problem nicht aufstellen, denn es existiert nicht für ihn; er sollte es auch nicht lösen, weil es für ihn im negativen Sinne schon vorentschieden ist. Und alles, was er in diesem Zusammenhang rechtens beitragen kann, ist die offene Bekenntnis seiner Inkompetenz und die prinzipielle Entscheidung, sich der Teilnahme an dieser Diskussion zu enthalten.

Und schließlich entsteht *fünftens* das Problem des Widerstands gegen das Böse mittels der äußeren Nötigung tatsächlich und wird nur unter der Bedingung aufgestellt, dass der innere Selbstzwang und die psychische Nötigung sich als kraftlos erweisen, den Menschen von seinen Übeltaten zurückzuhalten. Die physische Einwirkung muss als eine *notwendige* wahrgenommen werden, d. h. wie das praktisch einzige, tatsächliche Mittel bei gegebener Sachlage; ohne diese hat es keinen Sinn, ein Problem aufzustellen. Der Kern des Problems aber ist so beschaffen, dass dem Menschen praktisch nur zwei Möglichkeiten, nur zwei Auswege bleiben: entweder billigendes Nichtstun oder physischer Widerstand. Im ersten Fall sieht er, dass die psychische Nötigung unwirksam ist und dass die Übeltat sich trotzdem ereignet, und beendet so entweder gänzlich den Kampf und weicht zur Seite ab („Das geht mich überhaupt nicht an"), oder er fährt fort, diese Mittel anzuwenden, obwohl er sich seines Scheiterns im Voraus bewusst ist. Im zweiten Fall verlässt er die Grenzen der psychischen Nötigung und lenkt den boshaften Willen mittels der körperlichen Einwirkung oder schränkt diesen ein. Es versteht sich, dass derjenige, der einen dritten Ausweg vorschlägt und im gegebenen Fall die Faktizität der Selbsterzwingung und der psychischen Nötigung zulässt oder konstatiert, das Problem nicht löst, sondern es beseitigt; er beweist nicht *das geistige Tabu der praktischen Notwendigkeit* der Unterdrückung, sondern seinen praktischen Unnütz; und dadurch *beseitigt* er das Problem, indem er es umgeht und nicht untersucht.

So beschaffen sind die Hauptbedingungen der richtigen Problemstellung: das authentische Vorliegen der echten Bosheit und das Vorhandensein seiner richtigen Wahrnehmung, die Kraft der Liebe in der fragenden Seele, die Willenskraft in der untersuchenden und das Problem lösenden Seele, und schließlich die praktische Notwendigkeit der Unterdrückung. Das Problem kann nur dann als gestellt gelten, wenn der Fragende anerkennt, dass *alle* diese Bedingungen gegeben sind, und wenn er sie im Untersuchungsprozess mit der Kraft seiner Aufmerksamkeit rechtfertigt, nicht zufällig aufgibt und sie mittels einer bewussten Behauptung oder Umdeutung beseitigt. Das Fehlen von mindestens einer Bedingung macht die Fragestellung falsch, die Antwort jedoch zu einer Scheinantwort.

„Sollte ich gegen das Böse mittels des physischen Widerstands kämpfen, wenn das Böse nicht existiert, das aber, was als das Böse erscheint, Leiden ist, welches auf den geistigen Kampf zurückgeführt werden kann?“[53] Es gibt nur eine einzige Antwort: Nein, natürlich solltest du nicht. Doch was ist diese Scheinantwort auf die Frage wert, die sich selbst aufhebt?

„Sollte ich gegen das Böse mittels des physischen Widerstands kämpfen, wenn ich das Böse nicht sehe und nicht weiß, worin es eben besteht,[54] und ob es überhaupt existiert, und

---

[53] *Lesekreis*, [Band III, S. 101-103]; vgl. *Der Patensohn*, [Band XI, S. 187]; *Das Reich Gottes ist inwendig in Euch*, [S. 13-14].

[54] Siehe L. Tolstoi, seine polemische Phrase darüber, dass eine unbestreitbare

wenn es existiert, dann, ob es jetzt existiert und wo eben?" Es kann nur eine einzige Antwort geben: Solange du es nicht siehst und nicht findest — lass es. Doch welchen Wert hat eine solche beruhigende Antwort auf die Frage eines naiven und geistig-blinden Kindes?

„Sollte ich gegen das Böse mittels des physischen Widerstands kämpfen, wenn das Wirken des Bösen keinem schaden[55] kann oder nur einem wertlosen, einem nicht liebenswerten, einem solchen, der *de facto* weder Schutz noch Unterstützung verdient, und dem gegenüber man sich gleichgültig verhalten sollte?" Die Antwort ruft keinen Zweifel hervor: Nein, natürlich solltest du nicht. Doch welche Bedeutung kann diese berechnend-richtige Antwort auf die angstvolle, zurückweisende Frage haben?

„Sollte ich gegen das Böse mittels des physischen Widerstands kämpfen, wenn mein Wille für alles Äußere tot ist und in diesem seinen Totsein Recht hat, wenn er außerhalb von mir selbst und meiner Seele keine Ziele und Aufgaben hat und zu nichts Äußerem berufen ist?" Die Antwort ist klar: Nein, natürlich solltest du nicht. Doch was kann einem lebendigen Geiste eine solche deduktive Antwort geben, die durch die Formel einer sich tötenden Antwort gefesselt ist?

„Sollte ich gegen das Böse mittels des physischen Widerstands kämpfen, wenn Sanftmut, Überredung, Beweise oder Appell an die Scham und das Gewissen genauso wirksam oder bei weitem wirksamer sind?" Die Antwort ist zweifelsohne: Natürlich solltest du nicht. Doch wen beruhigt diese selbstevidente Antwort, welche die tragische Tiefe des verschwiegenen Dilemmas ignoriert?

Die richtige Problemstellung liefert eine ganz andere Frageformel, eben: Wenn ich echte Bosheit oder einen Strom an echten Übeltaten sehe, und es keine Möglichkeit gibt, ihn durch

---

Definition des Bösen nicht möglich ist. *Das Reich Gottes ist inwendig in Euch,* [S. 13, 18]; *Mein Glaube,* [S. 66-67].

55 Siehe sogar bei Marcus Aurelius, *Selbstbetrachtungen,* Buch VII, [Paragraph] 55: „Das Laster schadet überhaupt in nichts der Welt...".

seelisch-geistige Einwirkung zu stoppen, ich aber authentisch durch Liebe und Willen mit dem Ursprung der göttlichen Güte nicht nur in mir, sondern auch außerhalb von mir verbunden bin, — sollte ich etwa dann meine Hände [in Unschuld] waschen, zur Seite treten und dem Übeltäter die Freiheit überlassen, blasphemisch und geistig verderblich zu sein, oder sollte ich mich einmischen und die Übeltat durch physischen Widerstand unterdrücken, indem ich mich bewusst der Gefahr, den Leiden, dem Tod aussetze, und vielleicht sogar der Minderung und Verzerrung meiner persönlichen Gerechtigkeit?

9.
Über die Moral der Flucht

So wird das Problem des Widerstands gegen das Böse in seinem überaus ernsten, intensiven und tragischen Teil vorgestellt, welcher die Frage nach der Zulässigkeit der physischen Nötigung und Unterdrückung beantwortet. Von Anfang an ist klar, dass sich diese Problemstellung nicht nur wesentlich von jener Problemstellung unterscheidet, die von den Predigern der „Widerstandslosigkeit" vorgelegt wurde, sondern sie auch gänzlich ablehnt. Denn deren Problemstellung beruht vollständig auf einer unzureichenden, geistig-falschen, rein persönlichen, praktisch nicht erprobten, philosophisch-unreifen Erfahrung. Nicht objektiv nehmen sie das wahr, worüber sie sprechen – sie gehen von ihren eigenen seelischen Zuständen aus und ahnen nicht, dass dies philosophisch gefährlich und unzulässig ist.

Die Erfahrung eines jeden Menschen ist begrenzt, sowohl bedingt durch die ihm verliehenen Fähigkeiten als auch bedingt durch die Zusammensetzung der ursprünglich ihm zugänglichen Inhalte. Und jeder Mensch hat die Aufgabe, seine Fähigkeiten gedeihen, reinigen und vertiefen zu lassen, sie objektiv zu prüfen, zu vermengen, und seine Lebensinhalte zu intensivieren; indem er dies vernachlässigt, liefert er sich selbst dem geistigen Zerfall und der Verarmung aus. Doch wenn ein jeder Mensch eine solche Berufung hat, dann ist für den *philosophierenden* und *lehrenden* Schriftsteller der Zweifel an der Stichhaltigkeit und Richtigkeit seiner geistigen Erfahrung – Verpflichtung, heilige Forderung, Grundlage des Daseins und Schöpfertums; indem er dies vernachlässigt, untergräbt er selbst sein Werk und verwandelt seine philosophische Untersuchung und Erforschung in einen subjektiven Erguss, die Lehre aber in eine Propaganda für seinen persönlichen Weg mit allen seinen Mängeln und falschen Meinungen. Ein Mensch mag zwar sehr begabt sein, kann jedoch trotzdem an der Torheit und Hässlichkeit Gefallen haben; er kann zwar tiefsinnig sein, doch trotzdem gleichgültig an dem Geweihten und Göttlichen vorbeigehen; seine Billigung zeugt nicht von der Würde des Gebilligten; sein Tadel kann auf rein persönlichen Abneigungen und Leidenschaften oder auf der panischen Vermeidung des Unbewussten (von Phobien) basieren; seine Überzeugung kann das Produkt einer abstrakten Einbildung sein – einer Neigung zum Paradoxen, zur mentalen Affektiertheit, zum zügellosen Protest oder zur malerischen Stilisierung. Und es ist ein Unheil, wenn die Gefahr und Unzulässigkeit einer solchen Lehre vom Philosophen nicht wahrgenommen wird, wenn die Religiosität ihn nicht die geistige Demut lehrt, wenn er in Ehrfurcht gerät vor seinen Leidenschaften und Abneigungen! Dann erweist sich seine ganze Philosophie bestenfalls als eine gelungene Selbstbeschreibung – quasi als ein Autoporträt seiner Seele –, seine Lehre aber als ein Aufruf zur Nachbildung dieses Porträts in anderen Seelen ...

Um zu lehren – zum Beispiel über das Verhältnis von „Bosheit" und „Liebe" –, reicht es nicht aus, sich nur das vorzustellen, was sich gewöhnlich philosophisch-unkundige Kleinbürger dazu vorstellen: Das „Böse" ist überhaupt nicht mit dem kongruent, was „mich *empört*" oder was „mich *besonders* empört" oder was mich *immer* empört; die „Liebe" ist überhaupt nicht „mitleidiges Schaudern beim Anblick fremder Marter" oder „Zufriedenheit durch fremde Zufriedenheit" oder der „Wunsch, immer das zu besitzen, was einem gefällt" etc. Wenn der Denker bei einer solchen oder einer ähnlichen Deutung stehenbleibt und dabei sogar meint, die letzte Wahrheit erkannt zu haben, so verschafft er sich ein tragikomisches Resultat in Form einer anmaßenden falschen Lehre. Und die Sache wird dabei nicht auf einen Fehler in der „logischen Definition" reduziert. Der Fehler ist nicht so sehr im Denken zu suchen als vielmehr in der *geistigen Erfahrung*. Nicht jeder Mensch verfügt über die echte Erfahrung des echten Bösen, der echten Liebe, der echten Religiosität, des echten Willens, der echten Tugend etc. Eine große Zahl der Menschen kümmert sich auch nicht um den Erwerb davon, und weiß auch nicht, wie das Genannte erworben wird. Viele könnten es vielleicht auch nicht erwerben, sogar wenn sie es wollten und sich darum bemühten. Es wäre auch schwierig, dies von jedem Kleinbürger als solchem zu verlangen. Doch ein lehrender Philosoph, der sich mit persönlichen, hausbackenen Vorstellungen zufriedengibt, der führt die geistigen Grenzen seiner Persönlichkeit in die Komposition der von ihm dargestellten heiligen Gegenstände und versucht bewusst oder unbewusst, seine Invalidität und Blindheit in der Menschheit zu legitimieren und zu kanonisieren. Bedauerlicherweise ist eine solche Art zu „kreieren" und zu „lehren" in den Publikationen der russischen Philosophen ziemlich verbreitet, und selbst eine ausgesprochen schöpferische Begabung bewahrt nicht immer vor diesem falschen und schädlichen Weg.

Die Frage nach der Zulässigkeit des Kampfes gegen das Böse mittels des physischen Widerstands fordert von dem Philosophen vor allem das Vorhandensein der richtigen geistigen Erfahrung in der Wahrnehmung und dem Erleben des *Bösen*, der *Liebe* und des *Willens*, und ferner – der *Sittlichkeit* und *Religiosität*. Denn die ganze Problematik besteht darin, dass die *sittlich-edle* Seele die *religiös-richtige, willensstarke* Antwort auf den wütenden Andrang *des äußeren Bösen* in ihrer *Liebe* sucht. Dieses Problem anders zu deuten, bedeutet, es zu umgehen oder aus der Diskussion auszuschließen.

Und so bemühen sich L. Tolstoi und seine Nachfolger vor allem darum, dieses Problem zu umgehen oder es aus ihrer Diskussion auszuschließen. Unter dem Deckmantel der Problemlösung versuchen sie die ganze Zeit, der suchenden Seele aufzuzeigen, dass ein solches Problem überhaupt nicht existiert, denn erstens sei das so beschaffene schreckliche Böse nicht gegeben[56], sondern es gebe nur für den fremden

[56] L. Tolstoi, *Das Gesetz der Gewalt und das Gesetz der Liebe*, [S. 129, 138-139]; *Lesekreis*, [Band III, S. 101-103].

Geist[57] harmlose Verirrungen und Fehler[58], Schwächen[59], Leidenschaften[60], Sünden und Verfehlungen[61], Leiden[62] und Unglück[63]; wenn sich zweitens das Böse in anderen Menschen zeige, so müsse man sich von ihm abwenden und ihm keine Aufmerksamkeit zukommen lassen[64], es weder beurteilen noch verurteilen[65] – so werde es quasi nicht existieren; drittens komme dem liebenden Menschen dieses Problem nicht in den Sinn, denn lieben heiße, mit dem Menschen Mitleid zu haben, ihn nicht zu kränken, und ihn selbst zu überreden, damit er auch liebe, in allen anderen Fällen aber ihn nicht zu stören, sodass die Liebe sogar die „Möglichkeit eines Gedankens" über den physischen Widerstand ausschließe[66]; viertens sei dieses Problem nichtig, weil der sittliche Mensch sich um die Selbstvervollkommnung[67] bemühe und den anderen die Freiheit der Selbstregulierung überlasse, indem er von ihnen seinen Willen abwende und in allem, was sich ereigne, den „Willen Gottes" erkenne[68]; und schließlich fünftens, wenn man nun sich entschlösse, gegen das äußere Böse zu kämpfen, so gebe es *immer* andere, bessere und bei weitem zweckmäßigere Mittel und Maßnahmen[69]. Dies heißt, dass das Wesen der Bosheit und die Beziehung zu ihm und das Wesen der Liebe und der Sittlichkeit, des Willens und seiner Ausrichtung, die

---

57 *Das Gesetz der Gewalt und das Gesetz der Liebe,* [S. 1-3].
58 *Lesekreis,* [Band III, S. 101].
59 Z. B. *Es ist beschämend,* [Band XI, S. 629-634].
60 Ibid.
61 *Lesekreis,* [Band III, S. 14].
62 *Lesekreis,* [Band III, S. 103].
63 *Das Gesetz der Gewalt und das Gesetz der Liebe,* [S. 3].
64 *Lesekreis,* [Band I, S. 15]; vgl. [Band III, S. 14].
65 Siehe *Lesekreis,* [Band I, S. 68, Band III, S. 13-14, 220].
66 Wörtlich: „die wahre Liebe ... schließt auch die Möglichkeit des leisesten Gedanken über irgendeine Gewalt aus", *Lesekreis,* [Band I, S. 3]; *Das Gesetz der Gewalt und das Gesetz der Liebe,* [S. 173].
67 *Lesekreis,* [Band II, S. 261].
68 Siehe *Das Gesetz der Gewalt und das Gesetz der Liebe,* [S. 53, 110]; *Lesekreis,* [Band III, S. 14].
69 Siehe *Das Gesetz der Gewalt und das Gesetz der Liebe,* [S. 1-2, 53, 152]; *Lesekreis,* [Band II, S. 18-21f.]

Hauptnatur der Religiosität selbst und sogar die Zusammensetzung der menschlichen Beziehungen und Konfrontationen von Anfang bis Ende so interpretiert werden, dass das Problem als umgangen erscheint oder als solches, das aus der Diskussion ausgeschlossen werden kann. Dessen dramatisches Element löst sich in der sentimentalen Ideologie auf, dessen tragische Tiefe wird verschwiegen, die Tugend genießt ihre eigene „Liebe", das Laster aber verstreut unaufhaltsam seinen bösen Willen über die Welt.

Auf diese Weise akzeptieren und propagieren Graf L. Tolstoi und seine Gleichgesinnten ihre Flucht vor diesem Problem als Lösung. Es ist schwierig, irgendein Urteil in ihren Schriften bezüglich dieser Frage zu finden, das keinen Defekt ihrer geistigen Erfahrung und ihrer Bestrebung, der Frage und der Antwort auszuweichen, aufzeigen würde. Und wenn man einen genaueren Blick auf die Flucht dieses Philosophen vor dem von ihm zu lösenden Problem wirft, so offenbaren sich unvermeidlich jene tiefen Grundlagen seiner Weltsicht und Selbstwahrnehmung, auf welche sich dieser ganze, für seine publizistische Tätigkeit typische Fehler gründet. Hier reicht es, diese Grundlagen nur zu streifen, nur auf sie zu verweisen, damit des Fehlers Ursprung deutlich wird.

Im Zentrum der ganzen philosophischen Untersuchung L. Tolstois steht die Frage über die moralische Vervollkommnung des Menschen; von der Lösung dieser Frage hängt alles Weitere ab und wird dadurch bestimmt; eben mit der Antwort darauf verschwindet die grundlegende Angst des Menschen vor dem Tod; eben die Erfahrung der moralischen Vervollkommnung öffnet ihm auch den Sinn des ganzen Lebens sowie die Möglichkeit, die Gottesleere, die ihn am Anfang erschreckt hat und die der zeitgenössischen Seele eigen ist, zu füllen. Streng genommen ist die ganze Weltansicht L. Tolstois entsprossen aus *seiner moralischen Erfahrung*, welche sich über alles erhob, über alles urteilte und alles verurteilte, alles ersetzte und verdrängte: die religiöse Erfahrung, den Wissensdurst, die Kraft der schöpferisch-selbstlegitimen Schau, das Rechtsbewusstsein und die Heimatliebe ...[70] Die Moralität wurde zum höchsten, selbststarken und einzigen Wert, angesichts dessen alles Übrige an Wert verlor.[71] Seine ganze Lehre ist nichts anderes als *Moral*, und darin besteht alles Weitere und dadurch wird es vordefiniert.

Die Moral Tolstois als philosophische Lehre hat zwei Quellen: erstens das lebendige *Gefühl der mitleidigen Anteilnahme*, das bei ihm „Liebe" und „Gewissen" heißt, und zweitens den doktrinären Verstand, der bei ihm „Vernunft" heißt. Diese zwei Kräfte treten bei ihm gesondert und selbstgenügsam auf, ohne irgendwelche höheren, verbessernden und vertiefenden Verknüpfungen einzugehen und ohne sich miteinander zu vermischen: Mitleid liefert seiner Lehre unmittelbare *Materie*, der Verstand theoretisiert *formal* diese Materie und entwickelt sie zu einer weltanschaulichen Doktrin. Jedes andere Material wird als fingiertes und falsches zurückgewiesen, ganz gleich, woher es auch seinen Ursprung nimmt; jedes Abweichen von der verstandesmäßigen deduktiven Reihenfolge wird als unlauterer Trick oder als Sophisma zurückgewiesen.[72] Seine

---

70 Siehe z. B. die ganze Lehre über das Verhältnis der „Wahrheit", der „Schönheit" und der „Güte". *Was ist Kunst?*, [Band XIII, S. 330-331, 454]. Die „Wahrheit" und „Schönheit" werden subjektiv und relativ definiert und werden lediglich als „Mittel zur Erlangung des Guten" anerkannt. In dem Artikel *Was ist Kunst?*, [Band XIII, S. 417], wird deutlich gemacht: „Das religiöse Bewusstsein unserer Zeit in seiner allgemeinsten praktischen Anwendung ist das Bewusstsein dessen, dass unser Gut, sowohl das materielle als auch das geistliche, sowohl das einzelne als auch das gemeinschaftliche, sowohl das zeitliche als auch das ewige, im brüderlichen Leben aller Menschen, in liebender Einigkeit untereinander besteht." Und ferner, [S. 417-418]: „Auf der Basis dieses Bewusstseins müssen wir auch alle Erscheinungen unseres Lebens und unter ihnen auch unsere Kunst bewerten, indem wir aus seiner ganzen Sphäre das hervorheben, was Gefühle übermittelt, die aus diesem religiösen Bewusstsein hervorströmen."

71 „Die Klärung des sittlichen Gesetzes ist nicht nur das Haupt-, sondern auch das einzige Werk der ganzen Menschheit". *Was sollen wir denn tun?*, [Band XI, S. 284]; *Der Uhrmacher*, [Band XI, S. 615-616]; *Was sollen wir denn tun?*, [Band XIII, S. 442]: „das in unserer Welt höchste, den Menschen zugängliche Lebensgut wird durch die Vereinigung untereinander erzielt".

72 Siehe: „Ich errötete nicht vor den Schlussfolgerungen der Vernunft", *Über die Bestimmung der Wissenschaft und Kunst*, [Band XI, S. 385]; „Ich ängstigte mich

ganze Weltanschauung kann auf die These reduziert werden: „Man muss lieben (Mitleid haben), sich dazu erziehen, sich dafür enthalten und abmühen, darin Seligkeit finden, alles andere zurückweisen"[73]. Und seine ganze Lehre ist die verstandesmäßige Entwicklung dieser These.

Eben die Form der verstandesmäßigen Moral verleiht seiner Lehre den Charakterzug *eines gespaltenen Selbstempfindens,* das stets an seine Sünde denkt und „sich" mit „seiner bösen Begierde" vergleicht.[74] Ein Moralist ist immer innerlich gespalten; er ängstigt sich vor der eigenen Sündhaftigkeit, betrachtet sie argwöhnisch, überwacht sie pedantisch, verurteilt sie, ängstigt sie und wird selbst von ihr in Angst gehalten, immer bereit zur Selbstnötigung und *unfähig zum ganzheitlichen,* starken, heroischen *Drang.* Doch eben eine solche Ganzheitlichkeit und ein solcher Drang sind notwendig zur äußeren Unterdrückung des Bösen.

Ferner verleiht die Form der verstandesmäßigen Moral seiner Lehre den Charakterzug *der Strenge, die alles gerade macht,* die nur die Fülle eines unerreichbaren Ideals anerkennt,[75] – nur eine Linie (ein Kriterium!), und dabei eine *gerade* Linie (ohne Abweichungen!). Für den Verstand ist alles klar und einfach, er sieht nicht die Schwierigkeiten des inneren und äußeren Le-

---

vor meinen Schlussfolgerungen, ich wollte ihnen nicht glauben, doch nicht glauben konnte ich nicht", *Nachwort zur Kreutzersonate,* [Band XII, S. 441]; siehe: „unser vernünftiges Bewusstsein", *Das Reich Gottes ist inwendig in Euch,* [S. 137].

73 „Die Liebe ist die einzige vernünftige Tätigkeit des Menschen", *Das Leben,* [Band XI, S. 417].

74 Gewöhnlich werden bei Tolstoi verglichen: das „vernünftige Ich", der „geistige Mensch" mit dem „animalischen Ich", mit dem „animalischen Menschen", mit der „animalischen Persönlichkeit", die für ihr Wohl bereit ist, das „Wohl der ganzen Welt" zu opfern. Siehe z. B. Kapitel *Das Leben,* [Buch XI, S. 415-430]; *Nachwort zur Kreutzersonate,* [Band XII, S. 433-444]; *Auferstehung,* [Band XIV, S. 63]; *Angst vor dem Tod,* [Band XI, S. 443].

75 L. Tolstoi: „das Ideal ist nur dann ein Ideal, wenn seine Realisierung nur in der Idee möglich ist", *Nachwort zur Kreutzersonate,* [Band XII, S. 438]; „Die Anweisung einer niemals zu erreichenden Vollkommenheit", ibid., [S. 439]; „die Planke eines Ideal herunterzusetzen" ... „bedeutet das Ideal zu zerstören", *Das Reich Gottes ist inwendig in Euch,* [S. 37].

bens, er kennt nicht die tragischen Widersprüche; sein Werk ist es, die Schwierigkeit bis zur Klarheit zu vereinfachen und die Klarheit zu einer systematischen Einheit zu führen. Er ist blind für die Realität und hat es nur mit abstrakten Begriffen zu tun. In seiner Moral gibt er nur ein einziges Kriterium, ein Schema, eine Schablone, einen Stempel, und er weist das zurück, was er nicht begreifen kann. Er ist ein Rigorist, es zieht ihn zu allgemein akzeptierten und abgelehnten Urteilen: Alles ist entweder „a" oder „nicht a"; jedes „a" wird akzeptiert, jedes „nicht a" verurteilt; doch alles andere ruft als „Eigennutz" und „Gewissenlosigkeit" seinen Zorn hervor. Hieraus rührt die Unfähigkeit seines Verstandes, die Schwierigkeit und Tiefe der Lebenslagen und Lebensbestimmungen zu erkennen, hieraus auch seine Unfähigkeit, die Fragen der Lebenszweckmäßigkeit zu lösen, die sich für ihn in Fragen nach der Moraltreue *verwandeln*. Doch eben die Betrachtung *der Schwierigkeit und der Zweckmäßigkeit der Lebensbeziehungen* ist notwendig für den physischen Widerstand gegen das Böse.

Ferner verleiht die Form der verstandesmäßigen Moral der Lehre Tolstois den Charakterzug eines eigenartigen *Egozentrismus und Subjektivismus*. Verängstigt durch seine sündigen Begierden und die Notwendigkeit, sie unter ein einziges richtiges Kriterium zu bringen, beginnt der Moralist, das „Böse" seiner Seele als das echte, hauptsächliche und einzige Böse zu empfinden, und seinen inneren Kampf als das zentrale Ereignis der Welt. Die Moral lehrt niemals über das „Gute" und „Böse", sondern über *das persönliche Gute und die persönliche Verderbtheit*; sie ist mit einem Atom beschäftigt – mit dem menschlichen Individuum –, und der Radius ihrer Aufmerksamkeit ist begrenzt: Der Moralist ist gewöhnlich dem unmittelbaren Zustand seiner eigenen Seele zugewandt, abgewandt hat er sich jedoch von allem anderen. Dies erklärt sich dadurch, dass die Moral, auch wenn sie allgemein notwendig ist, doch das erste, niedere Stadium des Aufstiegs zur praktischen Vollkommenheit ist. In diesem anfänglichen Stadium ist die instinktive Disposition der Selbstliebe, welche einem selbsterhaltenden Wesen eigen ist, noch nicht überwunden; die Ausrichtung (Intention) des eigenen Willens und der Aufmerksamkeit ist schon erneuert und bereits in das geistige Stadium eingetreten, denn der Mensch sucht irgendeine objektiv-bedeutende *Vollkommenheit*, aber der gegenständliche Umfang der Aufmerksamkeit ist durch die Grenzen der Persönlichkeit beschränkt, und der vormalige instinktive „Egoismus" ist dem „moralischen Egozentrismus" gewichen. Der Moralist ist ein Wesen, das sich in sich selbst eingehüllt hat (ein introvertiertes Wesen) und das sich auf seine Zustände und Erlebnisse, auf seine Neigungen und Verdienste konzentriert. Für ihn ist es wichtiger und wertvoller, sich selbst irgendeines törichten Verhaltens zu enthalten, als einen großen lebensspendenden Beitrag zu dem gemeinschaftlich-kirchlichen, nationalen oder gesellschaftlichen Leben zu leisten. Diese Konzentration auf das Eigene, Innere ist bei ihm (gerade aus der Perspektive der Moralität) nicht selten so stark, dass er faktisch an die Realität seiner eigenen Stimmung *glaubt*, und *nicht ganz* an die Realität *fremder* Seelenzustände und *fremder* äußerer Handlungen.[76] Indem er sich permanent mit seiner Seele auseinandersetzt und pedantisch ihre richtige Erkenntnis und das richtige Urteilen über sie sucht, lernt er nicht richtig, *die fremden Stimmungen* wahrzunehmen, und gewöhnt sich daran, fremde Seelen als dunkle, unbekannte und unfassbare Sphäre anzusehen, über welche weder er noch irgendein anderer „das Recht zu urteilen hat". Die jedem Menschen notwendige innere Vervollkommnung gewinnt nach und nach in seinem

[76] „Das Leben ist nur das, was ich in mir erkenne". *Verschiedene Gedanken*, [Band XIII, S. 522]; „das wahre Wissen des Menschen mündet in der Erkenntnis seiner Persönlichkeit, seines Tiers. Dieses Tier… kennt der Mensch ganz besonders von dem Wissen all dessen, was nicht seine Persönlichkeit ist". „Alles, was sich außerhalb des eigenen Ichs befindet, kennt der Mensch nicht, doch er kann es nur beobachten und auf äußere, bedingte Weise bestimmen". Über die anderen Menschen hat der Mensch eine „gewisse äußere Vorstellung, doch er kennt sie nicht". [Band XIII, S. 525]; „vollkommen kennen wir nur unser Leben, unser Bestreben zum Guten und unsere Vernunft, die uns auf dieses Gut verweist", [Band XIII, S. 527]; „wir müssen kennen und wir kennen nur uns selbst", [Band XIII, S. 529].

Leben eine überwiegende, ausschließliche Bedeutung, indem sie zuweilen bis zum moralischen Argwohn und Misstrauen voranschreitet: Er wird zum Gefangenen, zum Sklaven seiner eigenen Tugend, und wenn er dabei alle übrigen Dimensionen und aufsteigenden Wege verwirft, so gewinnt sein Leben den Ton einer selbstverwüstenden Pedanterie.

Verständlicherweise ist es für einen solchen Menschen nur natürlich, zur moralischen Selbstvervollkommnung aufzurufen, in ihr die geistige Allheilmittel zu sehen, und es ist [für ihn] unnatürlich, andere zu erziehen und gegen das Böse, das sich in der Gesellschaft vergegenständlicht, zu kämpfen. Im Falle einer familiären, nationalen und allgemein menschlichen Katastrophe, verursacht durch die siegreiche Explosion des Bösen, wird er furchtsam wie gewöhnlich über seine innere moralische Fehlerlosigkeit und Gerechtigkeit reflektieren und andere zu eben einer solchen Widerstandslosigkeit aufrufen, und dabei denen ähnlich werden, die es in jener Epoche, als die Pest grassierte, möglich machten, dass diese Krankheit sich ausbreiten konnte, und die sich nur um ihre eigene Gesundheit kümmerten.

Schließlich führt diese ganze Untersuchung dazu, dass in der Lehre Tolstois die moralische Treue des seelischen Zustands sich als *das höchste und selbstgenügsamste Ziel* erweist, als der einzige würdige Hauptpunkt der menschlichen Anstrengungen und Bestrebungen. Wenn für den religiösen Menschen die „Moralität“ eine Bedingung oder eine Stufe ist, die zur Gottesschau und Gottesähnlichkeit führt, wenn für den Gelehrten die „Moralität“ ein Existenzminimum der wahren Erkenntnis ist, wenn für den Politiker und Patrioten die „Moralität“ eine Eigenschaft der Seele ist, die reif für den Führungsdienst ist, – so ist hier die „Moralität“ der letzte und nichts anderem dienstbare Selbstwert. Derjenige, der sie erreicht, hat auch etwas Äußeres und Bedingungsloses erreicht, etwas, worin der Sinn des menschlichen Lebens besteht, etwas, was nicht geopfert werden darf – denn sie steht über allem, und es gibt nichts, was höher ist als sie. Alles ist der Moralität untergeordnet, alles wird gemäß ihren Kriterien gemessen; sie ist das Ziel des Ganzen, alles ist für sie ein Mittel. Alles kann und muss man für sie opfern, doch sie opfern, wenn auch nur teilweise, wenn auch nur für einen Augenblick, ist sinnlos, widernatürlich und blasphemisch. Indem der geizige Ritter seinen Schatz findet, beherrscht er Welten, und er kann ihn nicht für irgendetwas anderes eintauschen, solange er nicht aufhört, ein geiziger Ritter zu sein ...

Eben deswegen wird ein Moralist von solcher Disposition, wenn er nur konsequent bleibt, im Leben unvermeidlicherweise zu monströsen Bestimmungen verdammt sein. Denn was *de facto* wird er sich selbst und Gott antworten, wenn er zugegen ist bei der Vergewaltigung eines Kindes durch eine bestialische Schar und im Besitz von Waffen es vorzieht, die Übeltäter zu überreden, indem er an ihre Einsicht und Liebe appelliert, und dann, nachdem er zugelassen hat, dass die Übeltat sich ereignet, weiter im Bewusstsein seiner moralischen Unfehlbarkeit lebt? Oder wird er hier eine „Ausnahme" machen? Doch wofür denn? Wofür wird er seine Gerechtigkeit opfern und etwas „Böses" ausführen, indem er der „Gewalt" widersteht? Wenn dieses Höchste ihm zugänglich ist und von ihm anerkannt wird, so ist es notwendig, dass es formuliert wird ... Doch wenn es ausformuliert wird, was wird dann von der ganzen berüchtigten Doktrin der „Widerstandslosigkeit" übrigbleiben?

„Verabschiedung der Eskorte"
Teil 1 des Triptychons „Das Golgatha des Zaren"
2004, Öl auf Leinwand, 1800 x 2800 (Ausschnitt)
von Pawel Wiktorowitsch Ryschenko

10.
Über die Sentimentalität und den Genuss

Überaus tiefe und maßgebende Verbindungen verknüpfen die Doktrin der „Widerstandslosigkeit“ mit den *inhaltsvollen* Wurzeln der ganzen Lehre. Denn die Idee der „Liebe“, mit der Tolstoi schwanger ging und die er hervorbrachte, bringt von sich aus solche Inhalte in alle ihre Grundsätze und Schlüsse hinein, die dadurch die Unrichtigkeit fast aller Fragen und Antworten vorherbestimmen.

Die „Liebe“, die von seiner Lehre besungen wird, ist ihrer Natur nach ein Gefühl der *mitleidigen Anteilnahme*, welche sich auf ein bestimmtes Wesen beziehen, aber auch die Seele beziehungslos ergreifen kann, indem sie diese in den Zustand der gegenstandslosen Sentimentalität und Verweichlichung versenkt. Eben dieses Gefühl hält für die Seele, indem es in ihr seine Wurzeln schlägt, ihren tiefsten Wahrnehmungsapparat gefangen nimmt und durch sich die Richtung und den Rhythmus ihres Lebens bestimmt, eine ganze Reihe von Gefahren und Verlockungen bereit.

So gibt vor allem dieses Gefühl *per se* der Seele einen *Genuss*, dessen Fülle und Intensivität nur jene kennen, die es erlebt haben.[77] Dieses Gefühl ist ein Gut nicht allein in dem Sinne, dass es moralisch *wertvoll* ist und dass man es emp-

[77] L. Tolstoi besteht auf der Seligkeit der Gerechten, und dabei eben in diesem, irdischen Leben, und demgemäß traktiert er auch die Lehre Christi. Siehe: *Worin besteht das Glück*, [Band XI, S. 201-203]. Es erweist sich, dass die Lehre Christi eine Erscheinungsform der hedonistischen Moral ist „Christus lehrt eben, wie wir uns unseres Unglücks entledigen und glücklich leben können“, ibid., [S. 203]; eine noch flachere Variante lautet wie folgt: „Christus lehrt die Menschen keinen Unsinn zu machen“, ibid., [S. 210]; siehe: *Mein Glaube,* [S. 193]; siehe: *Was sollen wir denn tun?*, [Band XI, S. 300]; „Über die vollkommene Befriedigung“, siehe: *Das Leben*, [Band XI, S. 428]; „Liebe, das selige Leben und die Unendlichkeit“, ibid.; „das, was das menschliche Leben gütig und glücklich macht“, *Vorwort zum Artikel Carpenters,* [Band XIII, S. 484].

finden *sollte,* sondern auch in dem Sinne, dass es *per se* der Seele eine vollkommene Befriedigung liefert, sie versüßt und durch diese Süße sättigt. In diesem Zustand erlebt die Seele sich als eine selige, ein- und ganzheitlich erfasste und aufgelöste; es fließt und strömt sozusagen alles in ihr, tönt und leuchtet, singt und glänzt; sie findet in sich selbst die Quelle eines Glücks, das keiner anderen Sache bedarf, eine Quelle, die durch fremde Willkür nicht beraubt werden kann und im Vergleich zu welcher andere Quellen kümmerlich, schwach und unnötig erscheinen. Doch eben dieser unmittelbare Zugang des Schlüssels zum Genuss, sein selbstgenügsamer Charakter, die Intensität der von ihm verliehenen Befriedigung und besonders seine Fähigkeit, in gegenstandsloser Gefühlsduselei zu spielen und zu singen,[78] können die Seele unauffällig an die geistig ungerechtfertigte und geistig unwichtige Selbstergötzung gewöhnen, und daran, dass man sich auf diese Selbstergötzung und ihre Gewinnung konzentriert. Dieses „Gut" kann die Seele nicht an sich schweißen durch die Kraft seiner geistigen Überlegenheit und Vollkommenheit, sondern durch die Kraft seiner versüßenden Seligkeit[79]; und ferner kann es insofern zur [geistigen] Kälte und instinktiven Abneigung des Ganzen führen, als es kein Gut ist oder es nicht zu einem Gut führt. Dies kann die Praxis und Theorie des moralischen Genusses („Hedonismus") hervorbringen, die auch die Kraft *der Einsicht, der Weltbetrachtung* und die Grundlagen des eigenen *Charakters* verzerrt.

---

[78] Siehe *Das Leben,* [Band XI, S. 429], wo genau das „selige Gefühl der Anteilnahme, bei welchem man alle lieben möchte" beschrieben ist, und „damit man selbst so tut, damit es allen gut geht". „Dies ist als Einziges jene Liebe, in der das Leben des Menschen besteht"; Siehe *Auferstehung,* [Band XIV, S. 416-417], „Mitleid und Anteilnahme ... zu allen Menschen" etc.

[79] Besonders wenn man die Regel Tolstois befolgt: „Darüber nicht zu reflektieren ... ob es irgendeine andere, noch bessere Liebe gibt, als jene, welche Forderungen erhebt". *Das Leben,* [Band XI, S. 428]. Vielleicht tatsächlich „gibt nur eine solche Liebe die volle Zufriedenheit", ibid., jedoch führt sie den Menschen zur geistigen Blindheit.

Den moralischen Hedonisten[80] zieht alles an, was in ihm den Zustand der seligen Anteilnahme hervorruft, und er wendet sich instinktiv von allem ab, was diesen Zustand zu stören, zu zerreißen und auszulöschen droht. Sein geistiges Auge beginnt, in allem das Mitleidvolle zu suchen, und es wendet sich ab oder verschließt sich, wenn im Sichtfeld nur irgendetwas Empörendes oder Widerwärtiges auftaucht. Verärgerung, Verbitterung, Wut sind für ihn beschwerlich, sowohl in ihm selbst als Gefühle, die der gesuchten Seligkeit zuwider sind, als auch in anderen als etwas, was sein eigenes seliges Gleichgewicht und Wohlbefinden zerrüttet; daher lernt er, wie vom Selbsterhaltungstrieb geleitet, sich vom Bösen abzuwenden und sich seinem inneren Guten zu ergeben. Nach und nach gewöhnt sich sein Auge und lernt, in allem das „Mitleidige" zu sehen und das, was *nicht* zu sehen tatsächlich widerwärtig ist. Die beschwerliche, quälende und die Seele ermattende Erfahrung des echten *Bösen* wird von ihm gänzlich abgesondert und ihm vorenthalten; er will diese Erfahrung nicht, er lässt sie in seiner Seele nicht entstehen, und als Folge davon beginnt er schrittweise, überhaupt „nicht an das Böse" und an dessen Fähigkeiten „zu glauben". Nachdem er sich dieser Methode bewusst geworden ist, formuliert er sie als eine Regel, indem er vorschlägt, sich vom Bösen abzuwenden, es nicht anzuschauen, es zu vergessen.[81] Und gemäß dieser Regel beginnt alles von ihm Wahrgenommene, systematisch gefiltert, umgedeutet und verzerrt zu werden. Der moralische Hedonist *sieht nicht das*, was

---

80 Von dem griechischen Wort „ἡδονή" (Freude, Vergnügen) werden die Termini „Hedonismus" und „Hedonist" gebildet. Sie dienen dazu, eine solche Lehre und einen solchen Menschen zu bezeichnen, welcher das höchste Ziel des menschlichen Lebens im Vergnügen sieht. Tolstoi erkannte scheinbar seinen Hedonismus nicht; eben dadurch wird jene Verurteilung erklärt, die er Schopenhauer, den Epikureern, den Utilitaristen, den Mohammedanern wegen ihres „Hedonismus" ausspricht. Vgl. *Religion und Sittlichkeit*, [Band XIII, S. 205, 208]. Es wäre allerdings ein grober Untersuchungsfehler, wenn jemand bei Tolstoi prinzipielle Konsequenz und systematische philosophische Plausibilität zu finden wünschte.

81 Vgl. *Lesekreis*, [Band I, S. 15].

vor ihm real gegeben ist, und er sieht *nicht das,* was authentisch ist. Er schätzt an der Erfahrung nicht die objektive Richtigkeit und Genauigkeit, sondern deren Entsprechung zu seinen subjektiven Dispositionen und zu den aus ihnen hervorsprießenden Phantasien. Er lernt, in der Erfahrung zu phantasieren und seine Phantasien wie Realität zu erleben:[82] Seine Weltbetrachtung bekommt die Charakterzüge einer *idyllischen Antigegenständlichkeit*. Es ist verständlich, wie sich alles auf seine Lebenslehre auswirkt, besonders dann, wenn er sich mit der Frage des „Widerstands gegen das Böse", mit der „Gewalt" beschäftigt ... Allein aus Torheit kann man in ihm einen Lehrer und Anführer sehen.

Verständlicherweise schadet der moralische Hedonist nicht nur der Einsicht, sondern auch *dem Charakter des Menschen*. Der Zustand des Mitleids und der Auflösung schließt *den Willen* nicht nur nicht in sich mit ein, sondern rechnet ihn auch einerseits zu einem unnützen Ursprung und andererseits zu einem strapazierenden, bedrückenden Ursprung und einem solchen, welcher die Auflösung und Fluktuation stört. Denn der Wille löst die Seele nicht auf, sondern sammelt sie und macht sie aufmerksam; er versenkt sie nicht im unbegrenzten, uferlosen Strom, sondern schafft ihr Grenze und Form; er ist nicht gegenstandslos, sondern bestimmend und bestimmt; er kann nicht zu allem ein selig akzeptierendes „ja" sagen, sondern benötigt eine feste, begründete Verneinung. Indem deshalb das hedonistische Mitleid die Seele ergreift und ihren zentralen Wahrnehmungsapparat erobert, verschleppt es sie in eine gewisse *Willenlosigkeit,* die sich wiederum mal in *Gleichgültigkeit,* mal in direkter *Feindschaft* zu jedem Willensdrang und jeder Willensaufgabe äußert. Die „Liebe", die von den mitleidvollen Moralisten bekannt und gepredigt wird, erweist sich als ein *willenloser* oder „passiv-willentlicher" Zustand: diese „Liebe" festigt nicht den Charakter, indem sie die Kräfte konzentriert

---

82 Vgl. *Das Gesetz der Gewalt und das Gesetz der Liebe,* [S. 129] – über das friedliche, gewaltlose Leben unter den Tieren; vgl. die „Untersuchung" des Fürsten P. Kropotkin *Über die gegenseitige Hilfe bei Menschen und Tieren.*

und das geistige Zentrum der Persönlichkeit schmiedet, sondern schwächt ihn allmählich; sie formiert nicht den persönlichen Geist, sondern ergötzt die Seele durch Maßlosigkeit und Unklarheit; durch sie verlernt die Seele das standhafte Verneinen und wird in die alles akzeptierende und alles versöhnende Neutralität gezogen. Eine solche *willenlose Liebe* ist keine *aktive Emotion* mehr, denn die Emotion ist dem Willen nicht feindlich, sondern seiner bedürftig und sucht seine Nähe; doch sie ist auch kein *passiver Affekt*, denn ein Affekt kann grundsätzlich nicht gegenstandslos sein, ähnlich wie eine Wunde ohne einen wundbringenden Pfeil unmöglich ist. Die willenlose Liebe eines hedonistischen Moralisten ist eher eine *„Stimmung"*, welche sich leicht mit der Willenlosigkeit und Gegenstandslosigkeit anfreundet. Als willenlose Stimmung ist die Liebe *sentimental*, und als gegenstandslose Stimmung ist diese Liebe *ziellos*: Sie trägt in sich weder eine geistige *Aufgabe* noch eine geistige *Verantwortung*. Dies ist ein Gefühlszustand, der sich selbst genießt; dies ist nicht der Beginn, sondern das Ende; nicht der Anfang, sondern die Vollendung; nicht die Stufe, sondern das Resultat; dies ist die genussvolle Autarkie oder der autarke Genuss; und jener, der dabei verweilt und nicht erlaubt, dass irgendetwas Äußeres ihn dort herausführt, erklärt sich für *gerecht*. Kann etwa ein solcher willenloser und sentimentaler Charakter, der in sich bewusst den Ursprung des Heroismus auslöscht, der genussvoll in grenzenloser und gegenstandsloser Stimmung versinkt und dabei bewusst seine Gerechtigkeit als die einzige und für alle Menschen musterhafte statuiert, – die heroische Problemstellung nach dem Widerstand gegen das Böse aufwerfen und lösen? Und ist es etwa nicht klar, dass er bei der Lösung dieses Problems eher die willenlosen und ermatteten Seelen verführt als dass er einen Menschen, der auf dem rechten Weg ist, festigt und weise macht?

Ferner bringt – es mag auf den ersten Blick merkwürdig erscheinen – eine solche „Liebe" nicht nur nicht den „Liebenden" mit anderen Menschen zusammen und führt ihn nicht in das eine, lebendige System der Umgänglichkeit, der Solidarität und der Gemeinschaft,[83] sondern im Gegenteil, sie reißt ihn aus diesem System heraus, stellt ihn diesem entgegen und festigt seine Entgegenstellung durch eine eigenartige, philosophisch „gerechtfertigte", praktische Gleichgültigkeit gegenüber dem eigenen Schicksal. Diese Besonderheit erklärt sich auf der einen Seite durch den moralistischen Ansatz der „Liebe", und auf der anderen Seite durch die genussvolle Wirkung.

Die Moral *fordert* vom Menschen Mitleid, *nötigt* ihn dazu, *tadelt* ihn für dessen Abwesenheit. Dadurch bringt sie den Menschen dazu, sich *auf sich selbst* zu konzentrieren, indem sie ihn an den eigenartigen, zuweilen recht feinen Egozentrismus gewöhnt[84]: den moralisierenden Menschen interessiert hauptsächlich (zuweilen ausschließlich) das, was *er selbst* wahrnimmt und das, was er *nicht* wahrnimmt, und sich selbst tadelnd bemüht er sich, in die Zusammensetzung *seines eigenen* Lebens neue, moralisch-wertvolle Erlebnisse einzuführen. Doch wenn es ihm tatsächlich gelingt und er anfängt, den Genuss der sentimentalen Stimmung wahrzunehmen und zu erleben, dann wird der ausgereifte Egozentrismus nicht nur nicht schwach und verschwindet nicht, sondern fixiert und festigt sich in der genießenden Seele. Eben deswegen ist für den sentimentalen Moralisten in seinen Stimmungen nicht der äußere, von ihm „geliebte" Gegenstand wesentlich, sondern er selbst, das „liebende" Subjekt. Es ist wichtig, dass *„ich Mitleid habe"*; und dies ist moralisch wichtiger, wertvoller und psychisch realer als der Zustand dessen, zu dem ich eine mitleidvolle Beziehung habe. Es ist wichtig, dass „ich mitleidvoll tröste"; dann werde ich selig sein; und verglichen mit diesem Zustand der in

---

83 Vgl. sogar in der Verwaltung: „Ich darf so wenig wie möglich die Arbeit der anderen nutzen, und ich muss so viel wie möglich selbst arbeiten.", *Was sollen wir denn tun?*, [Band XI, S. 301].

84 Es ist interessant anzumerken, dass sich dieser native Egozentrismus auch in der Beziehung zum Staat äußert. Siehe das ganze System der Argumente in *Das Reich Gottes ist inwendig in Euch*, [S. 88]: *„ich* brauche keinen Staat mehr..."; *„ich* brauche mich nicht von anderen Völkern zu trennen..."; *„ich* brauche alle jene Regierungsinstitutionen nicht..."; *„ich* brauche weder Institutionen noch Gerichte ...". Das Kursivformatierte ist die Formatierung Tolstois [I. A. Iljin].

mir begonnenen Seligkeit tritt das Schicksal des von mir getrösteten Gegenstandes ganz und gar in den Hintergrund. Wesentlich ist nicht die Tatsache, dass jemand leidet; die Leiden sind für die Menschen sogar nützlich.[85] Wesentlich ist nicht die Tatsache, dass in den äußeren Beziehungen und Handlungen der Menschen etwas zustande kommt oder nicht – dies liegt nicht in der Macht der Menschen, sondern ist Gottes Wille.[86] Die „Folgen" der Handlung sind überhaupt nicht wesentlich; die Überlegungen darüber dürfen insofern überhaupt kein Gewicht haben in den Motiven und Absichten des Menschen, als die Handlung direkt für umso moralisch perfekter erklärt wird, je weniger der Täter dieser Handlung über ihre Folgen nachdenkt.[87] Wesentlich ist jener wichtige Umstand, dass ich innerlich den „Willen Gottes" befolge, d. h. „*liebe*"; alles andere aber liegt nicht in meiner Macht und bestimmt durch sich meine Aufgaben nicht.

Eben deswegen führt die „Liebe" eines sentimentalen Moralisten seine Seele von ihm selbst fort und befreit sie nicht von der eigenen Bürde und den persönlichen Grenzen, sondern im Gegenteil, festigt sie. Ein sentimentaler Mensch findet nicht den Zugang zu dem, was er liebt, und er identifiziert sich nicht mit dem Geliebten, er vergisst sich selbst nicht. Daher bildet er nicht den geliebten Gegenstand, er erschafft ihn nicht – denn dafür ist es notwendig, dass er das zweckbestimmte Zentrum seines Lebens aus sich in ihn verlagert. Ein solcher Moralist ist egoistisch zentriert, und eben daher erweist sich seine „Liebe"

[85] Vgl. *Das Gesetz der Gewalt und das Gesetz der Liebe*, [S. 3]; *Die Leiden*, [Band XI, S. 460-471]. Es ist bemerkenswert, dass Tolstoi nur dann sich an dieses „nützliche Leiden" erinnert, wenn dieser Beleg die Gerechtigkeit des genießenden Moralisten stützt, und er vergisst es ganz und gar, wenn er das sozial-pädagogische Problem bespricht.

[86] *Das Gesetz der Gewalt und das Gesetz der Liebe*, [S. 187]; *Lesekreis*, [Band II, S. 18-21] etc.

[87] Vgl. *Das Gesetz der Gewalt und das Gesetz der Liebe* [S. 122, 137]. *Lesekreis*, [Band II, S. 21-56; besonders Band II, S. 56-59]. Dies hindert im Übrigen weder Tolstoi selbst noch seine Gleichgesinnten daran, für die „Widerstandslosigkeit" zu argumentieren – durch ihre guten Folgen. Vgl. *Der Patensohn*, [Band XI, S. 177-178]; *Die Kerze*, [Band XI, S. 47-59]; *Lesekreis*, [Band I, S. 238-240] etc.

als *praktisch tot*! Er besingt sie und ruft sie herbei; doch das, was er besingt, ist der Zustand der inneren Verschlossenheit und praktischen Untätigkeit. Dies ist eine gegenstandslos-extensive und gemeinschaftlich-faule „Liebe", die gegenüber ihren Handlungen und gegenüber dem Gemeinwohl gleichgültig ist. Ihre Losung lautet: *Man soll die anderen sich selbst überlassen, selbst aber ein gutes Leben führen.*[88] Das liebende Subjekt erweist sich als unvergleichlich wichtiger als das geliebte Objekt; und es ist verständlich, dass die sentimentale Seele in dem Augenblick, wo sie vor der Wahl zwischen dem einen und dem anderen steht, dann, indem sie ihrer Natur und ihren Prinzipien treu bleibt, bei der Wahl des Subjekts und seiner wertvollen moralischen Gerechtigkeit verharrt.

Dies bedeutet nicht, dass der sentimentale Moralist jegliche Selbstaufopferung ablehnt und dazu nicht fähig ist. Es gibt solche ersten Fälle, in denen er direkt vorschlägt, „selbst an die Stelle des zu Tötenden zu treten" oder sein Leben zu opfern.[89] Jedoch wird bei genauer Analyse deutlich, dass er sein Leben nicht zur Erlösung des Geliebten opfert, sondern *um seiner eigenen Gerechtigkeit willen*. Denn die Antwort muss, wie bereits festgestellt worden ist, jene Fälle ins Auge fassen, bei denen man den Geliebten *nur durch den physischen Widerstand* gegen den Bedrängenden erlösen kann, und nicht durch den Vorschlag, sich selbst als Ersatz für das vom Tod bedrohte Opfer zu geben. Wenn *die willensstarke, heroische, liebende und nicht sentimentale Seele vor der Aufgabe steht*, den geliebten Menschen *vorm Tode zu bewahren* (oder, entsprechend, die Familie, die Kirche, die Heimat vor den verderblichen Gewalttätern zu schützen), so kann sie ihre Aufgabe für nicht gelöst erachten, wenn sie *zusammen mit dem zu Bewahrenden* gerechterweise

---

88 Vgl. *Lesekreis*, [Band III, S. 14]; *Das Gesetz der Gewalt und das Gesetz der Liebe*, [S. 122, 150, 152]; vgl.: „man muss aufhören, sich um die äußeren und gemeinschaftlichen Angelegenheiten zu kümmern", *Das Reich Gottes ist inwendig in Euch*, [S. 133].

89 *Lesekreis*, [Band II, S. 162-165]; *Das Gesetz der Gewalt und das Gesetz der Liebe*, [S. 138].

umkommt, und dabei deswegen umkommt, weil sie sich nicht dazu entschließt, die Grenzen ihrer moralischen Gerechtigkeit zu übertreten. Doch der sentimentale Moralist „liebt" nur bis zur Grenze seiner eigenen moralischen Gerechtigkeit. Für die Erlösung des „Geliebten" ist er bereit, im äußersten Fall sein eigenes Leben hinzugeben,[90] jedoch nicht seine moralische Unfehlbarkeit. Es ist wahr, er „liebt" und ist bereit, das Geliebte zu verteidigen; jedoch nur solange, bis der physische Widerstand notwendig wird, der für ihn als etwas Sündhaftes, als schändliche „Gewalt", moralisch-verboten ist. Wenn daher das Leben ihn vor die Notwendigkeit stellt, zwischen der „Bewahrung des Geliebten" und der „Bewahrung seiner eigenen Gerechtigkeit" zu wählen, dann kümmert er sich ohne Zögern um die Bewahrung seiner eigenen Gerechtigkeit (auch wenn er den Preis seines Lebens dafür zahlen muss) und übt Verrat an dem geliebten Gegenstand.[91] Sein Opfer wird nicht auf dem Altar des geliebten Gegenstandes dargebracht, sondern auf dem Altar der eigenen moralischen Vollkommenheit.

Dadurch wird auch die Grenze seiner egozentrischen Liebe bestimmt. Natürlich ist es nicht wenig, wenn ein Mensch seine eigene moralische Unfehlbarkeit, wie er sie versteht, höher als sein eigenes Leben erachtet. Jedoch verdeutlicht eben diese Treue gegenüber seiner eigenen Tugend, wie wenig er all dem treu ist, was sie *nicht ist*. Wenn der Gewalttäter den „geliebten" Menschen angreift und ich in diesem Moment lieber zulasse, dass er getötet werde (wenn auch mit mir), als dass ich dem Gewalttäter physischen Widerstand leiste, so erweist sich meine ganze Liebe als affektierter Euphemismus. Ich entdecke demnach, dass meine „Liebe" durch ihre eigene Natur

90 „Die Liebe ist der Vorrang der anderen Wesen vor sich selbst, vor der eigenen *animalischen Persönlichkeit*", *Das Leben*, [Band XI, S. 425]; Das Kursivformatierte ist von mir [I. A. Iljin].

91 Dieses Kriterium – Wer opfert womit wem bei der Notwendigkeit der Wahl? – ist auch Tolstoi bekannt. Siehe *Religion und Sittlichkeit*, [Band XIII, S. 210]. Auch hier stellt er über alles die „Erfüllung des göttlichen Willens", d. h. der moralischen Forderungen.

begrenzt ist; dass ihre Begrenzungen sie zu einer eigenartigen tatsächlichen Desertion und zum Verrat verdammen, und dabei in einem sehr kritischen Moment; ich entdecke, dass ich tatsächlich selbstvergessend, ganzheitlich und heroisch *nicht* lieben *darf* – aus Angst vor der Sünde; und entdecke, dass meine ganze „Liebe" eine Art praktische Gleichgültigkeit gegenüber einem angeblich geliebten Gegenstand ist ...

Es ist verständlich, dass wenn der Akzent der Liebe nicht auf dem liebenden Subjekt, sondern auf dem geliebten Gegenstand läge, so der Einsatz des physischen Widerstands sich nicht zu einem unüberwindbaren Hindernis entwickeln würde. Der Rettende würde seinen Geliebten bewahren, ohne über die mögliche Sünde zu reflektieren und ohne vor seiner möglichen moralischen Unfehlbarkeit in Zittern zu geraten; denn ihn würden *die reale Liebe* und *die reale Notwendigkeit* leiten. Er würde sein moralisches Gericht über sich selbst verschieben, und dieses unzeitgemäße Gericht würde ihn auch nicht im Moment der Handlung zu Zwiespalt, Wankelmut, Willenlosigkeit und gleichermaßen zum Verrat führen.

Es ist auch klar, dass die sentimentale Liebe die Menschen nicht einigt, sondern spaltet. Wenn tatsächlich jeder Mensch die Regel der subjektiven Moral befolgte und somit andere sich selbst überließe, und sich dabei um seine eigene moralische Sündenlosigkeit kümmerte, so würde keine brüderliche Einigkeit entstehen, sondern Zerstreuung der voneinander abgewandten Atome. Alle wären in sich und für sich selbst im selbstgenügsamen Prozess der moralisierenden Anteilnahme versunken, und jeder würde erkennen, dass er in dem für ihn kritischen Moment des Angriffs bei den anderen nichts findet außer dem willenlosen und passiven „Mitleid", oder bestenfalls die Bereitschaft, mit ihm zusammen geschlagen und getötet zu werden. Es ist schwer vorstellbar, welchen die Gemeinschaft verweslich machenden Strom eine solche verkehrte, boshafte Einstellung in das Leben der Menschheit hineinließe, – wenn alle Menschen den Weisungen der sentimentalen Moral folgten, „aufhörten, sich um äußere und gemeinschaftliche Angelegenheiten zu kümmern"[92], und weder „an die Einigung"[93] noch „an die Folgen ihrer Handlungen dächten"[94], aus ihrem Leben den Ursprung der gegenseitigen Verteidigung, des gemeinsamen Eintretens gegen die Gewalttäter und des solidarischen Kampfes gegen das Böse vertrieben ... Es würde sich das scheußliche Programm realisieren – das Programm der Selbstausbreitung des Guten in der Welt, des Selbstverrats und Verrats an den anderen durch moralisch-edle Seelen; und dabei alles aus grenzenloser „Moralität", und unter der Fahne der gegenseitigen „Liebe".

Zum Glück für die Menschen wird ein geistig-gesunder Instinkt es bis zu einem solchen Sturz nicht kommen lassen.

92 *Das Reich Gottes ist inwendig in Euch,* [S. 133].

93 *Das Gesetz der Gewalt und das Gesetz der Liebe,* [S. 150].

94 *Das Gesetz der Gewalt und das Gesetz der Liebe,* [S. 122].

„Zeit der Wirren"
2004, Öl auf Leinwand, 1600 x 2200 (Ausschnitt)
von Pawel Wiktorowitsch Ryschenko

11.
Über den Nihilismus und das Mitleid

Die Idee der Liebe, die L. Tolstoi und seine Nachfolger vertreten, leidet, jedoch nicht nur an ihren Charakterzügen des Genusses, der Willenlosigkeit, der Sentimentalität, des Egozentrismus und der Antigesellschaft. Sie beschreibt und bestätigt als idealen Zustand das im bestimmten Sinne *nicht geistige* und *antigeistige* Gefühl; und diese Besonderheit der sentimentalen Liebe hat vielleicht die größte Bedeutung für das Problem des Widerstands gegen das Böse.

Wie bereits oben gezeigt wurde, hat L. Tolstoi seine ganze Weltanschauung auf dem Boden der moralischen Erfahrung aufgebaut, die durch sich alle anderen Quellen der Geistigkeit im Menschen ersetzte oder verdrängte, indem sie diese entweder entwertete oder gänzlich beseitigte.

So ersetzt die moralische Erfahrung *die religiöse Erfahrung* durch sich und besetzt ihren Platz.[95] Die Moral steht höher als die Religion; sie beurteilt durch ihre Kriterien jeden religiösen Inhalt und bestätigt *die Grenzen ihrer Erfahrung* als solche, die für die Religion verpflichtend sind. Die ganze Materie der religiösen Wahrnehmung, des religiösen Gegenstandes, des religiösen Geheimnisses und der Symbolik, der ganze Reichtum der positiven Religion – wird kritisch und skeptisch durch die

95 Vgl. bei Tolstoi die übliche Deutung des „Willens Gottes". Z. B. *Über die Bestimmung der Wissenschaft und Kunst,* [Band XI, S. 37[illegible]]; *Vorwort zum Sammelband...,* [Band XI, S. 410]; *Das Nichtsthun,* [Band XI, S. 613]; *Der Uhrmacher,* [Band XI, 615-616]; *Was ist Kunst?,* [Band XIII, S. 330]; *Das Gesetz der Gewalt und das Gesetz der Liebe,* [S. 138]; *Religion und Sittlichkeit,* [Band III, S. 201-219]. In der letzten Erfahrung wird der Sinn des Lebens besonders anschaulich auf die Religiosität reduziert, die Religiosität auf die Moralität ... Diese Verbindung zwischen Religion und Moral drückt Tolstoi ungenau mit folgenden Worten aus: „die Moral ist bereits in der Religion enthalten, impliquee", siehe [S. 211]; vgl. *Was ist Kunst?,* [Band XIII, S. 417] (besonders klar).

seelische Enge des eigenen moralischen Erlebens, das halbblind, begrenzt und selbstgenügsam ist, gefiltert. Gerüstet mit dem „einfachen gesunden Verstand" in seiner ganzen flachen Armseligkeit, durchforstet und erforscht der Moralist die Dogmen und Riten der christlichen Kirche, indem er alles wegkehrt, was ihm seltsam und unverständlich erscheint, und jede seiner kurzsichtigen Überlegungen als eine Manifestation der kritischen Ehrlichkeit und Weisheit betrachtet.[96] Die Idee, dass durch die religiöse Dimension die ganze geistige Kultur durchdrungen, erleuchtet und vertieft wird, und dass deswegen der lebendige kleinbürgerliche Verstand mit seiner „Nüchternheit" und Alltäglichkeit seine Kompetenz verliert, bleibt ihm fremd; denn er sieht nicht, dass *jede* geistige Erfahrung des Menschen (und nicht nur die moralische) diesen vor das Antlitz Gottes stellt, ihm eine lebendige, wertvolle Erfahrung *des Geheimnisses* und die im Geheimnis verborgene *Offenbarung* gibt. Und scheinbar nicht ahnend, dass das Werk, welches er verrichtet, im Grunde ein *geschmackloses* Werk ist, spottet er über das für ihn unzugängliche Geheimnis und die Tiefe, und verleiht seiner auf dem Verstand beruhenden, moralischen Weltanschauung den Charakter des *religiösen Nihilismus*.

Dem ähnlich bestätigt auch die moralische Erfahrung ihre Überlegenheit in der Sphäre der *Wissenschaft*. Ohne den geistigen Selbstwert der Wahrheit und deren Dimension zu sehen, hält der Moralist sich für den höchsten Richter über all das, was ein Wissenschaftler macht: Er urteilt über dessen Werk und Objekte,[97] indem er mit dem Maßstab des moralischen Nutzens

[96] „Die alte Weisheit ist die Weisheit, deren Lüge schon offenbar wurde", *Das Nichtsthun,* [Band XI, S. 597]; vgl. über den „wilden, götzenanbetenden Aberglauben", der von der Kirche eingeflößt wird. *Das Reich Gottes ist inwendig in Euch,* [S. 28, 75]; über die „sinnlosen, blasphemischen, kirchlichen Katechismen", ibid. [S. 72]; über die niederen Motive, gemäß denen die Geistlichen all dies tun, ibid. [S. 15-16]; siehe besonders die *Kritik der dogmatischen Theologie*.

[97] Zuweilen wird quasi der religiöse Maßstab in den Vordergrund gerückt, z. B. in *Wissenschaft und Moral,* [Band III, S. 197-219]; doch das ist nur Schein, denn die zu Protokoll gegebenen „Forderungen des Höheren Willens" ([S. 204-

und moralischen Schadens alles ausmisst;[98] er urteilt, verurteilt und lehnt es als ein nichtiges, leeres und sogar verderbliches Werk ab.[99] Die ganze wissenschaftliche Kultur wird, da sie nicht die Aufgaben der sentimentalen Moral bedient[100] und dem Moralisten die für ihn nötigen Materialien nicht liefert, zu einem törichten und schädlichen Werk, zu einer Ausgeburt der nichtigen Neugier, zur professionellen Eitelkeit und Lüge erklärt.[101] Die geistige Tätigkeit sei gar keine Arbeit, sondern die Heuchelei und das Geschwätz eines faulen und listigen Menschen.[102] Die geistig-wertvolle Kategorie der Wahrheit hat der persönlichen Erfahrung L. Tolstois nichts mitzuteilen, und er kehrt sie weg, ohne zu verstehen, dass durch die Dimension *der Wahrheit* als solcher die *ganze* geistige Kultur durchdrungen, durchdacht und unterstützt wird: Denn tatsächlich birgt jeder geistige Zustand des Menschen in sich eine gewisse Wahrheit und liefert ihm eine gewisse Schau. Erweisen sich auch hier die Grenzen der persönlichen geistigen Erfahrung als legitimierte Grenzen? Das wissenschaftliche Wissen wird aus der Perspektive des *moralischen Utilitarismus* betrachtet, und dies verleiht

205]) werden im Grunde auf die moralischen Gebote reduziert. Angewandt auf die Kunst kann man das gleiche sagen. Siehe *Was ist Kunst?*, [Band XIII, S. 321, 281, 415, 454, 458].

98 Vgl. *Über die Bestimmung der Wissenschaft und Kunst*, [Band XI, S. 344-345, 362]; *Nachwort zur Kreutzersonate*, [Band XII, S. 434]; *Was ist Kunst?*, [Band XIII, S. 458]; *Vorwort zum Artikel Carpenters*, [Band XIII, S. 484] etc.

99 „Die Seele und Leid verderbende Lehre des wissenschaftlichen Talmuds", [Band XI, S. 368]; „unnütze Torheit", [Band XI, S. 593; vgl. auch Band XI, S. 594, 596]; „nichtige Neugier", *Vorwort zum Artikel Carpenters*, [Band XIII, S. 484].

100 In dem Maße ihres moralischen Dienstes bekommt die Wissenschaft Begnadigung, indem sie versklavt und beinahe geblendet wird, vgl. *Über die Bestimmung der Wissenschaft und Kunst*, [Band XI, S. 341, 351, besonders S. 354-355].

101 Vgl. *Über die Bestimmung der Wissenschaft und Kunst*, [Band XI, S. 327, 329, 336, 337, 340, 353, 362]; „Denn wir sind [Götzen-]Priester der Wissenschaft und Kunst, die gemeinsten Lügner, die auf unsere Position bei weitem weniger Anrecht haben als die listigsten und verderblichsten [Götzen-]Priester", [S. 363]; vgl. *Drei Gleichnisse*, [Band XIII, S. 187].

102 Vgl. im Märchen *Iwan der Dummkopf* die Gestalt des „alten Teufels", der „mit dem Kopf" auf dem Glockenturm arbeitet. Kapitel XII.

der ganzen Weltanschauung den Charakter eines einzigartigen *wissenschaftlichen Nihilismus*.

Eben derselbe moralische Utilitarismus triumphiert auch in Bezug auf *die Kunst*. Der Selbstwert der künstlerischen Schau wird abgelehnt, und die Kunst verwandelt sich in ein Mittel,[103] welches die Moral und die moralischen Ziele bedient. Das künstlerische Schaffen wird zugelassen, wenn es in sich eine „allen Menschen der gesamten Welt zugängliche“[104], moralisch-nützliche Lehre trägt;[105], und es wird weggekehrt als ein Produkt der Nichtigkeit und als eine Manifestation der Ausschweifung[106], wenn es sie nicht in sich trägt oder es irgendetwas „lehrt“, was moralisch nicht anerkannt ist. Jedes Produkt der Kunst, das die persönliche Erfahrung des moralischen Utilitarismus nicht anspricht, wird abgelehnt und ausgelacht;[107] dagegen wird jedes moralisch-nützliche Produkt gebilligt und hochgelobt,[108] obwohl es nicht selten ästhetisch haltlos ist. Der Verstand des Moralisten zieht konsequent alle Schlussfolgerungen, indem er sich mit seiner Gradlinigkeit und mit Paradoxa schmückt. Die ästhetische Dimension wird pervertiert und erlischt; alle durchdringende, verfeinernde und vertiefende Kraft der künstlerischen Schau, die dazu berufen wurde, nicht zu moralisieren, sondern in den Gestalten das Göttliche

---

103 Dies ist direkt ausgesprochen im *Vorwort zu W. von Polenz´ Roman „Der Büttnerbauer“*, [Band XIII, S. 117], und in *Was ist Kunst?*, [Band XIII, S. 331].

104 Vgl. *Was ist Kunst?*, [Band XIII, S. 423, 449]; *Vorwort zu W. von Polenz´ Roman „Der Büttnerbauer“*, [Band XIII, S. 114].

105 Vgl. *Über die Bestimmung der Wissenschaft und Kunst*, [Band XI, S. 348-349; besonders S. 357]; *Vorwort zum Sammelband*, [Band XI, S. 410-411]; *Vorwort zu den Werken Guy de Maupassants*, [Band XIII, S. 88-89]; *Was ist Kunst?*, [Band XIII, S. 317].

106 *Über die Bestimmung der Wissenschaft und Kunst*, [Band XI, S. 362]; *Was ist Kunst?*, [Band XIII, S. 276, 278, 342] etc.; vgl. unbegründete Verurteilung der Musik, [Band XIII, S. 430].

107 *Was ist Kunst?*, [Band XIII, S. 382-383, 392-393, 405, 406-407]; vgl. besonders die furchtbare Charakteristik Puschkins, [S. 427].

108 *Über die Bestimmung der Wissenschaft und Kunst*, [Band XI, S. 351]; *Vorwort zu den Werken Guy de Maupassants*, [Band XIII, S. 88-89; vgl. Band XIII, S. 117]; *Was ist Kunst?*, [Band XIII, S. 424f.]

zu sehen und die Form des menschlichen Geistes zu bilden, wird schwach und verblasst, indem sie ihren Platz dem sittlich-belehrenden Wortschwall einräumt.[109] Der Moralist strebt danach, der Kunst die ihr fremde Natur aufzuzwingen, und sie verliert ihre Selbstexistenz, ihre Würde und ihre Berufung. Er selbst sieht dies, erkennt dies und spricht dies in der Form eines bestimmten Prinzips und einer Lehre aus, und eben dadurch verleiht er seiner ganzen Theorie den Charakterzug eines einzigartigen *ästhetischen Nihilismus*.

Als noch intensiver erweist sich die Verneinung, mit welcher der Moralist an das Recht und den Staat herantritt. Die geistige Notwendigkeit und die geistige Funktion *des Rechtsbewusstseins* entgleiten ihm vollkommen.[110] Diese ganze Sphäre der wertvollen, die Seele erziehenden, geistigen Erfahrung teilt seinem persönlichen Selbstgefühl nichts mit; er sieht hier nur die äußerste Schale der Ereignisse und Taten; er klassifiziert dieses Äußere als grobe „Gewalt" und charakterisiert willkürlich die sich hinter dieser „Gewalt" verborgenen Absichten als böse, rachsüchtig, eigennützig und verdorben. Das Recht und der Staat erziehen nicht nur nicht die Menschen, sondern entwickeln in ihnen törichte Charakterzüge[111] und Neigungen; die Staatsfunktionäre antworten mit reflektiert-organisierter und heuchlerisch-gerechtfertigter[112] Bosheit[113] auf „seltene Versuche der Gewalt", die von den „sogenannten Mördern, Räubern und Dieben"[114], und anderen unglücklichen, gefallenen Brüdern ausgeht. Das Mitgefühl des sentimentalen Moralisten erweist sich

[109] Z. B. der ganze morallehrende Roman *Auferstehung*.

[110] Vgl. die Versuche, die ganze edle Tiefe des Rechtsbewusstseins als ein Resultat des „Einschüchterung", der „Bestechung", des „Hypnotisierens", der „Betörung" und der „Animalisierung" darzustellen. *Das Reich Gottes ist inwendig in Euch*, [S. 71-72] etc., alles wird auf die „Selbstgeißelung" der hypnotisierten Menschen reduziert, [S. 81f.]

[111] Vgl. *Das Gesetz der Gewalt und das Gesetz der Liebe*, [S. 129-130].

[112] *Das Gesetz der Gewalt und das Gesetz der Liebe*, [S. 139, 147].

[113] *Lesekreis*, [Band III, S. 13-14] etc.; vgl. besonders *Das Reich Gottes ist inwendig in Euch*, Kapitel V-VII, X, XII.

[114] *Das Gesetz der Gewalt und das Gesetz der Liebe*, [S. 139].

als gänzlich auf der Seite dieser Unglücklichen stehend,[115] die Tätigkeit des zugunsten des Staates denkenden Patrioten aber wird für eine „sehr leere und dabei auch schädliche menschliche Tätigkeit"[116] erklärt. Es ist natürlich, dass sein Zorn mit besonderer Kraft auf jene gesamte Sphäre des geistigen Kompromisses ausgeschüttet wird, zu welcher sich die staatliche Macht genötigt sieht, und an welcher die persönliche Teilnahme des Bürgers sich als das Tragen einer verantwortungs- und würdevollen Bürde erweist: die Schutzfunktion, die Verbotsfunktion, die Funktion des Gerichts, die Bestrafungsfunktion, die Funktion des Schwertes – empören tief eine sentimentale Seele und rufen bei ihr Worte der Abscheu und der stigmatisierenden Entrüstung hervor. Es ist ebenfalls verständlich, dass zusammen mit dem Ablehnen des Rechts als solchem auch alle durch das Recht eingerichteten Institutionen, Beziehungen und Lebensweisen abgelehnt werden: Landeigentum[117], Erbschaft, das Geld, welches „*per se* das Böse ist"[118], Klage, militärische Verpflichtung[119], Gerichtsverfahren und Verurteilung – all dies wird mit dem Strom entrüsteter Verneinung, ironischen Spotts und erfinderischer Verderbtheit weggespült. All dies verdient in den Augen des naiven und mit seiner Naivität prahlenden Moralisten nur Verurteilung, Inakzeptanz und stoischen passiven Widerstand.[120] Die unausweichliche Schlussfolgerung aus allen diesen Ablehnungen ist schließlich auch die Ablehnung *der Heimat*, ihrer Existenz, ihrer staatlichen Formen, und die Notwendigkeit ihres Schutzes.[121] Die moralische Brüderlichkeit

---

115 Vgl. z.B. *Auferstehung*, [Band IV, S. 345-346, S. 358] etc.

116 *Das Gesetz der Gewalt und das Gesetz der Liebe*, [S. 134]; *Das Reich Gottes ist inwendig in Euch*, [S. 102, 115].

117 Vgl. *Ein Roggenkorn so groß wie ein Hühnerei*, [Band XI, S. 170].

118 Vgl. *Über den Briefwechsel in Moskau*, [Band XI, S. 224]; *Was sollen wir denn tun?*, [Band XI, S. 298].

119 Vgl. besonders *Das Reich Gottes ist inwendig in Euch*, [S. 68, 113-114] und Kapitel XII.

120 Vgl.: „Ein Kampf bleibt immer ein Kampf, d. h. eine Tätigkeit, die im Grunde die Möglichkeit einer von uns akzeptierten christlichen Sittlichkeit ausschließt", *Religion und Sittlichkeit*, [Band XIII, S. 216-217].

121 Über die Ablehnung des Patriotismus s. besonders: „die Liebe zum

umfasst alle Menschen ohne Unterscheidung der Rasse und der Nationalität, und selbstverständlich unabhängig von ihrer Staatsangehörigkeit – des brüderlichen Mitleids sind alle würdig, die „Gewalt" aber hat niemand verdient; man muss dem Feind, der alles wegnimmt, alles weggeben; man muss mit ihm deswegen Mitleid haben, weil er nicht genug hat, und ihn zur Umsiedlung und zum gemeinsamen Leben[122] in der Liebe und Brüderlichkeit einladen. Denn im Leben eines Menschen gibt es nichts derartiges, wofür es sich lohnte, auf Leben und Tod zu kämpfen, indem man tötet und stirbt.

Der sentimentale Moralist sieht und erkennt nicht, dass das Recht ein notwendiges und heiliges Attribut des menschlichen Geistes ist, dass jeder geistige Zustand des Menschen eine Artveränderung des Rechtes und der Gerechtigkeit darstellt, und dass es unmöglich ist, die geistige Blüte der Menschheit auf der Erde außerhalb einer zwingenden gemeinschaftlichen Organisation, außerhalb des Gesetzes, Gerichts und Schwertes zu beschützen. Hier schweigt seine persönliche geistige Erfahrung, die mitleidige Seele aber verfällt in Zorn und „prophetische" Entrüstung. Und im Endeffekt erweist sich schließlich diese seine Lehre als eine Art *Nihilismus, der das Recht, den Staat und den Patriotismus betrifft.*

Bei einem solchen blinden und naiven moralisierenden Ansatz erweist sich der ganze große Hort der geistigen Kultur als verwüstet und seine Güter als verworfen; die ganze schöpferische geistige Anspannung des menschlichen Geistes erweist sich als verurteilt und verboten. Religiös seiner Flügel beraubt, verlacht und niedergeworfen, kognitiv geschwächt und geblendet, künstlerisch beschnitten und versklavt, seiner Rechte, des Schutzes und der Heimat bestohlen – bleibt der Mensch am Ende einer solchen antigeistigen Katastrophe als ein erbärmliches Wesen in einer einzigen, moralischen Dimension zurück;

Vaterland" ist etwas „Widerliches und Erbärmliches". *Mein Glaube,* [S. 252]; über den „wilden Aberglauben des Patriotismus", *Das Reich Gottes ist inwendig in Euch,* [S. 38, 72].

[122] Vgl. *Das Märchen von Iwan dem Dummkopf,* Kapitel XI.

und seine höchste Berufung ist *Selbstnötigung zu einem willenlosen, sentimentalen Mitleid.* Der sentimentale Moralist kennt nur eine einzige Dimension der Vollkommenheit – die moralische; das ganze Wesen des Geistes, das ganze Leben des Geistes wird für ihn auf die moralische Selbstverbesserung reduziert; und jede moralische Errungenschaft wird für ihn auf die Sättigung der Seele mit mitleidiger Anteilnahme reduziert. Und im Endeffekt wird dies ganze Verständnis *vom Menschen, dem Guten und dem Bösen,* mickrig, flach und geistlos.[123]

Wenn man diese Perspektive verinnerlicht und sich ihr anvertraut, so stellt sich heraus, dass der Mensch kein individueller Geist mit einer lebenden Beziehung zum lebendigen und persönlichen Gott ist; er ist keiner, der heilige Rechte für die Teilnahme am Leben der gottgeschaffenen Welt besitzt; er ist keiner, der über das Sehvermögen des nicht wahrnehmbaren Mysteriums verfügt; er ist keiner, der fähig ist, das Gesetz zu erlernen und die Weisheit zu kennen ... Nein, all dies ist abgelehnt und ausgelöscht worden. Der Mensch ist auf der einen Seite *ein leidendes Subjekt* und dadurch *ein Objekt des Trosts und des Mitleids,* auf der anderen Seite ist er *das tröstende Subjekt* und dementsprechend *das Objekt, das die Leiden begrenzt.* Das ganze Leben des Menschen wird darauf reduziert, dass Menschen leiden und einander Leid zufügen, dass Menschen mal einander

[123] Vgl. die nachfolgende Formel des geistig-nihilistischen Utilitarismus, die eines jeden konsequenten Materialisten würdig ist und die gänzlich aus dem sentimentalen Hedonismus entspringt: „In dieser einen Sache (im ‚Kampf mit der Natur') erhält der Mensch, wenn er schon daran teilnimmt, die vollkommene Befriedigung der leiblichen und geistigen Bedürfnisse seiner Natur: sich und seine Verwandten sättigen, kleiden und schützen ist die Befriedigung der leiblichen Bedürfnisse; das Gleiche für die anderen Menschen zu tun, ist die Befriedigung der geistigen Bedürfnisse. Jegliche andere Tätigkeit des Menschen ist nur dann legitim, wenn sie auf die Befriedigung dieses ersten Bedürfnisses des Menschen gerichtet ist, weil in der Befriedigung dieses Bedürfnisses auch das ganze Leben des Menschen besteht". „Dies ist das erste und unbezweifelbare Gesetz Gottes oder der Natur". *Über die Bestimmung der Wissenschaft und Kunst,* [Band XI, S. 371]; vgl. *Bruchstücke aus einem Privatbrief...,* [Band XI, S. 401]: „der Dienst an den Menschen als die ‚Berufung eines jeden Menschen'".

trösten, mal nicht trösten. Es ist gut, wenn Menschen einander trösten, nicht quälen und „sich vereinigen“[124]; schlecht ist es dagegen, wenn Menschen einander nicht trösten, einander quälen und auseinandergehen. Das höchste Ziel der Menschheit ist es, zu trösten und nicht zu quälen; die höchste Vollkommenheit, die dem Menschen zugänglich ist, wird auf den allumfassenden Trost reduziert (*alle* mit *ganzer* Seele trösten); die rechtschaffene Tätigkeit besteht im Begrenzen der Leiden aller Menschen, auch wenn dies *eigenes* Leiden impliziert und *eigenes* Leben kostet. Darüber hinaus sieht der sentimentale Moralist nicht, zeigt nicht, lehrt nicht und beruft nicht. Außerdem lehnt er alles Übrige ab und verlacht es.

Eben darin besteht mit voller Gewissheit die Beschränktheit und Vereinfachung seines Lebensverständnisses. Seine Sentimentalität – diese überhöhte und überschärfte, jedoch grundlose und willenlose Wahrnehmung – reagiert überaus leicht, schnell und scharf auf jede menschliche Unzufriedenheit, auf jedes fremde Leiden; sie wird dadurch verletzt, erzittert, gerät in Furcht und beginnt, willenlos von der Beseitigung, dem Aufhören und dem Ende des Leidens zu träumen. Darauf wird die ganze „Weisheit“ des Lebens reduziert. *Das Leiden ist das Böse; dies* ist das erste, versteckte Axiom dieser Weisheit, aus welcher sich alles Übrige ableitet. Wenn das Leiden das Böse ist, so ist das Zufügen von Leiden (*Gewalt!*) auch das Böse. Dagegen ist das Fehlen von Leiden das Gute, das Mitgefühl gegenüber fremden Leiden aber ist eine Tugend.[125] Dadurch wird auch das Schicksal unseres Grundproblems bestimmt: Ist es etwa im Kampf gegen die Leiden zulässig, neue Leiden zuzufügen, indem man sie vervielfältigt und ihren Gesamtumfang

---

[124] Vgl. *Der Uhrmacher*, [Band XI, S. 616]: „der Sinn ... des Lebens besteht darin, dass man an der Vereinigung der Menschen mitwirkt“, „in Liebe mit Brüdern lebt“, darauf wird auch „die Tätigkeit des göttlichen Handelns“ reduziert ([S. 615]).

[125] „Im Evangelium ist mit erstaunlicher Grobheit, jedoch mit Bestimmtheit und Klarheit für alle jener Gedanke ausgedrückt, dass die Beziehung der Menschen zu der Armut, zu den Leiden der Menschen die Wurzel und die Grundlage von allem ist“, s. *Über den Briefwechsel in Moskau*, [Band XI, S. 221].

und ihre Zusammensetzung verkompliziert? Die Antwort ist klar: Es ergibt keinen Sinn, den Pelion auf Ossa zu türmen ... „Den Satan" kann man nicht „mit dem Satan" austreiben, „Unwahrheit" kann man nicht durch „Unwahrheit" reinigen, das „Böse" kann man nicht durch das „Böse" besiegen, „Dreck" lässt sich nicht mit „Dreck" wegwaschen.[126] Und nur diese Antwort folgt daraus: Wenn das Leiden tatsächlich das Böse ist, wer wird sich bereit erklären, dessen Umfang zu vergrößern, indem er gleichzeitig danach strebt, diesen Umfang zu verringern? Oder – wer erklärt sich bereit, den „Weg des Teufels" zu betreten, um ihn nicht zu beschreiten? ...

So entlarvt sich die Primärgrundlage der sentimentalen Moral – sie ruht auf *dem antigeistigen Hedonismus.*

Im Gegensatz zu diesem allen ist der Mensch in Wirklichkeit mit seiner Natur, seinen Interessen, Fähigkeiten und Aufgaben so beschaffen, dass es für ihn viel leichter ist, seine Nöte und Genüsse zu befriedigen, und viel schwerer für ihn ist der Wille zur geistigen Vollkommenheit, die Anstrengungen, die zu ihr führen, und ihre Errungenschaften. Der Mensch wird stets nach unten gezogen, zu den Genüssen, und besonders zu Genüssen, welche die Gefühle betreffen, und selten zieht es ihn nach oben, zu dem Vollkommenen, zu *seiner* Schau und Schöpfung. Der Weg nach oben eröffnet sich dem Menschen und kommt ihm zu, doch er kommt ihm in den Leiden und nur dank der Leiden zu. Denn das Wesen der Leiden besteht vor allem darin, dass der Weg nach unten, zu den niederen Genüssen, sich für den Menschen als geschlossen und unzugänglich erweist. Diese Verschlossenheit des niederen Wegs ist noch keine geistige Errungenschaft, sondern die erste *Bedingung* und die Grundbedingung des Aufstiegs.

Nicht jedes Leiden, nicht das eines jeden Menschen und nicht immer – führt hinauf und vergeistigt, denn hier sind eine gewisse richtige Ausrichtung der leidenden Seele und eine

[126] *Das Gesetz der Gewalt und das Gesetz der Liebe,* [S. 55, S. 173-175]; *Lesekreis,* [Band I, S. 238-239; Band III, S. 220]; vgl. *Der Patensohn,* [Band XI, S. 179]; *Drei Gleichnisse,* [Band XIII, S. 184].

gewisse innere Fähigkeit notwendig. Doch jede echte geistige Bewegung und Errungenschaft erwächst aus dem Leiden, vergangenem oder neuem, kurzem und intensivem oder langandauerndem, vergessenem oder nicht vergessenem. Zu Gott erhebt sich nur jener Teil, nur jene Kraft der Seele, die für sich keinen Genuss, keine Ruhe in prähistorischer, irdischer Einrichtung gefunden hat; nur jene, die sich in überaus menschlicher Zufriedenheit nicht erschöpft hat, die sich darin nicht erfreute, sondern litt, sich schämte und vor ihrem Nahen zurückschreckte. Das Leiden ist der Preis der Geistigkeit und die Grenze für das Animalische; dieses ist die Grenze für das leichtsinnige Vergnügen, die den Menschen begeistert und raubt; dieses ist die Quelle des Willens und des Geistes, der Beginn der Läuterung und der Schau, die Grundlage des Charakters und der Weisheit. Daher besteht die Lebensweisheit nicht in der Flucht vor dem Leiden wie vor einem vermeintlichen Übel, sondern in seiner Annahme wie der von einer Gabe und von einem Pfand, in der Benutzung und Beflügelung durch das Leiden. Diese Annahme muss man nicht nur für sich und wegen sich, *sondern auch für andere* vollziehen. Sie bedeutet nicht, dass der Mensch absichtlich sich und seine Nächsten quälen wird; sie bedeutet aber, dass der Mensch in sich die Angst vor dem Leiden überwindet, aufhört, in ihm das Böse zu sehen und nicht danach streben wird, es *auf Teufel komm 'raus* zu beenden. Außerdem findet er in sich Entschlossenheit und Kraft, sich und seinen Nächsten Leiden zuzufügen – gemäß dem Maß der höchsten, geistigen Notwendigkeit, besorgt nur um das Eine, [nämlich], *damit dieses Leiden die Kraft der geistigen Einsicht und der geistigen Liebe im Menschen nicht verletzt.* Denn der Geist ist größer als die Seele, das Leiden aber ist der Preis der Geistigkeit.

Eben vor diesem tragischen Gesetz des menschlichen Wesens blieb der sentimentale Moralist stehen, wurde erschüttert und hat *es* nicht angenommen.[127] Er akzeptierte einen *solchen*

[127] Die frühere Version Tolstois *Die Leiden* macht einen Versuch, den hedonistischen ([Band XI, S. 461]), moralischen ([Band XI, S. 462-471]) und biologischen ([Band XI, S. 461, 469]) Nutzen der Leiden zu beweisen; doch gleichzei-

Preis der Vergeistigung nicht und verschloss daher seine Augen vor der Grundtragödie des Menschen. Er erlebte das Leiden als *Bosheit*; er lehnte es ab. Gemäß dieser Ablehnung begann er, den Weg zum inneren Genuss zu suchen, und er fand ihn in der Ekstase des Mitleids; er begann, jeden Leidenden zu trösten, und machte zu seinem höchsten Grundsatz: Den anderen darf kein Leid zugefügt werden. Und ferner hat er nicht nur den Leidensweg abgelehnt, sondern auch *das Ziel* des leidenden Aufstiegs: *den Geist*. Seine Sentimentalität verwandelte sich in Hedonismus und führte ihn zur Antigeistigkeit. Der ganze geistige Hort, das ganze geistige Tun der Menschheit wurde verurteilt und abgelehnt, damit die Menschen sich nicht quälten und einander nicht „kränkten" – wegen der einzigen, höchsten Errungenschaft: *dem allgemeinen Genuss am allgemeinen wechselseitigen Mitleid.*

Dieser sentimentale Hedonismus lehrt, dass es auf der Welt nichts Höheres gibt, dessentwegen die Menschen selbst leiden und Leiden ihren Nächsten auferlegen sollten. Die ganze Aufgabe besteht darin, dass alle innerlich ihr *Leiden* in *Mitleid* umwandeln, und dadurch sich den Weg zum höchsten *Genuss* ebnen. Darüber hinauszugehen hat keiner einen Grund. „Durch Gewalt" lässt es sich nicht erreichen, und deswegen wird „Gewalt" als etwas, das zwecklos die Leiden der Menschen vervielfacht, bedingungslos verurteilt. Doch dies bedeutet auch, dass *der geistige Nihilismus* eine Ausgeburt *des sentimentalen Hedonismus* ist; die Lehre von der Widerstandslosigkeit gegenüber dem Bösen ist das konsequente Fazit sowohl aus dem einen als auch aus dem anderen.

All dies kann folgendermaßen ausgedrückt werden: Die Moral des L. Tolstoi sieht in der Idee *des Guten* das Element *der Liebe* und nicht das Element *des Geistes*. Deswegen bestätigt sie als den höchsten Wert die *geisteslose* und *antigeistige* Liebe, die sich als willenloses, sentimentales Mitleid erweist und hinter

tig stellt er fest, dass „alle Genüsse durch die Leiden anderer Wesen erkauft werden" ([S. 461]), und dass der Kampf mit den Leiden, der die Nächsten davon befreit, die „einzige erfreuliche Arbeit" ([S. 470]) ist.

sich alle höchsten Lebenswerte auf die Ebene der elementaren, instinktiven Herzlichkeit schleppt. Demzufolge sieht die Moral des L. Tolstoi in der Idee *des Bösen* das Element *des Hasses*, und sieht nicht das Element *der Antigeistigkeit*. Deswegen erblickt sie die schwerste Sünde in der Feindschaft oder in ihrer äußeren Manifestation, verurteilt die geistig richtige Trennung von Wohl- und Übeltätern, und sieht nicht, dass sie selbst in ihr „Ideal" den Charakterzug der wesentlichen Bosheit – der Antigeistigkeit – miteinschließt. Demzufolge erweist sich die ganze Lehre über das Gute und das Böse als verzerrt und haltlos. Das „Gute" tritt in einer mickrigen und flachen, hedonistisch-selbstgenügsamen, geistig-toten und sentimental-idyllischen Gestalt auf. Das „Böse" tritt in einer vergleichbar harmlosen Gestalt (äußere Gewalt) auf, leicht überwindbar, frei von seiner wesentlichen Giftigkeit, und gleichzeitig in einer solchen Gestalt, die beim Moralisten entsprechend keine überhöhte, affektierte Entrüstung hervorruft. Die ganze Vermessung des Guten und des Bösen erweist sich als falsch: Die geistig-nihilistischen, sentimental-vulgären, willenlosen und geistig-unverantwortlichen Stimmungen und Handlungen werden zu den tugendhaften gerechnet; dagegen werden die heroisch-willensstarken, prophetisch-zornigen, das Böse verbietenden und den Übeltäter bestrafenden [Handlungen] zu den schamlosesten und niedrigsten Manifestationen des Menschen gezählt.[128] Und über all diesem herrschen der geradlinige Verstand und die Naivität des Kleinbürgers, der seinen Verstand gebraucht.

Es ist natürlich, dass zusammen mit der Ablehnung des Geistes und mit der entschlossenen Präferenz der geisteslosen, begehrenden und genießenden Seele alles im Leben sich verändert und an Wert verliert. Das, weswegen es sich für den Menschen lohnt, auf der Erde zu leben und zu leiden, entfällt; das aber, was übrigbleibt und danach strebt, den Platz des Entfallenen einzunehmen, erweist sich nicht als so beschaffen, dass es sich dafür zu leiden und zu sterben lohnt.

[128] Vgl. das erste Kapitel.

In der Tat ist der geistige Ursprung im Menschen die Quelle und die Waffe *der göttlichen Offenbarung*; er gibt dem Menschen das gewisse Etwas, weswegen es sich zu leben, sich und andere zu erziehen, Leiden zu ertragen und Bürden auf sich zu nehmen lohnt; hier ist der Schatz, weswegen es sich zu leben und zu sterben lohnt. Dadurch begreift man das Leben, die Leiden und den Tod. Dieses Heiligtum ist nicht nur größer als die Persönlichkeit, größer als die persönliche Moral und größer als der persönliche Genuss; es ist größer als die ganze Gesamtheit der Menschen, die es ablehnt und die sich ihm entgegenstellt. Denn dadurch, durch dieses Heiligtum, wird das Hauptsächliche, das Reale und das Geweihte im Menschen – in den Menschen, in der Menschheit – bestimmt. Und eben in dessen Dienst findet der Mensch die letzte und die Hauptgrundlage für die Nötigung und Unterdrückung.

Mit dem Wegfallen dieses Heiligtums wird alles auf die Vielfalt der individuellen Menschen reduziert, die sich mal gegenseitiger „Kränkung" und „Gewalt" ausliefern, mal das wechselseitige Mitleid genießen. Sie alle sind gleiche Moralatome, und unter ihnen gibt es weder Sklaven noch Organe des Heiligtums, die vor *ihm* verantwortlich, von *ihm* bevollmächtigt sind, *es* vertreten und *dafür* bereit sind, zu sterben und zu strafen. Es gibt keine Kirche, die Schützerin der Offenbarung, keine Heimat, den lebendigen Hort des Geistes, keine Weisheit und keinen nationalen Aufstieg zu ihr, keine Schönheit und keinen Heroismus, keine Würde und deren lebendige Tradition; grobe und gemeine Gewalt wurde an dem Ort enthüllt, an dem *de facto* das lebendige Geheimnis der politischen Vereinigung herrscht ... Die Menschen haben keinen Grund, einander zu nötigen und zu erziehen. Der Mensch spürt nur seine eigene „Kränkung" und hegt den Wunsch nach „Rache"; und seine Aufgabe wird darauf reduziert, dass er nicht Rache übt, sondern „verzeiht" und „tröstet"; und wenn er es schafft, seine Beleidiger zu lieben und keine zu beleidigen, so ist seine Lebensaufgabe erfüllt. Der sentimentale Moralist sieht nicht, dass er die menschliche Seele geistig verwüstet, und sie dem Zustand der Blindheit und Gemeinheit ausgesetzt hat. Er versteht nicht, dass der Mensch nur gemäß seiner Geistigkeit bedeutend, und dass der Mensch gemäß seiner Geisteslosigkeit und Antigeistigkeit blind und gemein ist. Er sieht nicht, dass die geistig leere Seele, die sich abgewandt und gespottet hat, zu einer religiös-hässlichen Erscheinung wird, die nicht mitleidvolles Mitgefühl verdient, sondern Zorn und Ernüchterung. Er versteht nicht, dass *fremde Gemeinheit* keineswegs besser ist als die eigene, und keineswegs Liebe, Unterstützung und Opfer verdient, dass der Altruismus überhaupt nicht in der Dienstbarkeit der fremden Gemeinheit besteht, nur weil sie „fremd" ist; dass die Nächstenliebe die Liebe zu dessen Geist und dessen Geistigkeit ist, und nicht einfach Mitleid gegenüber dessen leidendem Dasein. Er predigt Liebe und bemerkt nicht, dass er diesen großen Ursprung hinabführt und herabsetzt, indem er ihn von der Geistigkeit abtrennt. Denn die „Liebe" des sentimentalen und antigeistigen Hedonisten geht nicht vom Geiste aus und geht nicht zum Geiste; sie stellt weder sich noch den Geliebten vor das Antlitz Gottes; dies ist nicht ein Treffen in göttlicher, in gemeinsamer Untersuchung und Dessen Schau, in wechselseitiger Unterweisung, Ermunterung, Erziehung, Beflügelung und in der Vereinigung zweier geistiger Fackeln. Nein, dies ist die wechselseitige Erschlaffung im gemeinsamen lebendigen Mitleid; dies ist die willenlose Nachsicht des sentimentalen Menschen, der am meisten befürchtet, dass er seinem Nächsten „Unannehmlichkeiten" bereitet; dies ist das charakterlose, süßliche Mitleid, das sich gleichermaßen sowohl auf den Sanftmütigen als auch auf den Übeltäter ergießt, und das ihnen beiden schadet. Ein solches antigeistiges Mitleid ist des Menschen, seines Geistes und seiner Berufung nicht würdig; denn die Liebe ist erniedrigend sowohl für den Geliebten als auch für den Liebenden, wenn sie, bei all ihrer fröhlichen Zärtlichkeit, nicht der geistige Wille zur geistigen Vollkommenheit des Geliebten ist.

So beschaffen sind die Werte und so beschaffen sind die Folgen *des sentimentalen Nihilismus*, der von L. Tolstoi und seinen Nachfolgern in der Funktion der einzigerlösenden, moralischen Offenbarung vorgebracht wird.

„Entscheidung für den Glauben“
2002, Öl auf Leinwand, 2000 x 5000 (Ausschnitt)
von Pawel Wiktorowitsch Ryschenko

12.
Über die weltablehnende Religion

Eine von den bemerkenswertesten Folgen dieser ganzen moralisch-nihilistischen Einstellung ist jene eigenartige *praktische Ablehnung der Welt,* die für denjenigen, der „keinen Widerstand leistet", als letzte und sicherste Zuflucht und Schutzeinrichtung dient. Diese Ablehnung der äußeren Welt entspringt scheinbar den moralischen Grundlagen, doch tatsächlich hat sie ihre Wurzeln in den trüben und entgleisten religiösen Konzeptionen der äußeren Welt.

Der Moralist führt, wie bereits konstatiert, sein Leben, indem er sich in sich selbst eingehüllt hat, und demzufolge erweist er sich als einer, der sich von allem abgewandt hat, was nicht seine eigene Seele ist, mit ihren mal sündigen, mal tugendhaften Vergnügungen. Es ist verständlich, dass die ganze „äußere Welt" sich von ihm entfernt, in den Hintergrund tritt und in ihrer Realität verblasst. Indem die moralische Seele in ihrer inneren Welt einen einzigen und höchsten Wert besitzt (das tugendhafte Mitleid und den tröstenden Genuss), schätzt und kultiviert sie nicht die zentrierte Ausrichtung des Lebens; für sie ist es schwer, ihre Einstellung aufzugeben und sich an die „äußere Welt" zu wenden, und, wenn sie es nötig hat, irgendetwas „Äußeres zu nehmen"; so stimmt sie diesem nur insofern zu, als dieses Material einen mitleidvollen, sentimentalen und idyllischen Charakter hat; alles andere wird verurteilt, abgelehnt und als etwas Sittenloses dem Ausschluss ausgeliefert.

Eben dadurch erklärt sich jener Umstand, dass es bei L. Tolstoi zwei entgegengesetzte Ansichten über die „Natur" und über die „menschliche Gesellschaft" gibt – über diese zwei großen Teile der „äußeren Welt".

Gemäß der *ersten* Ansicht ist die Natur göttlich und gnadenvoll. Sie ist von Gott geschaffen;[129] sie ist mit ihm insoweit

[129] Vgl. *Religion und Sittlichkeit,* [Band III, S. 197].

verbunden, als *ihr* Gesetz auch Sein Gesetz ist, so dass die Religion die Verbindung des Menschen nicht nur mit Gott herstellt (Erstursache), sondern auch mit der „ewigen unendlichen Welt", die durch ihn entstanden ist.[130] Der Wille Gottes weicht nicht nur nicht von den „ewigen, unveränderlichen" Gesetzen der Natur ab, sondern stimmt mit ihnen direkt überein:[131] Die Erfüllung dieses Gesetzes ist die Erfüllung Seines Willens. Diese Welt wird von der Liebe regiert; und sogar die Tiere leben in ihr friedlich[132] und kränken einander nicht. Es ist verständlich, dass auch der Leib des Menschen, der von Gott erschaffen wurde,[133] und der ihn in den Bestand der äußeren Natur einführt, nicht verurteilt, sondern akzeptiert wird: Dem Menschen ist das „Gesetz der Arbeit" und das „Gesetz der Kinderzeugung"[134] gegeben, das „ewige und unveränderliche" Gesetz, – dies ist das „Gesetz Gottes, der Wille Gottes", der in die Welt hinaussandte;[135] und die Frau, indem sie Kinder gebiert, sündigt nicht, sondern „dient Gott"[136]. Die Verbindung mit der Natur wird als direkte Bedingung des Glücks und der Tugend bekannt;[137] die arbeitsmäßige Überwindung der Naturkräfte ist die erste und unbezweifelbare „Verpflichtung des Menschen"[138]; die Verbindung der Menschen miteinander wird für das höchste Gut erklärt, welches „in unserer Welt[139] den Menschen zugänglich" ist.

Dieser idyllischen Ansicht der äußeren Welt, gemäß welcher alles auf der Liebe beruht und die „Gewalt" einfach *nicht nötig ist*, begegnet die *zweite* entgegengesetzte Auffassung. Gemäß

---

130 *Religion und Sittlichkeit*, [Band III, S. 201, 208].

131 Vgl. „das Gesetz Gottes oder der Natur", *Was sollen wir denn tun?*, [Band XI, S. 371] etc.

132 *Das Gesetz der Gewalt und das Gesetz der Liebe*, [S. 129].

133 „Der Ursprung des Materiellen – ist ebenso Er", *Verschiedene Gedanken*, [Band XIII, S. 534].

134 *An die Frauen*, [Band XI, S. 394].

135 *An die Frauen*, [Band XIII, S. 397-401].

136 Ibid. [S. 403].

137 *Worin besteht das Glück*, [Band XI, S. 205-207].

138 *Was sollen wir denn tun?*, [Band XI, S. 370-371].

139 *Was ist Kunst?*, [Band XIII, S. 442].

dieser ist die „äußere Welt eine Welt der Spaltung, der Feindschaft und des Egoismus“[140]; sie „liegt in der Bosheit und in den Verlockungen“[141]; in ihr herrscht das „unabänderliche Gesetz des Kampfes um die Existenz und ums Überleben des Fähigsten“; dieses Gesetz „regiert das Leben der ganzen organischen Welt, und deswegen auch des Menschen, der als Tier angesehen wird“[142], dies ist das „für alles Lebende ewige Gesetz der Evolution“, das gleichzeitig „dem Gesetz der Sittlichkeit zuwider“[143] ist. Der Moralist kann diese Welt der Spaltung, des Wettkampfes und der Konkurrenz nicht akzeptieren; diese Welt lebt außerhalb der Moral und entgegen der Moral, sie wird von dem natürlichen, habsüchtigen, gnadenlosen und schamlosen Instinkt gelenkt, welcher den Genuss in der Sünde sucht und die Sünde auf verfluchte Weise genießt. Möge auch der Mensch diese Spaltung und diese Sünde beschönigen – „ein Kampf bleibt immer ein Kampf, d. h. eine Tätigkeit, die im Grunde die Möglichkeit einer von uns akzeptierten christlichen Sittlichkeit ausschließt“[144]. Und deswegen sind alle Formen und Arten dieses Kampfes der Menschen miteinander verurteilungswürdig und verboten: auch die wirtschaftliche Konkurrenz, welche die Technik und materielle Kultur entwickelt;[145] auch der Kampf, der wegen der geschlechtlichen Liebe entbrennt; und der gesellschaftlich-politische Kampf um das Recht und die Macht.

Eben diese Auffassung von der äußeren Welt als einer Sphäre der tiefen Antimoral führt zu der Predigt *des Asketismus, der Vereinfachung und der Widerstandslosigkeit*.

Der Moralist ist ein Wesen, welches durch die maßlose, aufdringliche, prätentiöse Realität seines Leibes und durch dessen

[140] *Lesekreis*, [Band II, S. 18-21].

[141] *Vorwort zum Sammelband*, [Band XI, S. 410].

[142] *Religion und Sittlichkeit*, [Band XIII, S. 214].

[143] Ibid. [S. 215-216].

[144] Ibid. [S. 215, 217].

[145] Ihr „Nutzen“ ist ähnlich dem Nutzen eines „Brandes“, nach welchem „man sich wärmen kann, und an welchem man seine Pfeife anzünden kann“, *Was sollen wir denn tun?*, [Band XI, S. 343]; vgl. *Das Nichtsthun*, [Band XI, S. 612]; *Das Märchen von Iwan dem Dummkopf*, [Band XI, S. 134-135].

Instinktbegierden erschrocken und niedergedrückt ist. Diese Begierden erlebt er als solche, die auf die äußere Welt gerichtet sind, als solche, die vorrücken und angreifen: beginnend mit dem Kampf um die Nahrung und Wohnstätte, für das Eigentum, für Reichtum und die Macht, und endend in der Aggressivität des geschlechtlichen Instinkts und seines Kampfs um Besitz. All dies führt zur „Gewalt"; all dies verleitet auf den Weg des Teufels und verführt zur Todsünde; all dies weckt im Menschen seine „animalische Persönlichkeit" und verwandelt ihn in ein grausames Tier; all dies kommt von der „äußeren Welt" und verleitet „zur äußeren Welt"; all dies muss auf das Minimum reduziert und, im Idealfall, vollkommen unterdrückt werden.

So ist in der Natur eine gewisse die Moral missachtende Genusssucht gegeben, die nicht nur von außen den Menschen stört, sondern in ihm selbst lebt und ab und zu sich in seiner Seele in der Gestalt der „sündigen Lust" erhebt. Diese sündige Lust nimmt der Moralist als den Ursprung *des Bösen* in sich selbst wahr, als den ewig und unersättlich sich in der Seele bewegenden Feind der Tugend. Es ist verständlich, dass das moralische Gesetz kategorisch dessen Unterdrückung fordert. Sich dieser „Lust" zu ergeben, ist „des Menschen unwürdig"[146], „erniedrigend"[147], beschämend und sündhaft: Die „Tugend" fordert, dass der Mensch den Menschen tröstet, und ihn nicht zu der Sünde durch Beschämung und Schmerz führt, indem er dessen Leiden genießt. Die Tugend fordert „Besonnenheit", „volle Besonnenheit"[148]; das Eintreten in eine Ehe „kann weder dem Gottesdienst noch im Dienst am Nächsten förderlich sein"[149] und die „fleischliche Liebe" ist der „Dienst an sich selbst"[150] – sie muss durch eine „reine Beziehung der Schwester und des Bruders"[151] ersetzt werden; es möge deshalb das

---

[146] *Nachwort zur Kreutzersonate,* [Band XII, S. 434-436].

[147] Ibid., [S. 433].

[148] Ibid., [S. 436, 440, 441].

[149] Ibid., [S. 440].

[150] Ibid., [S. 440].

[151] Ibid., [S. 444].

menschliche Geschlecht aufhören – die Menschen haben sich ohnehin bereits mit dieser Idee abgefunden, die einen, weil sie dem religiösen Glauben, die anderen, weil sie den wissenschaftlichen Prognosen glauben.[152] Die Geburt von Kindern wäre dem mitleidvollen Moralisten einzig in dem Falle erlaubt, wenn er sähe, dass „alle existierenden Leben der Kinder bereits versorgt wären"[153].

Indem der Moralist in sich selbst den Ursprung des „Leibes" und des „Instinktes" als den „äußeren", „antigeistigen", „gewalttätigen" und „bösen" Ursprung auf asketische Weise ablehnt, fordert er kategorisch, dass der Mensch sich so wenig wie möglich seiner Fleischlichkeit ausliefert, damit er deren Bedürfnisse auf das Notwendigste reduziert und seine ganze leibliche Energie auf die einzige, des Menschen würdige, moralisch ehrliche und ehrenvolle[154], keinen kränkende und niemanden ausbeutende physische Arbeit verwendet.[155] Es arbeitet nur, wer physisch arbeitet; jede andere, „geistige" Arbeit ist nur scheinbare Arbeit – sie ist leeres Geschwätz und Lüge.[156] Um moralisch auf der Höhe zu bleiben, muss der Mensch jegliche Nachlässigkeit und jegliche Lügen vergessen, die jene verdecken; er muss *sein Leben vereinfachen und selbst einfach werden*. Man muss das Leben vereinfachen sowohl innerlich als auch äußerlich und soweit, dass ganz und gar keine Bedürfnisse, keine Beziehungen, die den Menschen in die „Welt der Gewalt" wegführen, entstehen. Man muss die Kultur, die gemeinschaftliche Organisation, die Verwaltung, die Einrichtung, die Klei-

---

152 Ibid., [S. 436-437, 440].

153 Vgl. *Nachwort zur Kreutzersonate*, [Band XII, S. 441]; *Auferstehung*, [Band XIV, S. 413]. Man kann nur den Widerspruch dieses Vermerks verdeutlichen: würde etwa der „allgemeine Wohlstand" die „animalische Lust" als solche weniger „entwürdigend" machen? ...

154 Vgl. die Verneigung Tolstois vor den Folgen der physischen Arbeit: dem törichten Geruch, den Blasen auf den Händen und sogar dem Auftreten des Ungeziefers auf dem Menschen als einem Zeichen der eingetretenen Einfachheit; z. B. *Das Märchen von Iwan dem Dummkopf*, Kapitel III, IV, XII etc.

155 *Was sollen wir denn tun?*, [Band XI, S. 301, 370-371] und viele andere.

156 Vgl. z.B. *Das Märchen von Iwan dem Dummkopf*, [Band XI, S. 143-145], Kapitel XII.

dung und den Tisch vereinfachen, indem man aus diesen allen die Elemente *der äußeren Gewalt* und *den Gebrauch der fremden Arbeit* ausschließt und vertreibt: Man muss das Landeigentum aufheben; die Miete und die Pacht; die Freizeit, die für die geistige Schöpfung notwendig ist; die Regierung und die Gesetze; die geschlechtliche Liebe und den Prunk; die Fabrikproduktion und das Geld; die Jagd und den Verzehr von Fleisch; die Einmischung in das fremde Leben und die Armee – kurz all das, was dem Menschen die „äußere", natürliche und gesellschaftliche Welt aufzwingt. Man muss zu jener Stufe der ursprünglichen Einfachheit zurückkehren, welche „allen Menschen der gesamten Welt zugänglich ist"[157], sodass alle nur das tun, was *alle* tun können, und sodass jeder nur sich selbst bedient,[158] ohne von anderen etwas zu leihen und ohne sie von dem abzuhalten, was sie tun wollen.

Eben im Zusammenhang mit dieser Weltverleugnung entsteht auch die Forderung nach Enthaltsamkeit von dem aktiven und verbietenden Kampf gegen das Böse: Die äußere Welt liegt im Bösen, und in dessen Erkenntnis ist der Mensch besonders eingeschränkt; deswegen muss er nach und nach aus ihm seinen Willen entfernen, und das Unausweichliche geschehen lassen.

L. Tolstoi schreibt: „Die Frage danach, was ich gegen denjenigen tun soll, der vor meinen Augen eine Gewalthandlung ausführt, gründet noch immer auf einem groben Aberglauben, dass der Mensch das Vermögen besitzt, nicht nur das Zukünftige zu kennen, sondern auch, es gemäß seinem Willen einzurichten. Für einen Menschen, der frei von diesem Aberglauben ist, gibt es diese Frage nicht, und es kann sie nicht geben"[159]; „ob die Anwendung der Gewalt oder die Duldung der Bosheit nützlich oder unnütz, ob schädlich oder unschädlich sein wird

[157] *Was ist Kunst?*, [Band XIII, S. 423, 449].

[158] „Ich muss soweit wie möglich auf den Nutzen der fremden Arbeit verzichten, und so viel wie möglich selbst arbeiten.", *Was sollen wir denn tun?*, [Band XI, S. 301].

[159] *Das Gesetz der Gewalt und das Gesetz der Liebe*, [S. 137].

– das weiß ich nicht und das weiß keiner" ...[160] Wir nehmen an, dass „der Übeltäter ein Messer über sein Opfer erhoben hat, in meiner Hand halte ich eine Pistole, ich töte ihn; doch ich weiß es nicht und ich kann in keiner Weise wissen, ob derjenige, der das Messer erhoben hat, seine Absicht ausgeführt hätte oder nicht. Er könnte auch seine böse Absicht nicht ausgeführt haben, ich hingegen werde meine böse Tat vermutlich ausführen" ...[161] Was auch in dem äußeren gesellschaftlichen Leben passieren mag – der Mensch müsse dessen eingedenk sein, dass jeder sich selbst und nur sich selbst lenkt;[162] daran müsse er denken und selbst nicht sündigen; an die Folgen jedoch müsse er nicht denken,[163] denn sie können uns niemals zugänglich sein.[164]

So beschaffen ist die Konzeption der äußeren Welt bei Graf Tolstoi, mit allen ihren Folgen. Er nimmt die Welt entweder als eine von Gott eingerichtete Idylle wahr, und dann lehnt er den Zwang als etwas absolut Unnötiges ab; oder aber er nimmt die Welt als ein gewisses Königreich der Leidenschaften, der Sünde und Lüge wahr, in welchem der Zwang vielleicht nötig und zweckmäßig wäre,[165] doch eben als Folge davon muss der Mensch sich davon abwenden, um an dessen Leben nicht teilzuhaben. Diese beiden Deutungen der äußeren Welt sind zusammen in eins verbunden: die Ablehnung der „Gewalt"; und sie beide entspringen, auf psychologische Weise gesprochen, vielleicht direkt aus dem moralischen Bedürfnis, diese abzulehnen. Die „Gewalt" ist unnötig, wenn die Welt mit all ihren

---

[160] Ibid., [S. 178].

[161] *Das Gesetz der Gewalt und das Gesetz der Liebe*, [S. 138]; Vgl. *Das Reich Gottes ist inwendig in Euch*, [S. 14].

[162] *Lesekreis*, [Band II, S. 18-21; Band III, S. 14]; vgl. *Das Gesetz der Gewalt und das Gesetz der Liebe*, [S. 152].

[163] *Das Gesetz der Gewalt und das Gesetz der Liebe*, [S. 122]; *Lesekreis*, [Band II, S. 56-59].

[164] *Lesekreis*, [Band II, S. 18-21].

[165] Vgl. interessante Vermerke, die mit Abscheu die Möglichkeit der Zweckmäßigkeit der „Gewalt" zulassen: *Das Gesetz der Gewalt und das Gesetz der Liebe*, [S. 80, 161]; *Lesekreis*, [Band I, S. 238-240; Band II, S. 73, 163]; *Das Reich Gottes ist inwendig in Euch*, [S. 66].

Gesetzen gnadenvoll aus Gott entstanden ist; die „Gewalt" ist eine unzulässige Sünde, wenn die Welt in der Bosheit liegt. Der sentimentale Moralist tröstet sich auf der einen Seite mit der kosmischen Idylle, auf der anderen Seite flieht er die Welt, indem er sie ihrem eigenen Schicksal überlässt. Jedoch sucht er die Ruhe in der Flucht; und indem er diese Flucht zu rechtfertigen sucht, verhüllte und verteidigte er sich quasi hinter dem Zaun seiner passiven Tugend und seines inneren Genusses, mit einem Verweis auf den „Willen Gottes".

Gemäß dieser beruhigenden Anweisungen wird die „äußere Welt", auch wenn sie „im Bösen und in den Verlockungen" liegt, auch wenn sie durch sittenloses Gesetz des Kampfes gelenkt wird, – trotzdem vom „göttlichen Willen" geleitet. Sie besteht deshalb, damit die Menschen einander trösten[166] und nicht darüber nachsinnen, was sich daraus entwickelt. Man muss selbst „nur jene Anweisungen des Verstandes und der Liebe befolgen, welche Er in mich zur Erfüllung seines Willens hineinlegte"[167], und die Folgen solcher Handlungen dem göttlichen Ermessen überlassen – denn diese Folgen sind die „Aufgabe Gottes"[168]. Es ist von Gott so eingerichtet, dass jeder Mensch nur für sich selbst die Verantwortung trägt, und dass niemand weder das „Recht" hat noch „die Möglichkeit, das Leben anderer Menschen einzurichten"[169]; niemand hat das „Recht", „das Werk eines jeden einzurichten", jeder Mensch trägt die Verantwortung dafür, „nur sein eigenes Leben zu wahren"[170]; und deswegen darf beim Anblick der Gewalttat der Mensch „nichts machen"[171], indem er es dem Sünder überlässt, „Reue zu zeigen oder es nicht zu tun, sich zu verbessern oder es nicht zu tun"[172], ohne sich einzumischen und in dessen

---

[166] *Lesekreis,* [Band II, S. 56-59].
[167] *Das Nichtsthun,* [Band XI, S. 613].
[168] *Lesekreis,* [Band II, S. 21-59].
[169] *Das Gesetz der Gewalt und das Gesetz der Liebe,* [S. 152].
[170] Ibid.
[171] Es sind wirklich Worte Tolstois: *Lesekreis,* [Band II, S. 14].
[172] Ibid.

innere Welt einzudringen, in diese Sphäre der göttlichen Lenkung. Ein solches Eindringen, ein solches „Heraustreten aus den Grenzen seines Wesens" würde als Versuch gelten, sich die göttlichen Rechte anzueignen, die göttliche Macht zu usurpieren, blasphemisch den göttlichen Willen quasi als einen unzureichenden zu ersetzen;[173] doch ein solcher Versuch ist immer mit der „Verleugnung Gottes"[174] gleichzusetzen. Deswegen ist alles, was ich zum Schutz des vom Tode bedrohten Nächsten tun kann, der Vorschlag, dass der Gewalttäter durch meine Tötung sich Befriedigung verschafft;[175] wenn er jedoch an meinem Vorschlag nicht interessiert ist und es vorzieht, sein Opfer zu töten, so bleibt für mich nur, darin den „göttlichen Willen" zu erkennen ...

So beschaffen ist *die praktische Weltablehnung*, zu welcher L. Tolstoi gelangt, indem er von seiner sentimentalen Moral ausgeht, mit seiner ganzen nihilistischen Geradlinigkeit vorwärts voranschreitet, ohne die Schwierigkeiten und die Widersprüche zu bemerken. Das kurzsichtige und vermeintliche moralische Gericht bricht in den Kern der lebendigen Weltauffassung selbst ein, es urteilt, kritisiert und lehnt ab, indem es keine Möglichkeit zu erforschen, zu sehen, zu überlegen gewährt; indem es keine Möglichkeit erlaubt, dass eine andere, spezifisch moralische – religiöse oder wissenschaftliche oder geistig-sittliche – Untersuchung und Sichtweise entsteht und aufblüht. Und so wird der *geistige* Nihilismus von der gleichen nihilistischen Haltung zum *Instinkt,* zur gefühlvollen Liebe und Kinderzeugung erfüllt. Der Moralist lehrt, sich zum Leben des Instinkts, zu seinem lebendigen Geheimnis, zu seiner gesunden und geistig-wichtigen Tiefe, zur Heiligkeit der Ehe, der Vaterschaft und der Mutterschaft mit der gleichen Verneinung zu verhalten, wie auch zum Leben des Geistes. Das Mitgefühl, das sich vom Geist abgewandt hat und das beim Anblick des fremden

[173] *Lesekreis,* [Band II, S. 18-21].

[174] Ibid.

[175] Vgl. Das *Gesetz der Gewalt und das Gesetz der Liebe,* [S. 138]: *Lesekreis,* [Band II, S. 162-165; Band III, S. 101-102].

Leidens ermattete, lehnt auch *die Grundkraft des Lebens* als eine sündige und böse ab: denn es entdeckt eine gewisse „Erbarmungslosigkeit" in der Natur und im Instinkt, ohne seine geheimnisvolle Macht und seine Fähigkeit, sich leicht in ein geistiges Gut zu verwandeln, zu sehen. Sich selbst treu fordert der sentimentale Moralist von der Natur das, was sie nicht geben kann, und er will nicht und er kann nicht von ihr das nehmen, was ihren Reichtum und ihre Tiefe ausmacht. Und deswegen, weil er sich daran gewöhnt hat, jegliche Vollkommenheit mit dem moralischen Maß zu messen und den Hauch des Göttlichen nur in dem Mitgefühl zu erblicken, so bleibt ihm, die „äußere Welt" zu verurteilen und *sich von der willentlichen Teilnahme an ihr zu befreien*. Was könnte die „Tugend" auch anderes sagen, die in nichts anderem das Göttliche erkannt hat, außer in sich selbst? Wenn die Neigung zur „äußeren Welt" die Neigung zur Gewalt ist, die von der Tugend wegführt, so ist damit bereits das Urteil nicht nur über die äußere Welt ausgesprochen, welche die Seele zur Sünde verführt, sondern auch über jenes Wesen, welches zur Gewalt verführt. Und hieraus ergibt sich die unabwendbare Forderung: sich von der „äußeren Welt" insofern abzuwenden, als sie außerhalb des Menschen ist, und insofern, als sie in dem Menschen selbst verborgen ist, auch wenn es dafür nötig wäre, den Menschen bis zur Stufe der ursprünglichen Barbarei, der geistigen Blindheit, der physischen Unreinheit und des Massenaussterbens hinabzuführen.

Wenn die äußere Welt „im Bösen liegt" und das „ewige", „unwiderlegbare" Gesetz, das über sie regiert, „sittenlos" ist, sollte man sich dann etwa nicht in der Tat von der Welt abwenden und weglaufen, und sich zu erretten suchen? Und hier befreit der Moralist den Menschen von der Berufung, am großen Prozess der natürlichen Erleuchtung und am großen historischen Kampf zwischen dem Guten und dem Bösen teilzunehmen; er befreit ihn von der Aufgabe, seinen schöpferisch-kämpfenden Platz in der Welt der Gegenstände und der Menschen zu finden; er nimmt ihm die Verpflichtung, am Tragen der Bürde der Weltschöpfung teilzunehmen; er gibt ihm eine vereinfachte Schablone für das Urteilen über die Welt an die Hand, und stellt ihn vor das Dilemma: „entweder Idylle oder Flucht"; und dadurch lehrt er ihn das moralisierende Herabschauen von oben und die unverantwortliche geistige Desertion. Und indem er den Menschen in dieser vermeintlichen Weisheit und Gerechtigkeit unterweist, legt er vor sich selbst scheinbar ganz und gar keine Rechenschaft dafür ab, dass seine Lehre den Seelen antireligiösen Hochmut und Blindheit einpflanzt.

Eben dieses Fehlen des richtigen religiösen Selbstbewusstseins erlaubt es ihm, seine blinde Flucht mit einem Verweis auf den „göttlichen Willen" zu verhüllen. In der Tat: Wenn die Welt von Gott erschaffen ist, warum ist sie dann „böse" und „sittenlos"? Wenn sie aber „sittenlos" und „böse" ist, wie kann sie dann ein Teil des „göttlichen Willens" sein? Wenn die Welt von Gott erschaffen ist, welches Recht hat dann der Mensch dazu, zur Weltablehnung aufzurufen? Wenn er aber vor der Welt flieht wie vor etwas, das von einem gottlosen Gesetz des Kampfes regiert wird, woher kommen dann diese beruhigenden Verweise auf den göttlichen Willen, der die Welt regiert?

Jedoch legt der sentimentale Moralist hier keine Rechenschaft darüber ab und benennt die Idee des „Willen Gottes" jedes Mal dann, wenn es für ihn notwendig ist, seine eigene moralisierende Willenlosigkeit zu verdecken. Die willentliche Teilnahme des Menschen am Tragen der Bürde der Weltschöpfung erklärt er für den „groben Aberglauben"; der „wahre" Glaube jedoch besteht darin, dass all das, was seine Seele stört, das „äußere" gesellschaftliche Böse, auf den Willen Gottes zurückzuführen ist. Diese „wahre" Religion behauptet, dass jegliche unstillbare Bosheit und alle ihre boshaften Erscheinungen von Gott geschickt sind, und dass jeglicher Versuch, diese Übeltaten zu verbieten, sich als echte Blasphemie erweisen würde. Wenn man diese Lehre annimmt, so stellt sich heraus, dass Gott es nicht nur so „wünscht", dass alle Menschen einander lieben und bemitleiden, sondern auch, dass sehr viele Menschen, ohne auf das mitfühlende Überreden der anderen Rücksicht zu nehmen, wüten und Übles tun, physische Gewalt anrichten, indem sie die Tugendhaften töten und die Charakterschwachen und Kinder geistig verderben; und ferner stellt sich heraus, dass „Gott" es „nicht wünscht", dass die Tätigkeit dieser wütenden Übeltäter auf organisierten Widerstand und Unterdrückung trifft. Die Übeltäter zu überreden, erlaubt „Gott"[176]; den Umfang ihrer Übeltaten zu erweitern, indem man sich selbst als Opfer vorschlägt – erlaubt „Gott" ebenfalls; doch wenn irgendjemand sich, anstatt den Übeltätern neue schutzlose Opfer zur Verfügung zu stellen und ihnen Jünglinge zur geistigen Verderbtheit zu überlassen, empört und ihre unerbittlichen Übeltaten zu unterdrücken anstrebt, so wird Gott dies als Blasphemie und Gottlosigkeit verurteilen. Wenn ein Übeltäter einen Nicht-Übeltäter beleidigt und die Seele eines Kindes verdirbt, so bedeutet das, dass dies „Gott wohlgefällig" ist; doch wenn ein Nicht-Übeltäter den Übeltäter von seiner Tat abhalten möchte, – so ist dies „Gott nicht wohlgefällig". „Der Wille Gottes" besteht darin, dass *niemand die Übeltäter kränkt, wenn sie die Nicht-Übeltäter kränken*; denn „gemäß Seinem Willen" sind alle Kinder, alle Charakterschwachen, alle guten Menschen als unanfechtbare und unbestreitbare Beute den Verderbern und Übeltätern übergeben, deren Grausamkeit als unberührbares Heiligtum für alle übrigen Menschen bestehen bleibt. Und wer dies nicht versteht oder mit dieser Deutung nicht einverstanden ist und das „Schwert ergreift", indem er es vorzieht, lieber „durch das Schwert" umzukommen als verräterisch an dem Triumph des Bösen teilzunehmen, wird für einen sittenlosen und nicht religiösen Menschen erklärt, für einen Übeltäter, der an Gott nicht glaubt.[177]

Seine sentimentale Willenlosigkeit und seinen kurzsichtigen Nihilismus durch eine so beschaffene bestialische religiöse Konstruktion verhüllend, schreiben die Moralisten Gott den Willen zum Bösen und zur Freiheit der Bosheit zu, und sie erkennen scheinbar nicht, wie diese ganze kleinbürgerliche

---

[176] Vgl. besonders *Lesekreis*, [Band II, S. 162-165, Band III, S. 101].

[177] *Das Gesetz der Gewalt und das Gesetz der Liebe*, [S. 80, 129, 134, 143, 147]; *Lesekreis*, [Band II, S. 18-21].

Theologie und Moral sie zu einem ganzen Netz religiöser Widersprüche und moralisch falscher Ansätze führt. So ist Gott auf der einen Seite „Liebe", und er will von den Menschen gegenseitiges „Mitgefühl" und „Einigkeit"; auf der anderen Seite will er die Übeltaten, die Freiheit und Straflosigkeit für die Übeltäter. Auf der einen Seite entspricht nur das Gute dem Willen Gottes, und der menschliche Wille erhält ein für ihn unerreichbares Ideal der moralischen Vollkommenheit; auf der anderen Seite geschieht *alles*, was geschieht, gemäß dem Willen Gottes, und der Übeltäter hat, indem er gemäß Seinem Willen Übles tut, keinerlei Grund, sich seiner Übeltaten zu enthalten, er kann jedoch sich immer mit dem gleichen Verweis schützen, mit welchem der Moralist seine Willenlosigkeit schützt. Auf der einen Seite muss der Mensch den Willen Gottes wie den eigenen annehmen („Gewissen", „Mitgefühl") und ihn im Leben erfüllen; auf der anderen Seite ist der Mensch verpflichtet, seinen Willen aus jener Sphäre herauszunehmen (die „äußere Welt", die „fremde Freiheit"), wo der „Wille Gottes" beginnt. Doch dies bedeutet, dass die ganze Lehre von der Wechselbeziehung des göttlichen und des menschlichen Willens zu einem Opfer des Widerspruchs und der Willkürlichkeit wird. Der sentimentale Moralist „nimmt" den göttlichen Willen mal „an", wenn diese Annahme ihn zum passiven Genuss des Mitleids führt; mal „nimmt" er ihn nicht „an", wenn diese Annahme ihn zum heroischen willensstarken Dienst führen würde. Dies wird dadurch erklärt, dass er sich an Gott, Seine Gaben und die von Ihm ausgehenden Versuchungen und Aufgaben nicht „mit der ganzen Seele, mit dem ganzen Verstand, und mit der ganzen Stärke", sondern nur mit der Sentimentalität seines suchenden Genusses und willenlosen „Herzens" wendet. Eben deswegen erweist er sich als religiös-blind in seiner Beziehung zur „äußeren Welt", mit seiner geheimnisvollen Schwierigkeit, mit seiner Tragödie der Zerspaltung und seinen willentlichen Aufgaben, mit seinem Wesen, das sich weder auf die Idylle noch auf gottesabtrünnige Verfluchung reduzieren lässt. Die religiöse Erfahrung des Moralisten ist geisteslos, willenlos, einseitig und dürftig; seine „religiöse Lehre" ist eine Ausgeburt eines selbstgefälligen Verstandes, der bestrebt ist, die göttliche Offenbarung aus dem gegenstandslosen mitleidigen Gefühl zu extrahieren. Die ganze Religion stellt nichts anderes dar als *die Moral des Mitgefühls*. Doch diese Moral und ihr mitleidiger Ansatz geben dem Menschen *nicht die Erfahrung der göttlichen Vollkommenheit*, sondern nur *die Erfahrung des menschlichen Mitgefühls*: Sie sieht den gequälten Menschen und reduziert die ganze Offenbarung auf das Mitgefühl gegenüber dieser Qual. Doch dies bedeutet, dass er nicht den Menschen durch Gott angenommen hat, sondern *Gott durch den Menschen erkannt hat*, und er erleuchtete nicht den Menschen mit dem Licht der Liebe zu Gott, sondern *er verdunkelte die Annahme Gottes durch das Mitgefühl* zu gequälten Menschen; eben deswegen fand er den leidenden Menschen, doch er fand weder *dessen* noch seine eigene Beziehung zu Gott, noch die Beziehung Gottes zu ihm, dem Leidenden, und zu sich, dem willenlos und genüsslich Mitfühlenden. Und dieses ganze Missverständnis versuchte er als die Lehre Christi auszugeben.[178]

Wenn dies eine Religion ist, so ist es eine Religion, die nicht den Menschen mit Gott verbindet, sondern den Menschen mit dem Menschen,[179] und dabei verbindet sie unrichtig und nicht fest: Sie verbindet nicht den Geist mit dem Geist vor dem Antlitz Gottes, sondern die Seele mit der Seele vor dem Antlitz der irdischen Qual; diese Verbindung kommt nicht mit der ganzen Seele und dem ganzen Willen zustande, sondern ledig-

---

178 Vgl. z. B. *Über den Briefwechsel in Moskau*, [Band XI, S. 221]: „Im Evangelium ist mit auffallender Grobheit, jedoch mit Bestimmtheit und Klarheit für alle der Gedanke ausgedrückt, dass die Beziehung der Menschen zur Armut, den Leiden der Menschen die Wurzel und die Grundlage für alles ist!"; vgl. *Das Gesetz der Gewalt und das Gesetz der Liebe*, [S. 54, 108-109, 173] etc.; vgl. die Darstellung des „Gebotes, sich nicht mit Gewalt dem Bösen zu widersetzen" als der „erfreulichsten Botschaft des Reiches Gottes", *Das Reich Gottes ist inwendig in Euch*, [S. 102, 134].

179 Vgl. *Was ist Kunst?*, [Band XIII, S. 442]: „Die Bestimmung des Menschen ist das Gute; das Höchste jedoch in unserer Welt, das den Menschen zugängliche Gut, wird durch ihre Vereinigung untereinander erreicht."

lich durch den Affekt der inneren Anteilnahme; sie besteht im wechselseitigen Mitgefühl zu Lasten des privaten Lebens, doch zerfällt sie in willenloser Ablehnung der gemeinsamen Bürde beim ersten Hauch des echten Bösen. Die echte Religion fängt bei Gott an und geht über zur Weltakzeptanz, diese Lehre aber beginnt beim Menschen und geht über zur Weltablehnung. Die echte Religion akzeptiert die Welt durch den Willen, doch sie akzeptiert ganz und gar nicht das in ihr sich erhebende Böse, und daher führt sie mit ihm einen willensstarken, heroischen Kampf. Diese Lehre aber sieht nicht die Welt wegen des in ihr sich nistenden Bösen, und daher wendet sie sich von dem Bösen, der Welt und dem willensstarken Kampf mit ihm ab. Die echte Religion ist das schöpferische Brennen um des Guten willen, d. h. um des Geists und der Liebe willen; diese Lehre aber wird als die praktische Gleichgültigkeit zu der Tätigkeit der Bosheit in der Welt, zur Geistigkeit des Menschen und zu deren Schicksal auf Erden bestätigt. Die echte Religion nimmt die Bürde der Welt als die Bürde Gottes in der Welt auf sich, diese Lehre aber lehnt die Bürde der Welt ab und erkennt nicht, dass diese Weltablehnung in sich Gottesablehnung birgt ...

So beschaffen sind die religiösen Grundlagen dieser sentimentalen Moral. Ihr letztes Wort ist *die religiöse Willenlosigkeit und geistige Gleichgültigkeit*, und in dieser Willenlosigkeit und Gleichgültigkeit verliert sie die Gegenständlichkeit und die Kraft der religiösen Liebe und erkennt weder ihre irdischen Aufgaben und Wege noch ihre Artveränderungen und Errungenschaften in der Welt.

„Pereswets Sieg"
2005, Öl auf Leinwand, 1700 x 2100 (Ausschnitt)
von Pawel Wiktorowitsch Ryschenko

13.
Die elementaren Grundlagen

Nach all dem, was geklärt und festgestellt wurde, kann der unvoreingenommene Forscher kaum Zweifel an der Notwendigkeit der gesamten erneuerten und vertieften Problemstellung der äußeren Nötigung haben. Die richtige Antwort ist nur dann möglich, wenn auch die Frage richtig gestellt worden ist; die richtige Fragestellung aber fordert von dem Fragenden die richtige und freie Anstrengung *aller* Kräfte der Seele und des Geistes, und vor allem *die geistig sehende Liebe und den religiös-aufmerksamen Willen.* Es gibt seelische Dispositionen, die zu einer solchen richtigen Anstrengung ganz und gar unfähig sind, doch eben deswegen ist es für die Menschen einer solchen Disposition vernünftig und ehrlich, ihre Kraftlosigkeit anzuerkennen und diskret zu schweigen, ohne an der Besprechung dieses Problems teilzunehmen. Wenn *die sittlich-edle Seele in ihrer Liebe die religiös-richtige und willentliche Antwort auf den stürmischen Andrang des von außen kommenden Bösen sucht,*[180] so können die schüchternen, unaufrichtigen, gleichgültigen, unreligiösen Menschen, die nihilistisch oder relativistisch eingestellt sind („alles ist relativ und bedingt"), die willenlos, sentimental sind, welche die Welt ablehnen und das Böse nicht sehen, diese Suche nur stören, indem sie verwirren, verzerren und auf den falschen Weg wegführen.

Die Frage über die Zulässigkeit der äußeren Nötigung und Unterdrückung wird nur dann richtig gestellt, wenn sie *aus der Perspektive des lebendig Guten* gestellt wird, das in der Geschichte der Menschheit mit *der echten Kraft des Bösen* historisch kämpft. Ist es etwa zulässig, dass in diesem Kampf die Vertreter des echten lebendig Guten die schwachen Menschen psychisch und physisch nötigen und die Tätigkeit der Bösen

---

[180] Siehe Kapitel acht und neun.

physisch unterdrücken, indem sie auf ihre übeltätigen Seelen und übeltätigen Körper einwirken, und wenn es zulässig ist, in welchem Maße, unter welchen Bedingungen und in welcher Form? Das Wesen dieser Frage selbst sieht die Quelle, die Ausrichtung und das Ziel dieser Einwirkung und urteilt über sie im Voraus: Es muss *aus dem echten Willen zum Guten* hervorströmen; es muss selbst *zum echten Guten* gerichtet sein und den Gezwungenen in diese Richtung lenken; es muss *die Festigung und die Realisierung des Guten* in den Seelen als Ziel haben. Dies ist die notwendige Stufe der Untersuchung, unterhalb welcher die ganze Frage ihr philosophisches Interesse und ihre Lebensbedeutung verliert; denn es lohnt sich nicht, das zu erfragen, was eben einem Übeltäter erlaubt ist, der auf üble Weise eine fremde Seele zu Übeltaten zu bewegen wünscht: *nichts* ist ihm erlaubt; er weiß es, und deswegen, ohne zu fragen, erlaubte er sich selbst *alles*. Die ganze Frage wird *nicht* aus der Perspektive des Übeltäters gestellt, sondern aus der Perspektive dessen, der das Gute liebt und ihm ganzheitlich, aufrichtig dient.

Doch eben deswegen sind jegliche Versuche, diese Frage von dem fragenden Subjekt, von seinen Aufgaben und Absichten abzulenken, die Versuche, das Gute und das Böse, den edlen Kämpfer und den Übeltäter in der Diskussion über ihre „Rechte" auf die Nötigung und Unterdrückung formal „gleichzumachen", sinnlos und geistig tot. Diese Versuche, die gewöhnlich (neben den sentimentalen auch) von feigen indifferenten Menschen, Nihilisten oder schamlosen Sophisten ausgehen, werden auf die Entkoppelung *der Art der Einwirkung* von ihrer seelischen *Quelle*, ihrer *Ausrichtung* und ihrem *Ziel* reduziert, und ferner auf die „Verurteilung" dieser Art als solcher. „Wenn die Bedrohung unmittelbar bevorsteht, ist es dann etwa nicht gleich, *wer, womit, wem* und *in wessen Namen* droht? Das Drohen ist unter allen Bedingungen inhuman." Oder anders formuliert: „*Wenn* die Inhaftierung und die Hinrichtung unmittelbar bevorstehen, ist es dann etwa nicht gleich, *wer, wen* und *in wessen Namen* ins Gefängnis einschließt und hinrichtet? Die Humanität versöhnt sich nicht mit Gefängnissen und Hinrichtungen." Dabei werden für gewöhnlich ähnliche Behauptungen in einem Ton ausgesprochen, der Einwände nicht erlaubt, sodass die Sache gleichsam auf den Ausruf eines gewissen unumstößlichen moralischen Axioms reduziert wird, das bereits allein durch sein Aussprechen alles überwindet. In der Tat aber erweist sich dieses scheinbare Axiom als eine Ausgeburt einer unlebendigen geistigen und sittlichen Erfahrung, und bestenfalls als etwas, was einem törichten Verstand gehört, der versucht, moralisch *das Äußere* als solches gemäß *formal-abstrakten* Merkmalen als solchen zu bewerten.[181] Das Gute und das Böse sind in der Tat nicht gleichwertig und haben nicht die gleichen Rechte; und ebenso sind ihre lebendigen Träger, Umsetzer und Diener *nicht* gleichwertig und haben *nicht* die gleichen Rechte. Einen Menschen, der die Übeltat unterdrückt, als „Gewalttäter" zu bezeichnen, kann man nur aus Blindheit oder aus Heuchelei; die Hinrichtung eines Übeltäters und die Ermordung eines gerechten Märtyrers zu verurteilen, kann man ebenso nur aus Heuchelei oder aus Blindheit. Nur für einen Heuchler oder einen Blinden haben Georg der Drachentöter und der durch ihn erstochene Drache die gleichen Rechte; nur ein Heuchler oder ein Blinder können beim Anblick dieses Sieges „die Neutralität wahren" und zur „Humanität" aufrufen, indem sie sich selbst schützen und abwarten.

Eben *durch die Natur des Guten* selbst wird auch *die Frage* über die Zulässigkeit der physischen Nötigung und Unterdrückung, und *die Antwort* darauf bestimmt; denn das lebendig Gute ([...,] das in ihren Trägern, Umsetzern und Dienern lebt,) ist die echte Quelle, Ausrichtung und das Ziel der Nötigung und Unterdrückung, die gegen die Übeltäter gerichtet sind.

Gemäß ihrer Natur selbst haben das Gute und das Böse eine seelisch-geistige Natur, und sie sind in der menschlichen Seele „verortet"[182]. Daher ist der *Kampf gegen das Böse* ein *seelisch-geistiger* Prozess; derjenige besiegt das Böse, der es in das Gute ver-

[181] Siehe Kapitel drei und sechs.
[182] Siehe Kapitel drei.

wandelt, d. h. *er verwandelt die geistige Blindheit von Grund auf in das geistige Sehvermögen, die Kraft des verhärtenden Hasses aber in die Gnade der empfangenden Liebe.*[183] Darin besteht das Grundwesen des Kampfes gegen das Böse und der Sieg darüber; und deswegen muss jedes Maß, das gegen das Böse gerichtet ist, *letztendlich eben diesem Ziel dienen,* indem es daraus seinen Sinn und seine Bedeutung schöpft. Eben deswegen waren und werden die physische Nötigung und Unterdrückung niemals *selbstgenügsame* Mittel in diesem Kampf sein: Indem derjenige, der den Übeltäter der Freiheit oder des Lebens beraubt, denkt, dass dies das „Wichtigste" sei, und dass darüber hinaus nichts nötig sei, versteht er weder die Natur des Guten und des Bösen noch den Kampf gegen sie; er sieht nichts, außer den äußeren Symptomen der Krankheit, und er richtet seine Energie darauf, was außerhalb der Krankheit liegt; und seine Tätigkeit, bei ihrem oberflächlichen Nutzen, kann sich ihrem Wesen nach als schädlich erweisen. Die physische Nötigung und Unterdrückung erhalten ihre ganze Bedeutung nur in dem System der richtig ausgerichteten sozialen Erziehung, welche *die Gesetze des Geistes und der Liebe befolgt.*

Indem sich ferner das Gute und das Böse ihrem Wesen nach als seelisch-geistige Größen erweisen, leben sie *im Menschen* und realisieren sich eben im Menschen, und deswegen treten sie aus ihm *in die Welt des Körpers und der Materie.* Es ist verständlich, dass wenn der Mensch ein *rein geistiges und gänzlich unkörperliches* Wesen wäre, sich so der Kampf gegen das Böse nur auf die seelisch-geistigen Anstrengungen und Tätigkeiten beschränken würde; und dann wäre die physische Einwirkung des Nicht-Übeltäters auf den Übeltäter unmöglich; doch die Welt ist tatsächlich anders eingerichtet, und die physische Einwirkung ist gänzlich *möglich.* Ebenso gilt, wenn der Mensch das Böse allein in seiner Seele erlebte, und wenn er im Besitz seines Leibes der Möglichkeit beraubt wäre, das Böse durch seinen Leib auszuführen und es in einer äußeren Handlung

[183] Ibid.

wahr werden zu lassen, oder wenn die Seele und der Leib des Menschen nicht durch die Natur zu einer lebendigen, organisch-symbolischen Verbindung verbunden wären, und ihre Zustände und Veränderung einander nicht unmittelbar mitteilen würden, so würden die physische Unterdrückung und Nötigung wegfallen als *unnötig und sinnlos*; jedoch ist der Mensch in der Tat anders konstruiert: Er schüttet faktisch das innere Böse in die *äußeren Handlungen* aus, und sein Leib *übermittelt* faktisch seiner Seele fremden Protest gegen seine böse Handlung. Wenn der Mensch hingegen ein *rein leibliches* Wesen wäre, ohne Seele und Geist, so würde die physische Nötigung und Unterdrückung sich als das einzige und *ausschließliche* Mittel des Kampfes gegen das Böse erweisen; jedoch verhält sich die Sache eben nicht so.

Unter Berücksichtigung all dessen erweist sich die Anwendung der physischen Kraft im Kampf gegen das Böse als *möglich und nicht sinnlos*, doch *nicht als ausschließlich und selbstgenügsam*, sondern *als zweites und untergeordnetes* Mittel in dem gesamten System der geistigen Einwirkung und Erziehung, und dabei als ein solches Mittel, das gemäß der geistigen Erlaubnis und der Notwendigkeit angewandt wird. Kraft seiner Natur selbst darf es nicht dann angewandt werden, wenn es angewandt werden *darf*, sondern dann, wenn es anzuwenden *notwendig* ist; und überall dort, wo dafür *keine Notwendigkeit* besteht, sollte man es nicht anwenden. Denn seine äußere, physische Natur ist von einer anderen Beschaffenheit und dem kämpfenden Ursprung des Bösen nicht adäquat. Die physische Nötigung und Unterdrückung haben nicht mit dem Bösen selbst zu tun, sondern lediglich mit seiner äußeren Manifestation; sie dringen nicht in die nötige Tiefe der verhärteten Seele, und die Stufe, bis zu welcher ihre positive Wirkung durchdringt, bleibt vergleichsweise äußerst oberflächlich; daher sind sie kraftlos, das Böse als solches zu verklären, und sie bekommen es nur dann zu fassen, wenn die geistige Verklärung sich nicht ereignet hat und es dem Bösen gelungen ist, sich in eine äußere Handlung zu ergießen. Als nicht selbstgenügsame, zweitrangige und subordinierte Mittel müssen sie nicht nur mit den Gesetzen des Geistes und des Guten einhergehen, sondern auch mit der Natur der Hauptmittel und mit den Bedürfnissen des Grundkampfes; sie dürfen sich nicht daran vergreifen, die geistigen Anstrengungen und Unternehmungen durch physische zu ersetzen; sie dürfen nicht der geistigen Verklärung des Menschen schaden. Die physische Nötigung und Unterdrückung sind das *äußerste* Mittel des Kampfes; und die Sphäre ihrer Anwendung beginnt nur dort, wo die äußeren Maßnahmen sich als unhaltbar und ungenügend erweisen.

Dies bedeutet, dass als erstes die physische Nötigung und Unterdrückung nicht versuchen dürfen, in der menschlichen Seele die *Einsicht* (Erkenntnis, Anerkennung, Akzeptanz, Überzeugung, Glauben oder Bekenntnis) hervorzurufen. Jeglicher solcher Versuch ist von vornherein zum Scheitern verurteilt, bestenfalls zwingt er den Genötigten, den Weg der Heuchelei zu beschreiten; schlimmstenfalls erschüttert er in ihm die Fähigkeit zur Einsicht, zur Überzeugung und zum Glauben selbst, und löscht vielleicht diese Fähigkeit gänzlich aus, indem er geistig den Menschen verunstaltet. Die Gefängnisse, Foltern und Hinrichtungen sind kraftlos, die Seele zum Urteil, zur Überzeugung und zum Glauben zu bewegen; sie können sie nur zum Verrat oder zu einem verhärteten Trotz verleiten, welcher bei weitem nicht immer in einem bewussten Martyrium endet. Die physische Einwirkung muss unter allen Bedingungen die geistige Einsicht des Menschen bewahren, ohne in ihm das Gefühl der eigenen geistigen Würde zu unterdrücken und ohne das Vertrauen des Menschen zu sich selbst zu zerrütten. Eben deswegen müssen alle Formen der physischen Nötigung, welche die seelische Gesundheit und die geistige Kraft des Menschen zerstören, verurteilt und abgelehnt werden: der Entzug der Nahrung und des Schlafs; unerträgliche Arbeiten; Folter, Inhaftierung mit Übeltätern; erniedrigender Umgang etc.[184]

[184] Siehe Kapitel sechs.

Zweitens dürfen die physische Nötigung und Unterdrückung nicht versuchen, das Gefühl *der Liebe* beim Menschen zu erzwingen (z. B. persönliche Ergebenheit, Parteilichkeit, Angehörigkeit, Einverständnis zur Ehe, Treue, zum Patriotismus). Jeglicher solcher Versuch ist von vornherein zum Scheitern verurteilt: bestenfalls beschreitet der Genötigte den Weg der Lüge und das Verrats; schlimmstenfalls wird seine Seele von Verachtung und Hass zu dem Nötiger und zu dem ihr aufgezwungenen Gegenstand durchtränkt, und wird sich bis zur vollkommenen Unfähigkeit, überhaupt zu lieben, verhärten. Die Gefängnisse, Foltern und Hinrichtungen können in der Seele weder Liebe noch Treue hervorrufen. Die Liebe ist entweder freiwillig und authentisch, oder sie ist es nicht. Deswegen muss die physische Einwirkung unter allen Umständen die Fähigkeit des Menschen zur Liebe bewahren, indem sie in ihr die grundlegende Verklärungskraft des Lebens und des Geistes erblickt. Eben deswegen müssen alle Formen der physischen Nötigung verurteilt und abgelehnt werden, die den Menschen grausam und boshaft machen und ihn in einen blinden Hasser und Rächer verwandeln: der grobe, beleidigende Umgang; die Aberkennung jeglicher Äußerung der Liebe und Aufmerksamkeit; das Verwehren des Gottesdienstes und einer geistlichen Person; die Ausstattung mit menschenverachtender Literatur; die Folter und leiblichen Bestrafungen des Gefangenen etc.[185]

Und schließlich müssen drittens die physische Nötigung und Unterdrückung, indem sie sich nicht unmittelbar zur Einsicht und Liebe wenden, sondern *zum Willen* des Menschen, und dabei mit der Forderung der Selbstnötigung und des Selbstzwangs, die willentliche Fähigkeit des Menschen bewahren, ohne sie zu zerrütten und zu schwächen, sondern im Gegenteil, sie zu festigen und an ihrer geistigen Erziehung mitzuwirken. Jegliche Form der Nötigung, die den Willen zersetzt, macht ihr eigenes Ziel unerreichbar und wird sinnlos; denn die Aufgabe der Nötigung besteht darin, dass der Mensch die Nötigung

[185] Siehe Kapitel sechs.

nicht nötig hat, und nicht darin, dass man ihn zu der vollkommenen Unfähigkeit der willentlichen Selbstregulierung führt, und dadurch ihn für immer in ein Objekt der Unterdrückung verwandelt. Eben deshalb müssen alle Formen der physischen Nötigung verurteilt werden, die den Willen des Menschen beschädigen und nicht festigen: die erzwungene Untätigkeit, die sinnlose Arbeit, die Hoffnungslosigkeit einer lebenslangen Verurteilung, die depersonalisierenden Bestrafungen etc.[186]

Damit ist auch schon die Grenze festgelegt, bis zu welcher die physische Nötigung und Unterdrückung sicher und zulässig werden. Sie können im Leben weder die Einsicht noch die Liebe noch eine geistig-ganzheitliche, positive Handlung hervorrufen, und vor allem keine sittlich-religiöse Verklärung der Seele; und überall dort, wo diese Kräfte und Fähigkeiten leben, wirken und den Menschen lenken, sind sie unnötig und unzulässig. Überall dort, wo der Mensch selbst an der Aneignung der Einsicht und der Liebe arbeitet, und sich selbst beherrscht; wo im Menschen die Kraft der geistig-willentlichen Selbstregulierung ganz ist; wo in seiner Seele die Ursprünge der Ehre und der Verpflichtung leben; wo das Individuum sich selbst durch die Kraft der Selbstnötigung und des Selbstzwangs erzieht; wo die Seele nicht durch die Antigeistigkeit und Antiliebe besessen ist; und sogar dort, wo die psychische Nötigung, die von den anderen Menschen ausgeht, einfach als ausreichend erscheint, – muss die Frage über die physische Nötigung und Unterdrückung entweder überhaupt nicht gestellt oder negativ gelöst werden. *Solange* die Hinwendung zur Einsicht und Liebe oder zum rational-willentlichen Ursprung des Menschen ihre Aufgabe erfüllt,[187] und *weil* sie eben diese Aufgabe erfüllt, dürfen die physische Nötigung und Unterdrückung keinen Bestand haben, indem sie in der Reserve verbleiben. Denn sie bilden eben *die vertretende und aufstockende Reserve* für die kämpfenden Hauptkräfte. Es ist verständlich, dass diese Mittel, indem sie

[186] Siehe Kapitel sechs.
[187] Siehe Kapitel vier und fünf.

die Funktion der Reserve erfüllen, in der unmittelbaren Nähe zu den inneren Mitteln des Kampfes und in ihrem Gehorsam bereitstehen müssen. Außerdem müssen sie, im Unterschied zu der militärischen Reserve, immer von vornherein dem „Gegner" als eine Art Drohung und Sanktion bekannt sein, und sie müssen stets mit Bedacht und allmählich in den Kampf gebracht werden, sodass das Maß der physischen Nötigung und Unterdrückung sich immer als *individuell angepasst und nicht übermäßig* erweist – weder im Sinne der Form der Bestrafung noch im Sinne ihrer Dauer.

Die physische Nötigung und Unterdrückung sind dann prinzipiell insofern anwendbar, als *die innere Selbstregulierung den Menschen verändert und es keine seelisch-geistigen Mittel gibt,* um seine antigeistigen Handlungen fest- und aufzuhalten.[188] Dies bedeutet, dass die Grenze, ab welcher die physische Einwirkung notwendig wird, negativ festgelegt wird: dies ist *die geistige Haltlosigkeit* des zu Erziehenden und *die geistige Waffenlosigkeit* des Erziehers. Es ist verständlich, dass diese beiden Größen nicht nur zusammen den *terminus a quo* (die Grenze des Erlaubten und des Notwendigen) installieren, sondern auch in bedeutendem Ausmaß einander bedingen. Auf diese Weise gilt, je geringer die geistige Haltlosigkeit des zu Erziehenden ist, desto mehr gibt es *geistige* Möglichkeiten der Einwirkung auf ihn, und dementsprechend wird die Grenze weiter zurückgesetzt, ab welcher die physische Einwirkung nötig wird; dafür aber hat der Erzieher weniger Gründe, sich auf das objektive „Fehlen" der seelisch-geistigen Mittel zu beziehen, und sein unangebrachter Verweis auf das Fehlen dieser entlarvt direkt seine eigene Haltlosigkeit. Und umgekehrt: Je verdorbener, boshafter und aggressiver der zu Erziehende ist, desto eher kann das objektive Fehlen der seelisch-geistigen Kräfte sich offenbaren, und desto eher kann sogar der Heilige den Mut sinken lassen.

Die physische Einwirkung ist nur dann zulässig, wenn sie notwendig ist, notwendig ist sie aber dann, wenn die seelisch-

---

188 Siehe Kapitel sechs und sieben.

geistige Einwirkung *unzureichend, unwirksam* oder *nicht realisierbar* ist. Die Bedingungen, die durch sich das Eintreten und das Vorhandensein eines solchen Moments bestimmen, sind vielartig, kompliziert und werden kaum vollkommen aufgezählt werden können. Diese können, erstens, *objektive* Bedingungen sein, die weder mit der Persönlichkeit des Gezwungenen noch mit der Persönlichkeit des Zwingenden verbunden sind; so beschaffen sind die Bedingungen *der Zeit, des Raums und des Umfangs* der Einwirkung. Je kürzer die Zeit, die für die Einwirkung oder für das Verhindern der Tat gegeben ist (z. B. einen Augenblick vor dem Schuss), desto weiter die Entfernung, die den Unterdrücker von dem Übeltäter trennt (z. B. ein Telegramm über die Verhaftung des Übeltäters als einziger Ausweg); je breiter die Zusammensetzung des Objektes der Einwirkung (z. B. die Notwendigkeit der schnellen und energischen Einwirkung auf die Schar, auf die Armee, auf die Bevölkerung eines besetzten Territoriums) – desto geringer die Realisierung der „inneren" Maßnahmen des Kampfes, desto eher offenbart sich ihre Unzweckmäßigkeit, vielleicht auch ihre vollkommene Hoffnungslosigkeit. Diese können, zweitens, *subjektive* Bedingungen sein, die verbunden sind entweder mit der Persönlichkeit des Gezwungenen oder mit der Persönlichkeit des Zwingenden. Je geringer das allgemeine geistige Niveau des Gezwungenen (z. B. geistige Unreife oder sittliche Dummheit des Menschen, geistige Finsternis, Analphabetentum, Hang zur Trunkenheit der Volksmasse, Erziehung in der Religion der Grausamkeit und des Hasses, die Schwäche des Rechtsbewusstseins und des patriotischen Gefühls für das Land); je stärker die Besessenheit des Menschen (z. B. das Wüten eines Wahnsinnigen, die Massenpsychose) oder sein böser Wille (z. B. die Grausamkeit des Übeltäters) – desto eher kann der kritische Moment eintreten, der alle seelisch-geistigen Mittel als solche schwächt. Und schließlich, je seelisch hilfloser (z. B. ein Taubstummer, welcher der Gabe des Wortes entbehrt; ein Ausländer, der die ihm fremde Landessprache nicht beherrscht) oder geistig-entwaffneter der nötigende Mensch

(z. B. die pädagogische Unerfahrenheit, keine Berufung des Anführers, die Machtlosigkeit der Regierung beim Fehlen der öffentlichen Meinung, Korruptionslosigkeit, ehrliche Medien im Staat) – desto schwerer ist es für ihn, den Kampf mit rein geistigen Mitteln zu führen.

Hier kann man nicht ein für allemal irgendein einziges aussagefähiges Kriterium für eine fehlerlose Lösung der Frage in konkreten historischen Situationen aufstellen. Es ist möglich, dass der geistig starke, weise und erfahrene Mensch einen seelisch-geistigen Kampf dort noch fortsetzen wird, wo der geistig schwache, unerprobte und unweise Mensch anzuerkennen geneigt ist, dass die geistigen Mittel alle erschöpft sind; doch auch das Gegenteil kann eintreten: eben dass der geistig starke und hellsichtige Mensch dort das Schwert ergreift, wo der schwache, kurzsichtige oder törichte immer noch zu überreden und etwas zu beweisen versuchen wird. Der Kampf gegen das Böse ist ein lebendiger, ein sehr komplizierter und verantwortungsvoller Prozess, in dem das „Böse" sich selbst immer in der Gestalt einer einzig-individuellen oder gemeinschaftlichen Erscheinung gibt. Die Aufgabe des Kämpfenden besteht immer darin, dass er die Natur der gegebenen Erscheinung gegenständlich erfasst und zweckmäßige Mittel zu ihrer Überwindung findet. Bei der Teilnahme an diesem Kampf muss jeder gemäß seinem äußersten Verständnis handeln, gelenkt von der Liebe, im Vertrauen auf seinen Geist und seine Beobachtung; und jeder kann, indem er so handelt, nicht sicher vor möglichen Fehlern, Versehen, Misserfolgen und dem Zufügen von Schaden sein. Denn dem Menschen, sogar dem aufrichtigen und gutmütigen, ist es eigen, sich zu irren, umso mehr dem Kämpfenden, umso mehr dem, der gezwungen ist, mit den äußersten Maßnahmen zu kämpfen. Die Fehler und Schäden sind niemals ausgeschlossen: weder für denjenigen, der sich vollkommen des Kampfes enthält, denn er schadet vermutlich durch Ermutigung und Förderung,[189] noch für denjenigen, der

[189] Siehe Kapitel sechs und sieben.

sich mit rein geistigen Maßnahmen widersetzt, denn bei deren möglicher Unangemessenheit gewährt er dem Übeltäter Handlungsfreiheit und profaniert und diskreditiert gleichzeitig die Kraft und die Heiligkeit des geistigen Appells („Gebet das Heilige nicht den Hunden", Mt 7,6) noch für denjenigen, der sich mit der äußeren Nötigung und Unterdrückung widersetzt, denn er kann die Kraft des bösen Willens überbewerten und die Kraft der geistigen Nötigung unterschätzen ...

Alles, was die philosophische Untersuchung als eine Art Kriterium für die Anleitung bei dem Widerstand gegen das Böse geben kann, wird im Ganzen auf einige vergleichbar formale Regeln reduziert.

Als erstes muss derjenige, der sich widersetzt, in sich Sensibilität und Wachsamkeit für das Erkennen des Bösen und für die Unterscheidung zwischen ihm und den Erscheinungen entwickeln, die ihrem äußeren Anschein nach mit ihm vergleichbar sind. Dies wird einem nur allmählich zuteil, nur bei der langen sittlichen und religiösen Läuterung der eigenen Seele, nur bei der persönlichen und echten, geistig bewussten Lebenserfahrung.

Zweitens muss derjenige, der sich widersetzt, jene Wege und Gesetze zu ergründen anstreben, die das Leben des Bösen in der menschlichen Seele verdeutlichen, und ebenso die ganze Technik zu dessen innerer Überwältigung, die von den großen Gerechten und Asketen herausgearbeitet wurde. Nur derjenige, der diese Gesetze und diese Technik beherrscht, kann alle folgenden Fragen der sozialen Erziehung richtig lösen.

Drittens muss derjenige, der sich widersetzt, indem er die Maßnahmen und Mittel im Kampfe genau auswählt, immer gedanklich mit den geistigen Mitteln beginnen, und auf die Maßnahmen des äußeren Kampfes nur insofern zurückgreifen, als die geistigen Mittel sich als unrealistisch, unwirksam und unzureichend erweisen. Und selbst dann, wenn die Notwendigkeit der physischen Einwirkung von Anfang an und sofort festgestellt wird, muss derjenige, der sich widersetzt, daran denken, dass diese Maßnahme eine zweitrangige, subordinierte, äußerste und keine selbstgenügsame Maßnahme ist.

Viertens muss derjenige, der sich widersetzt, indem er auf die physische Einwirkung zurückgreift, immer theoretisch und praktisch nach dem Moment und nach den Bedingungen suchen, unter welchen die physische Einwirkung eingestellt werden kann, ohne dem geistigen Kampf zu schaden, ihm einen Weg und Platz einräumend. Denn bei der richtigen Führung des Kampfes gegen das Böse verbleiben alle Maßnahmen dieses Widerstandes (angefangen mit der persönlichen Anteilnahme und den Wohltaten gegenüber seinem persönlichen Feind und endend mit der Todesstrafe für den absoluten Übeltäter) in der inneren organischen Verbindung der wechselseitigen Aufrechterhaltung und des Gehorsams gegenüber einem einzigen Ziel.

Und schließlich muss fünftens derjenige, der sich widersetzt, stets die echten, inneren Quellen und Motive seines persönlichen Kampfes gegen das Böse untersuchen, in der Überzeugung, dass davon sowohl die gegenständliche Erkenntnis des zu bekämpfenden Bösen als auch die Aneignung der geistigen Technik des Kampfes sowie die Auswahl der Mittel und die Realisierung des Kampfes selbst abhängt; außerdem muss er sicher sein, dass davon auch seine persönliche Gerechtigkeit abhängt und die Beständigkeit im Widerstand, und dass dadurch letztendlich auch der Sieg selbst oder die Niederlage bestimmt wird.[190]

Und wenn die ersten vier Regeln nach all dem oben Festgelegten keinen Zweifel hervorrufen können, so benötigt die fünfte Regel noch eine tiefere Analyse und eine Begründung.

[190] Siehe Kapitel 21 und 22.

„Alexander Newski“
Teil 2 des Triptychons „Die Sonne der russischen Erde“
2009, Öl auf Leinwand, 4000 x 1700 (Ausschnitt)
von Pawel Wiktorowitsch Ryschenko

14.
Über den Betrachtungsgegenstand Liebe

Die Frage über den Widerstand gegen das Böse aufzustellen und zu erforschen, hat nur aus der Perspektive des lebendig Guten einen Sinn.[191] Denn das Böse als solches zu finden, seine Eigenschaft und seine Natur zu begreifen und ihm zu widerstehen, indem man den Kampf mit ihm aufnimmt, ohne es selbst aufzunehmen, ist eben die Aufgabe des Guten, dem allein es zugänglich und dessen Beseitigung nur ihm auch möglich ist. Der Kampf gegen das Böse, der von einem bösen Wesen aus dem Willen zum Bösen und wegen der Realisierung des Bösen geführt wird, ist nicht der Widerstand gegen das Böse, sondern der Dienst an ihm und dessen Verbreitung. Dabei ist es natürlich auch nicht ausgeschlossen, dass bei dem Zusammenstoß zweier böser Ursachen eine von ihnen geschwächt wird oder sogar beide, gemäß dem Ausspruch von Dostojewski, „eine Schlange frisst die andere Schlange", und bei ihrem Verschlingen stellt sie fest, das eigene Ende gefressen zu haben. Jedoch ist es verständlich, dass keine von diesen bösen Ursachen dem Bösen als solchem widersteht, sondern jede *ihr eigenes Übel* vollzieht. und nur das Zusammentreffen ihrer bösen Absichten und bösen Energien schwächt und vernichtet die aufeinanderstoßenden Gegner. Ebenfalls ist verständlich, dass ein so beschaffener Ausgang, der die Atmosphäre des Bösen in der Welt entlädt, keineswegs das Problem des richtigen Widerstands gegen das Böse löst, sondern aus der Warteschlange einzelne Situationen oder Konflikte nimmt, deren Heftigkeit eben darin besteht, dass das Gute gezwungen wird, gegen das Böse an beiden Fronten zu kämpfen, ohne seine gegenständlichen Interessen mit den Interessen beider böser Gegner zu vermischen.

---

191 Siehe Kapitel drei, acht und 13.

Das, was dem Bösen als solchem selbst widersteht, ist das lebendig Gute selbst. Dies bedeutet, dass der Widerstand gegen das Böse selbst *aus der vergeistigten Liebe entspringt, durch sie* realisiert wird, *ihr* dient, *zu ihr* führt, *sie* einpflanzt, aufzieht und festigt. Und bei all dem bleibt dieser Widerstand weder vor der psychischen Nötigung noch vor der physischen Nötigung und Unterdrückung stehen. Wie ist das möglich?

Dies ist möglich dank dem Umstand, dass *der Ursprung des Geistes der Liebe ihren richtigen Gegenstand zuweist, sie eingrenzt und ihre Erscheinung und ihre Manifestation verändert.*

Und vor allem weist er ihr ihren *Gegenstand* zu, indem er ihr Treue und Festigkeit *mitteilt.*

Die Liebe, allein für sich genommen, unabhängig vom Geiste, von seinem Gegenstand, seinem Ziel und seiner Aufgabe, ist der Ursprung der blinden Leidenschaft.[192] Die vereinigt in sich die Kraft des Triebs mit der geistigen Hilflosigkeit, die Gesetzmäßigkeit des Instinktes mit der geistigen Zufälligkeit, die biologisch gesunde Fehlerlosigkeit mit der geistigen Unverständlichkeit und bequemen Unbeständigkeit. Die Liebe ist *per se Hunger und Durst,* doch Hunger und Durst fassen *per se* weder die Qualität des Trunks noch die Würde der Speise ins Auge. Die Liebe ist eine gewisse *Offenheit* der Seele, doch in einer offenen Seele kann ungehindert auch das eintreten, was der Liebe unwürdig ist. Die Liebe ist *Trieb und Kraft,* doch wie oft lenkt der Trieb ab, die Kraft aber wird unnütz verschwendet oder sie zerfällt innerlich auf der Jagd nach falschen Zielen ... Die Liebe ist *Annahme,* doch nicht alles Angenehme ist geistig annehmbar. Die Liebe ist *Mitgefühl,* doch verdient etwa alles Mitgefühl? Die Liebe ist quasi ein *mitleidvoller Gesang* aus der Tiefe, doch die Tiefe eines nicht vergeistigten Instinkts kann gegenüber einer Verlockung Mitleid empfinden und vor genussvoller Sünde singen. Die Liebe ist die Fähigkeit zur *Einigkeit* und die *Identifikation* mit dem Geliebten, doch die Einigkeit auf einer niederträchtigen Ebene erschöpft allmählich diese Fähig-

---

192 Siehe Kapitel drei.

keit selbst und löscht sie aus, die Identifikation mit dem Bösen aber kann die Gnade der Liebe verschlingen und verkehren. Die Liebe ist *Schöpfungsfähigkeit*, doch ist das etwa gleichgültig, was der Schöpfende eben erschafft?

Die Liebe *sieht nicht* ohne den Geist, deswegen ist sie *gegenstandslos*; sie vollzieht keinen Flug, sondern kriecht tastend, irrt umher und fällt zu Boden. Sie fühlt nicht ihre Gerechtigkeit, und deswegen schwächt sie sich – mal durch das vage, mal durch das offensichtliche Gefühl der eigenen Unwürdigkeit. Sie dient nicht, sondern genießt, sie erbaut nicht, sondern erschöpft sich. Ihr Leben ist nicht das Beleben, sondern das Sterben; sie entbrennt nicht, sondern erlischt und qualmt. Eben deswegen ist die Liebe ohne den Geist blind, befangen, eigennützig, anfällig für Vulgarität und Hässlichkeit.[193] Sie ist noch nicht das Gute, sondern lediglich die Möglichkeit des Guten; sie ist nicht der reale Wert, sondern die sich nicht realisierende Kraft, nicht die Errungenschaft, sondern eine Naturanlage.

Allein der Geist, die geistige Kraft im Menschen, wie auch immer man sie nennen mag – „geistiger Geschmack", „Intuition für die Vollkommenheit", „die Schau des Göttlichen", „gottliebender Verstand", „Evidenz" –, allein diese Kraft eröffnet dem Menschen den echten, authentischen, würdigen Gegenstand für seine Liebe, jenen Gegenstand, welcher *per se* höher ist als die Welt, welcher jedoch sich in der Natur, in den Gegenständen, in den Menschen, in den menschlichen Beziehungen und Errichtungen verbirgt; durch welchen man leben sollte, durch welchen man lieben sollte und für welchen man deswegen auch sterben sollte. Eine Seele, die nach *diesem* Gegenstand dürstet, wird nicht verdursten; für die Seele lohnt es sich, für diesen Gegenstand offen zu sein; das Streben nach ihm wird sie nicht ablenken und ihre Kräfte nicht verschwenden; die Vereinigung mit ihm gibt ihr Gerechtigkeit, Ganzheitlichkeit und unerschöpfliche Energie in der Schöpfungs- und Kreationsfähigkeit; und die Identifikation mit ihm wird ihrer Persön-

[193] Siehe Kapitel drei.

lichkeit Form, Flug und Feuer mitteilen. Die echte Errungenschaft des Menschen beginnt dort, wo seine Leidenschaft dem göttlichen Gegenstande anhängt oder, anders, wenn der Strahl des Vollkommenen die Seele des Menschen bis zu seiner Tiefe des leidenschaftlichen Gefühlapparats selbst durchdringt. Erst dann beginnt die menschliche Leidenschaft, aus der Tiefe mit den sie durchdringenden göttlichen Strahlen zu leuchten, und der Mensch selbst wird zu einem Teil des Göttlichen Feuers.[194] Doch nur in diesem Maß kann der Mensch richtig die zwei Grundgebote Christi über die Liebe in ihrer wechselseitigen Beziehung und Reihenfolge begreifen und realisieren.[195]

Von diesen zwei Geboten lenkt das erste „das ganze Herz", „die ganze Seele", „das ganze Gemüt" und „die ganze Kraft" des menschlichen Wesens und seiner Liebe – zu Gott; das zweite Gebot lehrt, „seinen Nächsten wie sich selbst zu lieben" (Mt 22,37-40; Mk 12,29-31; Lk 10,26-28). Jener, der das erste Gebot erfüllt und sich mit allen Gefühlen, mit ganzem Vorstellungsvermögen, mit seinem ganzen Denken und Willen zu Gott wendet, und dabei so, dass alle diese Kräfte der eigenen Seele zu tragender und gesättigter Liebe werden, wird in dieser geistigen Vereinigung durch sein ganzes Wesen und sein ganzes Sehvermögen erneuert und errichtet in sich den Sohn Gottes; und indem er sich daraufhin an die Welt und an die Menschen wendet, sieht er sie unvermeidlich auf neue Weise und nimmt mit ihnen eine neue Beziehung auf. Diese neue Schau und neue Beziehung wird dadurch bestimmt, dass er, indem er bei der Realisierung des ersten Gebotes das Göttliche richtig wahrzunehmen und sich vorzustellen, zu denken und zu wünschen gelernt hat, danach zum ersten Mal sowohl in der Welt als auch in den Menschen jene geistige, göttliche Struktur findet, welche ihm in Gott und durch Gott seinen „Nächsten" anzeigt und in der Seele die echte, *geistige* Liebe zu ihm erweckt. Die Erfüllung des ersten Gebotes eröffnet dem Menschen Gott und

194 Vgl. die entsprechende Allegorie dieses Zustandes bei Heraklit (gemäß Aetius und Sextus) und bei Puschkin.

195 Siehe Kapitel zwölf.

dadurch überhaupt sein geistiges Auge. Doch eben deswegen ist die Erfüllung des zweiten Gebotes außerhalb des ersten und des ersten ungeachtet unmöglich. Das, was im Nächsten wie „sich selbst" zu lieben ist, ist nicht einfach die irdische, animalische menschliche Struktur[196] mit ihrer gesamten animalischen Selbstwahrnehmung, mit allen ihren irdischen Bedürfnissen und Vergnügen, mit ihrer ganzen angestrebten Selbstgenügsamkeit, sondern dies ist der Strahl Gottes in der fremden Seele, das Partikel des Göttlichen Feuers, die geistige Persönlichkeit, der Sohn Gottes. Die echte Brüderlichkeit der Menschen eröffnet sich nur in Gott; die Menschen sind nur insofern Brüder, als sie Kinder Gottes sind. Und das, was für den Menschen kraft seines animalischen, geisteslosen Instinkts (den anderen lieben wie „sich selbst") unmöglich ist, ist nicht nur möglich, sondern notwendig und unausweichlich für ihn als ein geistiges Wesen, welches sein Sehvermögen und seine irdische Wahrnehmung in der ganzheitlichen Liebe zu Gott erneuert hat. Denn derjenige, der ganzheitlich das Göttliche zu sehen und zu lieben gelernt hat, wird dieses Göttliche notwendigerweise *überall* dort lieben, wo er Es sieht und findet. Außerdem wird er immer in den anderen gerade Ihn suchen, indem er vor allem mit Ihm sich verbunden fühlt, ferner aber durch Ihn und in Ihm – mit allen Menschen. Den Nächsten lieben wie sich selbst kann nur derjenige, der in sich den Sohn Gottes gefunden und gefestigt hat, denn nur er kennt, was das Göttliche bedeutet, und was es bedeutet, mit Ihm vereinigt zu sein, d. h. was es bedeutet, Sohn Gottes zu sein; allein nur deswegen kann er den Sohn Gottes in seinem Nächsten erblicken, doch nachdem er ihn erblickt hat, ist es für ihn unmöglich, jenen nicht mehr zu lieben, sondern er wird *dessen* Göttlichkeit lieben, dessen persönlichen Tempel, dessen Altar und ebenso dessen Feuer, wie er auch *seinen eigenen* Geist, sein Feuer, seinen Altar und seinen Tempel liebt.

Das Ganze kann man so ausdrücken, dass die echte Beziehung zu Gott dem Aufbau der echten Liebe zum Nächsten vo-

[196] Siehe Kapitel elf.

rausgeht, denn den Nächsten zu lieben bedeutet, in ihm den Ursprung des Göttlichen, den Ursprung des lebendig Guten zu lieben. Die Liebe zu Gott eröffnet dem Menschen eine *neue Dimension der Dinge und der Menschen*. Gemäß dieser Dimension ist der Mensch etwas Größeres als dieses einzelne, beseelte Tier, als dieses einzelne Subjekt, in ihm gibt es etwas Größeres als „er selbst" in all seiner „Subjektivität": Und eben dieses Größere, Supersubjektive, ungeachtet seiner „Subjektivität", ist sein Geist, sein grundsätzliches, echtes „Er Selbst". Die echte Liebe ist die Verbindung des Geistes mit dem Geist, darauf aber gemäß diesem Maß – alles Übrige: die Verbindung der Seelen mit der Seele und des Leibes mit dem Leib, doch eben deshalb, weil dies bereits nicht einfach eine Verbindung der Seele mit dem Körper ist, sondern die geistige Verbindung der vergeistigten Seelen und der durch den Geist geheiligten Körper. Die echte Liebe verbindet den Liebenden nicht mit allem Existierenden und Lebendigen ohne Unterschied: sondern nur mit dem Göttlichen in allem, was existiert und lebt; eben mit dem Funken, mit dem Strahl, mit dem Urbild und dem Antlitz. Dies ist keine blinde Leidenschaft, sondern eine sehende, und ihre Bewegungen sind nicht zufällig, nicht unverständlich und nicht hilflos. Sie vereinigt und identifiziert sich nur mit dem lebendig Guten, doch diese Vereinigung ist bedingungslos – auf Leben und Tod. Sie vereinigt sich nicht mit dem Ursprung des Bösen, sondern entfernt sich von ihm und stellt sich ihm entgegen,[197] und diese Entgegenstellung ist ebenfalls bedingungslos – auf Leben und Tod. Der Ursprung des Geistes ist der Ursprung *der gegenständlichen Wahl und der religiösen Ergebenheit*. Und diese Kraft der religiösen Ergebenheit, die das Göttliche auserwählt hat und Ihm anhängt, steuert die vergeistigte Liebe zu *jeder* ihrer Beziehungen bei: zu Gott, zur Kirche, zum Vaterland, zum Zar, zum eigenen Volk, und zu den eigenen materiellen und persönlichen Altären, zur eigenen Familie und zum eigenen Nächsten.

[197] Siehe Kapitel 16.

Eine solche Liebe stellt in der Seele die ganze Weltwahrnehmung und die ganze Beziehung zu den Werten der Welt um. Alle Grenzen werden ihretwegen aufs Neue und anders gezogen, und alles wird bestimmt durch das Göttliche und durch Seine erleuchtende Gegenwart. So meint die gewöhnliche, religiös-blinde Auffassung, dass das Nützliche höher sei als das Heilige, dass der Mensch höher zähle als die Sache, und dass „viele Menschen" höher zählen als ein einziger Mensch; sie „ist überzeugt", dass alle Menschen „gleich" seien, dass jeder Mensch ein Recht auf Leben und dass das letzte Wort immer die „Humanität" hätte; sie nimmt an, dass das Schrecklichste der Hunger und das Leid sei, und dass das Leben auf der Erde dann besser sei, wenn es mehr zufriedene und glückliche Menschen gebe; sie zweifelt nicht daran, dass die Gesundheit besser sei als die Krankheit, die Macht besser als die Untergebenheit, der Reichtum besser als die Armut und das Leben immer besser sei als der Tod.

Ganz anders sieht und bewertet dies alles die geistige Liebe. Für sie ist das Heilige immer von einem höheren Wert als das Nützliche, der irdische Schaden ist für sie nicht bedingungslos schrecklich und der menschliche Nutzen nicht besonders anziehend. Sie kennt „Gegenstände", die von einem höheren Wert sind als der Mensch, und in einem großen Moment der menschlichen Geschichte hat die Geißel dieser Liebe die den Handel treibende Unverschämtheit aus dem materiellen Tempel vertrieben. In ihren Augen kann die Vielzahl der Menschen als solche weder die echte Qualität eines einzigen Menschen zusammensetzen noch ersetzen, sodass „ein einziger Mensch zehntausend Menschen wert ist, wenn er der Beste ist"[198]. Die geistige Liebe weiß, dass die Menschen nicht gleich sind, und dass sie „voneinander verschieden sind" wie „ein Stern sich vom anderen" unterscheidet (1 Kor 12,5-12; 15,39-41). Sie weiß auch, dass jeder Mensch sein Recht auf Leben verdienen und rechtfertigen muss, dass es Menschen gibt, für welche es bes-

[198] Heraklit, Fragment 49.

ser ist, nicht geboren zu werden, und es auch andere gibt, für welche es besser ist, umgebracht zu werden, als dass sie Übles tun (Mt 18,6; Mk 9,42; Lk 17,1-2). Die geistige Liebe, die im Besitz der Quelle der wahren, gottliebenden Menschenliebe ist, kennt den Preis und die Verlockungen der sentimentalen Humanität und lässt sich nicht von ihr verführen. Sie versteht die religiöse Bedeutung des Leidens und die geistig reinigende Kraft der Enthaltsamkeit von den Speisen und sieht immer etwas weitaus Schrecklicheres als Leiden und Hunger voraus. Sie misst nicht die Vervollkommnung des menschlichen Lebens mit dem Maß der Zufriedenheit einzelner Menschen oder mit dem Glück der menschlichen Masse, ihr sind alle geistigen Gefahren bekannt, die verbunden sind mit dem Vorhandensein des irdischen Genusses, und die ganze geistige Bedeutung seines Verlustes. Ihr Urteilsvermögen hat ihr schon vor langem offenbart, warum Krankheit besser als Gesundheit sein kann, Untergebenheit besser als Macht, Armut besser als Reichtum. Und eben die Kraft dieser Sehfähigkeit festigte sie in der Überzeugung, dass ein mutiger Tod immer besser ist als ein schändliches Leben, und dass jeder Mensch sich selbst bestimmt vor dem Antlitz Gottes eben in dem Moment, welcher gerade ihn dazu verleitet, den Tod vorzuziehen.

Auf diese Weise verändert der Ursprung des Geistes, indem er der Liebe ihren wahren Gegenstand anzeigt, im Grunde ihre Ausrichtung und den ganzen sie erfüllenden Inhalt. Hinter den alten Namen und Gestalten verbergen sich bereits neue, andere Gegenstände und Zustände, und diese neuen Gegenstände fordern von der Seele eine neue Beziehung zu sich selbst, sie fordern und sie erhalten diese. Und als deren Resultat wird unvermeidlich der Akt der Liebe selbst neu geboren, in seiner seelisch-geistigen Grundkonstruktion: er erhält neue Grenzen, neue Formen und Manifestationen.

15.
Über die Grenzen der Liebe

Ferner *begrenzt* der Ursprung des Geistes den Ursprung der Liebe, indem er ihrer unmittelbaren, naiven Flut die geistige Schranke anzeigt.

Die geistige Liebe ist nicht nur die religiöse Ergebenheit, sondern im Grunde vor allem die sehende, lebendige und gegenständliche *Wahl*. Wenn man die Liebe nicht im Sinne der sentimentalen, gegenstandslosen Anteilnahme versteht, sondern in ihrer gegenständlichen Bestimmtheit und funktionellen Fülle, in der ganzen Fülle der lebendigen Billigung, des Mitgefühls, der Mitwirkung, der Kommunikation – bis hin zur schöpferischen Identifikation mit dem geliebten Gegenstand, so ist klar, dass es unmöglich ist, real *alles* zu lieben (z. B. sowohl das Akzeptierte als auch das Nicht-Akzeptierte), und alles *auf gleiche Weise* zu lieben (z. B. sowohl das Nahe als auch das Entfernte, sowohl das Göttliche als auch das Nicht-Göttliche); auf jeden Fall ist dies dem Menschen, solange er Mensch ist, nicht zugänglich. Jener Mensch, der sagt, dass er alles „liebt" oder „alles ohne Unterschied" liebt, irrt entweder in der Selbsterkenntnis, oder er liebt tatsächlich nichts und niemanden. Die Liebe als eine psychische Kraft ist zu solch gegenstandsloser Ausdehnung überhaupt nicht in der Lage; die Liebe als geistiger Zustand ist dazu überhaupt nicht berufen. Wenn man natürlich unter Liebe allein das Wohlwollen versteht, unter der Güte aber die geistige Vervollkommnung (d. h. den Sieg des Guten über das Böse), so wünscht der religiös reife Mensch das Gute allen, und deswegen liebt er alle; denn das bloße Vorhandensein des Bösen ruft in ihm bereits Leiden und Widerwillen hervor und zwingt ihn, aufrichtig das Gute zu wünschen. Doch wenn man die Liebe in ihrer ganzen Fülle als *identifikatorische Vereinigung* und *schöpferische Akzeptanz* versteht, so kann ein solcher Mensch nicht alle lieben und nicht alle auf gleiche Weise, und er setzt sich eine solche Aufgabe nicht zum Ziel.

Somit ist niemand dazu berufen, das Böse als solches zu lieben oder einen bösen Menschen als solchen, und wenn man sich den Teufel als die echte und reine Konzentration des Bösen denkt, so muss die Liebe zum Teufel in seiner Teufelei als vollkommen widernatürlich anerkannt werden. Es gibt einen Sinn, dem Teufel Verklärung zu wünschen, und es gibt einen tiefen Sinn in dem Gebet für den Teufel, doch es gibt keinen Sinn darin, sich an ihn in der schöpferischen Akzeptanz zu wenden, d. h. seine Ziele und Interessen als eigene anzunehmen, mit ihm Mitleid zu haben und ihm zu helfen, und es gibt keinen Grund, in einen Bund mit ihm zu treten und dessen Sache mit eigener Bosheit zu vereinigen. Natürlich kann ein Mensch von einem starken Geiste sich dazu entscheiden, den Teufel mit seiner ganzen echten Teufelei *anzunehmen*, dessen reine Bosheit in die eigene Seele versuchsweise, um der Erkenntnis und des Verständnisses willen, hineinzulassen: er kann sogar diesen Versuch bis zu einer gewissen schöpferischen Identifikation bringen, indem er für diesen quälenden und widerwärtigen Versuch die Materie seiner Seele und die Kräfte seiner Persönlichkeit zur Verfügung stellt. Doch diese Einräumung wird sich niemals für ihn in *liebende Akzeptanz* verwandeln[199], und diese Realisierung wird niemals sein geistiges Zentrum verstricken oder gefangen nehmen, und ihn niemals zum mitleidigen Handeln und zur Mitwirkung bei bösen Handlungen verleiten. Die Qual dieses Versuchs wird nicht nur in der Annahme des Widerwärtigen bestehen, sondern in der freiwilligen Zerspaltung seiner seelischen Materie: Sie wird sich voller Abscheu im kontinuierlichen Schaudern des *ganzen* Geistes ausdrücken, wie in seinen Teilen, die das Böse versuchen, so auch in seinem vom Bösen freien Zentrum. Außerdem hat dieser Versuch, durch welchen die Seele wie Kohle versengt wird und schnell in Qualen veraltet, der Geist aber gehärtet und weise wird, eine einzige Rechtfertigung und Bestimmung: *den Widerstand gegen das Böse*. Der Empfänger des Bösen empfängt es nur deshalb,

[199] Siehe Kapitel acht.

damit er es nicht akzeptiert; „derjenige, *der sich damit identifiziert*", hat es nur deshalb zugelassen, damit er dem Bösen des eingeschätzten, erblickten und erkannten Gegners mit seiner ganzen Kraft widersteht. In diesem Versuch hat er gelernt und sich gewappnet, und nachdem er sich gewappnet hat, hat er sich zum unerbittlichen Niedermetzeln des Teufels berufen gesehen, der in seiner ganzen Teufelei erforscht worden ist.

Es ist verständlich, dass sich für einen schwachen Menschen dieser Versuch in eine unerträgliche Versuchung verwandeln kann, diese Versuchung aber kann ihn zum Gehorsam gegenüber dem Bösen führen. Und diese Versuchung und dieses Scheitern können sich nicht nur in der gewöhnlichen Ordnung der blinden oder naiven Infektion mit dem Bösen realisieren, sondern auch infolge des *falschen Verständnisses der Grenzen der Liebe*. Für einen weichherzigen Menschen genügt es, aus den Augen zu verlieren, dass die Liebe dort aufhört, wo das Böse beginnt; dass man nur den Funken, den Strahl und das Antlitz lieben kann und muss, wenn sie wegen des sich über den Rand ergießenden Bösen noch nicht endgültig erloschen sind; dass in der Hinwendung zum Bösen von der Liebe *nur das geistige Wohlwollen* übrigbleibt, und dass dieses geistige Wohlwollen, gerichtet auf den Teufel, die einzige richtige Form immer finden kann – die Form des niedermetzelnden Schwertes; sollte man dies außer Acht lassen – ist der Sieg des Bösen gewährleistet. Es gibt eine weise christliche Legende über einen Einsiedler, der über lange Zeit den Teufel in allen seinen Erscheinungen und in allen von ihm ausgehenden Versuchungen besiegte, bis schließlich der Teufel an der Tür von dessen einsamer Hütte klopfte und in der Gestalt eines verletzten, leidenden Raben erschien, und dann siegte in der Seele des Einsiedlers das blinde, sentimentale Mitleid – der Rabe wurde hineingelassen und der Mönch kam in die Gewalt des Teufels ... Eben dieser sentimentalen Liebe, die aus der Schwäche hervorgeht und die Bedeutung der Verlockung hat, setzen das geistige Sehvermögen und der geistige Wille eine Grenze; sie zwingen den Menschen, eine richtige Schranke seiner unverständigen und prinzipienlosen

Gefühlsmäßigkeit zu setzen und sein erwachendes Auge zu den richtungweisenden Gestalten des Erzengels Michael und Georg des Drachentöters zu lenken.

Es wäre überflüssig, sich hier in Form eines Einwandes auf die Gebote Christi zu berufen, der *die Feinde zu lieben und die Beleidigungen zu verzeihen* lehrte. Ein solcher Verweis würde nur von der unzureichenden Tiefe der Gedanken dessen zeugen, der sich darauf beruft.

Indem Christus dazu aufforderte, seine Feinde zu lieben, meinte er die *persönlichen* Feinde des Menschen selbst („eure", „euch"; vgl. Mt 5,43-47; Lk 6,27-28), seine eigenen Hasser und Verfolger, denen der Beleidigte natürlich verzeihen kann und auch *nicht*. Christus forderte niemals dazu auf, die Feinde *Gottes* zu lieben, jene zu segnen, die alles Göttliche hassen und mit Füßen treten, die blasphemischen Verführer zu unterstützen, mit den besessenen Schändern der Seelen liebevoll Mitgefühl zu haben, mit ihnen Anteil zu haben und auf jegliche Weise dafür Sorge zu tragen, dass niemand, der sich widersetzt, ihre Übeltaten stört. Im Gegenteil, für solche Menschen, und sogar für unvergleichlich weniger Schuldige, hatte Er ein brennendes Wort der Entlarvung (Mt 11,21-24; Mt 23; Mk 12,38-40; Lk 11,39-52; Lk 13,32-35; Lk 20,46-47, u. a.), die Drohung mit strenger Vergeltung (Mt 10,15; Mt 12,9; Mt 18,9 u. 34-35; Mt 21,41; Mt 22,7 u. 13; Mt 24,51; Mt 25,12 u. 30; Mk 8,38; Lk 19,27; Lk 21,20-26; Joh 3,36), die verscheuchende Geißel (Mt 21,12; Mk 11,15; Lk 19,45; Joh 2,13-16), und die kommenden ewigen Qualen (Mt 25,41 u. 46; vgl. Joh 5,29). Deswegen ist ein Christ, der danach strebt, treu im Worte und im Geiste seines Lehrers zu sein, überhaupt nicht dazu berufen, widernatürlich von seiner Seele das Gefühl der Weichheit oder der Anteilnahme zu einem nicht reuigen Übeltäter als solchem zu erzwingen; er kann auch in diesem Gebot keine Grundlage sehen, noch einen Vorwand, um den Widerstand gegen den Übeltäter zu meiden. Ihm reicht es, nur zu verstehen, dass der echte, religiös richtige Widerstand gegen die Übeltäter mit ihnen den Kampf *eben nicht wie mit den persönlichen Feinden, sondern wie mit den Feinden des Werkes Gottes auf Erden* führt; sodass je weniger *persönliche* Feindschaft in der Seele des sich Widersetzenden existiert, und je mehr er seinen persönlichen Feinden innerlich verziehen hat – allen insgesamt und besonders jenen, mit denen er den Kampf führt –, desto geistig richtiger, würdiger und lebendig zweckmäßiger dieser Kampf sein wird,[200] bei all seiner notwendigen Strenge.

Dies bezieht sich ganzheitlich ebenfalls auf das Gebot über *das Verzeihen der Beleidigungen.* Gemäß diesem Gebot hat der Mensch die Weisung, seine von den Beleidigern ihm zugefügten persönlichen Beleidigungen zu verzeihen (vgl. „Herr, wie oft soll ich meinem Bruder vergeben, wenn er *wider mich* sündigt?", Mt 18,21; „wenn er siebenmal des Tages *wider dich* sündiget", Lk 17,3-4; „der *ihm* hundert Denare schuldig war", Mt 18,28)[201]. Dabei muss das Ausmaß der verzeihenden Güte und der Geduld wahrlich unendlich sein (Mt 18,22). Jedoch sogar bei der Betrachtung der persönlichen Beleidigung stellt das Evangelium jene Bedingungen auf, unter welchen *„dein wider dich* sündigender *Bruder"*[202] für dich „wie ein Heide, und öffentlicher Sünder" werden kann (Mt 18,15-17): indem es die Möglichkeit der persönlichen Verbitterung zulässt, welche sich auf keine Überlegungen einlässt („so verweise es ihm", Lk 17,3), deutet das Evangelium auf das Gericht der Kirche als der höchsten Instanz; Ungehorsam ihr gegenüber zieht die nötigende, erziehende Isolation des Verbitterten nach sich.[203] Es ist verständlich, dass die Hinwendung zu dieser Instanz und die Ausschließung des Beleidigers aus der Gemeinschaft in keiner Weise den Akt der inneren Verzeihung stört; und ebenso löst der Akt der persönlichen Verzeihung, indem er das Problem der *Beleidigung* aufklärt, in keiner Weise das Problem des *Beleidigers* und *seiner Verbitterung*. Jedoch sah Christus außer all diesem solche Übeltaten voraus und verwies auf sie („Ärgern

200 Siehe Kapitel 21 und 22.
201 Das Kursivformatierte ist von mir [I. A. Iljin].
202 Das Kursivformatierte ist von mir [I. A. Iljin].
203 Siehe Kapitel fünf.

der kleinen"), deren bester Ausgang für den Übeltäter seinem Urteil nach die Todesstrafe bildet (Mt 18,6; Mk 9,42; Lk 17,1-2).

Allgemein gesprochen muss man über eine echte geistige Blindheit verfügen, um das ganze Problem des Widerstandes gegen das Böse auf das Verzeihen der persönlichen Beleidigungen zu reduzieren, auf „*meine*" Feinde, „*meine*" Hasser und auf „*mein*" seelisch-geistiges Überwinden dieser Beleidigung; und es wäre vollkommen überflüssig, eine solche geistige Blindheit dem Evangelium zuzuschreiben. Es ist natürlich, dass der naive Mensch mit seiner rein persönlichen und dürftigen Weltauffassung das Gute und das Böse in ihren bei weitem mehr als persönlichen, gemeinschaftlichen, allgemein-menschlichen und religiösen Dimensionen nicht sieht; und eben deswegen nimmt er an, dass die persönliche Verzeihung das Böse auslöscht und das Problem des Kampfs mit ihm löst. Doch tatsächlich ist es nicht so. Eine Beleidigung zu verzeihen, ihre übeltätige Kraft in sich auszulöschen, und die Flut des Hasses und der Bosheit in *sich* nicht hereinzulassen, bedeutet überhaupt nicht, die Kraft der Bosheit und des Bösen in dem *Beleidiger* besiegt zu haben. Nach dem Verzeihen bleibt folgende Frage offen und ungelöst: Was soll man mit dem Beleidiger tun, und zwar nicht wie mit einem Menschen, der *mich* beleidigt hat und dem dafür von mir Rache oder „Vergeltung zusteht", sondern wie mit einem nicht reuigen und unverbesserlichen Gewalttäter? Denn das Wesen des Übeltäters ist für ein einziges Opfer überhaupt nicht das Problem, und überhaupt nicht insofern, als es ihm nicht zu verzeihen gelang; dies ist ein Problem *für alle*, und das bedeutet, auch für das Opfer, jedoch nicht wie für eines, das etwas erlitten hat und nicht verzeiht, sondern wie für ein Mitglied jener gemeinschaftlichen Vereinigung, das zur *gemeinschaftlichen gegenseitigen Erziehung* und zum organisierten Kampf gegen das Böse berufen ist.

Der Beleidigte kann und muss *seine* Beleidigung verzeihen und in seinem Herzen *seine* Beleidigung auslöschen, doch eben durch sein eigenes Herz und durch seinen eigenen Verlust wird die Kompetenz seiner Verzeihung begrenzt; alles, was darüber hinausgeht, übersteigt seine Rechte und seine Berufung. Es ist unwahrscheinlich, dass man beweisen muss, dass der Mensch weder die Möglichkeit noch das Recht hat, die Beleidigung zu verzeihen, die einem anderen hinzugefügt worden ist, oder eine Übeltat, welche die göttlichen und die menschlichen Gesetze mit Füßen tritt, – außer natürlich, er ist ein Priester, der die Macht besitzt, die Sünden des Reuigen zu verzeihen, oder das höchste staatliche Organ, das die Macht besitzt, eine Amnestie zu erteilen. In der Zusammensetzung jeder Ungerechtigkeit, jeder Gewalt, jedes Verbrechens gibt es außer dem persönlichen Aspekt der „Beleidigung" und des „Verlustes" noch einen überpersönlichen Aspekt, der den Verbrecher vor das Gericht der Gesellschaft, des Gesetzes und Gottes führt, und es ist verständlich, dass die persönliche Verzeihung einer Privatperson nicht die Macht besitzt, diese Gerichtsbarkeit und die möglichen Verurteilungen auszulöschen. Und in der Tat, wer hat mir das Recht gegeben, von mir aus den Übeltätern zu „verzeihen", die das Heiligtum entweihen, oder die übeltätige Verlockung der Minderjährigen oder die Vernichtung des Vaterlandes betreiben? Und welchen Sinn hat diese scheinbare „Verzeihung"? Was bedeutet sie: dass „ich" sie nicht verurteile und nicht anklage? Doch wer hat mich zu einem so mitleidvollen Richter bestellt? Oder – dass „ich" mich mit ihren Übeltaten versöhne und mich verpflichte, sie nicht zu stören? Doch woher wird mir ein solches scheinbares Recht auf Verrat zuteil, auf Verrat am Heiligtum, am Vaterland und an den Ungeschützten? Oder bedeutet vielleicht diese „Verzeihung", dass ich mich jeglichen Urteils enthalte, meine Hände reinwasche und die Ereignisse ihrem unvermeidlichen Lauf überlasse? Jedoch hat eine solche Position der Gleichgültigkeit, der Willenlosigkeit und der Duldung nichts Gemeinsames mit der christlichen Verzeihung und kann nicht durch einen Verweis auf das Evangelium belegt werden ...

Derjenige, der sich dem Bösen widersetzt, muss die persönlichen Beleidigungen verzeihen; und je aufrichtiger und inniger diese Verzeihung ist, desto mehr ist der Verzeihende fähig, einen unpersönlichen, gegenständlichen Kampf mit dem Übeltäter zu führen; desto mehr ist er berufen, ein Organ des lebendig Guten zu sein, das keine Rache übt, sondern nötigt und unterdrückt. Doch in seiner Seele darf es keinen Platz geben für naive und sentimentale Illusionen, als ob das Böse im Übeltäter in dem Moment besiegt worden wäre, in welchem er ihm persönlich verziehen hat. Die Verzeihung ist *die erste Bedingung* des Kampfes gegen das Böse oder, wenn man so will, *dessen Anfang*; doch nicht das Ende und nicht der Sieg. Denn für diesen großen Kampf gegen das Böse ist es nötig, wahrlich nicht weniger als „zwölf Legionen Engel" (Mt 26,53) zu haben; und ein echter Übeltäter wird, solange er diese Legionen nicht sieht, immer in der Verzeihung eine direkte Billigung erkennen, und auch vielleicht ein verborgenes Mitgefühl.

Eben in dieser Beziehung soll man auch die evangelischen Worte „dem Übel [Bösen] nicht zu widerstehen" verstehen (Mt 5,39). Die Regel, die sich in ihnen verbirgt, ist in den nachfolgenden Worten genau erklärt – im Sinne des *sanftmütigen Duldens der eigenen Beleidigungen*[204] und ebenso der großzügigen Spende des *eigenen* Eigentums[205] und der *eigenen* Dienste[206]. Diese Berufung zur Sanftmut und Großzügigkeit in den persönlichen Angelegenheiten als Berufung zur willenlosen Betrachtung der Gewalt und Ungerechtigkeit oder zur Subordination gegenüber den Übeltätern in den Fragen des Guten und des Geistes zu deuten, wäre sinnlos und widernatürlich. Bedeutet etwa, den Schwachen an die Übeltäter auszuliefern – Sanftmut zu zeigen? Oder ist der Mensch etwa frei, dem Angreifer auch eine *fremde* Wange entgegenzuhalten? Erstreckt sich etwa nicht die Großzügigkeit ausschließlich auf das Eige-

---

204 „[...] wenn *dich* jemand auf *deinen* rechten Backen schlägt, [...]" (Mt 5,39; Lk 6,29; das Kursivformatierte ist von mir [I. A. Iljin]).

205 „[...] will *deinen* Rock nehmen, [...]" (Mt 5,40 u. 42; Lk 6,29 u. 38; „[...], der *dich* bittet; [...]", „[...] wer das *Deine* nimmt, [...]" (Lk 6,30; das Kursivformatierte ist von mir [I. A. Iljin]).

206 „Und wenn *dich* jemand eine Meile zu gehen nötiget, [...]" (Mt 5,41; das Kursivformatierte ist von mir. [I. A. Iljin]).

ne, das Persönliche? Oder hat der Verschwender des Gemeinguts und derjenige, der seinen Bruder in die Knechtschaft auslieferte, auch Großzügigkeit gezeigt? Oder bedeutet etwa, den Übeltätern die Freiheit zu gewähren, die Tempel zu entweihen, die Gottlosigkeit zu verbreiten und die Heimat zu vernichten, sanftmütig und großzügig zu sein? Und hat etwa Christus zu einer *solchen* Sanftmütigkeit und zu einer *solchen* Großzügigkeit berufen, die der heuchlerischen Gerechtigkeit und der Parteilichkeit mit den Übeltätern gleichwertig ist? Die Lehre der Apostel und der Väter der Kirche brachte natürlich ein völlig anderes Verständnis hervor. „Gottes Dienerin" hat das Schwert nötig, und „nicht umsonst trägt sie es" (Röm 13,4); sie ist der Schrecken für die Übeltäter. Und eben in dem Geiste eines solchen Verständnisses lehrte der heilige Feodosij von Kiev und sprach: „Lebt friedlich nicht nur mit euren Freunden, sondern auch mit euren Feinden; jedoch nur mit euren Feinden, und nicht mit den Feinden Gottes"[207].

Auf diese Weise *grenzt* der Ursprung des Geistes das Handeln der Liebe in ihrer unmittelbaren, naiven Ausdehnung ein. Es ist verständlich, dass diese Eingrenzung unvermeidlich auch eine Art Veränderung ihrer geistigen Struktur und Gestalt mit sich führt.

---

[207] Siehe Kostomarow, N., Russische Geschichte, Band I, Kapitel 3, S. 26.

„Gebet des Alexander Pereswet vor der Schlacht auf dem Kulikowo-Feld"
2005, Öl auf Leinwand, 1100 x 750
von Pawel Wiktorowitsch Ryschenko

16. Über die Artveränderungen der Liebe

Somit verändert der Ursprung des Geistes die innere Struktur der Liebe und die Form ihrer Manifestation.

Gewöhnlich oder nicht selten bezeichnet man als Liebe nur eine von ihren Erscheinungsformen, und dabei nicht unbedingt ihre geistige. Diese niedere Erscheinungsform der Liebe entsteht gemäß der Formel „es ist angenehm, deswegen ist es gut" und wird mal auf den instinktiven Genuss der fremden Anwesenheit reduziert, mal durch das Mitleid zu fremden körperlich-seelischen Leiden erschöpft. Im Gegensatz dazu stoppt der geistige Ursprung die sinnlose Flut der Gefühlsduselei, er zeigt der Liebe ihren echten, würdigen Gegenstand an, er lehrt sie fortwährend, nicht das zu idealisieren, was ihr gefällt („es ist angenehm, deswegen ist es gut"), sondern das Vollkommene zu genießen („wegen seines Gut-Seins ist es angenehm"), und infolgedessen teilt er ihr die für das geistige Leben notwendige innere Flexibilität und die Vielfalt der äußeren Manifestationen mit.

Bei einem Menschen, der geistig unreif und hilflos ist, beginnt die „Liebe" dort, wo ihm etwas „gefällt" oder wodurch ihm irgendetwas „angenehm" ist; sie fließt auf der Ebene des geisteslosen „Ja" und sie strebt zum maximalen inneren und äußeren Genuss. Diese geisteslose Liebe ist sehr häufig vom Willen und Verstand abgewendet und auf die Vorstellungskraft und gefühlsmäßige Wahrnehmung gerichtet.

Im Gegensatz dazu hat die geistige Liebe die Macht, sich vom „Angenehmen" und „dem, was gefällt", abzuwenden; sie hat die Macht, sich auf die Ebene des konstanten „Nein" zu verfestigen; sie ist fähig, die Form des harten und freudlosen Dienstes anzunehmen.

Die einzige, unveränderliche Funktion der geistigen Liebe ist das „Wohlwollen"; dies bedeutet, dass sie immer und allen aufrichtig nicht Zufriedenheit, nicht Genuss, nicht Erfolg, nicht Glück, und so gar nicht das Fehlen von Leiden wünscht – sondern die *geistige Vollkommenheit*, sogar dann, wenn sie nur durch den Preis der Leiden und des Unglücks erworben werden kann. Bereits die folgende Funktion der geistigen Liebe, die erfahrene und intuitive Wahrnehmung der fremden Persönlichkeit, in ihrer Fülle bis zur schöpferischen Identifikation hingeführt, realisiert sich bei weitem nicht immer: auf den *niederen* Stufen der geistigen Selbsterziehung realisiert sie sich überwiegend in der Beziehung zu den idealen, vollkommenen menschlichen Mustern (den Heiligen und Helden); auf den *mittleren* Stufen vielleicht nur in der Beziehung zu Gott (in der Einsamkeit); auf den *höheren* Stufen nur in Gott und durch Gott, aus den Menschen aber nur in der Beziehung zu solchen, die selbst um Hilfe bitten (Starzentum). Der auf geistige Weise Liebende wünscht immer das „Wohlwollen", doch er „identifiziert" sich nicht immer [mit seinem Geliebten]; und wenn er sich „identifiziert", so „empfängt er schöpferisch", „billigt" und „empfindet Mitleid" bei weitem nicht immer; und wenn er billigt, so überhaupt nicht „weil es angenehm ist"; und wenn er „Mitleid hat", so liefert er weder sich noch den Leidenden der willenlosen Verweichlichung aus. Seine Liebe ist die Liebe zur Vollkommenheit des Geliebten oder zum Geliebten in seiner Vollkommenheit; und diese Liebe zur Vollkommenheit des Geliebten bleibt immer stärker als die Angst vor seinem möglichen Leiden.

Die gewöhnliche Liebe liebt die irdische Zusammensetzung des individuellen Menschen und kennt nichts, was man ihr als dem Höchsten entgegensetzen könnte: hieraus kommt ihre gefühlsmäßige und süße Moral, welche die gegenstandslose „Anteilnahme" und prinzipienlose „Güte" über alles stellt.

Im Gegensatz dazu kennt die geistige Liebe dieses Höchste, und vor seinem Antlitz hat sie das Vermögen, ihre Anteilnahme und ihre Güte zu beherrschen. Sie weiß, dass zwei Grundgebote Christi (über die Gottes- und die Nächstenliebe) offensichtliche Konflikte zu verursachen vermögen, bei denen der Dienst an dem Werk Gottes die unerbittliche Strenge zum Menschen fordern kann, das Mitleid zum Menschen aber dem Verrat in der Beziehung gegenüber dem Werk Gottes gleichwertig sein kann. Und indem sie das kennt, weiß sie auch, *wie* man diese scheinbaren „Konflikte" handhaben muss, denn die Beziehung zu Gott bleibt für sie immer das Maß, welchem die Beziehungen zu den Menschen untergeordnet sind. Deswegen kann es für sie keine Bedingungen geben, unter denen man Verrat am Werk Gottes aus Mitgefühl zu den Menschen üben sollte, sondern es gibt immer Situationen, in denen man aus Liebe zu Gott *die Liebe zum Menschen zurückhalten* kann und muss, und sie auf die Strenge des geistigen Wohlwollens reduziert; sodass das zweite Gebot dabei unverletzt bleibt, denn die Liebe wird allgemein gesprochen überhaupt nicht auf das animalische Mitgefühl reduziert, das sowohl denjenigen verweichlicht, der Mitleid empfindet, als auch denjenigen, dem Mitleid zukommt. Der Mensch, der in sich die Gestalt Gottes ausgelöscht hat, benötigt nicht das willenlos-mitleidige „Ja", sondern das strenge verurteilende „Nein", und dieses ihn aufhaltende und wachrüttelnde „Nein" kann und muss als seine authentische Quelle die Liebe zu Gott in den Himmeln und zum Göttlichen in der gefallenen und geistig-erloschenen Seele haben.

So wird jene *negative Gestalt der Liebe* gezeugt und formuliert, welche bei den kurzsichtigen und sentimentalen Menschen immer Anstoß erregte und erregen wird. Sie urteilen über alles gemäß dem äußeren Anschein und sehen in den Manifestationen einer solchen Liebe weder das süße Mitgefühl noch die mitleidige Anteilnahme. Sie beginnen, entrüstet über die „Feindschaft", den „Hass" und das „Böse" zu sprechen, geraten in Angst und rufen zum antigeistigen und kleinmütigen „Mitleid" auf. Doch einstweilen erteilt in der Tat die geistige Formulierung der Liebe, die jeder Mensch so dringend nötig hat und die recht schwierig von ihm erlangt wird, der Liebe eine ganze Reihe wertvoller Artveränderungen, und vernichtet und verzehrt dabei nicht ihre *liebende Grundnatur*: In seinem geistigen „Nein" *liebt* der Mensch seinen *echten, authentischen*

Gegenstand in keiner Weise weniger als in seinem *geistigen* „Ja", und bei weitem mehr als in seinem *antigeistigen* „Ja"; außerdem erweist sich die Liebe, die fähig ist, die geistig-verneinende Gestalt anzunehmen, immer als weitaus tiefer, weitaus intensiver, weitaus treuer als die „Liebe", die kleinmütig sich von dem Bösen abwendet, um es nicht zu sehen, oder bereit ist, es mitleidig „aufzunehmen".

Um dieses negative Antlitz der Liebe zu verstehen, muss man vor Augen haben, dass die geistig-vergegenständlichte[208] und ausformulierte Liebe, indem sie *immer* wohlwollend bleibt, d. h. indem sie *jedem* die geistige Erleuchtung und Verklärung wünscht, gleichzeitig *das Böse im Menschen nicht lieben kann*. Daher steht sie überall dort, wo sie in dem Menschen *das echte Böse* wahrnimmt (nicht die Schwäche, nicht die Verirrung, nicht den Fall, nicht die Sündhaftigkeit, sondern die sich selbst bestätigende und antigeistige Bosheit), vor der Notwendigkeit, ihre individuelle Beziehung zum betroffenen Menschen entsprechend dem in seiner Seele vorhandenen Bösen zu verändern. Indem der geistig-liebende Mensch nach wie vor ihm immer die Umkehr und die Läuterung wünscht und vielleicht allein bei dem Gedanken über die Möglichkeit einer solchen Verklärung der bösen Seelen freudig zittert, erlebt er gemäß der Notwendigkeit eine ganze Reihe von Veränderungen in allen übrigen Funktionen seiner Liebe: im Mitgefühl, in der Billigung, in der Mitwirkung, in der schöpferischen Akzeptanz, in dem Wunsch, „Empathie zu empfinden" (sich mit ihm zu identifizieren), in der Bereitschaft zur Kommunikation, und schließlich sogar in der Fähigkeit, ihn mit grundlegendem Mitleid zu behandeln. Jeder von uns sollte dies gemäß seiner persönlichen Erfahrung wissen: Es gibt böse Handlungen, denen wir in keiner Weise Mitgefühl und Billigung erweisen können; es gibt böse Ziele, bei denen wir schöpferisch nicht mitwirken können, sodass allein von dem Gedanken darüber, dass „ich in irgendeiner Weise in diesem Punkt nützlich war", die Seele von

[208] Dieses Wort leitet sich von dem Wort „Gegenstand" ab.

der tödlichen Schwermut erfasst wird; es gibt böse Lebensumstände, in welche einzutreten der Vorstellung zuwider ist, dem Willen aber unerträglich; es gibt böse Menschen, aufgrund der einfachen Unterhaltung mit diesen die Seele wie eine verletzte zu stöhnen beginnt; es gibt Übeltäter, in der Beziehung zu denen der letzte Funke des erloschenen Mitleids nur in der Beschleunigung ihrer Todesstrafe ausgedrückt werden kann. Alle diese Zustände in ihrem Grundwesen, in ihrem sie sättigenden Element, bleiben Artveränderungen der Geistigkeit und der Liebe, und deswegen werden sie nicht zu bösen Zuständen und führen nicht zu bösen Taten; und nur die Kurzsichtigkeit oder Oberflächlichkeit können sie als Manifestationen des Bösen und der Bosheit charakterisieren. Jedoch sind im Rahmen der dem Menschen zugänglichen Liebe und der möglichen sittlichen Vollkommenheit diese Zustände natürlich minderwertig und nicht ganzheitlich.

Absolut ganzheitlich und voll kann nur die Liebe zu Gott sein, die Liebe zur absolut ganzheitlichen und vollen Vollkommenheit. Eine ähnliche Beziehung zum Menschen als solchem, getrennt von Gott betrachtet, würde immer falsch sein, gegründet auf Unkenntnis und Idealisierung. In der Liebe zum Menschen aber, der den echten Ursprung des Bösen findet, wird die Notwendigkeit der Verminderung und Nicht-Ganzheitlichkeit selbstevident. Hier gibt es ein sachlich begründetes, gerechtes Maß, eine notwendige und subjektiv unverrückbare Grenze. Natürlich unterliegt dieses Maß der Liebe keiner genauen quantitativen Bestimmung, und die gedankliche Zerspaltung des halb-bösen Menschen auf „die liebenswerte Tugendhaftigkeit" und auf „nicht liebenswerte Laster" bleibt unrealisierbar. Doch eben deswegen fordert die Schwierigkeit des nicht ganzheitlich-geliebten Gegenstandes entsprechende Schwierigkeiten in der Konstruktion des nicht ganzheitlich-liebenden Aktes; sie fordert von der Liebe Selbstbeherrschung und Anpassungsfähigkeit.

Alle diese Artveränderungen der Liebe, hervorgerufen durch das Treffen zwischen echter Geistigkeit und echter Bosheit, werden darauf reduziert, dass das liebende „Ja" in seinen Funktionen dürftig wird, in seiner Fülle beschnitten und gemäß dem Maße der Verschlimmerung des Gegenstandes immer mehr an ein wohlwollendes „Nein" herannaht: *die verneinende Liebe* nimmt allmählich quasi die Gestalt *der negativen Liebe* an und findet ihren Abschluss in der irdischen Beseitigung des verneinten Übeltäters. Doch auch zur Zeit dieser Beseitigung und darauf verwandelt sich die geistige Liebe nicht in die Bosheit und wird nicht boshaft: dem Menschen ist es gegeben, auch für den hinzurichtenden Übeltäter und für den hingerichteten Übeltäter *zu beten;* und die Kirche kennt dieses Gebet.

In dieser ihrer gegenständlich-erzwungenen funktionellen Dürftigkeit und in der allmählichen Verstärkung des Elementes „Nein" in dem Schoße des „Ja" durchwandert die geistige Liebe eine ganze Reihe klassischer Zustände, die geistig notwendig, gegenständlich begründet und religiös richtig sind. Diese Zustände drücken durch sich die allmähliche Spaltung und Entfernung dessen, der liebt, von demjenigen, der das Recht auf die Fülle der Liebe verliert, aus; sie beginnen mit einer möglicherweise vollen Liebe zum Menschen und enden mit dem Gebet für den hingerichteten Übeltäter. So beschaffen sind in allmählich wachsender Folge: Missbilligung, kein Mitgefühl, Enttäuschung, Tadel, Verurteilung, Ablehnung der Mitwirkung, Protest, Anklage, Forderung, Beharren, psychische Nötigung, das Zufügen psychischen Leides, Strenge, Härte, Wut, Zorn, Unterlassen der Kommunikation, Boykott, physische Nötigung, Abscheu, Verachtung, Mangel an Empathie, Unterdrückung, Rücksichtslosigkeit und Todesstrafe. Und jeder dieser Zustände kann beim Vorhandensein des echten Übels und des wahren Urteilsvermögens vielleicht auch eine geistig-gesunde und lebendig-zweckmäßige Reaktion auf übeltätige Manifestationen und Handlungen sein, sodass die Aufgabe des Menschen, der nach dem geistig richtigen Leben strebt, nicht darin bestehen wird, bedingungslos diesen Zuständen auszuweichen, sondern darin, dass er sie geistig beherrscht und nicht zulässt, dass sie die Klarheit des geistigen Blicks vernebeln, und dass er sie immer festhält in dem Geburtsschoße des ursprünglichen Wohlwollens, und dass er in sich immer die Fähigkeit zur Wiederherstellung der liebevollen Fülle bewahrt.[209] Die höchste und reinste Leidenschaftslosigkeit ist die Freiheit von den *bösen* und *persönlichen* Leidenschaften, von den Leidenschaften des geistig-nicht-gegenständlichen, gottlosen Egoismus, obschon sie überhaupt keine Gleichgültigkeit, keine Verhärtung, keine Willenlosigkeit und keine Untätigkeit ist. Die höchste und reinste Leidenschaftslosigkeit kennt ihre Höhen und Spannungen, ihre Stürme, ihren Donner und ihre Ausbrüche; doch ihre Quelle ist nicht das Animalische im Menschen und nicht das Laster des Tieres, sondern der Geist, sein Urteilsvermögen und sein Brennen. Diese Stürme und Donner zeigen dann nicht das Böse und nicht die Bosheit, und nicht die Schwäche des Menschen, sondern seine Kraft im Guten; und nicht ihr Vorhandensein beschädigt das Wesen des Geistes, ihr Fehlen aber wäre geistig widernatürlich. Und wenn ein Christ jemals hier in Zweifel geriete, so würde es für ihn ausreichen, jenen Donner sich ins Gedächtnis zu rufen, der göttlich über den Pharisäern und Schriftgelehrten donnerte, über den Händlern in dem Tempel, über Jerusalem, das seine Propheten verprügelte, und über all jenen, welche die Kleinen verführen. Es reicht vollkommen aus, einmal in diesem Donner jene Kraft der Liebe selbst wahrzunehmen, die den Feinden Dank zu sagen, Beleidigungen zu verzeihen und freudig eigenes Vermögen wegzugeben lehrt, damit in der Seele die Idealisierung der sentimentalen Willenlosigkeit zu erlöschen beginnt.

In einem großen und fürchterlichen historischen Moment hat der Akt der göttlichen Liebe in der Gestalt des Zornes und der Geißel die blasphemische Schar aus dem Tempel vertrieben. Dieser Akt war und wird das größte Urbild und die Rechtfertigung für alle geistigen und gegenständlich begründeten Manifestationen der verneinenden Liebe sein. Indem sie dieses Urbild

[209] Siehe Kapitel 22.

vor ihrem geistigen Auge haben, können alle Propheten, Herren, Richter, Erzieher und Krieger sich ruhig bei einer möglichen Verurteilung verhalten, die gegen sie von der Seite der willenlosen Sentimentalität ausgesprochen wird, und die sie möglicherweise zu „Gottverschmähten Hassern" hinzuzählt ... Ihre Aufgabe ist es, sich in der Kraft des geistigen Wohlwollens und in der Klarheit des geistigen Blicks zu festigen, und ferner an die freudlose Anstrengung des zu führenden Kampfes zu denken.

Denn die verneinende Liebe ist für den Menschen freudlos und qualvoll; sie fordert von ihm Überwindung, und dabei strenge Überwindung. Hier sind Kraft, Enthaltsamkeit und Beständigkeit notwendig; hier sind enorme willentliche Anspannungen, Treue zu den auf sich genommenen mühseligen Verpflichtungen, Selbstverleugnung und permanente geistige Aktivität in der Selbstläuterung notwendig.[210] Und da ja die verneinende Liebe nicht auf persönlichen Vorteilen und Vorlieben ruht, sondern auf der echten Untersuchung des Bösen und auf der geistigen Notwendigkeit der Antwort ihm gegenüber, so unterliegt sie nicht einer willkürlichen Auslöschung oder Verwandlung in eine positive Liebe, wie stark auch vielleicht die ermattete oder erschöpfte Seele darum bitten mag. Die Erinnerung an diesen Kampf, seine Bürde und das moralisch krumme Gericht, das von den faulen, schüchternen, sensiblen und heuchlerischen Menschen ausgeht, vervollständigen die Freudlosigkeit dieser Ruhmestat, unter deren Bürde die edlen und feinsinnigen Seelen immer mannhaft waren, und indem sie mannhaft blieben, zweifelten sie nicht am Recht ihrer Sache ...

So verändert der Ursprung des Geistes die Gestalt der Liebe und die Form ihrer Manifestation.

Eben dank einer solchen Einwirkung des Geistes auf die ursprüngliche, naiv-unmittelbare und blinde Kraft der Liebe erwirbt sie die höchsten Fähigkeiten und höchsten Aufgaben, und demzufolge verfestigt sich ihre ganze Beziehung zum Bösen auf den folgenden Grundlagen.

---

210 Siehe Kapitel 19, 21 und 22.

Damit die Liebe wirksam dem Bösen widerstehen kann, muss sie geistig durchdacht, begrenzt und formverändert sein. Doch wenn durchdacht und formverändert, so erscheint sie als Ausgangs- und höchste Grundlage des ganzen vom Menschen zu führenden Kampfes gegen das Böse.

Das ganze Problem des Widerstandes gegen das Böse wird durch dieses Grundprinzip gelöst: *Der Kampf wird eben durch die Liebe, jedoch vergeistigte Liebe, geführt.*

Dies bedeutet, dass die Regel, „sich dem Bösen *nicht* aus Liebe zu widersetzen" (wenn jemand diese Regel aufstellen wollte), prinzipiell in allen ihren Deutungen und Realisierungen abgelehnt wird. *Jeder* Akt, der aus einer anderen Quelle entspringt, *kämpft* tatsächlich entweder nicht gegen das Böse, sondern vervielfältigt es, oder kämpft *nicht gegen das Böse,* sondern mit seinen einzelnen, oberflächlichen Symptomen. Folglich muss man auch die *nicht von der Liebe geleitete* „Widerstandslosigkeit" verurteilen, [d. h.] wenn jemand versucht, einen Übeltäter durch „Großzügigkeit" und „Nachgiebigkeit" zu ernüchtern, dabei jedoch nicht von der Liebe gelenkt wird, sondern zum Beispiel durch berechnendes Kalkül oder feige Willenlosigkeit; doch man muss auch *die nicht von der Liebe geleitete Nötigung* verurteilen, [d. h.] wenn jemand mit den Übeltätern aus dem Gefühl der Bosheit, der Rache, des Hungers, der Habsucht oder Herrschsucht kämpft. Sowohl das eine als auch das andere kann man psychologisch verstehen; sowohl das eine als auch das andere kann sich als vergleichbar schädlich und vergleichbar „nützlich" in einer allgemeinen Ökonomie der Kräfte erweisen. Doch echter Widerstand gegen das Böse wird in keinem dieser Fälle gegeben sein.

Folglich bleibt eine einzige, universelle Regel: „dem Bösen aus Liebe zu widerstehen" – aus Liebe *alles* Seinige hinzugeben, wo es nötig ist; aus Liebe zu nötigen und zu unterdrücken, wo es nötig ist; aus Liebe zu überreden, aus Liebe hinzurichten,[211]

---

[211] Siehe die weise und tiefgründige christliche Erfahrung des Dichters W. A. Schukowski *Über die Todesstrafe.*

und aus Liebe *nicht das Seinige* hinzugeben, wenn dieses „Deinige“ gleichzeitig auch das Göttliche ist: das Heiligtum, die Kirche, die Heimat oder ihre materiellen Inkarnationen. Und in allen diesen Manifestationen von ihr, sowohl beim Hingeben als auch beim Verweigern, sowohl beim Bitten als auch beim Hinrichten, wird diese Liebe weder Gleichgültigkeit noch selbstgenügsame Gefühlsmäßigkeit, weder schüchterne Nachsicht noch willenloses Mitleid oder Mitgefühl sein.

Der Widerstand gegen das Böse vollzieht sich durch die Liebe, jedoch nicht zu der animalischen Seite des Menschen und nicht zu seiner kleinbürgerlichen „Herzlichkeit“, sondern zu seinem Geist und seiner Geistigkeit: Der Widerstand vollzieht sich durch die Liebe, welche die Fähigkeit besitzt, auch die Seele des Menschen und sein gesamtes irdisches Dasein zu lieben, doch gemäß dem Maß ihrer geistigen Erleuchtung und ihrem Durchdrungensein, denn sie nimmt bewusst und unbewusst den Menschen wahr und misst ihn mit den im Geiste verborgen lebenden Maßstäben *des Gewissens, der Würde, der Ehre, der Aufrichtigkeit, des Patriotismus, der Gerechtigkeit vor dem Antlitz Gottes;* und deswegen wendet sie sich unveränderlich mit ihrer verneinenden Gestalt allem Schamlosen, Erniedrigenden, Ehrlosen, Falschen, Verräterischen und Gottesabscheulichen zu. In dem Kampf gegen das Böse liebt eine solche Liebe *mit dem sehenden Geist* und *dem welt-akzeptierenden Willen,* und deshalb *sieht* sie das Werk Gottes in der Welt und auf der Erde, und *empfängt* es *aktiv* und *schöpferisch* mit ihrer ganzen Kraft. Und deswegen eben, weil sie (ihr Objekt) liebt, vor allem das einzigartige Werk Gottes auf der Erde: und in der Beziehung zu ihm – ist die Liebe ganzheitlich. Ferner erweist sich ihr Objekt als das Göttliche, das dem irdischen Heiligtum innewohnt; und in der Beziehung zu ihm erwirbt die Liebe die Gestalt der verteidigenden Ehrfurcht. Ferner ist das Göttliche der göttlich-geistige Ursprung in dem bedrängten Nächsten; und in der Beziehung zu ihm erwirbt die Liebe die Gestalt des wohlwollenden Mitleids. Und schließlich ist das Göttliche der geistige Ursprung, der im Übeltäter zugrunde geht; und in der Beziehung zu ihm zeigt die Liebe die Gestalt eines reinen und strengen Wohlwollens ...

Und eben deswegen kann die ganze Lehre darüber, dass der aktive, den Übeltäter bestürmende Widerstand gegen das Böse der Liebe widerspricht, als ein schädlich-moralisches Vorurteil nicht standhalten. Wie jede andere, richtige Form des Widerstandes gegen das Böse erweist sich die Nötigung und Unterdrückung als eine Sache *eben der Liebe* und *der Liebe selbst;* und wenn die Liebe irgendetwas ablehnt, so doch nicht die Nötigung als solche, und nicht die körperliche Nötigung, und nicht die Unterdrückung, sondern *das Übelwollen* in dem Kampf gegen das Böse, d. h. die *übelwollende* Nötigung und die *übelwollende* Unterdrückung.[212] Doch der aktive, den Übeltäter bestürmende Widerstand gegen das Böse wünscht sowohl den anderen Menschen als auch dem Übeltäter überhaupt nicht das Böse, sondern das Gute. Deswegen kann und muss dieser Widerstand das Werk der kämpfenden Liebe sein.

[212] Siehe Kapitel sieben.

„Das Kränzchen"
Teil 2 des Triptychons „Reue"
2004, Öl auf Leinwand, 600 x 900 (Ausschnitt)
von Pawel Wiktorowitsch Ryschenko

17. Über die Verbindungen der Menschen im Guten und Bösen

Man sollte dem Bösen widerstehen, zuerst – durch innere Auflösung, Wahrnehmung und Verklärung des bösen *Gefühls* in sich; zweitens – durch innerlich-äußerliche Nötigung und Disziplinierung des bösen *Willens;* drittens – durch äußere Nötigung und Unterdrückung der bösen *Tat.* Dabei müssen die beiden letzten Methoden des Widerstands den ersten dienen, wie die niederen Stufen der höheren Stufe dienen, ohne sie selbst zu ersetzen, sondern indem sie zu ihr führen und sie zugänglich machen.

Zum Anerkennen dieser Regel führt nicht nur das richtige Verständnis *des Bösen*[213] und *der Liebe*[214], sondern auch das richtige Verständnis der menschlichen *Kommunikation und des gemeinschaftlichen Lebens;* denn alle Menschen – unabhängig davon, ob sie es wissen oder nicht wissen, ob sie es wünschen oder nicht wünschen – sind miteinander durch eine allgemeine gegenseitige Verbindung im Guten und Bösen verbunden; und diese Verbindung legt ihnen bestimmte, unabänderliche gegenseitige Verpflichtungen auf und unterstellt sie bestimmten geistigen Regeln.

Um sich von dieser allgemeinen Verbindung zu überzeugen, muss man sie quasi mit eigenen Augen in der eigenen seelisch-geistigen Erfahrung erkennen.

Faktisch ist der Mensch von Natur aus so konzipiert, dass sein seelisches und geistiges Leben vor allen übrigen Menschen verborgen und nur seiner eigenen Selbstwahrnehmung unmittelbar zugänglich ist, und teils seiner Selbstbeobachtung: Meine Seele ist den anderen Menschen „unzugänglich", und fremde Seelen sind mir „unzugänglich": „Die fremde Seele ist

[213] Siehe Kapitel drei.
[214] Siehe Kapitel zehn, 14, 15 und 16.

eine Finsternis". Indem die Menschen dies erkennen und diese ihre Verborgenheit und Unzugänglichkeit stark überbewerten, gründen sie in der Mehrheit ihr Leben und ihr Verhalten auf die daraus resultierende Möglichkeit der Selbstzerspaltung: Das eine „Ich" ist das, was ich „für mich behalte", das andere „Ich" ist das, was ich vor den anderen „zeige". Dabei sind sie nicht selten der Meinung, dass sie sich „richtig" und „vollkommen" kennen, und dass die anderen über sie nur das wissen, was sie zu verbergen nicht für nötig halten. Diese doppelte Selbstlüge wird nicht selten durch das Gefühl des „Anstandes" gestützt und gefestigt, welches die Menschen zwingt, voreinander den echten Umfang ihrer gegenseitigen Informiertheit zu verbergen.

De facto kennt jeder Mensch sich selbst schlecht und offenbart sich immer gänzlich als eine andere Person in allen seinen Grundeigenschaften und Neigungen.

Der Mensch kennt sich selbst schlecht, erstens, weil jede menschliche Seele zu ihrem größten Teil aus *unbewussten* („unbemerkten" oder „vergessenen") Inhalten, Fähigkeiten, Trieben, Neigungen und Gewohnheiten besteht, aber auch *halbbewussten* Wahrnehmungen, Stimmungen, Assoziationen und Nuancen; nur derjenige, der systematisch sein Unbewusstes und seinen Charakter gemäß der Methode der unwillkürlichen Assoziation untersucht hat, kann verstehen und einschätzen, wie viele Menschen tatsächlich eine beschränkte und unrichtige Vorstellung von sich selbst haben. Zweitens kennt der Mensch sich selbst schlecht, weil er gern, leicht und unauffällig vieles Unangenehme und Törichte über sich vergisst, all dies zum Besseren umdeutet und deswegen sich selbst idealisiert, sich selbst gefällt und zornig ist, wenn man ihn quasi „ungerechterweise" tadelt.

Bei einer solchen naiven Selbstwahrnehmung ahnt der Mensch gewöhnlich nicht, dass seine *körperliche Erscheinung* seine Seele in ihrer ganzen unbewussten und bewussten Zusammensetzung ganz genau ausdrückt und richtig mitteilt. Tatsächlich aber ist der Mensch so strukturiert, dass sein Körper (Augen, Gesicht, Gesichtsausdruck, die Gestalt des Kopfes, Hände, Füße, Gangart, Manier, Gestikulation, das Lachen, Stimme, Intonation und alle äußeren Handlungen) nicht nur seine Seele *verbirgt*, sondern sie auch *offenbart*, und dabei quasi mit der Genauigkeit eines guten Spiegels. Es ist wahr – zum Glück oder auch zum Unglück –, dass Menschen wenig darüber wissen, wenig diesem körperlichen Code der Seele Aufmerksamkeit schenken und ihn schlecht mit ihrem *Bewusstsein* dekodieren können. Doch auch *unbewusst* nehmen die Menschen einander in dieser kodierten Form genauso ganzheitlich war, wie sie selbst in ihrem Leib ganzheitlich ausgedrückt sind.

Die Sache verhält sich so, dass alles, was in dem Menschen lebt, in ihm nicht nur wie ein psychischer Zustand existiert, sondern auch wie ein physischer Zustand, und umgekehrt: Jeder körperliche Zustand des Menschen hat auch unbedingt eine seelische Existenz, auch wenn er dies oft selbst nicht weiß und nicht versteht, worin sie sich eben ausdrückt. Der Mensch spricht quasi mit jedem seiner Zustände in zwei Sprachen gleichzeitig: in der Sprache des Körpers und in der Sprache der Seele. Und somit, dank dieser doppelten Existenz, verplappert quasi der Leib des Menschen das, was die Seele vielleicht nicht nur vor den anderen, sondern auch vor sich selbst verbergen wollte. Jeder von uns ist quasi mit seiner ganzen Seele in seinen Körper „hineingegossen" und ganzheitlich in ihm präsent; und deswegen spüren jene, die uns sehen und hören, oft ohne es selbst zu wissen, in jedem gegebenen Moment unsere *ganze* Seele in ihrer Grundstruktur. Eben deswegen wissen die Menschen oft voneinander weitaus mehr, als sie selbst wahrnehmen, und mehr, als sie in Worte fassen können: In der *unbewussten Erfahrung* der Kommunikation nimmt der Mensch von dem anderen *alles* wahr, was sein Leib über seine Seele ausdrückt und verrät; und es ist verständlich, dass in das *Bewusstsein* des wahrnehmenden Menschen vergleichsweise nur sehr wenig von all dem Wahrgenommenen durchdringt; das Übrige aber, was wahrgenommen, jedoch nicht verinnerlicht wird, verschwindet nicht, sondern verweilt und lebt in der dem Bewusstsein unzugänglichen Tiefe. Wenn es aber das Bewusstsein erreicht, so erscheint es gewöhnlich in der Gestalt der vagen Sympathie oder Antipathie, des Vertrauens oder Misstrauens, der Vorahnung und des Argwohns; und alle diese Funken des Wissens können ihrem Inhalt nach vollkommen richtig sein – doch sie einfangen, klären und begründen kann das Bewusstsein nicht und ist dazu nicht in der Lage. Jedoch kann ein solches „Wissen" vervollkommnet werden und bei sachgerechter, langjähriger und geistiger Bemühung bis zur echten Hellsichtigkeit geführt werden.

Eben kraft einer solchen Ganzheitlichkeit und Tiefe der unbewussten Kommunikation *bleibt kein einziges gutes oder böses Ereignis im Privatleben des Menschen das ausschließliche Eigentum seiner isolierten Seele*: Das Ereignis tritt auf tausend Wegen immer zum Vorschein, drückt sich aus und wird anderen übermittelt, und dabei nicht so sehr, wie der Betroffene dies haben möchte, sondern wie er dies nicht möchte. Jeder innere Akt der Bosheit, des Hasses, des Neids, der Rache, der Verachtung und der Lüge – verändert unausweichlich die Materie und den Rhythmus des seelischen Lebens des Menschen selbst und drückt sich ebenso unausweichlich, wenn auch unauffällig, aus, und wird allen Außenstehenden übermittelt und durch sie weiter und weiter räsoniert. Diese Welle des Lasters und der Bosheit geht umso stärker und düsterer voran, je häufiger, tiefer und ganzheitlicher die Seele diesen Zuständen sich ausliefert; und es ist verständlich, dass jeder durch sein Bewusstsein auf dem Gesicht von Judas, Richard III., Papst Alexander VI. und Maljuta Skuratow klar das lesen wird, was seine Seele bei der Wahrnehmung eines hingegen gewöhnlichen Menschen unauffällig passiert. Und ebenso wird jeder innere Akt der Güte, der Liebe, der Verzeihung, der Ehrfurcht, der Aufrichtigkeit, des Gebets und der Reue unausweichlich die Materie und den Rhythmus des seelischen Lebens verändern und – unauffällig in dem Blick, im Gesicht und in der Gangart ausgedrückt – unauffällig allen übrigen Menschen mitgeteilt. Und wiederum schreitet diese Welle der Güte, der Reinheit und des Edelmuts umso stärker und auffälliger voran, je tiefer die Seelen in diesen Zuständen wiedergeboren wurden: Und es ist verständlich, dass jeder im Gesicht von Makarius dem Großen, Franziskus von Assisi, Patriarch Germogen und den Optina-Starzen das sieht, was er nicht in den schwachen Funken der kleinbürgerlichen Güte zu erkennen vermag.

Infolge einer solchen unbewussten Ganzheitlichkeit der Kommunikation und Übermittlung hat weder das Gute noch das Böse im Leben des Menschen „rein persönlichen" oder „privaten" Charakter. Jeder gute Mensch ist, sogar unabhängig von seinen äußeren Handlungen, gut nicht nur „für sich", sondern auch *für andere*; jeder Böse, auch wenn er nur „in sich" zornig ist, ist für die ganze Menschheit böse, schädlich und giftig. Das, was ich bin, das verbreite ich auch in den Seelen der anderen, bewusst oder unbewusst, durch Taten oder untätig, absichtlich oder unabsichtlich. Dem Menschen ist es nicht gegeben, „zu sein" und nicht, „zu säen"; denn er „säet" bereits allein durch seine Existenz. Jeder selbst unauffällige und unwirksame Mensch gründet durch sich und um sich eine Atmosphäre, welcher seine Seele ergeben ist, womit sich seine Seele beschäftigt, und wovon sie besessen ist. Der gute Mensch ist der lebendige Ofen des Guten und der Kraft im Guten; der böse Mensch aber ist der lebendige Ofen des Bösen und der Kraft im Bösen und der Schwachheit im Guten. Die Menschen veredeln unwillkürlich einander durch ihren rein persönlichen Edelmut; auf die gleiche Weise aber stecken sie einander unwillkürlich an, wenn sie selbst innerlich durch Lasterhaftigkeit und Bosheit infiziert sind. Deswegen ist jeder nicht nur für sich verantwortlich, sondern auch für all das, was er den anderen „übermittelt" hat, was er ihnen mitteilte, in sie hineingegossen hat, womit er sie infiziert oder sie bereichert hat; und wenn diese durch ihn verursachte Infektion irgendeine Seele infizierte, sie vergiftet hat, und sie zur Durchführung der Tat führte, so ist er gewissermaßen auch für diese Tat und für die Folgen dieser Tat verantwortlich. Eben deswegen trägt jeder in der lebendigen Kommunikation der Menschen in sich alle und zieht, indem er hinaufsteigt, alle hinter sich; und bei seinem Fall zieht er hinter sich alle zu Boden. Und deswegen ist der Zustand der Stadt, die auf zehn Gerechten ihre Basis hat, keine Worthülse oder Übertreibung, sondern ein lebendiges und reales geistiges Faktum.

Derjenige, der real diese allgemeine lebendige Verbindung sowohl in sich als auch in anderen erkennt, wird unausweichlich eine ganze Reihe notwendiger Schlussfolgerungen ziehen, eine ganze Reihe von Gesetzen und Regeln anerkennen.

So ergibt sich hieraus als erstes mit Gewissheit, dass das Böse, das in den menschlichen Seelen verweilt,[215] seine Existenz, seine Kraft und seine Giftigkeit selbst auch dann bewahrt, wenn es sich nicht in irgendwelchen bestimmten äußeren Handlungen manifestiert: Es setzt sein Leben und seine Vervielfältigung fort, indem es die Seele des Trägers und die Seele des Empfängers, die es widerspiegelt, vergiftet. Eben deswegen muss der Hauptkampf gegen das Böse innerlich, in der seelisch-geistigen Dimension geführt werden, die äußeren Maßnahmen der Nötigung und Unterdrückung aber können es niemals in seiner inneren Zufluchtsstätte erreichen und sein Verflucht-Sein verklären.[216]

Zweitens ist es notwendig, anzuerkennen, dass die allgemeine gegenseitige Verbindung der Menschen im Guten und Bösen nicht nur ein sozialpsychologisches *Faktum* ist, *sondern* dass sie in sich eine bestimmte geistige *Aufgabe* birgt, indem sie für die Menschen eine große Verantwortung und eine ganze Reihe von Verpflichtungen einrichtet. Denn die Menschen sind nicht einfach durch Interaktion verbunden, sondern durch die Interaktion *im Guten und Bösen*, durch gegenseitige Veredelung und gegenseitige Vernichtung; indem sie interagieren, stehen sie vor dem Antlitz Gottes, und jeder von ihnen hat immer mit jenen Kleinsten und Schwächsten zu tun, zu denen die Versuchungen eben durch ihn kommen können.

215 Siehe Kapitel drei.
216 Siehe Kapitel sechs, sieben und 13.

Doch wenn jeder Mensch, indem er in sich den bestimmten Ursprung des Bösen trägt, die Verantwortung für sich und für andere trägt, so wird seine richtige Beziehung zu diesem „persönlichen" Bösen nicht darin ausgedrückt, dass er, „wenn er will", mit ihm kämpfen „kann", sondern darin, dass er unter allen Umständen *verpflichtet* ist, mit ihm zu kämpfen und *nicht das Recht hat,* diesem Kampf den Rücken zuzukehren. Denn indem er diesen Kampf einstellt, schadet er nicht „nur sich selbst", sondern allen: Die Brunnen der menschlichen Seelen haben quasi unterirdische (unbewusste) Verbindungen, und derjenige, der *seinen* Brunnen verunreinigt und vergiftet, verunreinigt und vergiftet auch *alle* fremden Brunnen. Der Mensch, der die geistige Hygiene nicht bewahrt, ist der Ofen der allgemeinen, gemeinschaftlichen Infektion. Eben deswegen hat jeder Mensch neben der *religiösen und geistigen* Berufung zum Kampf gegen das eigene Böse ferner die *gemeinschaftliche* Verpflichtung, sich zu erziehen, geistig seine Seele zu reinigen, seinen bösen Willen zu zügeln, sich selbst zu nötigen, sich selbst zu zwingen, und wenn es nötig ist, so auch sich zur notwendigen Selbstnötigung zu nötigen.[217]

Wenn so die Verpflichtung des Menschen in seiner Beziehung zu seinem rein *inneren* Bösen beschaffen ist, so ist es verständlich, dass keine Rede von einem irgendwie gearteten ihm eigenen „Recht", böse Taten zu vollziehen, sein kann. Der Mensch, der sein inneres Böses in der äußeren Handlung realisiert, „sündigt" oder „fällt" nicht nur selbst, sondern macht die allgemeine geistige Verbindung der Menschen zur direkten *Waffe des Bösen* und zu einer Waffe für dessen Ausbreitung. Indem er zulässt, dass sein eigenes Übel ausbricht und zu einer äußeren Handlung wird, liefert er sich der Macht des Bösen aus, gibt ihm ganzheitliche Existenz und wird selbst zum gemeinschaftlichen Vulkan des Bösen. Er wirft quasi die gemeinschaftliche Verbindung von ihrer höchsten Ebene hinunter, tritt die Grundverpflichtung der Selbstzügelung mit Füßen

[217] Siehe Kapitel vier und fünf.

und bricht auf gewaltsame und lästige Weise mit seinem sich über den Rand ergießenden Übel in andere Seelen und in die ganze gemeinschaftliche Atmosphäre ein. Er zwingt andere, real die ganze Abscheulichkeit des reif gewordenen Übels, seine widerwärtige seelische Natur, seinen hässlichen Inhalt, seinen das Leben zersetzenden Rhythmus, sein gottfeindliches Ziel zu erleben; er zwingt die Starken, all dies anzunehmen, die Schwachen aber – dies ebenso anzunehmen, sich zu infizieren, und vielleicht innerlich oder sogar äußerlich sich ihm *zu unterwerfen*. Damit erweckt er in den anderen Seelen ein ganzes System unbewusster Wiedergabe, halb-bewusster Nachahmung und Kettenreaktion zum Leben. Er stört das geistige Gleichgewicht bei den einen, verführt die anderen, infiziert die dritten, unterwirft hypnotisch die vierten. In der bösen Handlung versteckt sich immer ein Element des Angriffs, des Attentats, der Verachtung, der Anmaßung: Und deswegen verlockt das Böse, das in einer Handlung ausbricht, aggressiv und herrschsüchtig die Seelen aller Menschen, und macht sie *volens* oder *nolens* zu Mittätern des Übeltäters ...

Im Anbetracht dessen ist es sinnlos und verderblich, die Freiheit des Übeltäters zu verteidigen. Dem Bösen wird ohnehin sehr viel Raum zugestanden, wenn man ihm uneingeschränkt erlaubt, in der eigenen Seele zu leben und unauffällig die Seelen der Nächsten zu vergiften. Man kann mit Zuversicht voraussehen, was geschehen würde, wenn die überaus weisen Ratschläge der „Widerstandslosen" angenommen würden, und wenn man öffentlich bestimmte, dass niemand die Tätigkeit der Übeltäter unterdrücken dürfe, die weder ihre bösen Begierden zügeln „können" noch „wollen" und es vorziehen, frei alle ihre bösen Gefühle, Gedanken und Absichten auszuleben ... Es gibt keinen Zweifel darüber, dass infolgedessen auf der Welt nur die Übeltäter und ihre eingeschüchterten Sklaven blieben. „Die Freiheit der Übeltat" verteidigen können nur die ganz naiven oder törichten Gelehrten, die annehmen, dass Menschen ähnlich den voneinander isolierten Atomen leben würden, dass das Böse nicht ansteckend sei und dass der Übeltäter nicht mehr sei als ein wütender gutmütiger Mensch ... Vergeblich würden diese Position die Vertreter der grenzenlosen persönlichen Freiheit unterstützen, indem sie annehmen, dass der Mensch *gemäß seiner Überzeugung* im Recht sei, *alles* zu tun, denn „die Überzeugungen sind frei", und eine „Handlung gemäß der Überzeugung" ist der höchste Selbstwert im Leben. Ein solcher formaler Ansatz des Guten und Bösen würde sich als vollkommen haltlos erweisen, denn das Gute und das Böse sind *keine* formalen Ursprünge. Es reicht nicht, zu sagen: „Ich vertrete die Überzeugung"; die Überzeugungen müssen *eine gegenständliche Grundlage* besitzen. „Das Überzeugt-Sein" kann aus der unsinnigen Besessenheit oder der verkehrten Leidenschaft entstammen, und nicht aus der gegenständlichen Einsicht. Und kann etwa ein vernünftiger Mensch ernsthaft annehmen, dass es für jeden Schuft ausreicht, sich auf seine übelgesinnten Überzeugungen zu berufen, um sich die objektive Gerechtigkeit und gesellschaftliche Uneingeschränktheit zu verschaffen? In diesem Fall aber müsste man akzeptieren, dass *ein Nicht-Schuft, der genauso* von der Gerechtigkeit seines unterdrückenden Eingreifens *überzeugt ist, genauso im Recht* und uneingeschränkt frei *ist,* wenn er im Prozess der Unterdrückung das Schwert wider das Haupt eines „überzeugten" Schuftes zieht ...

Im Gegensatz zu allen übeltäterliebenden Lehren muss man festlegen, dass die Menschen weder die Freiheit des inneren Wütens im Übel noch die Freiheit der äußeren Übeltat besitzen. Die gesunde, religiös-durchdachte gemeinschaftliche Atmosphäre wird stets gegen das üble Wüten Maßnahmen der psychischen Nötigung mobilisieren, die den Wütenden zur inneren Selbstnötigung verleiten und ihn auf den Weg der Heilung stellen werden; gegen die Übeltat aber wird es zunächst Maßnahmen der physischen Nötigung und Unterdrückung geben, die gebieterisch die äußere Ausbreitung des Übeltäters stoppt, danach die Maßnahmen der inneren, geistigen Einwirkung. Man darf dem Bösen nicht die Möglichkeit gewähren, herrschsüchtig sich auszubreiten und sich in äußeren Handlungen zu manifestieren, die in der Gestalt eines dreisten Aufrufs und einer Verlockung in die schwachen und vielleicht bereits halbinfizierten Seelen eindringen. Niemand hat das Recht, Übles zu tun und sich Heiligtümer aus der Freiheit des Übeltäters zu erschaffen.[218] Außerdem ist jeder *verpflichtet,* sich dem Wütenden und Übeltäter zu widersetzen, sich *initiativreich und aktiv* zu widersetzen, sich unter inneren Anstrengungen und in äußeren Handlungen zu widersetzen, sich nicht aus Bosheit und Rache, sondern aus Liebe und Diensttreue zu widersetzen. Und diese Verpflichtung ist bei Menschen *eine gegenseitige Verpflichtung.*

Die Menschen sind durch die Verpflichtung *der gegenseitigen Erziehung* insofern gebunden, als sie durch die zwangsläufige Wechselwirkung im Guten und Bösen verbunden sind: Denn im Gutes-Tun und im Kampf gegen das Böse sind die Menschen nicht isoliert. Wahrlich hat jeder von ihnen vor allem mit seiner eigenen Seele und mit den in ihr lebenden bösen Neigungen und Leidenschaften zu tun, die unmittelbar nur ihm zugänglich sind: Jeder hat vor sich vor allem seine eigenen Handlungen, über die er unmittelbar Macht besitzt. Hierin sind aber die Menschen sich schon ähnlich. Diese *Ähnlichkeit* eröffnet ihnen die Möglichkeit, Informationen auszutauschen, einander zu verstehen, zu überprüfen, einander Ratschläge zu geben und Hilfe zu leisten; und in diesem freiwilligen bewussten Austausch der geistigen Güter, wogegen selbst der berüchtigtste Freiheitsliebhaber nichts einzuwenden hätte, vollzieht sich bereits die gegenseitige Erziehung und bringt ihre Früchte. Einwände tauchen erst dann auf, wenn die eine Seite, bewusst oder unbewusst, sich von dem Weg des Guten abwendet, diese *Ähnlichkeit* verlässt, ihr eigenes besonderes, böses Ziel festlegt und nicht mehr vorhat, an dieser Gemeinschaft und Gegenseitigkeit teilzunehmen. Dann kommt es für gewöhnlich dazu, dass derjenige, der sich „in der Bosheit abwendet", seine böse Freiheit zu behaupten beginnt, und indem er verschweigt, dass

[218] Siehe Kapitel sieben.

er eben die Freiheit im Bösen zu erreichen sucht, zur Freiheit *als solcher* aufruft, bis die einfältigen Geister und unklugen Menschen, indem sie dieser Verlockung zum Opfer fallen und ihr zustimmen, die Freiheit *für den Übeltäter* zu verteidigen beginnen.

Jedoch können die Menschen nicht zustimmen, und sie werden dem niemals zustimmen, dass der Übeltäter das Privilegium der boshaften Freiheit besitzt: Denn die Menschen sind untereinander nicht nur *durch Ähnlichkeit* verbunden, sondern auch *durch Gegenseitigkeit und Gemeinschaft.*

Die Menschen teilen einander ihre Errungenschaften im Guten und ihre Niederlagen im Bösen mit: Sie nehmen wechselseitig das ihnen Mitgeteilte wahr und reagieren auf ihre sogar auch unbewussten Einwirkungen. Ihrem Wesen nach sind sie dazu berufen, gegeneinander überhaupt nichts Böses auszurichten und voneinander nur Gutes zu empfangen, was jedoch bei einem Übeltäter nicht infrage kommt. Auf der Höhe dieser Berufung zu sein, gelingt ihnen beinahe nicht. Und so versuchen einige, für sich das vorrangige Recht zu beanspruchen, anderen das reine Böse mitzuteilen und das ihnen mitgeteilte Böse, in der Gestalt der nötigenden Einwirkung und des Guten, im Gegenzug nicht zu empfangen. Die Gegenseitigkeit und die Gerechtigkeit dulden ein solches Privileg nicht. Jeder, der das Böse an jemanden richtet, muss jederzeit dazu bereit und damit einverstanden sein, dass andere seine Übeltat zu unterdrücken und ihn zum qualitativen Überdenken des von ihm entsandten Bösen zu zwingen fähig sind. Jener, der das von mir entsandte Böse empfängt, richtet meine Aufmerksamkeit auf dessen böse Qualität. Er fügt mir dadurch keine Kränkung zu, sondern leistet mir einen Gefallen. Jener aber, der mein verbittertes Wüten unterdrückt, ohne ihm die Möglichkeit zu bieten, sich auszubreiten, nötigt mich, mich meiner zu besinnen, und verrichtet seine Pflicht und wird zu meinem Wohltäter.[219] Hierin besteht *die gegenseitige Verpflichtung* der Menschen. Und jeder

[219] Siehe Kapitel sechs.

von uns, der den anderen diesen Dienst und diese Wohltat erweist, muss auch *sich selbst* den gleichen Dienst und die gleiche Wohltat von seiten der anderen *wünschen*. Jeder soll tatsächlich nur das den anderen antun, was er sich selbst wünscht: Dabei soll er sich selbst auch Nötigung und Unterdrückung von anderen zum Zeitpunkt seiner eigenen Übeltätigkeit wünschen.

Jedoch sind die Menschen beim Vollbringen des Guten und im Kampf gegen das Böse miteinander nicht nur durch Gegenseitigkeit, sondern auch in *Gemeinschaftlichkeit* verbunden. Denn sie haben ein einziges, allen *gemeinsames Ziel*, ein solches *gemeinsames Gut*, das entweder allen sofort gehört oder nicht: Das ist *der Friede auf Erden, der aus dem menschlichen Wohlwollen erblüht*. Eben die Einheit und Gemeinschaftlichkeit des Ziels zwingt die Menschen, ihre Kräfte zu vereinigen und eine einzige Organisation im Werk des Kampfes gegen das Böse zu gründen. Jeder Übeltäter hindert *alle* übrigen daran, Nicht-Übeltäter zu sein; jeder Übeltäter erschüttert und vergiftet die ganze gemeinschaftliche Basis der geistigen Existenz. Daher muss ein jeder Übeltäter, indem er Übles tut, auf *alle* treffen, die gemeinsam ihm widerstehen; dieser Widerstand wird von den wenigen angegangen im Namen *aller* und *im Namen des einen, gemeinsamen Ziels*. So beschaffen ist der Sinn einer jeden geistig durchdachten gemeinschaftlichen Organisation. Indem das Gefühl der gegenseitigen Verbundenheit und der gemeinsamen Verpflichtung reift, zeigt es den Menschen ihr gemeinsames geistiges Ziel und zwingt sie, eine einzige *Macht* für den Dienst an ihr zu gründen. Diese Macht (die kirchliche und die staatliche) bestimmt in ihrer Person *das lebendige Organ des gemeinsamen heiligen Ziels*, das Organ des Guten, das Organ *des Heiligtums*, und darauf vollzieht sie ihren ganzen Dienst in *ihrem* Interesse und in *ihrem* Namen. Der nötigende und unterdrückende Vertreter eines solchen gemeinschaftlichen Verbunds verrichtet sein Werk nicht in seinem Namen, nicht aus persönlicher Laune, nicht aus Willkür; nein, er tritt als *ein Knecht des gemeinschaftlichen Heiligtums*, der zur Nötigung und Unterdrückung *in dessen Namen berufen und verpflichtet* ist. Er ist das lebendige Organ jener Kraft, die aus allen individuellen, geistigen Kräften zusammengesetzt ist, die durch die solidarische Beziehung zum gemeinsamen Heiligtum verbunden sind: Diese Kraft ist die Kraft *des Heiligtums selbst*, er aber ist *dessen lebendige Manifestation und dessen lebendiges Schwert.*[220]

Eben dank dem Umstand, dass die geistig durchdachte gemeinschaftliche Macht ihre Rechte aus der Beziehung zum gemeinsamen Ziel schöpft, ihre Kraft aber aus der gemeinsamen Solidarität, fließt der Wille eines jeden einzelnen Mitglieds in diese Macht hinein, erkennt sie freiwillig an und bewahrt, indem er sich ihr unterstellt, seine geistige Freiheit. Außerdem verbindet das Rechtsbewusstsein einen jeden mit der gemeinsamen und einzigen Macht in ihrem Dienst so, dass jeder mit seinem Willen und seiner Kraft in ihren Handlungen wirkt, sogar auch in jenen, in denen er selbst nicht unmittelbar auftritt. Und im Endeffekt bildet sich eine Organisation, in der das gemeinsame Element des einzigen *Guten* und des einzigen *Ziels* einen einzigen und gemeinsamen *willensstarken Motivator* bekommt, der bis zu einem bestimmten Grad den einzelnen Menschen die Aufgabe und die Bürde der unmittelbaren Nötigung und Unterdrückung der Übeltäter abnimmt.

Dank einer solchen Organisation kann und muss jedes Mitglied dieses Verbundes fühlen, dass sein Wille und seine Kraft in dem Kampf der zentralen Macht mit dem Ursprung des Bösen und dessen Trägern teilnehmen. Dies drückt sich in der Anerkennung aus, in der Unterstützung der Handlungen dieses Kampfes nicht nur aus Angst-, sondern aus Gewissensgründen; dies drückt sich in dem Mitgefühl gegenüber jenen aus, die selbst aktiv werden; dies drückt sich in der initiativreichen Mitwirkung aus. Indem das Zentrum, das die Macht innehat, diesen Kampf führt, braucht es dieses Mitgefühl und diese Mitwirkung, und es hat ein Anrecht darauf: Außerdem kann es in diesem Kampf siegen und das gemeinschaftliche Leben um des gemeinsamen Zieles willen nur dann und insofern aufbauen, als die öffentliche Meinung (sowohl in ihrem einheitlichen als

[220] Siehe Kapitel elf.

auch uneinheitlichen Zustand) es durch ihr Mitgefühl und ihre Mitwirkung unterstützt. Die Macht und das Volk müssen in ihren Ansichten über das Böse und das Gute übereinstimmen, und in ihrer willentlichen Ablehnung des Bösen solidarisch sein; außerhalb dieser Rahmenbedingungen gehen beide Seiten zugrunde. Dieser Untergang tritt auch ein, wenn eine von diesen Seiten dem gemeinsamen Ziel oder der richtigen Ansicht in den Rücken fällt, wenn die Macht beginnt, gegenüber den Übeltätern *nachsichtig zu sein*, oder wenn das Volk beginnt, die Übeltäter zu beschützen, dann hört der gemeinschaftlich-organisierte Widerstand gegen das Böse auf, indem er seinen Platz mehr oder weniger *der übelgesinnten Widerstandslosigkeit* zugesteht, und der Sieg des Bösen wird im Endeffekt gewährleistet.

Die Akzeptanz der Macht und ihres Kampfes gegen das Böse wird nicht nur darin ausgedrückt, dass das Individuum um des Gewissens willen gegen die Übeltaten *anderer Menschen* zu kämpfen hilft, sondern auch darin, dass das Individuum selbst Nötigung und Unterdrückung akzeptiert, auch wenn sie *gegen das Individuum selbst* gerichtet werden. Diese Schlussfolgerung ist natürlich und notwendig: Denn zu ihr führt das Gesetz der Gegenseitigkeit und der Gemeinschaftlichkeit. Jener, der das gemeinsame Ziel und das gemeinsame Organ akzeptiert, akzeptiert auch ihre gemeinsame Handlung, unabhängig davon, ob diese sich gegen andere oder gegen ihn selbst richten. Beim Vorhandensein eines reifen Rechtsbewusstseins nimmt der Mensch durch seinen Willen an dem Akt der Macht auch dann teil, wenn *er selbst genötigt und unterdrückt, bestraft oder sogar hingerichtet wird*. Die gerechte Nötigung nimmt er dann als *Selbstnötigung* wahr. Die sich durch den sozial bestimmten und bevollmächtigten, geistigen Willen realisierende gerechte Bestrafung nimmt er als verdiente Selbstbestrafung wahr. Und selbst die ungerechte Verurteilung zum Tode kann er ähnlich dem Sokrates und der großen Menge der christlichen Märtyrer freiwillig akzeptieren.

So beschaffen sind die Schlussfolgerungen aus der allgemeinen gegenseitigen Verbundenheit der Menschen im Guten und im Bösen.

18.
Die Begründung der sich widersetzenden Kraft

Wenn man versucht, die Schlussfolgerungen zu vereinen, die aus dieser allgemeinen gegenseitigen Verbindung der Menschen im Guten und im Bösen folgen, so kann man sagen: Die geistige Auflösung und Verklärung des Bösen kennzeichnet den endgültigen, vollendeten Sieg darüber (*Ziel*), doch *die Nötigung* zu den dafür erforderlichen Anstrengungen und die direkte *Unterdrückung* der Übeltäter sind notwendig für diesen Sieg als *Mittel* oder Methode des Widerstands.

Die seelisch-geistige Verbindung der Menschen im Guten und im Bösen ist insoweit wesentlich und eindringlich, als der Mensch, der sie einmal erlebt und erkannt hat, real *die Einheit und Gemeinsamkeit des bösen Ursprungs* in der Welt sieht und das anhaltende Bedürfnis fühlt, nicht nur nicht an seiner ansteckenden Verbreitung teilzunehmen, sondern auch sich ihm im ganzheitlichen, willensstarken Widerstand zu widersetzen. Allen Menschen ist nicht nur der Ursprung des Guten in seiner lebendigen, wohltätigen und reinigenden Wirkung gemeinsam, sondern auch der Ursprung des Bösen in seinem verweslichen und giftigen Hauch; und der Mensch, der diese Einigkeit wahrgenommen hat, erweist sich bereits als unfähig, sich von ihr „in Gedanken zu entfernen" oder so zu tun, als ob sie nicht existierte, oder eine gleichgültige Position auf irgendeine andere Weise einzunehmen. Der böse Ursprung ist *einig und aggressiv*, und in seiner Aggressivität *listig und vielgestaltig*. Derjenige, der sich ihm nicht widersetzt, der gibt ihm nach und erscheint in seiner Gefolgschaft; wer seine Angriffe nicht unterdrückt, der wird zu seiner Waffe oder geht unter seiner List unter. Hier darf man nicht abwarten, umherschweifen oder sich verstecken; denn wenn man dem Bösen weder „ja" noch „nein" sagt, dann sagt man ihm „ja"; und deswegen „wartet" und „versteckt sich" derjenige nicht, der abwartet und sich versteckt, sondern verrät und ergibt sich.

Um einen richtigen Widerstand gegen das Böse zu führen, ist es notwendig, die ganze Zeit alle seine vier Grundeigenschaften vor Augen zu haben: *Einigkeit, Aggressivität, List und Vielgestaltigkeit* – und man muss sie alle berücksichtigen. Nur ein geistig Blinder kann, indem er die Aggressivität, die List und die Vielgestaltigkeit der Bosheit anerkennt, jedoch ihre *Einigkeit* und Gemeinsamkeit nicht bemerkt, sich selbst in seiner persönlichen „Sündenlosigkeit" endgültig einschließen und „die Errettung" allein nur für sich suchen; dies wird die Tugend eines Blinden sein, die Vollkommenheit eines Flüchtigen, die Rettung eines sich selbst Liebenden; und alles wird nur Schein sein. Nur derjenige, der der Lebenserfahrung entbehrt, kann *die Aggressivität* der Bosheit, ihre natürliche Neigung zur Ausbreitung, ihre Obsession, ihren mächtigen Andrang nicht sehen und sich einbilden, dass man die Kraft des Bösen durch Schrankenlosigkeit, durch geduldigen Gehorsam und durch aufopfernde Auslieferung aller Heiligtümer, aller menschlichen Seelen und der ganzen Kultur erschöpfen kann und muss. Nur ein naiver Mensch kann *die List* der Bosheit nicht sehen und annehmen, dass dem Bösen Einfältigkeit, Direktheit und ritterliche Korrektheit eigen wären, dass man mit ihm Vereinbarungen treffen könnte, indem man von ihm Treue, Loyalität und Pflichtgefühl erwartet. Nur ein oberflächlicher Verstand kann die Tatsache aus den Augen verlieren, dass das Böse der Ursprung des im höchsten Maße *Verkehrten* ist, das in der Lage ist, die ganze Bandbreite der inneren und äußeren Zustände des Menschen zu nutzen, mal im Feuer der offenen Leidenschaft brennend, mal in der Schweigsamkeit verhallend, mal die Gestalt der Güte und des Edelmuts annehmend (denn durch das Böse ist zum Beispiel auch die Lehre von der „Freiheit der Übeltat" selbst eingeflüstert worden). Das Böse, allgemein gesprochen, lässt sich überhaupt nicht auf das „törichte Ziel" reduzieren; für das Böse sind in gleichem Maße auch „törichte Mittel" charakteristisch. Seine Formel lautet: mit allen Mitteln, sowohl mit den bösen als auch mit den guten zum bösen Ziel; wobei in dem Begriff „böse" nicht die Idee der „Abweichung von dem Guten", sondern die Idee „der Gleichgültigkeit" oder „der Abscheu" gegenüber dem Guten enthalten ist. Und so muss sich natürlich derjenige, der den Kampf gegen das Böse führt und seine ausschließliche geistige Auflösung und Verklärung begreift, die Frage stellen, ob man diesem allgemein-einigen, listigen und vielgestaltigen Ursprung *in seiner ganzen Aggressivität* äußere Nötigung und Unterdrückung entgegenstellen sollte oder nicht. Fordert dies der echte, verklärende Sieg über das Böse oder nicht? Und wenn er dies fordert, so warum?

Die allgemeine gegenseitige Verbindung der Menschen, die das Böse zum einigen und gemeinsamen Ursprung macht, versetzt jeden Menschen in den Zustand der willentlichen oder unwillentlichen Teilnahme am Bösen[221] und hält ihn in diesem Zustand so lange, bis er sich von dem Übeltäter freiwillig losreißt und sich ihm mit der ganzen Kraft der aktiv-ablehnenden Liebe zuwendet.[222] Der Mensch, der diese Verbindung der Menschen sieht und im Besitz des lebendigen Gewissens ist, fühlt sich immer wie ein *Anwesender* bei jenem Übel, über welches er Bescheid weiß, dass es sich vollzieht oder vollziehen wird. Doch bei der Anwesenheit der Übeltat kommt er nicht umhin, in sich jenen „einheitlichen Willen" und jenes „einheitliche Gefühl" zum Übeltäter, worin ihn gewöhnlich die Liebe zu den anderen Menschen hält, zu trennen. Diese Trennung ist auch die erste Manifestation des gerechten Zorns und der Entrüstung, die in ihm entstehen. Dabei hat er keine Angst, diese „Einigkeit" mit dem Übeltäter zu trennen, denn er sieht und versteht, dass der Übeltäter in *seiner* Seele die Einigkeit der Liebe mit seinem Opfer *bereits zerrissen hat;* dass der Übeltäter, indem er seine Übeltat realisiert, die Naht dieser Einigkeit in der Seele seines *Opfers* und in *der Seele des Beschützers* und in *allen* Seelen auftrennt. Deswegen ist das Erhalten der Einigkeit *der*

221 Siehe Kapitel 17.
222 Siehe Kapitel 16.

positiven Liebe mit dem Übeltäter widernatürlich, widerwärtig und verhängnisvoll; dagegen ist das Sich-Losreißen von dem Mitgefühl ihm gegenüber und von *jeglicher* Teilnahme an seinen Taten, ohne aus den Grenzen des geistigen Wohlwollens herauszutreten, natürlich, notwendig und einzig richtig. Doch der Teilnahme an seinen Taten macht sich jeder schuldig, der nicht *seine ganze Kraft* auf die aktive Unterdrückung der Übeltat angewandt hat. Jeder, der sich abgewandt hat, in Angst geraten ist, sich selbst geschützt und sich nicht eingemischt hat, „der nichts getan hat", der sich bis zum Ende nicht widersetzt hat – trägt auf seinen Schultern die Schuld der geistigen Teilnahme; und der sittlich sensible Mensch kennt diese Schuld und die durch sie hervorgerufenen inneren Gewissensbisse und fühlt sie sogar dann, wenn die Übeltat aus irgendeinem Grund zufällig nicht zustande kommt („Ich bin aus Faulheit oder Feigheit *beinahe* zum Mittäter geworden" ...). Für einen solchen „unsittlichen Menschen" bleiben lediglich zwei Auswege: entweder Verachtung gegenüber sich selbst zu empfinden und daraus Mannhaftigkeit für den entschlossenen Kampf in der Zukunft zu schöpfen; oder sich auf einen „beruhigenden" Weg der Beschönigung der Bosheit zu begeben,[223] der ihn auch allmählich zum Gehorsam führen wird und ihn gänzlich aus der Reihe der Widerstandskämpfer hinausführt.

Auf diese Weise erweist sich jede äußere Übeltat quasi als Erprobung oder Prüfmeile für alle, die sie wahrnehmen; durch ihre Realisierung selbst prüft die Übeltat die geistige Reife der Anwesenden, ihre Treue zum Guten, ihre Kraft im Guten, die Wachsamkeit ihres Gewissens, ihre Liebe zum Nächsten, ihre Fähigkeit, sich mit dem Sieg des Bösen zu versöhnen und es zu fördern. Diejenigen, die bei der Übeltat zugegen sind, fühlen eine gewisse Versuchung und Verlockung, denn bei jeder Übeltat provoziert das Böse alle Anwesenden, indem es sie auf machtvolle Weise zwingt, sich zu äußern, sich zu enttarnen und eine überzeugte Position einzunehmen: *gegen das Böse* oder *für*

[223] Siehe Kapitel zwei.

das Böse. Diese Entscheidung muss getroffen werden, denn derjenige, der sich weigert und sich abwendet, äußert sich dadurch *zugunsten der Bosheit*. Eben dieser Ernst des Problems gibt jeder Übeltat einen *tragischen* Charakter – *nicht nur* für den Übeltäter allein, sondern auch für alle Anwesenden. Die überwiegende Mehrheit der Menschen nimmt die Übeltat im Zustand der inneren Entrüstung wahr: Ihr eigener, persönlich-innerer Kampf gegen das Böse ist nicht zu Ende, und in diesem instabilen Gleichgewichtszustand sind sie genötigt, eine äußerliche willentliche Leistung zu vollziehen, die sie abrupt auf die *eine* Seite stellt und nicht selten zwingt, langandauernde oder ewige Folgen dieser Handlung zu tragen. Eben deswegen erweist sich die Mehrzahl der Menschen vor dem Angesicht der Übeltat als verwirrt, und diese Verwirrung ist desto größer, je dreister und selbstsicherer der Übeltäter. Und es kommt vor, dass hierbei beliebige wohlerscheinende Motive demjenigen zu Hilfe kommen, der zur „ungefährlichen" Passivität neigt: sowohl „Widerwille gegen die Gewalt" als auch „Mitleid" gegenüber dem Übeltäter; sowohl falsche Demut („ich selbst bin ja auch ein sündiger Mensch") als auch der Verweis auf „die fehlende Bevollmächtigung"; sowohl die Verpflichtung, sich selbst „für die Familie" zu bewahren, als auch der Wunsch, „kein Denunziant zu werden"; sowohl die weise Regel „im Zweifelsfall sich zu enthalten", – und vieles andere. Und dies alles dient dem einen Ziel: seine religiöse und sittliche Desertion zu rechtfertigen und zu beschönigen. Eben deswegen fühlen jene unsittlichen Menschen, die ihr Gewissen nicht verloren haben, nicht selten eine solche Dankbarkeit und geradezu Begeisterung gegenüber dem, der die Bürde der Versuchung auf sich nimmt und sie durch seinen unterdrückenden Akt von der unangenehmen Zerspaltung und den nachfolgenden Gewissensbissen befreit.

All dies bedeutet, dass die Übeltat nicht nur in alle Seelen durch dreiste Verführung, Verlockung und als giftiges Beispiel eindringt, sondern von der Mehrheit *geistig unerträglichen Heroismus*, geistiges Urteilsvermögen, geistige Reife und äußere Entschlossenheit fordert. Sie vergiftet die Seele nicht nur durch ihre Explosion, sondern auch durch jenes giftige Bewusstsein des eigenen Verrats, welchen sie in den schwachen Seelen hervorruft, und welcher *per se* einem Halbsieg des Bösen gleichwertig ist. Eben deswegen vollzieht der Nötigende und Unterdrückende die richtige Tat, die für den *ganzen* inneren Kampf gegen das Böse in *allen* Menschen wertvoll ist; er empfängt quasi jenes Schwert der großen Spaltung des Guten und des Bösen, über welches das mystische Wort des Evangeliums spricht (Mt 10,34-39; Mk 13,9-13; Lk 12,51-53). Er zeigt heroisch die Gegensätzlichkeit des Guten und des Bösen, zieht zwischen ihnen eine deutliche und wertvolle Grenze; er hilft den Menschen, diese Grenze zu erkennen und sie in ihrer inneren Welt zu erhalten; er rettet sich und sie von der Schuld der Teilnahme und von der Selbstverachtung; er hält die wütende Überschwemmung der Bosheit zurück und befreit die Menschen von der für sie unerträglichen Versuchung. Er stärkt in sich und offenbart anderen *die Kraft des Guten,* die natürlich die ganzheitliche Existenz in der äußeren Handlung sucht, und dabei nicht nur in einer erbauenden Handlung, sondern auch in einer abwehrenden. Und es ist verständlich, warum die Menschen, die diese trennende, unterscheidende und begradigende Funktion der guten Kraft im Blick haben, sich gedanklich zur leuchtenden Gestalt des Engels und eben des Beschützerengels wenden.

Es ist verständlich, dass wenn das Böse über gar keine aggressive Tendenz verfügte oder sich nicht in die äußeren Handlungen ausschüttete, so der Widerstand ihm gegenüber mittels der physischen Unterdrückung unnötig und unmöglich sein würde. Eben die Aggressivität der Bosheit und ihre Notwendigkeit, sich in den äußeren Handlungen zu manifestieren, machen auch einen *Gegenangriff* wider sie erforderlich. Es wäre unnötig, mit einem Verweis darauf zu leugnen, dass der äußere Akt nichts zum Lodern des Bösen beiträgt und beim Vorhandensein desselben sich als unwesentlich erweist. Derjenige, der das Böse wünscht, verhält sich zu demjenigen, der das Böse tut, wie einer, der sich enthält, zu einem, der sich einmischt;

wie einer, der nicht wagemutig ist, zu einem Wagemutigen; wie einer, der das Böse verurteilt (auch wenn allein nur am Rande seiner Seele), zu dem, der es gutheißt;[224] wie einer, der sich noch nicht im Bösen gefestigt hat, zu dem, der sich ihm ergeben hat. Bei den übrigen ähnlichen Bedingungen ist die Schuld des Letzteren bei weitem größer; seine böse Schädlichkeit ist aber bei allen Bedingungen größer. Vergeblich ist es ebenfalls, zu denken und zu sagen, dass die böse Tat eben durch äußere Gegenwirkung hervorgerufen wird; in der realen historischen Wirklichkeit verhält sich die Sache eben ganz anders …

Die ganze Geschichte der Menschheit besteht darin, dass in den verschiedenen Epochen und in den verschiedenen Gesellschaften *die besten Menschen umkamen, weil sie von den Schlimmsten mit Gewalt heimgesucht wurden*, wobei dies so lange anhielt, bis die Besten sich dazu entschlossen, den Schlimmsten mit geplanter und organisierter Abwehr entgegenzutreten. So war es immer und so wird es immer sein: Das radikale Böse, das in den Menschen lebt, *triumphiert so lange, bis es gezügelt* und festgehalten wird; und überall dort, wo diese zügelnde und festhaltende Kraft im Individuum *selbst* sich nicht erhebt, muss sie kommen, und sie kommt von außen, von den anderen, in der Gestalt des Widerstands, welcher Angst und Leid hervorruft („*timore vel dolore*", Seliger Augustinus). Die äußere fremde Kraft ist dem Menschen nötig, damit er die richtige soziale Grenze seines Verhaltens zu wahren lernt, sodass diese Grenze allmählich seine eigene wird, die von innen unterstützende und unfreiwillig anerkannte Grenze; und dann verwandelt sich die Angst in Hochachtung und festigt darin das Gefühl der Verpflichtung, das Leid aber bewegt ihn, sich ihm zuzuwenden und dessen Quelle in seiner eigenen Unvollkommenheit zu eröffnen. Die Nötigung und Unterdrückung sind dafür notwendig, um das Rechtsbewusstsein und das moralische Gefühl in der defektiven Seele zu erwecken und zu festigen, aus denen jede auf ihre Weise zu der echten Sittlichkeit führt oder auf ihre Weise sie näherbringt.

[224] Siehe Kapitel zwei.

Jahrhunderte und Jahrtausende vollzieht sich dieser zügelnde und umerziehende Prozess, der das menschenartige Tier in ein gemeinschaftliches und diszipliniertes Wesen verwandelt; und je gemeinschaftlicher und disziplinierter dieses Tier ist, desto zugänglicher ist es für die geistige Kultur, und desto zugänglicher ist ihm selbst die Arbeit der inneren Selbsterziehung. Die Idee der Möglichkeit, „durch Widerstandslosigkeit sich zu widersetzen", wird der Menschheit geschenkt und erweist sich nur und insofern anwendbar, als der gemeinsame, genetische Prozess der Zügelung des Tiers im Menschen durch Drohung und Bestrafung („Altes Testament") das eingebürgerte und sich etablierte Ergebnis der Enthaltsamkeit und Erziehung erschafft, wie das Existenzminimum des Rechtsbewusstseins und der Moral, das die Herzen für die Herrschaft der Liebe und des Geistes („Neues Testament") eröffnet. Jedoch tadelt die neue Lehre nicht, schafft und lehnt die Drohung und Bestrafung nicht ab; nach wie vor sind sowohl das Schwert als auch „die Dienerin Gottes zur Bestrafung für den, der das Böse tut", notwendig (Röm 13,4). Doch außerhalb dieses Weges und daneben ist bereits ein neuer, höchster, wohlspendender Weg, nicht der einzige, sondern der Hauptweg: der *göttliche* Weg, der nicht verurteilt, sondern den früheren Weg, den Weg „des Caesars" begreift und erleuchtet. Eben dort, wo das Tier gezügelt und der Teufel in der Seele unterdrückt wurde, – erwacht die Fähigkeit, die Neigung, und die objektive gemeinschaftliche Möglichkeit, die Seelen durch das Wort des Verstandes und durch die Tat der nachsichtigen Liebe zu erziehen; doch dort, wo es nicht gegeben ist, fällt das Wort auf das fruchtlose Gestein und die aufgezehrte Güte wird von den wütenden Tieren mit Füßen getreten (Mt 7,6) … Dort ist noch immer die Bedrohung notwendig, die Angst und Leiden erzeugt.

Diese Auffassung der generischen, historischen Sukzession entlarvt mit besonderer Klarheit die Haltlosigkeit jener, die „prinzipiell" die äußere Nötigung und Unterdrückung verleugnen. Ein Anhänger der „reinen" Widerstandslosigkeit nutzt zusammen mit der ganzen übrigen Menschheit die

Früchte des ganzen vorangegangenen Kampfes gegen das Böse: Mit seinem ganzen Leben, der Sicherheit, der Möglichkeit, tätig und schöpferisch zu sein, ist er den Bemühungen, Anstrengungen und Leiden jener verpflichtet, die vor ihm von Generation zu Generation das Tier im Menschen zügelten und in ihm das Tier disziplinierten, aber auch jenen, die nun dieses Werk fortsetzen. Eben dank der Tatsache, dass sich Menschen fanden, die freiwillig auf sich die Bürde des aktiven Kampfes gegen die Übeltäter nahmen, diese vielleicht schwerste Art der Weltbürden, eröffnete sich allen übrigen Menschen die Möglichkeit, friedlich zu arbeiten, geistig schöpferisch zu sein und sich sittlich zu vervollkommnen. Umzäunt und abgeschottet von den Übeltätern, umringt von guten Menschen, erwiesen sie sich in bedeutendem Umfang als von den Bedrängnissen der negativen Liebe befreit,[225] und konnten sich gemäß dem Maß ihrer sittlichen Bedürfnisse den Gütern der höchsten Uneigennützigkeit, der liebenden Nachgiebigkeit und der persönlichen Widerstandslosigkeit frei hingeben. Und so begannen die Anhänger der „reinen" Widerstandslosigkeit, indem sie diese Güter der epochalen Anstrengungen nutzten, jedoch ohne bemerkt zu haben, dass die Quelle dieser Güter eben in diesen Anstrengungen besteht, ihre ganze „Tugend" und ihre Freizeit darauf zu verschwenden, die Wurzeln dieses Baums zu untergraben und ihn zu fällen. Es begann die Verurteilung der Wohltäter, der Tadel der eigenen Beschützer; es erschallte die Predigt gegen die Notwendigkeit, die Weltbürde der Unterdrückung der Bosheit zu tragen; es strömten Beweise dafür, dass diese Bürde eine Scheinbürde sei, dass das Böse nicht existieren würde, dass die Nötigenden und Unterdrückenden selbst echte und einzige Übeltäter seien. Und dabei fuhren die getadelten Wohltäter fort, alle Güter der Umzäunung zu gewährleisten, und die tadelnden „Gerechten" fuhren fort, die Güter in Anspruch zu nehmen. Und wenn die Beschützer, indem sie ihre Bürde trugen, auf sich die Schuld nahmen, so lag diese Schuld,

[225] Siehe Kapitel 16.

ihrer gesamten Gerechtigkeit nach, auf den Beschützten: Denn die Beschützten waren die Nutznießer aller hieraus entstandenen Güter und sie konnten sie unmöglich nicht genießen, und haben sie faktisch angenommen; jedoch haben sie nur so getan, als ob es keine Güter wären, als ob sie diese nicht bräuchten, als ob sie diese nicht benutzen würden, und als ob sie, bei all dieser falschen Einstellung und Undankbarkeit, mit ihrem ganzen Stolz und ihrer moralischen Frömmelei, die sittliche Reinheit, „Liebe" und „Widerstandslosigkeit" achten würden ... Und sie fuhren fort, unter sich und unter allen das Pulverfass der Bosheit zu sprengen.

Alle diese Erläuterungen legen endlich nicht nur die Notwendigkeit der äußeren Nötigung und Unterdrückung fest, sondern auch ihre verhältnismäßige Bedeutung im gesamten System des Kampfes gegen das Böse.

Diese Bedeutung ist eine rein *ablehnende*. Es wäre naiv zu denken, dass die äußere Einwirkung auf den Menschen, die von den anderen ausgeht und mechanisch auf seine körperliche Zusammensetzung gerichtet ist, durch sich die innere, organische Erziehung im Geiste und in der Liebe ersetzen könnte. Vermittelst der äußeren Nötigung und Unterdrückung ist es unmöglich, den Menschen gütig zu machen, oder ihn zu den guten Taten zu nötigen (dies wäre das größte *Spektakel* der guten Taten ...); auf diesem Weg kann man das Böse nicht auslöschen, das in der Seele lebt, man kann den Menschen nicht umerziehen oder sein Gefühl und seinen Willen veredeln; diese Maßnahmen führen nicht zur Vermengung des Guten, sondern *zur Verringerung der Zahl der Übeltaten*; diese Maßnahmen bereiten ablehnend die Lösung der Hauptaufgabe vor, doch eben deswegen erweisen sie sich als *bedingungslos notwendig*.

Die äußere Nötigung und Unterdrückung haben ein dreifaches Ziel.

Erstens lassen sie es nicht zu, dass der gegebene Mensch die gegebene Übeltat vollzieht; sie halten *diesen* bösen Willen in seiner bösen Ausrichtung auf; sie bringen diesen Willen durch äußere Hindernisse und äußere Abwehr zur Besinnung; zeigen dem Willen, dass das Verbot des Verbotenen nicht nur von den Motiven des Gewissens und des Rechtsbewusstseins unterstützt wird, sondern auch durch äußere Kraft, die dem Übeltäter mal Hindernisse stellt, mal sein Verhalten durch strenge Folgen ahndet; und schließlich bewegen sie ihn durch Entzug der Freiheit und durch das Hinzufügen seelischer Unannehmlichkeiten und Leiden dazu, sich der Selbsterkenntnis, Selbstnötigung und Selbstumerziehung zuzuwenden. Für die im Grunde edle, jedoch leidenschaftliche und gefallene Seele ist vielleicht der erste Funke der äußeren Unterdrückung ausreichend, um Harmonie und Selbstbeherrschung festzulegen. Im Gegensatz dazu kann die im Grunde verkehrte und verbitterte Seele in ihrer Besessenheit auf keine äußeren und inneren Einwirkungen reagieren, und findet ihr Ende in der Todesstrafe.

Die zweite Aufgabe ist das Fernhalten aller anderen Menschen von der Übeltat und ihrer giftigen Wirkung – von jener seelisch-geistigen Verbrennung, Verführung, Verlockung, Berufung und von jenem schlechten Beispiel –, die sie in sich und mit sich trägt; und ferner die Befreiung der anderen von der Gefahr, von jener Angst um ihr Leben, um ihre Freiheit, um ihr Recht, um ihre Arbeit, um ihre Schöpfertätigkeit, um ihre Familie; die Befreiung von der Angst, die in den Menschen gegenseitiges Misstrauen, gegenseitige Wachsamkeit, Entfremdung, Feindseligkeit, Verbitterung und gegenseitigen Hass auslöst (*bellum omnium contra omnes*). Von allen Seiten Angriff und Übeltat zu erwarten, bedeutet, alle zu verdächtigen, überall Feinde zu sehen, sich auf die Abwehr und auf den wechselseitigen Untergang vorzubereiten. Und wenn vor allem und bedingungslos die kleinen Kinder, die Schwachen, die Kranken und die Schutzlosen den Schutz nötig haben, so entfällt auch für alle übrigen Menschen die Möglichkeit der geistigen Schöpfertätigkeit und Vervollkommnung beim Vorhandensein des verbitterten Kampfes eines jeden gegen jeden.

Die dritte Aufgabe besteht darin, von dem Weg der Übeltäter alle Menschen fernzuhalten, die verführt oder verlockt werden können: Das Beispiel des genötigten und unterdrückten

Übeltäters lehrt alle die Enthaltsamkeit, sowohl die im Guten Schwachen als auch die Unentschlossenen. Der äußere Stimulus festigt und stärkt die unsichere Handlung der inneren Motive, und im vollen Sinne des Wortes kommt er dem Menschen in seinem inneren Kampf mit sich selbst zu Hilfe. Die rechtliche Drohung durch Abwehr oder durch schwere Folgen *per se* einigt natürlich die Menschen nicht, jedoch vermindert und schwächt sie die Kraft der gegenseitigen Abstoßung, der gegenseitigen Aggressivität, jene zentrifugale Verwirrung und Zerstörung, bei deren Herrschaft das gemeinsame Leben der Menschen zur Hölle wird. Die Unterstützung der äußeren gemeinschaftlich-rechtlichen Ordnung *per se* erweckt nicht in den Seelen die Blüte der christlichen Liebe, sondern legt in der menschlichen Kommunikation jenen *äußeren* Rhythmus der Weltliebe, der Duldsamkeit und der Korrektheit fest, der unvermeidlich, jedoch auch unauffällig, *in die Seelen der Menschen* übergeben wird; die äußere Rechtsordnung erzieht die Menschen so, wie dies die militärische Ordnung, die Disziplin und die Ehrerbietung tun: Es werden die Fähigkeiten der Selbstbeherrschung, der Koordination und der solidarischen Handlung zusammengestellt und gefestigt. Indem man die Menschen diszipliniert, schafft die äußere Rechtsordnung die psychische Atmosphäre der gegenseitigen Akzeptanz, Achtung, Vereinbarung und sogar die gemeinsame, unsichtbar in die Seelen hineingegossene Stimmung des Vertrauens und der Freundschaftlichkeit. Natürlich hat diese Stimmung ihr Minimum und ihr Maximum; und beim Vorhandensein der minimalen Stufe ist sie natürlich noch weit von der echten Tat der Liebe entfernt. Und trotzdem *werden* dadurch *die Wege* zu einer möglichen Einigung *gereinigt;* es wird die Grundlage geschaffen für gegenseitiges Wohlwollen, und selbst das Lodern der Bosheit, das nicht die Möglichkeit besitzt, sich in einer bösen Tat zu manifestieren, wird gezwungen, sich andere Ausgänge zu suchen oder innerlich bei der Hinwendung zum eigenen Leiden zu verbrennen.

So beschaffen ist die einzige negative Aufgabe der Nötigung und der Unterdrückung: das Abschneiden der Wege zur Übeltat und das Freihalten des Wegs der Einigung. Dies ist zwar bei weitem noch nicht die Gründung des Paradieses, doch ist dies der Ausschluss der Hölle und die Unterstützung der äußeren Läuterungsstätte für die zukünftige innere Handlung. Dies ist noch nicht die Bewegung nach oben, auf den Berg, sondern quasi die Ebnung der Bergstraße. Dies ist noch nicht die Heilung der Krankheit des Übels selbst, sondern quasi die Isolierung der Brandstätte, Quarantäne und der Kampf mittels der Präventionsmaßnahmen. Dies ist noch nicht das Leben im erneuerten Haus selbst, ein gesundes und schöpferisches Leben, sondern lediglich die notwendige Desinfektion des verpesteten Hauses. Derjenige, der diesen Kampf realisiert, dient eben dem Werk des Geistes und der Liebe; doch sein Dienst ist ein verneinender und vorbereitender Dienst. Und dieser Dienst wird überhaupt nicht auf die Verwendung der äußeren, physischen Kraft reduziert, sondern besteht *im Erbauen der sicheren Perspektive ihrer Anwendung*. Die Nötigung und Unterdrückung sind auf die geziemende Höhe gestellt, nicht dort, wo sie kontinuierlich zum Einsatz kommen, sondern dort, wo *die Möglichkeit* ihres Einsatzes stets zu sehen ist, *die Notwendigkeit* aber ihrer Anwendung *nicht* eintritt. Denn ihre Aufgabe besteht nicht darin, dass sie Gefängnisse füllen und Hinrichtungen vollstrecken, sondern darin, dass sie der Aufarbeitung, Einrichtung und Unterstützung der inneren, motivierenden Kräfte des Rechtsbewusstseins helfen. Diese Aufgabe ist nicht dann vollständig gelöst, wenn der Übeltäter gefangen genommen und hingerichtet ist, sondern erst dann, wenn es keine Übeltäter mehr gibt, die der Gefangenschaft und der Hinrichtung unterliegen; und so bedeutet eben dies auch, dass das Rechtsbewusstsein stark wurde, und dass die geistige Berufung der rechtschaffenen Kraft sich realisierte.[226]

Nun wird deutlich, dass nur die Anerkennung dieser Methoden des Kampfes dem Ursprung des Guten die ganze Fülle der notwendigen Aufrüstung geben kann. Es ist töricht, zu

---

[226] Siehe Kapitel fünf.

denken, dass die äußere Nötigung und Unterdrückung die einzigen Methoden oder Hauptmethoden des Wiederstandes gegen das Böse wären,[227] d. h. dass das Böse besiegt ist, sobald es verschwunden und verborgen ist. Doch es ist auch gleichzeitig töricht, zu denken, dass die Nötigung und Unterdrückung boshafte und unzulässige Methoden des Kampfes wären,[228] d. h. dass das Böse unantastbar ist, sobald es sich erdreistet hat, sich in einer äußeren Handlung zu manifestieren. Der äußere, physische Kampf gegen den Übeltäter darf nicht antigeistig sein, denn das Ziel des Kampfes liegt in der geistigen Erziehung; und deswegen muss er aus dem Willen zum Geist entspringen.[229] Und dieser Kampf darf ebenso sich nicht gegen die Liebe richten, denn das Ziel des Kampfes liegt in den Ebenen der Wege zur gegenseitigen Annahme und Einigung der Menschen; und deswegen muss dieser Kampf von der echten Liebe zu Gott, den Menschen, von dem Wohlwollen zu dem Übeltäter selbst ausgehen.[230] Der Geist und die Liebe auf der einen Seite und die äußere Nötigung und Unterdrückung auf der anderen Seite stehen überhaupt nicht prinzipiell in der Beziehung des wechselseitigen Ausschlusses. Man kann die Menschen nicht erziehen, indem man nicht von dem Geist und der Liebe ausgeht und sich nicht zum Geist und der Liebe hinwendet; doch eben der echte Erzieher muss nicht nur fähig sein, zu überreden, sondern, wenn es nötig ist, *beim Überreden zwingen*, und, wenn es notwendig ist, *zwingen, ohne zu überreden*; und die Perspektive dieser Möglichkeit und sogar Unausweichlichkeit muss er, wenn es nötig ist, vor das geistige Auge des Zöglings stellen.

Diese Perspektive der physischen Nötigung und Unterdrückung hat quasi drei Pläne oder drei Möglichkeiten, die vor jenem stehen, der in seinem gegenständlichen Dienst dazu berufen ist; diese Möglichkeiten werden durch den seelischen Zustand des durch das Böse besessenen Menschen bestimmt.

---

227 Siehe Kapitel sechs und sieben.

228 Siehe Kapitel 13.

229 Siehe Kapitel sieben, acht, elf und 13.

230 Siehe Kapitel sechs, 14, 15 und 16.

So kann erstens der Mensch, der in den Zustand der Antigeistigkeit und Antiliebe geraten ist, *die Neigung und Fähigkeit zur Übeltat* entdecken. Die Notwendigkeit des Widerstandes gegen das Böse in der fremden Seele ist hiermit bereits gegeben, doch der ganze Apparat der Maßnahmen wird in der bestimmten geistigen Abfolge ausgefahren: beginnend mit dem Aufruf durch Wort und Tat zur Einsicht und Liebe und endend mit der Bereitschaft, sich zur physischen Nötigung und Unterdrückung zu wenden; diese Bereitschaft wird hier allein in der Gestalt der drohenden Sanktion benannt.

Zweitens kann sich der Mensch, der durch das Böse eingenommen ist, zur Ausführung der realen *Übeltat* entschließen oder sogar sie realisieren, und dabei vielleicht mehrmals, indem sein *böser Wille* keine Rechenschaft vor der geistigen Nötigung ablegt, vielleicht auch sogar nicht vor der physischen Unterdrückung. In allen ähnlichen Fällen ist als erstes die physische Unterdrückung nötig; ferner wird Folgendes das Werk des staatlichen Gerichtes sein: die Klassifizierung des Rechtsbewusstseins des Verbrechers in dem Moment der Übeltat (Schuld) und in dem Moment des Verurteilung (Bestrafung), und folglich, die Klärung der Frage, ob und in welchem Maße die physische Nötigung notwendig ist; die Kirche, die Zuchtanstalten und die öffentliche Meinung müssen auf sich die Bürde der geistigen Umerziehung nehmen.

Und schließlich kann drittens der durch das Böse besessene Mensch eine direkte Unfähigkeit zeigen, sich einer Übeltat zu enthalten; so beschaffen ist der absolute Übeltäter, der sein Leben lang *nicht dazu in der Lage ist, kein Übel zu verrichten,* und vor dessen verkehrtem Willen alle Maßnahmen der menschlichen Einwirkung kraftlos sind. Vor dem Angesicht eines solchen Scheusals können geistige Erziehung und physische Nötigung wie kraftlose und hoffnungslose Mittel wegbleiben; und sodann wird alles auf die physische Unterdrückung reduziert, die in ihrer reinen Form die Form der Hinrichtung annehmen kann.

So muss man sich die Organisation des äußerlich-nötigenden Kampfes gegen das Böse unter den Bedingungen der friedlichen Rechtsordnung und des staatlichen Gleichgewichts vorstellen. Ganz anders kann dieser Kampf unter den Bedingungen der revolutionären Erschütterungen, der Bürger- und der internationalen Kriege zustande kommen: Unter diesen Bedingungen stellt die Notwendigkeit, die Heimat, den Glauben und die Heiligtümer zu beschützen, den Menschen nicht in die Position eines Erziehers, sondern in die eines Kriegers; seine Berufung ist nicht die Erweckung der Einsicht und der Liebe in der Seele des Angreifers, nicht das Aufweichen seiner Verbitterung und nicht die Veredelung seiner Absichten; nein, er ist dazu berufen, physisch aufzuhalten und zu unterdrücken; er muss durch Nötigung dem Andrang ein Ende setzen; Schrecken ist notwendig, der Angst, Leiden und Tod sät. Die Notwendigkeit der entschlossenen äußeren Einwirkung wird hier nur durch die Konzentration aller Bedingungen hervorgerufen, die den Kampf verschärfen und alle anderen Auswege ausschließen:[231] die wütende Aggressivität des Aufständischen; die Unmöglichkeit, Zeit zu verlieren; die Notwendigkeit, den Raum zu beherrschen; das unbestimmte und breite Objekt der Einwirkung; Unbotmäßigkeit des besessenen Feindes; Unmöglichkeit, den zu beschützenden Schatz zu verraten, – all dies kann für eine Weile alle positiven Aufgaben des Kampfes gegen das Böse quasi auslöschen und alle geistig-liebenden Wege der Einwirkung als haltlose zeitlich versperren. Die physische Unterdrückung tritt dann in all ihrer Wirklichkeit und strengen Form ein, indem sie einen Ansturm auf die Angreifer ausführt, und indem sie für den Ursprung der positiven Liebe ein vergleichsweise nur geringes Feld der Wirkung übriglässt (Akte des persönlichen Mitgefühls und der Schonung, Gesetze über die Verletzten, Kranken und Gefangenen).

Die Gefahr einer solchen Absonderung und ausschließlichen Wirkung der physischen Kraft ist selbstevident. Indem die Unterdrückung die menschlichen Seelen hinter sich zieht und sie verhärtet, beginnt sie, unter sich die echte geistige Grundlage

---

[231] Siehe Kapitel 13.

zu verlieren; die Unterdrücker selbst beginnen unauffällig, die Unterdrückungstätigkeit umzuwerten, und in ihren Augen erhält sie die Bedeutung des hauptsächlichen, selbstgenügsamen, gewöhnlichen und beinahe schon ausschließlichen Mittels des Kampfes gegen das Böse; die Unterdrückung geht quasi aus der allgemeinen Reihe der Mittel heraus,[232] und beginnt, selbst als der echte und authentische „Kampf gemäß dem Vorrang" zu gelten, indem sie sowohl die Seelen der Kämpfenden als auch die Seelen der Bekämpften sowie die Seelen derer, die im Kampfe zugegen sind, beschädigt Eine große Kraft an geistigem Urteilsvermögen, an Weisheit und an Willen ist notwendig, um der Vorherrschaft dieser Möglichkeit des Kampfes zeitig ein Ende zu setzen, ein richtiges Maß für das Wirken des Schwertes zu finden, und zur wirksamen Heilung der vorgefallenen geistigen Zersplitterung zu gelangen – [und dies] durch die Kraft der positiven Liebe (beginnend mit der politischen Amnestie und der Friedensschließung und endend mit dem allgemeinen Zeugnis und der Auffindung der neuen Gerechtigkeit).

Man muss kein sentimentaler Mensch sein, um diese Perioden der selbstgenügsamen Unterdrückung nachzufühlen, diese Epochen des Schwertes und Blutes, mit ihrer Verbitterung, mit ihren Leiden, mit dem niedermetzelnden Hinschlachten der besten Menschen, mit der geistigen Ermattung und Verarmung der Überlebenden – wie eine Bürde und Verfluchung im irdischen Leben der Menschheit. Doch man muss ein sentimentaler und törichter Mensch sein, um aus Abscheu vor dieser schweren Periode das Schwert als solches zu verfluchen und jede Unterdrückung abzulehnen. Solange in der menschlichen Seele das Böse lebt, wird das Schwert für die Unterdrückung seiner äußeren Wirkung notwendig sein – das Schwert, das sowohl in der Scheide als auch in seinem unterdrückenden Schlag stark ist. Doch ein Schwert wird niemals die erbauende, die letzte, und nicht die tiefste Manifestation des Kampfes

[232] Siehe Kapitel vier, fünf, 13 und 18.

sein. Das Schwert dient dem *äußeren* Kampf, doch *im Namen des Geistes*, und deswegen wird, solange im Menschen die Geistigkeit lebendig ist, die Berufung des Schwertes darin bestehen, diesen Kampf religiös-bewusst und geistig rein zu halten.

Nach alle dem, was erläutert und ausgesprochen worden ist, bleibt noch diese Berufung des Schwertes festzulegen.

19.
Über das Schwert und die Gerechtigkeit

„Kann etwa der Mensch, der die sittliche Vollkommenheit anstrebt, sich dem Bösen mit Kraft und Schwert widersetzen? Kann etwa der Mensch, der an Gott glaubt, der Dessen Weltschöpfung und seinen eigenen Platz in der Welt akzeptiert, sich dem Bösen mit Schwert und Kraft nicht widersetzen?" So beschaffen war die grundlegende, zweifache Frage, die unsere gesamte Untersuchung hervorbrachte. Was kann und muss man auf diese Frage antworten, wenn sie von einer sittlich-edlen Seele gestellt wird,[233] die in ihrer Liebe zu Gott und Dessen Werk auf der Erde eine religiös richtige, willensstarke Antwort auf den von außen schreitenden Andrang des Bösen sucht?[234]

Die Antwort, die wir ausfindig gemacht haben, lautet zweifelsfrei und bestimmt: *Die physische Unterdrückung und Nötigung können die direkte religiöse und patriotische Verpflichtung des Menschen sein*; und dann hat er nicht das Recht, sich ihrer zu enthalten. Die Erfüllung dieser Verpflichtung führt ihn als Teilnehmer in den großen historischen Kampf zwischen den Knechten Gottes und den Kräften der Hölle; und in diesem Kampf wird er gezwungen, nicht nur das Schwert zu ziehen, sondern auch die Bürde des Menschenmörders auf sich zu nehmen.

Doch eben im Zusammenhang mit dieser letzten Schlussfolgerung, bei der Auflösung des Grundproblems, entsteht die tiefgründige und wesentliche Schwierigkeit, den Menschen zu töten ... Bewahrt etwa derjenige, der den Nächsten tötet, seine „sittliche Vollkommenheit"? Kann etwa ein solcher Ausgang sittlich richtig, sündenlos und gerecht sein? Denn gemäß der Grundfrage müsste die Antwort den Menschen zufrieden stel-

[233] Siehe Kapitel eins.
[234] Siehe Kapitel acht.

len, „der nach der sittlichen Vollkommenheit strebt"… Kann etwa das Gewissen des Menschen, unter welchen Bedingungen auch immer, den Mord an einem Menschen als eine sündenlos-gerechte Tat anerkennen? Wenn dies aber nicht der Fall ist, wie kann man sich mit einer solchen Antwort zufriedengeben?

Wir haben von Anfang an festgelegt, dass die ganze Untersuchung nur bei voller und bedingungsloser Aufrichtigkeit mit sich selbst einen Sinn ergibt, nur bei der Abwesenheit der Vereinfachung und des Verschweigens, der Leidenschaft und des Kleinmuts.[235] Hier ist das nicht erlaubt, und man sollte vor sich nichts verbergen, was immer es auch sein mag; im Gegenteil muss man sich die Augen für alles öffnen, und alles auf gerechte Weise vor dem Angesicht des Gegenstandes zu Ende sprechen – und danach erst die endgültige Entscheidung mit der Zuversicht treffen, dass sie nicht zweideutig, sondern richtig ist.

Erleidet etwa nicht tatsächlich im Kampfe gegen das Böse, besonders bei der äußeren Nötigung und Unterdrückung, die persönliche sittliche Vollkommenheit des Kämpfers eine Minderung oder Verzerrung?

Von Anfang an muss betont werden, dass die Form dieser Frage – die strenge, kategorische und offensichtlich nur eine einzige mögliche Antwort vorgebende Form („Ja, sie erleidet") – in sich einen gewissen ernsten Defekt der sittlichen Erfahrung oder des geistigen Urteilsvermögens verbergen kann, und dann kann sie in der Seele des Befragten einen zweideutigen Eindruck der Naivität und der Heuchelei hervorrufen. Die Frage wird so gestellt, wie wenn der Mensch (vielleicht der Fragende selbst) *bereits* über die persönliche sittliche Vollkommenheit *verfügen würde*, und wie wenn er, indem er sie besitzt und sie höher als sein eigenes Leben schätzt, sich davor fürchten würde, deren Veränderung oder Verzerrung bei seiner Teilnahme in dem unterdrückenden Kampf gegen das Böse zu sehen. Der sündenlose und gerechte Mensch sucht vorsichtig

[235] Siehe Kapitel eins.

die gerechte und heilige Gestalt des Handelns, um nur sie zu bewahren und niemals irgendeiner anderen, einer nicht ganz vollkommenen oder nicht bedingungslos gerechten, Gestalt des Handelns teilhaftig zu sein. Wenn dabei der Fragende tatsächlich davon überzeugt ist, dass er „gerecht" ist, und dass dem Menschen in seiner Handlungsweise die bedingungslose und ganze Vollkommenheit überhaupt zugänglich ist, dann zeugt dies von einer gewissen Begrenztheit seiner sittlichen Erfahrung und von der Naivität seines geistigen Urteilsvermögens; wenn der Fragende aber sich seiner eigenen Ungerechtigkeit und der Determination allen menschlichen Handelns zur größeren oder minderen Unvollkommenheit bewusst ist, dann erweist sich seine Frage als heuchlerisch.

Weder die Naivität noch die Heuchelei rechtfertigen die Fragestellung, die davon ausgeht, dass die sittliche Vollkommenheit etwas *Gegebenes* oder überhaupt dem Menschen in unserem irdischen Leben leicht Zugängliches ist. Demjenigen, der mindestens einmal im Leben sich real vorzustellen versuchte, wie ein sittlich vollkommener Mensch tatsächlich leben, fühlen und handeln würde, und der danach versuchte, diese Gestalt mit seiner eigenen, bewussten und unbewussten Lebensführung oder der Summe der Neigungen und Wünsche zu vergleichen, dem würde überhaupt nicht in den Sinn kommen, für seine eigene scheinbare „Heiligkeit" den absolut „gerechten" Lebensausgang zu fordern. Das wäre genauso real, klug und begründet, wie es gültig, klug und real für einen Menschen ist, der bis zum Nabel in einem Moor versunken ist, darüber zu reflektieren, wie er nach Hause gelangen kann, ohne seine Kleider mit auch nur einem einzigen feuchten Fleck zu beschmutzen. Derjenige Mensch, der in der Sünde gezeugt, in den Sünden aufgewachsen ist und darin das halbe Leben hinter sich gebracht hat, umgeben von solchen Menschen wie sich selbst, mit ihnen verbunden durch die Verbindung der allgemeinen Wechselwirkung im Bösen,[236] der hat kaum Anlass, sich die

[236] Siehe Kapitel 17.

praktischen Fragen der absoluten Dimension und die Aufgabe der unverzüglichen absoluten Reinheit zu stellen. Je tiefer er sich dagegen in sich selbst vertieft, je scharfsinniger er die geheimen Netze seiner Instinkte und seiner Leidenschaften sieht, desto fremder wird für ihn die Sichtweise des moralischen Maximalismus, desto schüchterner wird er bei der Beurteilung seiner eigenen Kräfte und Fähigkeiten, und desto nachsichtiger wird er gegenüber den Schwächen seiner Nächsten. Er lernt, das evangelische Gebot der „Vollkommenheit" (Mt 5,48; Lk 5,35) als eine lange Leiter des leiderfüllten Aufgangs zu verstehen, wie den Ruf von oben und wie den willentlichen Ursprung des Gewissens in der Seele, jedoch nicht wie ein strenges Maß, das minutiös die schwache Seele fixiert oder pedantisch unablässige Unfehlbarkeit fordert.

Der Mensch ist kein Gerechter, und den Kampf gegen das Böse führt er nicht als Gerechter und nicht unter Gerechten. Indem er in sich selbst den Ursprung des Bösen auflöst und ihn zu überwinden sucht, noch lange ohne dieses bis zum Ende besiegt zu haben, sieht er sich genötigt, den anderen in ihrem Kampf zu helfen, und die Tätigkeit jener zu unterdrücken, die sich bereits an das Böse ausgeliefert haben und den allgemeinen Untergang suchen. Derjenige, der unterdrückt, steht selbst im Moor, doch sein Fuß ist gegen festen Boden gestützt, und so hilft er den anderen, die in das Moor hineingezogen werden, selbst auf festen Boden zu kommen, indem er danach strebt, sie zu schützen und zu retten, und er versteht, dass er selbst aus dem Moor nicht mehr trocken hinauskommen kann. Natürlich kann man aus dem Zustand der Schwachheit und der Tiefe niemandem helfen und niemanden festigen; doch mit dem kleinsten Funken der Kraft, des geistigen Urteilsvermögens und des Glaubens beginnt bereits die Rettung. Derjenige, der selbst im Moor versinkt, der ist natürlich kein Kämpfer und kein Helfer; doch derjenige, der sich auf den festen Boden stützt, ist bereits ein Helfer und bereits ein Kämpfer, obwohl er sich selbst noch im Moor befindet. Und wäre es nicht merkwürdig, seine vollkommene Gleichgültigkeit gegenüber demjenigen zu sehen, der umkommt, und seine heuchlerische Rechtfertigung zu hören, dass „nur jener überhaupt helfen kann, der am Ufer steht", und dass er „auch jemandem helfen wird, wenn er selbst aus dem Moor hinausgekrochen ist und selbst trocken ist, und nur unter der Bedingung, dass er selbst auf keine Weise seine Kleidung schmutzig macht" …?

Der Mensch, der aufrichtig liebt, und der durch den Willen geleitet wird, kämpft auch mit geringen Kräften, er hilft auch, wenn er selbst arm ist. Und er beginnt nicht von oben, von einem Ideal, sondern von unten, von der Armut und von der Not. Und darin hat er Recht; denn es ist vernünftig und real, im Kampf gegen das Böse nicht von dem Maximum der sittlichen Vollkommenheit auszugehen, indem man seine Augen vor seiner eigenen Ungerechtigkeit und allen innenwohnenden Sündhaftigkeit verschließt, sondern von der gegebenen Situation der bösen Leidenschaften und des edlen Willens, indem man das mögliche Minimum der Sünde und das mögliche Maximum der Unterstützung und der Festigung sucht. *Dies* bedeutet nicht, dass der Mensch in sich den Willen zur sittlichen Vollkommenheit *auslöschen* muss; im Gegenteil, dieser Wille ist für ihn bis zum letzten Atemzug notwendig. Dies bedeutet jedoch, dass die naive Fantasie über ihre leichte Zugänglichkeit nur bei Kindern entschuldbar ist; heilig in den Träumereien zu sein, ist nicht dasselbe, wie heilig in der Tat zu sein: Und von der Wahrnehmung dieser Unterscheidung und von ihrem durchdrungenen Begreifen wird die Seele des Menschen weise und stark. Der Mensch muss allmählich gedeihen und in sich den Willen zur sittlichen Reinheit, den reinen und aufrichtigen Willen zu der Fülle der geistigen Liebe und zu ihrer ganzheitlichen Manifestation in den lebendigen Taten festigen lassen; doch er darf nicht denken, dass ihm dies leicht und schnell gelingt. Jedoch je größer seine Erfolge hierin, desto *gerechter* der Ausgang, den er immer ausfindig machen wird. „Größere Erfolge" wird derjenige erreichen, der „alles" sucht; doch es kommt auch vor, dass die unvernünftige, beständige Forderung nach „allem" dem Menschen auch das „Wenige" wegnimmt. Denn es gibt bestimmte Lebenszustände, in denen es sich von vorneherein geziemt, weder Gerechtigkeit noch Heiligkeit zu suchen, sondern *das geringere Übel* und *die geringere Ungerechtigkeit*; in diesen Fällen wird der praktische Maximalismus immer eine Manifestation der Naivität oder der Heuchelei sein.

Alle diese Überlegungen dürfen nicht die Frage auslöschen oder die Frage ohne Antwort zurücklassen, die von dem sittlichen Maximalisten vorgeschlagen wird. Mag er auch *praktisch nicht Recht haben*, wegen seiner Naivität oder Heuchelei; doch hat diese Frage *theoretisch* einen tiefgründigen Sinn, und die sittliche Philosophie *ist verpflichtet*, sie zu untersuchen. Wir haben nicht das Recht, vor der Antwort auf diese Frage auszuweichen, und deswegen müssen wir noch einmal fragen: Befriedigt derjenige, der sich dem Bösen mittels der Kraft und des Schwertes widersetzt, dabei alle Anforderungen der sittlichen Vollkommenheit? Bleibt etwa seine Seele rein, unberührt und nicht aufgewühlt, das Gewissen aber zufrieden und ruhig?

Man kann sich schwer vorstellen, dass ein Mensch mit einem tiefgründigen und überaus sittlichen Gefühl eine positive, beruhigende Antwort auf diese Frage geben kann. Dies ist bereits aus den oben dargelegten Gründen klar, eben dass bei einem unvollkommenen Menschen aus Notwendigkeit auch die Handlungen unvollkommen sind, sowohl dann, wenn er zum Gott der Güte betet, als auch dann, wenn er gegen das Böse kämpft; willentlich und unwillentlich, wissentlich und unwissentlich – der Mensch ist immer ungerecht und sündig; kann man etwa annehmen, dass er sich plötzlich als vollkommen und heilig eben bei der Hinwendung zum Bösen erweist? ... Im Gegenteil, es geziemte sich, von vorneherein die Tatsache anzunehmen, dass die Wahrnehmung des Bösen unausweichlich in seiner Seele sowohl Empörung als auch Verlockung, sowohl Verwirrung als auch überwindende Anstrengung hervorrufen wird – kurz, all das, was allein in der Seele des in den Leidenschaften lebenden Ungerechten unmöglich nicht ausbrechen kann. Und es ist natürlich, dass dies auch gewöhnlich so geschieht. Bei der Wahrnehmung des Bösen erwachen gewöhnlich die törichten Seiten der Seele aus ihrem moralischen Halbschlaf, indem sie quasi den Beginn ihrer Befreiung vorausahnen: Sie beginnen, an den ihnen auferlegten Ketten zu rütteln, indem sie auf das Erscheinen des Bösen reagieren – durch Neugier und Mitgefühl, durch Freude und Nachahmung, durch den Versuch, sich zu rechtfertigen und zu legitimieren, durch erhöhte Prätention und durch Ungehorsam. Die Seele erlebt eine Periode der Versuchung und des inneren Kampfes; sie verlässt ihr Gleichgewicht und hat erhöhte Anstrengungen des Geistes nötig; und vielleicht, wie nie zuvor, sieht sie sich in weiter Entfernung von der Vollkommenheit …

Jedoch muss man abgesehen von all dem anerkennen, dass der aktive äußere Kampf gegen das Böse in sich besondere Bedingungen trägt, die dem Menschen sowohl seinen inneren Kampf mit seinen eigenen bösen Neigungen erschweren als auch die Auffindung des sittlich richtigen und unschädlichen äußeren Auftretens.

So nimmt vor allem der nötigende und unterdrückende Mensch auf natürliche Weise in Bezug auf den Übeltäter die Position des verneinenden Wohlwollens ein. Diese verneinende Beziehung bleibt nicht nur bei ihm, sondern manifestiert sich in aufrichtiger und ganzheitlicher Handlung. Dies bedeutet, dass er durch seinen Verstand, durch seinen Willen und durch seine Tat *das Defizit der Liebe in sich selbst* akzeptiert, es festigt und es im Kampfe gegen den Übeltäter auslebt. Und wenn die sittliche Vollkommenheit im Vorhandensein der vollen Liebe zu allem Lebendigen und Existierenden besteht, so lässt der geistig sehende Kämpfer gegen das Böse in sich selbst den sittlich unvollkommenen, eingeschränkten, beschädigten Zustand zu und baut darauf seine Tätigkeit auf. Er festigt in sich die Unmöglichkeit, ähnlich der Sonne auf gleiche Weise über den Bösen und den Guten zu leuchten (Mt 5,45); und gemäß diesem vollzieht er sein Werk. Ganz gleich, wie auch gegenständlich begründet, gerecht, in ihrem Umfang richtig und angemessen seine verneinende Liebe auch sein mag – sie bleibt *bewusst zugelassene, tätig vernichtende, sittliche Unvollkommenheit*. Und diese Gegebenheit wird in nichts anderem mit solcher Kraft und Gewissheit bekundet und wahrgenommen wie in der letzten und äußersten Manifestation der verneinenden Liebe – in der Ermordung eines Menschen …

Vielleicht wurde seit dem Augenblick, als der Mensch den Menschen erstmals getötet hat und, indem er ihn tötete, in seiner Seele durch das Gefühl der vollkommenen Sünde und durch die auf sich geladene Schuld erschüttert wurde, in seiner Seele zunächst in der Gestalt eines trüben Gefühls, darauf aber in der Gestalt der Überzeugung die Verurteilung jeglicher Tötung geboren. Das Evangelium vertiefte und erleuchtete diese Auffassung; es verwies mit Evidenz den Menschen darauf, dass die Sünde und die Schuld des Mordes nicht in dem Moment der Ausführung der Handlung hervorgebracht werden, sondern in dem Moment des inneren Wunsches, diese Handlungen auszuführen; sodass der Mensch, der äußerlich niemanden getötet hat, sich in seinen Wünschen und Träumen als Mörder fühlen kann; und deswegen ziemt sich für ihn auch das Gefühl der Schuld, der Gewissensbisse und der Reue (siehe 1 Joh 3,13). Das gesunde und wachsame Gewissen, erzogen im Geiste des echten Christentums, fühlt und weiß, dass nicht nur derjenige „tötet", der physisch das Leben des anderen beendet, oder an der Tötung teilnimmt, oder diese begünstigt: Denn es gibt noch die Stufen des Hasses, der Bosheit und der Feindschaft, die der Ermordung sittlich gleichwertig sind. Und diese Ermordung durch den Zorn und das Verlangen nach Rache werden durch Neid und Eifersucht von jedem unkörperlichen Mörder um sich gesät und verbreiten sich in den Seelen in der Form der unsichtbaren Spannungen und Entladungen der gegenseitigen Abstoßung, die unauffällig diese Atmosphäre vorbereiten, in welche der unausgeglichene Mensch schnell und leicht auch zum physischen Mord gelangt. Außerdem behauptet das tiefgründige und feinsinnige Gewissen noch, dass in unserem Umkreis zu jeder Zeit, langsam und nicht ohne unsere Schuld die Menschen sterben – die einen aus Trauer, denn die Nächsten erwiesen ihnen wenig Liebe, die anderen aus Ermattung, denn die Nächsten haben ihnen nicht geholfen. Und Recht hat natürlich Leonardo da Vinci, indem er darauf verweist, dass die Menschen auf Kosten des Lebens der anderen leben: Denn jeder von uns ist vielleicht eben deswegen satt, weil es andere gibt, die hungern; und jeder von uns genießt eben deswegen, weil es einige gibt, die etwas entbehren; und jeder von uns, bewusst oder unbewusst, hat vielleicht Menschen zurückgewiesen oder hat von seinem Gut eine Vielzahl anderer Menschen ausgeschlossen. Und eben hier befindet sich eine der tiefsten Quellen jener absoluten Barmherzigkeit, die viele Heiligen dazu bewog, nur so viel zu essen und so viel Kleidung zu haben, dass sie in der Lage waren, alle ihre Kräfte den Leidenden und Umkommenden zukommen zu lassen. Und hier ist auch eine von diesen letzten Instanzen, vor deren Angesicht das Privateigentum nicht abgelehnt werden darf, sondern akzeptiert und festgelegt werden muss, jedoch nur in der neuen, authentisch christlichen, durch die Verantwortung vor Gott und den Menschen erleuchteten Form.

Auf diese Weise verbirgt sich in jedem Samen des Hasses, in jeder Schattierung der Bosheit, in jeder Abwendung des Menschen von dem Menschen, außerdem in jedem Mangel an Liebe, von der einfachen Gleichgültigkeit bis zur unerbittlichen Unterdrückung – *der Akt der Menschentötung*. Es ist natürlich, dass die oberflächlichen und kleinmütigen Menschen dieses übergehen, indem sie sich selbst die Augen verschließen, sich abwenden und ignorant verhalten („Ich kann doch nicht alle retten" …); ohne nachzudenken, akzeptieren sie diese ganze lebend-sterbende Verbindung der Menschen, indem sie danach streben, mit ihrem Instinkt ihre Gesetze aufzufangen und sie zu ihrem Vorteil auszunutzen. Jedoch darf der überzeugte Kämpfer gegen das Böse weder Gründe noch das Recht haben, sich die Augen vor dieser Gegebenheit zu verschließen. Im Gegenteil, er muss begreifen und die ganze Funktion der verneinenden Liebe und insbesondere die Funktion des Schwertes durchdenken. Er muss tiefgreifend das erfassen, was er tut und wofür er sich entscheidet, ohne kleinmütig zu sein und ohne sich dem Leichtsinn zu ergeben. Ja, die verneinende Liebe ist eine eingeschränkte Liebe, eine beschädigte, funktionell begrenzte und negativ gegen den Übeltäter gerichtete Liebe: So beschaffen ist sie bereits in ihren ersten Manifestationen – in der Missbilligung, dem Fehlen des Mitgefühls und der Ablehnung der Mitwirkung;[237] und bereits in diesen Manifestationen beginnt jene Trennung, jene Entgegenstellung, jene Ablehnung und Unterdrückung, die bis zum Maximum und bis zur äußeren Festigung in der Hinrichtung des Übeltäters und in dem Mord während des Krieges gehen. Dies alles verhält sich so und in all diesem gibt es *keine Vollkommenheit und sittliche Heiligkeit*. Und dennoch kann und muss derjenige, der den Kampf gegen den Übeltäter führt, dies akzeptieren.

Es ist verständlich, dass alle verneinenden Modifikationen der Liebe, beginnend mit der einfachen Missbilligung und endend mit physischer Unterdrückung der Übeltat, nicht nur nicht demjenigen Menschen, der diesen Widerstand führt, seinen inneren *Kampf mit seinen eigenen bösen Neigungen* erleichtern, sondern ihn erschweren. Die verneinende Liebe ist nicht nur freudlos und qualvoll für den Menschen;[238] sie fordert von ihm solche Anstrengungen des Gefühls und des Willens, wodurch sich seine Seele nicht an die Anteilnahme, das Mitleid und, am wichtigsten, die Freude gewöhnt; sie gewöhnt sich daran, nicht durch leuchtende, sondern durch dunkle Strahlen der Liebe zu leben, wodurch sie streng, hart, heftig wird und leicht in steinartige Verhärtung verfällt. Davon kann sie jene leuchtende Leichtigkeit, jene singende Zärtlichkeit, jene emotionale Flexibilität und praktische Auflösungsfähigkeit verlieren, die von den großen Lehrern der Tugendhaftigkeit so hochgeschätzt werden, und die jedem für seinen eigenen Kampf mit den bösen Anstürmen und Leidenschaften so notwendig sind. Die Seele, die sich an den Kampf gegen die Übeltäter gewöhnt hat, entwickelt in sich unauffällig eine besondere, verneinend-

---

[237] Siehe Kapitel 16.

[238] Siehe Kapitel 16.

argwöhnische Einstellung zu den Menschen; ihr geistiges Urteilsvermögen lernt, in ihnen das Böse zu fixieren, und nicht selten lässt sie davon ab, ihre lebendige Güte zu bemerken; sie gewöhnt sich daran, sicher die Realität der Bosheit wahrzunehmen, und verliert unauffällig den Glauben an die Realität des Guten. Man kann nicht spurlos und ohne Schaden die fremden Übeltaten wahrnehmen, erst recht nicht permanent und andauernd. Die konsequenteste und heroischste Ablehnung des Bösen befreit die Seele des Kämpfers nicht von der Notwendigkeit, dessen schwarze Natur wahrzunehmen und seine Erfahrung und sein Urteilsvermögen daran anzupassen. Es ist natürlich, dass in dieser notwendigen Anpassung die schwächere Seele unauffällig infiziert wird, die stärkere aber versteinert und hartherzig wird.

Hinzu kommt ferner noch jener Umstand, dass kraft der legitimen Verbindung zwischen der physischen und psychischen Zusammensetzung des Menschen alle körperlichen Anspannungen und Bewegungen des äußeren Kampfes (Anstoß, Schlag, Fesselung, Wirkung durch kalte Waffen oder Schusswaffen etc.) unausweichlich, auch wenn manchmal unbemerkbar, in der Seele in der Gestalt eines Nachhalls oder einer Reaktion diese ganze Reihe der feindseligen oder sogar boshaften Anstürme und Gefühle hervorrufen, die notwendig auszulöschen und in der Folge unschädlich zu machen sind, und dabei eben deswegen, weil sie im Moment des Kampfes zweckmäßig sein können. Es möge auch der Mensch gut und stark in der Selbstbeherrschung sein, wenn er jedoch zur Verfolgung, zur Verhaftung des Übeltäters, zur Vertreibung einer Schar oder zur Teilnahme an einem Kampf gezwungen ist, so weckt die Zusammensetzung jener Handlungen selbst, zu denen er sich bereitmacht (z. B. Übungen an einer Kampfattrappe, Aneignung japanischer Kampfkunst) und die er ausführt (z. B. Verfolgung mit einem Polizeihund, Attacke auf einem Pferd), leicht seine Leidenschaft, führt ihn zur Verhärtung, spendet ihm besonderen Genuss des Spieleifers, erfüllt ihn mit Feindseligkeit, lässt in ihm bestialische und blutrünstige Instinkte brodeln. Vergeblich denkt man, dass die Menschen nur aus Notwendigkeit daran teilnehmen, dazu durch die Not, Drohungen oder Disziplinierung genötigt werden; man denkt auch vergeblich, dass indem die Menschen der Disziplin gehorchen, sie ihre eigene Leidenschaft, ihren eigenen Willen, ihre Initiative, ihre mitfühlende und hasserfüllte Seele in dieser Angelegenheit unberücksichtigt lassen. Der Mensch ist keine Maschine und auch kein Engel; seine unausgeglichene und leidenschaftliche Seele bedient sich in diesem Kampf nicht nur ihrer besten Kräfte, sondern auch ihrer schlechtesten Seiten; und indem sie sich verstrickt, verfällt sie in solche Zustände, die nicht einfach „von der Gerechtigkeit entfernt sind", sondern die vielleicht in ihr verderbliche Neigungen hervorrufen und sie zu neuen Sünden führen.[239]

[239] Die Idee, dass der Mord im Krieg eine ungerechte Tat bleibt, findet sich in dem „Buch der Regeln der Heiligen Apostel und der Heiligen Konsilien". So lautet die Regel 83 der Heiligen Apostel: „Der Bischof, der Priester oder der Diakon, der sich im Kriegswerk übt, und der beide Ämter innehaben möchte, d. h. das Amt des römischen Beamten und das Amt des Priesters: möge aus dem Priesteramt suspendiert werden. Denn was des Kaisers, gehört dem Kaiser, und Gottes Gott". Hiermit soll die achte und die 13. Regel des Heiligen Basilius des Großen verglichen werden, die in dem kanonischen Brief an Amphilochius, den Bischof von Ikonium, dargelegt werden. In der achten Regel wird unter anderem bewiesen, dass der Mord im Krieg kein unabsichtlicher, sondern willentlicher Mord ist: „Es ist sehr wohl ein willentlicher Akt, und es gibt auch keinen Zweifel darüber, dass dieser Akt dem des Räubers gleich ist: denn die Räuber töten um des Geldes willen, indem sie die Entlarvung ihrer Übeltat fliehen; jene aber, die sich im Krieg befinden, ziehen gegen die Angreifer, mit klarer Absicht, nicht zu erschrecken, nicht zur Vernunft zu bringen, sondern jene zu vernichten ..." In der 13. Regel lesen wir: „Unsere Väter haben das Töten im Krieg nicht als Mord angesehen, indem sie jene entschuldigten, wie es mir scheint, die sie als Kämpfer der Besonnenheit und Frömmigkeit ansahen. Doch sie hielten es auch für gut, dass sie jene als Menschen mit unreinen Händen drei Jahre von der Kommunion an den Heiligen Mysterien ausgeschlossen haben." Zu dieser Regel existiert auch eine spätere Anmerkung: „Siehe den Brief des Heiligen Athanasius an Ammon den Mönch. Balsamon und Zonaras sind sich einig, dass die von dem Heiligen Basilius bestimmte Regel nicht in der Tat zur Anwendung kam, wie etwas Unbotmäßiges, so auch aus Hochachtung gegenüber jenen, über die am Anfang derselben Regel die Rede ist."
In dem „Brief des Heiligen Athanasius an Ammon den Mönch" gibt es in

Jedes Volk erlebt zur Zeit des Krieges eine solche geistige und sittliche Anspannung, die im Grunde immer seine Kräfte übersteigt: Von ihm wird *Massenheroismus* gefordert, während Heroismus immer außergewöhnlich ist; von ihm wird Massenselbstaufopferung gefordert, während Selbstaufopferung eine Manifestation der höchsten Tugend ist, von ihm wird die Kraft des Charakters, der Mut, der Sieg des Geistes über den Körper, die hingebungsvolle Ergebenheit den geistigen Reali-

---

Bezug auf das Töten im Krieg nur die folgende Stelle: „Denn auch in den anderen Fällen des Lebens finden wir folgende Unterscheidung: Es geziemt sich nicht zu töten: doch Feinde im Krieg zu töten, ist nicht nur legitim, sondern auch lobenswert. So werden die Mutigen großer Ehren im Krieg würdig, und ihnen zu Ehren werden Denkmäler errichtet, die von ihren erhabenen Taten zeugen."
Man muss anmerken, dass im Brief des Athanasius des Großen diese Frage nicht in ihrer ganzen Breite erschöpft, sondern nur eine Seite davon angesprochen wird, die für ihn in der allgemeinen Ausführung nötig ist. Man kann Athanasius dem Großen Recht geben und darauf, ohne in inneren Widerspruch zu verfallen, die Tiefe und Weisheit jener Voraussicht feststellen, die in der 13. Regel des Basilius des Großen dargelegt ist, denn die Tötung im Krieg ist zwar lobenswert, und doch benötigt sie geistige Läuterung (Siehe Kapitel 20 und 22 meiner Untersuchung [*Über den gewaltsamen Widerstand gegen das Böse*]).
Die Voraussicht des Basilius des Großen ist in der Orthodoxie nicht ausgestorben, sondern wurde im Geiste und in der Tradition bewahrt. Seine Regel selbst ist nicht vergessen, sondern in dem Nomokanon dargelegt, der dem orthodoxen Gottesdienstbuch der zeitgenössischen Auflage beigelegt ist (vgl. Regel 8). Sie ist als die Regel dargelegt, welche die ganze Fülle der verpflichtenden Kraft bewahrt. Mit dem Glanz dieser Regel sind auch einige Gebete über die Krieger versehen, z. B. in dem „Gebet für die Weihe der Feldzeichen": „belehre sie, errette, beschütze, bewahre, reinige und erfülle sie durch geistige Freude" ...
Es wäre von tiefgründiger Bedeutung und wohltuend, wenn diese Tradition der Voraussicht in der orthodox-kirchlichen Praxis unserer Tage wiedergeboren und wiederhergestellt werden würde, nicht in der Form des dreijährigen Ausschlusses von der Kommunion, sondern in der Form der kirchlich-gesetzmäßigen Reue, die von dem ganzen Volk nach dem Ende eines Krieges vollzogen wird und, insbesondere, von den Kriegern.
Im gerade veröffentlichten Orthodoxen Katechismus des Metropoliten Antonij (Chrapovickij) ist die Auffassung vom Krieg wie von einem „großen Übel" klar dargelegt. Die Teilnahme daran ist jedoch verpflichtend, um das größere Übel abzuwenden. Siehe Kapitel über das Sechste Gebot; S. 96-98.

täten gefordert ... Und all dies erweist sich mit dem Werk der Massentötung der Menschen, mit dem Werk der Feindseligkeit und der Zerstörung verbunden. Der Krieg stellt den Menschen beinahe vor *übermenschliche* Anforderungen; und wenn das Volk sich mit dem Ansturm auf die geeignete Höhe erhebt, so erschöpft sich zum Ende des Ansturms, gewöhnlich sehr lange vor dem Ende des Krieges, der Grad der Sittlichkeit des Volkes und erweist sich immer als gering. Der Grad der Sittlichkeit sinkt nicht nur deswegen, weil die Besten, die Mutigsten und die Heroischsten im Krieg umkommen, die Schlauen und die Listigen aber ihn überleben; sondern besonders deswegen, weil die Menschen im Krieg *sich an das Töten gewöhnen* und nach der Abnutzung des für sie unerträglichen und uneigentümlichen Heroismus mit stumpfem sittlichem Gefühl, mit entkräftetem und zerrüttetem Rechtsbewusstsein, mit übermüdetem Willen, mit verwilderten und kranken Leidenschaften zum gewöhnlichen Leben zurückkehren. Die Erfahrung der Kriege verleitet manchmal im Leben zu Zwietracht und Revolutionen teilweise eben deswegen, weil sie in den Seelen Blutrünstigkeit erweckt und die Menschen sich [am Leben und am Besitz der anderen] zu vergreifen gewöhnen, ohne Angst zu haben und ohne sich zurückzuhalten.

Schließlich steht in der engsten Verbindung damit auch die Verpflichtung, dass es dem Menschen, wie einem leidenschaftlichen und sündigen Wesen, äußerst selten zukommt, in diesen Kampf mit den Übeltätern aus *rein geistigen und vollkommen persönlich-neutralen Motiven* einzutreten, und ferner zur Zeit des Kampfes selbst in den Grenzen des nötigen geistigen Wohlwollens zu bleiben. Wie oft sieht der Mensch, der einen nötigenden und unterdrückenden Kampf gegen die Übeltäter führt, in diesem eine einfache Art des Dienstes, der sein Leben einrichtet, und denkt nicht über Größeres nach ... Wie leicht mischen sich hier zu dem vorhandenen religiösen oder patriotischen Gefühl die Erfordernisse des persönlichen Erfolgs, des Vorteils, der Rache und der Grausamkeit hinzu ... Und eben wie schnell gewinnt die Empörung bei leidenschaftlichen Naturen eine Schattierung des persönlichen Hasses, des boshaften Fanatismus oder der Begierde nach Vergeltung, sodass, wenn man einem solchen leidenschaftlichen Kämpfer mitteilen würde, dass der von ihm bekämpfte Übeltäter Reue gezeigt hat, sich verbessert hat und zu einem ordentlichen Menschen wurde, der Kämpfer sich über diese Mitteilung nicht freuen, sondern vielleicht unverfälschte Entrüstung und Enttäuschung äußern würde …

Und es ist natürlich und verständlich, dass eben in einem solchen Kampf, der leicht die Leidenschaften in Brand setzt und die Seele verhärtet, der tugendhafteste und verständlichste Mensch den allmöglichen Nachlässigkeiten, Fehlschlägen und Fehlern ausgeliefert ist. Die Schwierigkeit des Lebens, seine äußeren Bindeglieder und inneren Geheimnisse erweisen sich sogar einer ausgeglichenen Erfahrung, einem ruhigen Blick und leidenschaftsloser Beobachtung immer als schwer zugänglich. Für einen Menschen aber, der durch den Krieg aufgewühlt ist, der ihn mithilfe der äußersten Mittel und durch die Leidenschaft verlockt führt, ist es besonders leicht, einen Fehler zu begehen und, entsprechend, gemeinschaftlichen und sittlichen Schaden zuzufügen.

All dies zusammengenommen macht das aus, was derjenige, der nötigt und unterdrückt, indem er in der Gestalt eines Ungerechten seinen schweren, verantwortungsvollen und gefährlichen Weg vollzieht, auf sich nimmt, indem er die besondere Bürde der unausweichlichen Ungerechtigkeit, der möglichen Sündhaftigkeit und der wahrscheinlichen Schuldhaftigkeit trägt. Der aktive, heroische Kampf gegen das Böse *ist nicht der direkte und unmittelbare Weg zur persönlichen Heiligkeit;* im Gegenteil, dieser Weg ist der schwerste Weg, denn er zwingt, außer dem eigenen und nicht überwundenen Bösen zusätzlich auch die Bürde der fremden, zu unterdrückenden Übeltaten auf die eigenen Schultern zu nehmen; dieser Weg erlaubt es nicht, „Gutes zu tun", „indem er vom Bösen ausgeht", sondern er zwingt, zum Bösen zu gehen und mit ihm in eine angespannte, aktive *Wechselwirkung* zu treten. Auf diesem Weg erwarten den Menschen große Heldentaten, die von ihm große Kräfte fordern, die ihn aber auch gleichzeitig mit großer Verantwortung versehen. Und es gelingt ihm insofern nicht, mit der empfangenen Verantwortung fertig zu werden, als seine Seele auch mit großer Schuld behaftet werden kann.

Man kann leicht verstehen und erklären, dass der schwache Mensch sich vor einem solchen Weg fürchtet, angesichts der Verantwortung in Schrecken gerät und die Heldentaten nicht anstreben wird. Doch es wäre vollkommen unbegründet und leichtsinnig, hieraus den Schluss zu ziehen, dass der Weg dieses ängstlichen, schwachen Menschen, der sich vor der Heldentat und der Weltbürde abgewendet hat, deswegen vollkommener, geistig richtiger und sittlich unschuldiger wäre. Abgesehen von der Tatsache, dass er auf eigene Art sündigt, auf eigene Art seine Schwachheiten und Neigungen überwindet, nimmt er auch noch die Schuld des Übeltäters auf sich (denn er billigt sein Verhalten und nimmt an seinen Übeltaten teil), und die Ungerechtigkeit des Unterdrückenden (denn er kommt in den Genuss der Früchte und der Güter aus dessen Heldentaten); und wenn er all dies mit pharisäerhafter Selbstgenügsamkeit und Verurteilung krönt, indem er auf seine scheinbare Gerechtigkeit stolz ist und seine Tugend überbewertet, so erweist sich die Höhe seiner sittlichen Gestalt als äußerst zweifelhaft … Und erhebt sich die in ihrer Reinheit aufgewühlte und in ihrem Gewissen erregte Seele des unterdrückenden Menschenmörders nicht etwa höher als diese Gestalt?

20. ÜBER DIE FALSCHEN LÖSUNGSANSÄTZE DES PROBLEMS

Bei Menschen, die einen schwachen Geist haben, gibt es das Bedürfnis, das, was sie tun, zu idealisieren und ihre Augen vor den unvollkommenen oder schwachen Seiten ihrer Taten, ihrer Handlungsweisen, ihrer allgemeinen seelischen Struktur zu verschließen. Dies ist natürlich und verständlich, denn es bedarf eines reifen geistigen Charakters und der Stärke des Willens, um bei dem Vorhandensein des lebendigen Gewissens bewusst und eifrig das zu tun, was es nicht als vollkommen anerkennt, sich dafür zu verurteilen und dennoch seine Handlungsweise als eine notwendige zu bekräftigen, sie fortzusetzen und nicht im Gefühl der eigenen geistigen Würde ins Schwanken zu geraten. Die „gewissenlosen" Menschen leben besser und, vielleicht, bei weitem leichter: Ihnen ist einfach das Bedürfnis nach objektiver Gerechtigkeit fremd, und anstelle des geistigen Selbsturteils und der geistigen Selbstwahrnehmung leben in ihnen die eigene Selbstliebe und Eitelkeit, die sich gern mit dem Lebenserfolg und mit erkaufter Schmeichelei zufrieden geben. Nicht so verhält es sich bei den „gewissenhaften", jedoch schwachen Menschen. Sie haben nicht die Kraft, lange den Blick in die Ferne zu ertragen, welche sie von dem Ideal trennt, und so beginnen sie, entweder den Inhalt der idealen Gestalt zu vermindern, zu beschneiden, zu vereinfachen und zu verzerren oder sich selbst, ihr Leben und ihre Handlungen, oder sowohl das eine als auch das andere zu idealisieren. Eben hierin besteht ihr Unterschied zu den „gewissenhaften" und starken Menschen: Solche Menschen sind in der Lage, den Anblick ihrer Unvollkommenheit zu ertragen, ihre Verirrungen sich einzugestehen und ihre Fehler zu verbessern; außerdem sind sie fähig, richtig das vom Ideal zu trennen, was unmittelbar realisierbar ist, mit der Energie der Ergebenheit für dessen Realisierung zu kämpfen, und dies, ohne dabei an dem Ideal Verrat zu üben, sondern in der Treue und im Dienste an ihm.

Eben solche Menschen sind dazu berufen und fähig, das lebendige und geistig-notwendige, jedoch sittlich nicht ideale Mittel anzunehmen und mittels dessen einen Kampf zu führen, ohne die eigenen Augen gegenüber dessen sittlicher Unvollkommenheit zu verschließen. In der Geschichte der Menschheit waren und werden eben die Träger des geistig-gerechten Schwertes so beschaffen sein.

Um die Frage nach der sittlichen Vollkommenheit irgendeiner Art der Handlung, oder eines Mittels des Kampfes, oder einer Methode des Widerstandes richtig zu lösen, ist es nötig, dem reinen, maximalen Maß des Guten jene innere Beziehung des Menschen zu einem anderen Menschen, für den diese äußere Art der Handlung oder die Methode des Widerstandes die wahre und genaue Verhaltensbekundung ist, gegenüberzustellen. Die Übereinstimmung oder die Nicht-Übereinstimmung der gegenübergestellten Größen wird die benötigte Antwort ergeben.

Dies bedeutet vor allem, dass es nötig ist, sich nicht die Frage nach dem „Besseren" zu stellen (d. h. nach dem *verhältnismäßig* oder *vergleichsweise* Besseren, nach dem geringeren Übel oder nach der geringsten Ungerechtigkeit), sondern nach *dem Besseren selbst*, danach, was tatsächlich und objektiv das Vollkommene ist. Darin besteht die erste Bedingung und die Grundbedingung der Geistigkeit: Darin besteht das Wesen des Geistes selbst.[240] Der Christ stellt sein Gewissen vor die Vollkommenheit des „Himmlischen Vaters" und befragt es über die sittlich ideale Beziehung eines Menschen zu einem anderen. Und das Gewissen gibt ihm, wortlos und gedankenlos, einen emotional-willentlichen Anstoß, jene einzige Antwort, die es immer und allen gibt: *über das Beste*, über die ideal-vollkommene Beziehung, über das Einzig-Gerechte; und dabei auf die Art, dass

---

[240] Siehe Kapitel drei und 14.

diese wortlose, jedoch aktiv-nötigende Antwort, quasi als ein Impuls zu einer bestimmten Handlung, dem Menschen ohne die Teilnahme der Gedanken oder Worte mitgeteilt wird. Diese Antwort steht in keinem Verhältnis zu irgendwelchen Umständen, bezieht sich auf keinerlei Überlegungen und wird nicht durch irgendwelche gegebenen Einschränkungen bedingt. Vergeblich ist es, das Gewissen über irgendetwas Verhältnismäßiges oder Bedingtes zu befragen (z. B.: Was ist besser: „dieses" oder „jenes"?); es ist vergeblich, sich an das Gewissen mit den Fragen zu wenden, die sich nicht auf die sittliche Dimension beziehen (z. B.: Was ist nützlicher, was ist zweckmäßiger, wie soll man sich klüger verhalten?); es wäre vergeblich, dem Gewissen irgendeine bestimmte lebenspraktische Situation aufzuschwatzen (z. B.: Soll man an einem Krieg teilnehmen oder soll man nicht teilnehmen? Soll man der Regierung von einem vorbereiteten Anschlag berichten oder soll man nicht berichten?); es wäre vergeblich, die Antwort des Gewissens in irgendeine voreingenommene wörtliche oder logische Formel hineinzuquetschen, oder von ihm „lediglich Unterstützung" zu fordern, oder seine Antwort durch seine eigene kleinbürgerlich-überlegende Voraussicht einzuschränken. Dies alles würde zu falschen Lösungen führen und würde bedeuten, dass derjenige, der dies untersucht, die Natur des Gewissens und seine Grundgesetze nicht kennt. Denn seine Antwort kann vollkommen unerwartet sein für denjenigen, der fragt, und sie tritt immer lediglich in der Gestalt eines bestimmten Gefühls und einer Willensäußerung zum Vorschein, welche die Motivation zu einer bestimmten Handlung formiert. Die Frage aber, auf welche es antwortet, ist immer ein und dieselbe: „Was ist wirklich das Beste vor dem Antlitz Gottes?" …

Man sollte diese Antwort des Gewissens jenem seelischen Zustand gegenüberstellen, den der Mensch zur Zeit der Nötigung oder Unterdrückung eines Übeltäters erlebt. Dabei muss man eben den *seelischen* Zustand vor Augen haben, und nicht die äußere Zusammensetzung der Handlung als solcher (z. B. die äußere Erscheinung des „Anstoßens", des „Schlags", des

„Schusses").[241] Jedoch kann man sich den seelischen Zustand in jeder beliebigen Art und Zusammensetzung vorstellen; deswegen geziemt es sich, hier sich nichts auszudenken und nicht zu fantasieren, sondern in der echten Erfahrung jenen *realen* seelischen Zustand zu finden, der *tatsächlich* den äußeren unterdrückenden Taten *entspricht*, indem er sie mal ins Leben ruft, mal von ihnen in der Seele hervorgerufen wird (beginnend *mit einer tadelnden Rede* und endend *mit dem tödlichen Schlag des Schwertes*). Diesen seelischen Zustand – kein Mitgefühl, keine Billigung, Entrüstung, Zorn, Abscheu, Erbarmungslosigkeit[242] – muss man absondern und in seiner reinen und abgesonderten Form betrachten, ohne ihn weder mit der vorangegangenen Geschichte der eigenen Seele noch mit der Untersuchung ihrer Motive und Ziele noch mit der Beschreibung der Folgen zu verkomplizieren. All dies wäre wichtig und notwendig, wenn ein Gericht an einem lebenden, ganzheitlich betrachteten Menschen, an einer tätigen Persönlichkeit vollzogen würde. Doch im gegebenen Fall werden nicht die Gerechtigkeit des Menschen und nicht seine Schuld festgelegt, sondern die sittliche Vollkommenheit oder die Unvollkommenheit eines solchen, ihm zugänglichen, *seelischen Zustandes*. Dies bedeutet, dass keine praktische Untersuchung darüber durchgeführt wird, wie man sich verhalten und was man tun soll, sondern eine theoretische Untersuchung darüber, was sittlich das Bessere ist, kein Gericht und keine Zurechnung, sondern die prinzipielle Bewertung eines bestimmten, seelisch-geistigen Zustandes. Die praktische Frage aber danach, was der Mensch tun und wie er sich verhalten soll, der bei Übeltaten zugegen ist, muss in der Folge selbstständig gelöst werden. Nachdem man zum Beispiel festgelegt hat, dass der seelische Zustand des Unterdrückers sittlich „vollkommen" ist, kann der Mensch dennoch für sich den Weg der Widerstandslosigkeit aussuchen (z. B. gemäß seinem schwachen Willen); und andersherum: Indem der Mensch

[241] Siehe Kapitel drei und sechs.
[242] Siehe Kapitel 16.

anerkannt hat, dass der seelische Zustand des Unterdrückers sittlich unvollkommen ist, kann er, ungeachtet dessen, diese sittlich-unvollkommenen Zustände als *praktisch verpflichtend, unausweichlich und akzeptabel* annehmen.

All dies könnte man ganz einfach in der Form einer Frage ausdrücken: „Sind etwa gegenseitige Antipathie, Missbilligung, Entrüstung, Zorn, Abscheu und Erbarmungslosigkeit – sittlich vollkommene Zustände und Beziehungen der menschlichen Seele?" Oder anders (die Methode Kants): Wenn alle Menschen anfangen würden, ihr eigenes Leben auf der Grundlage eben solcher und nur solcher Gefühle, Stimmungen und Handlungen aufzubauen, – würde etwa ein sittlich vollkommenes Leben entstehen? Oder in den Begriffen des Evangeliums: Führt uns etwa dies innerlich in das Reich Gottes?

Es gibt keinen Zweifel, dass die Antwort negativ ausfällt.

Man kann mit Sicherheit voraussehen, dass der menschliche Kleinmut diese Antwort nicht annehmen und sich auf jegliche Weise von ihr abwenden wird, indem er in verschiedene Verlockungen hineingerät und indem er diese um sich verbreitet. Und vielleicht das erste, worauf er sich beziehen wird, wird die gegenständliche Entsprechung zwischen der verneinenden Liebe und der Übeltat sein. Man wird sagen: „Es ist natürlich und gerecht, den Nicht-Übeltäter zu lieben; doch es ist ebenfalls genauso natürlich und gerecht, den Übeltäter zu nötigen und zu unterdrücken; *das Gerechte* aber kann *unmöglich sittlich unvollkommen* sein, und deswegen gibt es keine Unvollkommenheit in der Nötigung und Unterdrückung". Doch es verhält sich alles anders: Die Liebe und die sittliche Vollkommenheit gelten *mehr* als die Gerechtigkeit, die jedem nach seinem Maß, gemäß seinen Taten das Seinige zuteilt; die Güte und das Erbarmen, die aus Liebe hervorgehen, halten sich *nicht* an die Gerechtigkeit, sondern bedecken und übersteigen sie; und es ist der Liebe gegeben, in der wohlspendenden Barmherzigkeit zu lieben, nicht „nach Maß" und nicht „gemäß der Entsprechung", sondern über jegliche Entsprechung und über jegliche Gerechtigkeit hinaus ([siehe:] Das Gleichnis vom verlorenen

Sohn). Deswegen stimmen Vollkommenheit und Gerechtigkeit nicht überein: Die Gerechtigkeit kann sittlich unvollkommen sein, die sittliche Vollkommenheit aber kann Ungerechtigkeit vollziehen. So ist, bildlich gesprochen, die Sonne ungerecht, die auf gleiche Weise ihr Licht auf die Guten und auch die Bösen erstrahlen lässt, doch sie ist vollkommen in diesem allverzeihenden Reichtum an Liebe (die Gestalt der allgütigen Gottheit); dagegen ist das unterdrückende Schwert gerecht, das durch die positive Liebe für das Werk Gottes auf Erden und durch die verneinende Liebe zum Übeltäter bewegt wird, doch es ist sittlich-unvollkommen in seinem nötigen Dienst (die Gestalt eines nicht allgütigen, sondern eines heroischen Menschen) … Natürlich ist die Gerechtigkeit größer und besser als die Ungerechtigkeiten; doch die sittliche Vollkommenheit ist noch größer und noch besser als die Gerechtigkeit. Deswegen befreit uns der Verweis darauf, dass „die Hinrichtung in Beziehung zum Übeltäter gerecht ist", nicht von der Hauptschlussfolgerung, aus der hervorgeht, dass diese gerechte Vergeltung als sittlich-vollkommener Umgang der Menschen mit den Menschen nicht anerkannt werden kann und darf.

Jedoch kann eine solche Schlussfolgerung einen neuen Versuch der Abweichung hervorbringen. Denn es kann einer behaupten, dass *das Sittlich-Vollkommene* eben dadurch selbst auch für den Menschen *praktisch verpflichtend* ist, und dabei immer und ohne Ausnahme; *das Sittlich-Unvollkommene* aber ist immer praktisch *verboten* und ist *eine Sünde*; und es ist unzulässig, zu behaupten, dass dem Menschen irgendetwas *Sündhaftes erlaubt* sein kann …

Bei der aufmerksamen Analyse einer solchen Behauptung findet sich im Menschen ein ganzes Nest von Fehlern und Ungenauigkeiten, die entlarvt und beleuchtet werden müssen.

Konstatieren wir vor allem das Faktum, dass jegliche ganzheitliche Realisierung einer sittlich-vollkommenen Handlung die menschliche Seele an dem Zustand *der Gerechtigkeit* teilhaftig werden lässt, aber jegliche nicht realisierte sittlich-vollkommene Handlung sie in den Zustand *der Ungerechtigkeit* führt.

„Die Ungerechtigkeit" jedoch ist bei weitem noch kein Synonym für „Verfehlung" oder „Sünde". „Die Ungerechtigkeit" ist ein allgemeiner Begriff, „die Sünde" oder „die Verfehlung" aber ist ein einzelner Begriff, sodass jegliche Sünde eine Art Ungerechtigkeit ist, doch nicht jede Ungerechtigkeit eine Sünde.

Die Ungerechtigkeit wird nur dann Sünde sein, wenn sie aus *ungenügender Kraft des Menschen im Guten* hervorgeht. Tatsächlich scheitert der Mensch, „sündigt" (oder, aus der sittlichen Perspektive, „gerät in eine Verfehlung") dann, wenn er die Ungerechtigkeit aus Schwachheit im Guten oder aus Kraft im Bösen zulässt, gleichgültig, ob es die Schwachheit des Willens, oder des Bewusstseins, oder des geistigen Urteilsvermögens, oder die Kraft der Leidenschaften ist. In allen diesen Fällen schließen die objektiven Bedingungen der Handlung einen gerechten Ausweg *nicht* aus, sodass er gefunden und realisiert *hätte werden können*, wenn der Mensch selbst auf der Höhe gewesen wäre; doch der Mensch war nicht auf der Höhe: er hat nicht das Nötige getan, sondern das Verbotene; und deswegen erwies sich diese Handlung als sein Fall, seine Verfehlung und seine Sünde. Dabei kann seine Schuld größer oder geringer sein, abhängig von dem Zustand seiner Seele überhaupt und, zum Teil, in dem Moment der Ausführung der Sünde; doch das offensichtliche Verschulden liegt immer auf der Hand.

Im Gegensatz dazu kann der ungerechte Ausweg von einem Menschen deswegen realisiert werden, weil der Umstand selbst, in dem er sich vorfindet, und die objektiven Bedingungen seiner Handlung selbst – *einen gerechten Ausweg ausschließen*. In diesem Fall erweist sich der Mensch selbst als *hinreichend* stark im Guten, um keine Sünde zu vollziehen: Auch sein Wille ist hinreichend stark, und sein Bewusstsein erlaubt dem Unterbewussten nicht, sich in eine Lüge zu verstricken, und sein geistiges Urteilsvermögen unterscheidet scharfsinnig und richtig das Gute von dem Bösen, und seine Leidenschaften sind veredelt und dem Guten ergeben; und außerdem ist er genötigt, den ungerechten Ausweg zu akzeptieren und zu realisieren. Wenn der gerechte Ausweg *objektiv möglich* wäre, so hätte er ihn *subjektiv* gefunden und *realisiert*; doch er muss leben, und er ist zum Handeln berufen, indem er vor sich nur sittlich-unvollkommene und ungerechte Auswege hat. Er ist zur Ungerechtigkeit durch objektive, ihm gegebene Bedingungen *genötigt*, und indem er diese Ungerechtigkeit akzeptiert, muss er lediglich *den am wenigsten ungerechten Ausweg finden* und ihn als den notwendigen und verpflichtenden realisieren. Eine solche Handlung erweist sich als bewusste, willentliche und offensichtliche Realisierung der Ungerechtigkeit, doch sein Verhalten ist weder ein Fall noch eine Verfehlung noch eine Sünde.

Eben in einer solchen Lage befindet sich ein Mensch, der den Kampf gegen die Übeltäter führt, und der genötigt ist, in diesem Kampf sich an die Kraft und an das Schwert zu wenden – unmittelbar, in der Form eines Schlages und eines Schusses, oder indirekt, in der Form der einen oder der anderen Teilnahme am Staatsleben. Denn die Tätigkeit des Staates benötigt insofern den Einsatz der Kraft, als jeder Teilnehmer genötigt ist, durch seinen Willen und sein Handeln jene Methode des Kampfes zu akzeptieren, die nicht sittlich vollkommen ist. Indem der Mensch diese Methode akzeptiert, realisiert er den ungerechten, unvollkommenen, unheiligen Ausweg, jedoch von allen möglichen den am wenigsten ungerechten Ausweg. Dies ist nicht der Abfall von der Vollkommenheit gemäß der subjektiven Schwachheit, sondern *das Abtreten* von der Vollkommenheit gemäß *der objektiven Notwendigkeit* und die Manifestation *der subjektiven Kraft*. Der Mensch vollzieht nicht das, was ihm praktisch verboten ist, sondern das, was seine *praktische Verpflichtung* ausmacht. Er vollzieht keine Sünde, sondern *erfüllt seinen Dienst*. Und sein Dienst, obschon ungerecht gemäß der Methode der Handlung, kann nicht als das Werk der Sünde, der Bosheit oder der Verderbtheit anerkannt werden.

All dies könnte man zur Anschaulichkeit in der Gestalt eines besonderen Schemas der Begriffe darstellen.

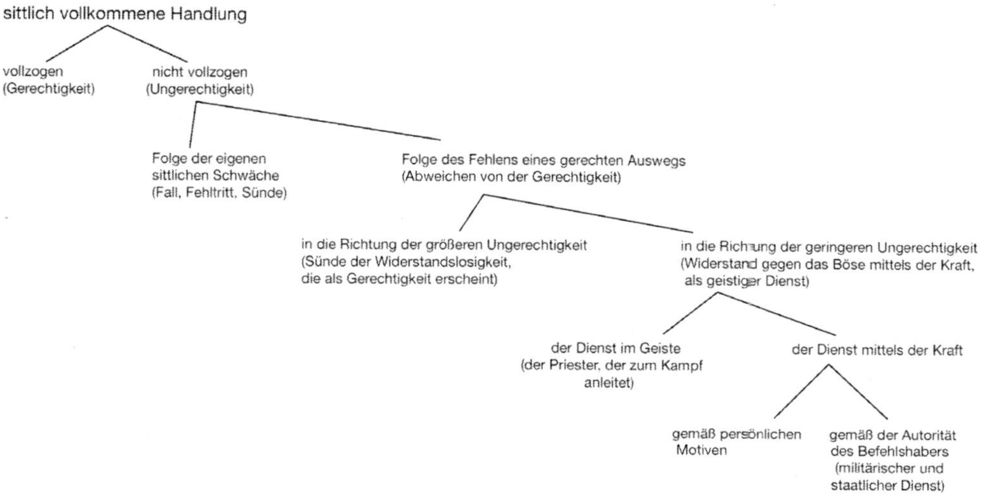

Hieraus wird bereits klar, dass das ganze Sittlich-Vollkommene überall dort für den Menschen verpflichtend ist, wo ihm *objektiv* ein gerechter Ausweg zugänglich ist; ebenso wird für ihn dort, wo dieser Ausweg ihm *objektiv* unzugänglich ist,[243] der ungerechte Ausweg *verpflichtend*, dabei jedoch ein solcher, der ihn zur geringsten Ungerechtigkeit führt. Dies bedeutet, dass *das Sittlich-Unvollkommene nicht immer praktisch verboten ist, und dass es eben dort nicht verboten ist, wo objektiv ein gerechter Ausweg unmöglich ist.* Dies bedeutet ebenfalls, dass die sittlich-unvollkommene Handlung auch keine Sünde sein kann, denn die Sünde ist immer das Abfallen in die Richtung des subjektiv-vorgezogenen Übels, während die Ungerechtigkeit nicht in der Gestalt „des Abfallens“ auftreten kann und nicht kraft dessen, dass das Übel überaus stärker oder überaus anziehender erschien.

Auf diese Weise erweist sich der Widerstand gegen das Böse mittels der Kraft und des Schwertes nicht als Sünde überall dort, wo er objektiv notwendig ist oder, was das gleiche ist, wo er der einzige oder der am wenigsten ungerechte Ausweg ist. Zu behaupten, dass der Widerstand „das Böse“, „die Sünde“ oder „sittliches Verbrechen“ sei – bedeutet, die Dürftigkeit der

[243] Siehe Kapitel sechs, sieben, 13, 16 und 18.

sittlichen Erfahrung oder der hilflosen Unverständlichkeit des Denkens ausfindig zu machen.

Und dennoch realisiert dieser Widerstand sittliche Ungerechtigkeit. Und in diesem Punkte muss man eine vollkommen klare Auffassung erreichen.

Der Widerstand gegen das Böse selbst als solcher bleibt immer ein gutes, ein gerechtes und ein notwendiges Werk. Je schwerer dieser Widerstand, je mehr er mit großen Gefahren und Leiden verbunden ist, desto größer die Heldentat und der Verdienst des sich Widersetzenden. Doch das, *was* der sich widersetzende Schwertträger im Kampfe gegen die Übeltäter vollzieht, ist weder eine vollkommene noch eine heilige noch eine gerechte Reihe von Handlungen. Es ist wahr, dass nur die naive Grobheit eines geradlinigen Moralisten sagen kann, dass dies „das Böse" und „eine Sünde" sei; denn in der Tat ist es *keine sündhafte* (!) Ausführung der Ungerechtigkeit. Doch die absolute Rechtfertigung und Heiligung der Kraft und des Schwertes wäre der geringste Fehler; denn tatsächlich ist dies keine sündhafte Ausführung der *Ungerechtigkeit* (!). Man kann der Kraft und dem Schwert das absolute Verbot nicht erteilen, denn die Hinwendung zu ihnen kann sittlich und religiös *verpflichtend* sein. Jedoch darf man die Kraft und das Schwert nicht auf der Höhe der Vollkommenheit und der Heiligkeit erheben, denn die Hinwendung zu ihnen führt die Seele aus der liebenden Fülle (πλήρωμα) hinaus und legt ihr die Bürde der *unvollkommenen* Tätigkeit auf.

Einer von den sehr naiven und elementaren Versuchen, dem Schwert die absolute Rechtfertigung zu geben, gehört Martin Luther.

Indem Luther auf der Basis der apostolischen Briefe (Röm 13,1; 1 Petr 2,13-15) festlegt, dass die weltliche Herrschaft von Gott begründet ist, verweist er darauf, dass das Schwert „die frommen Frauen und Kinder, Häuser und Höfe, das Gute und die Ehre beschützt, und dadurch den Frieden unterstützt und beschirmt", und dass es damit „weitaus größeres Unheil" abwendet. Hieraus zieht Luther die Schlussfolgerung, dass das

Werk des Schwertes selbst (der Krieg mit seinen Morden und Räubereien, „Würgen und Rauben") „die Tätigkeit der Liebe" ist, die „köstliche und göttliche" Tätigkeit. Außerdem behauptet er, dass selbst die Hand, die ein solches Schwert führt und tötet, wenn sie nicht Willkür und Mittbrauch vollzieht, „bereits nicht mehr die menschliche Hand ist, sondern die Hand Gottes; und dies ist nicht der Mensch, sondern Gott, der hängt, rädert, enthauptet, tötet und Krieg führt; all dies sind seine Taten und seine Verurteilungen"[244]. Der Mensch muss davon fest überzeugt sein; dann wird er ein „zweifelsfreies", „sicheres" und „wohlgefestigtes" Gewissen haben, und dies verleiht ihm Mut und Wachsamkeit im Gefecht.[245]

Die primitive Vereinfachung und Geradlinigkeit dieser Überlegung, eingeflüstert durch jüdische Tradition des Alten Testaments, sticht sofort ins Auge. Geleitet von der praktischen Notwendigkeit, das Werk „des Kaisers" zu festigen und das Gewissen des Kriegers zu beruhigen, beseitigt Luther gänzlich die Grenze, die das Werk des irdischen Kampfes gegen die Übeltäter von dem Königreich Gottes trennt, die Grenze, die das Rechtsbewusstsein von dem Gewissen trennt, das Zweckmäßige von dem Vollkommenen, den menschlichen Heroismus von dem Allgütigen und Grenzenlosen. Das Werk des menschlichen Schwertes, mit all seinen Attributen und Manifestationen, wird nicht als der Dienst des *eingeschränkten* Menschen deklariert, sondern als die Tätigkeit des *allmächtigen* Gottes. Doch da „das Werk Gottes selbst" nicht unvollkommen sein kann, so deklariert man den Mord, das Rädern und das Erhängen als das vollkommene, „überlegene und göttliche" Werk ... Dabei bespricht Luther nicht den Unterschied zwischen der Fülle der

---

244 Martin Luther. *Ob Kriegsleute auch in seligem Stande sein können* („Ob Kriegsleute auch in seligem Stands sein künnten" [im Original deutsch]). 1526, Absatz 5, 6, 7. „Denn die Hand, die solch Schwert führet und würget, ist auch alsdenn nicht mehr Menschenhand, sondern Gotteshand und nicht der Mensch, sondern Gott hänget, rädert, enthäupt, würget und krieget; es sind alles seine Werk und seine Gerichte" [im Original deutsch].

245 Ibid., Absatz 1: „großer Mut und kecks Herz" [im Original deutsch].

positiven Liebe und der Unvollkommenheit der verneinenden Liebe; er bemerkt auch nicht die Tatsache, dass in den Briefen [der Apostel] das Werk des Schwertes und des weltlichen Gehorsams nicht im Sinne ihrer göttlichen Vollkommenheit festgelegt wird, sondern in der Ordnung der irdischen Notwendigkeit, gegen das Böse zu kämpfen und „die Unwissenheit törichter Menschen zum Schweigen [zu bringen]" (1 Petr 2,15). Im Endeffekt seiner Überlegungen bleibt jenes Gewissen, das Luther als „schwach, blöd und zweifelnd" bezeichnet,[246] und das er „zu beruhigen" bemüht ist, entweder bei seinen praktischen entkräftenden Offenbarungen, oder es wird auf die falschen Wege weggeführt; doch ihm zu helfen, ist Luther nicht in der Lage.

Einen weitaus feineren Versuch, dem Schwert nicht nur die absolute Rechtfertigung zu geben, sondern auch die Rechtfertigung jeglicher Ungerechtigkeit, kann man bei einigen Jesuiten finden. Indem sie sich vermutlich ebenfalls wie auch Luther auf die alttestamentarische Vorstellung von Gott stützen, gemäß welcher die Gottheit als Vollkommenheit *der Kraft* gedacht wird, und nicht als die Vollkommenheit *der Liebe* und *der Güte*, lassen die Jesuiten die Möglichkeit dessen zu, dass Gott den Menschen das Vollziehen der törichten Taten auferlegen oder erlauben kann. So macht der Jesuit Busenbaum, indem er das Verbot der absichtlichen und bewussten Menschentötung festgelegt hat, eine Ausnahme für den Fall, wenn das Vollziehen der Tötung „von Gott erlaubt wird, dem Herrn jeglichen Lebens"[247]. Noch genauer spricht dies der Jesuit Alagona aus:

---

[246] Ibid., Absatz 1: „den schwachen, blöden und zweifelnden Gewissen" [im Original deutsch].

[247] Herm. Busenbaum. *Medulla Teologiae Moralis*. MDCCXV. Lib. III. Tract. IV. Cap. I. Dubium IV: „An aliquando liceat occidere? Directa intentione et scienter nunquam licet, nisi Deus omnis vitae Dominus co[n]cedat". S. 125. In der Pariser Ausgabe von 1670, „Dubium IV", lesen wir: „An aliquando liceat occidere innocentem?" [im Original lateinisch; übersetzt: „Oder ist es etwa manchmal erlaubt zu töten? Mit direkter Absicht und wissentlich ist es nie erlaubt, außer Gott, der Herr jeglichen Lebens, gesteht es zu"; und: „Oder ist es etwa manchmal erlaubt, einen Unschuldigen zu töten?"].

„Gemäß der Anweisung Gottes kann man einen Unschuldigen töten, stehlen, Schandtaten verüben, denn Er ist der Herr des Lebens, und des Todes, und des Ganzen, und deswegen muss man seine Anweisung erfüllen"[248]. Bei einer solchen Deutung wird ersichtlich, dass die Gottheit selbst eine ungerechte Tat nicht unmittelbar tut, sondern lediglich dem Menschen die Anweisung gibt oder die Handlung erlaubt, der Mensch aber, der unmittelbare Täter einer törichten Tat, nicht nur nicht die Verantwortung dafür trägt, da er „der Stimme Gottes" gehorcht, sondern dabei sogar die höchste religiöse Demut und Gefügigkeit erlangt. Die Verführung dieser Lehre ist offensichtlich. Dreimal ist jener im Unrecht, der sich dazu bekennt: Erstens deswegen, weil er die Möglichkeit zulässt, von Gott Nötigung zur Ungerechtigkeit und Sünde zu bekommen, indem er Seine absolute *Macht* annimmt, Seine geistige *Vollkommenheit* jedoch nicht; zweitens deswegen, weil er kleinmütig vor der Bürde der menschlichen irdischen Notwendigkeit, vor der Bürde des Entschlusses und der Verantwortung flieht, indem er es vorzieht, seine Gotteswahrnehmung besser zu entstellen, als für seine Ungerechtigkeit Rechenschaft abzulegen; und schließlich ist er drittens deswegen im Unrecht, weil er, indem er sich mit Demut und Gefügigkeit deckt, für sich einen freien und tadellosen Zugang zur Sünde ebnet. Natürlich muss man vor Augen haben, dass die kirchliche Macht, die es den Jesuiten erlaubt, ähnliche Ansichten auszusprechen, sich vermutlich ihren autoritären Festlegungen und Formulierungen, ihren dem Inhalt nach ungerechten und sündigen Anweisungen fügen wollen wird, die quasi „von Gott hervorgehen"; jedoch wird davon die Verlockung nicht nur nicht ausgelöscht, sondern wird noch heftigere Maßstäbe annehmen, indem sie die kirchliche Autorität korrumpiert und sich in der ganzen Kirche verbreitet.

---

[248] P. Petrus Alagona. *Sancti Thomae[,] Aquinatis Theologiae summae compendium*. Romae. 1619. Ex prima secundae. Quaestio XCIV. De lege Naturali. Articulum 5: „Ex mandato Dei licet occidere innocentem, furari, fornicari, quia est Dominus vitae et mortis et sic facere eius mandatum est debifum" [im Original lateinisch].

Wenn der Mensch im Kampf mit den Übeltätern sich an die Kraft, das Schwert oder die Arglist wendet, so hat er weder die Grundlage noch das Recht, von seinen Schultern die Bürde der Entscheidung und der Verantwortung abzuwerfen und sie auf die Gottheit zu übertragen: Denn diese Mittel des Kampfes sind nicht göttlich, sondern menschlich; sie sind eben infolge der Nicht-Allmacht und Unvollkommenheit des Menschen notwendig, und mit diesem Bewusstsein müssen sie auch angewandt werden. Der Mensch, der den Kampf gegen die Übeltäter führt, muss *selbst* alle Bedingungen des Kampfes sehen, erkennen und beurteilen, indem er sie mit seinem menschlichen Verstand begreift und Entscheidungen mit seinem menschlichen Willen trifft; er muss verstehen, dass er *genötigt* ist, sich an diese Mittel eben deswegen zu wenden, weil er selbst kein Gott ist, sondern lediglich ein eingeschränkter, jedoch treuer *Knecht* Gottes; und deswegen muss er dieses Notwendige gemäß seinem äußersten, menschlichen Verstand und seinem Ermessen vollziehen. Und dann wird er sehen, dass diese ungerechten Mittel sich für ihn nicht einfach als „erlaubt" erweisen, aber auch nicht als „geheiligt", sondern als *in aller ihrer Ungerechtigkeit verpflichtend.*

Das ganze Problem unserer Untersuchung wäre verzerrt und unrichtig aufgestellt, wenn jemand versuchte, sie auf die Frage *der Zulässigkeit* zu reduzieren oder, noch schlimmer, auf die Frage „der Entschuldigung" oder „der Verzeihung" der Nötigung und der Unterdrückung. Der Widerstand gegen das Böse mittels der Kraft und des Schwertes ist nicht dann zulässig, wenn er „möglich", sondern wenn er *notwendig* ist;[249] doch wenn der Widerstand in der Tat notwendig ist, so hat der Mensch nicht „das Recht", sondern *die Verpflichtung,* diesen Weg zu beschreiten. Natürlich impliziert *die Verpflichtung,* etwas zu tun, auch *das Recht,* dies zu tun; jedoch hat derjenige, der „das Recht besitzt", einen anderen zu schlagen, das Recht, auch ihn *nicht zu schlagen,* sondern „zu verzeihen",

[249] Siehe Kapitel fünf, sechs, sieben, acht und 18.

oder „sich zu enthalten“, oder einfach „nicht zu wollen“, von seinem Recht Gebrauch zu machen; hinzu kommt noch, dass die Großzügigkeit der Liebe manchmal direkt vorgibt, dass es manchmal besser ist, von seinem „Recht“ nicht Gebrauch zu machen. Dagegen *schließt* die Verpflichtung das „Recht“ *aus*, die Handlung nicht zu vollziehen: derjenige, der *verpflichtet* ist, hat seine unnatürliche Willensäußerung verloren – ihm bleibt ein einziger Weg, der ihn zum Recht führt, und dieser Weg kann nicht durch Großzügigkeit und Nachgiebigkeit der Liebe ausgelöscht werden. Die Zulässigkeit lockert die Seele auf, während die Verpflichtung sie bindet. Und dieser Unterschied tritt mit besonderer Auffälligkeit dann in Erscheinung, wenn „die Zulässigkeit“ eine Schattierung „der Entschuldigung“ oder „der Verzeihung“ enthält. Denn derjenige, der seine Verpflichtung erfüllt, hat keine Entschuldigung nötig; man muss ihm nicht verzeihen, sondern ihn nachahmen; und dagegen: Wenn irgendein Ausweg „verzeihlich“ ist und in diesem Sinne „zulässig“, so bedeutet dies, dass der entgegengesetzte Ausweg *nicht* verpflichtend ist. Das, was „verzeihlich ist“, bildet streng genommen das gewisse Unangebrachte und Unsachgemäße, vielleicht direkt *das Verbotene*; und dieses „Verzeihen“ mag auch groß sein, es wird niemals der Seele *die Richtigkeit* der erfüllten Pflicht mitteilen.[250] Eben deswegen

[250] Dadurch wenden wir uns entschieden von der kasuistischen Fragestellung ab, die in den moralisch-theologischen Traktaten der Jesuiten ziemlich verbreitet ist. Sie fragen gewöhnlich nach der Zulässigkeit dieser oder jener Handlung (an liceat? [im Original lateinisch; übersetzt: Oder ist es etwa erlaubt?]) und antworten mit den Termini: licet, potest, licete, poteste, excusatur, absolvetur, non tenetur, ad nil tenetur etc [im Original lateinisch und italienisch; übersetzt: es ist erlaubt, man kann, es ist erlaubt, man kann, es wird entschuldigt, man erhält Absolution, man ist nicht verpflichtet, man ist zu nichts verpflichtet]. Infolge einer solchen breiten Deutung der Idee der „Zulässigkeit“ beginnt diese Idee in sich eine Vielzahl von verbotenen Handlungen aufzunehmen, die mal kraft der schwierigen Lage des Sünders („gravis necessitas“ [im Original lateinisch; übersetzt: „schwerwiegende Notwendigkeit“]) entschuldigt werden, mal in der Form der aufdringlichen sündhaften Neigung (das Fehlen des einverstandenen Willens – „voluntas consentiens“), mal in der Form eines Affektes, der die Freiheit des Sünders paralysiert (usus rationis perturba-

ist *die Notwendigkeit* der Kraft und der Schwertes *das Kriterium ihrer Zulässigkeit.*

Es ist verständlich, dass jeglicher Versuch, sich die Augen gegenüber *der Verpflichtung* des ungerechten Mittels im Kampf gegen den Übeltäter oder gegenüber *der Ungerechtigkeit* dieses notwendigen Mittels zu verschließen, sich als Manifestation des Kleinmuts erweist und zu Verlockungen führt. Denn tatsächlich wird der Weg der Kraft und des Schwertes eben als der *notwendige* Weg und zugleich als der *ungerechte* Weg bestimmt.

Um ihre Augen vor ihrer Ungerechtigkeit zu verschließen, wenden sich die Menschen nicht selten zu jener allgemein-bekannten Überlegung, gemäß welcher das rechtschaffene Ziel törichte Mittel „rechtfertigt" oder „heiligt". Unterdessen erweist sich dieser Kleinmut und diese verlockende Überlegung als vollkommen haltlos. Denn tatsächlich wird der sittliche Wert *des Mittels* überhaupt nicht durch den sittlichen Wert des Ziels bestimmt und ist davon unabhängig. Um den sittlichen Wert des Mittels zu bestimmen, darf man ihn überhaupt nicht jenem Ziel gegenüberstellen, um dessen willen es realisiert wird und welches *per se nicht das Kriterium des Guten ist*; die Gegenüberstellung mit dem Ziel kann nur *die lebendige Zweckmäßigkeit* des Mittels ausfindig machen, jedoch in keiner Weise seine *sittliche Richtigkeit.* Es ist verständlich, dass das lebendig zweckmäßige Mittel sich als „sittenlos" erweisen kann, und umgekehrt. Und ebenso kann „das sittlich-vollkommene" Mittel auch nicht zweckmäßig sein, und umgekehrt.

Die sittliche Rechtschaffenheit – sowohl des Ziels als auch des Mittels – wird in der besonderen Gegenüberstellung ei-

---

tur, libertas tollitur [im Original lateinisch; übersetzt: der Vernunftgebrauch wird ganz verwirrt, die Freiheit beseitigt]), mal in der Form seiner unvorhergesehenen Naivität („non advertatur malitia" [im Original lateinisch; übersetzt: „die Bosheit wurde nicht erkannt"]). Eine solche Fragestellung, die aus den Bedürfnissen der katholischen Beichtpraxis herrührt, ist zur richtigen Unterscheidung des Guten und Bösen, des Rechtes und der Verpflichtung, der Sünde und der Heiligkeit nicht fähig; im Gegenteil, sie kann nur die Kleinmütigkeit begünstigen und zu Verlockungen führen.

nes jeden einzelnen von ihnen mit der Fülle des Guten bestimmt, d. h. mit der Idee der sittlichen Vollkommenheit als dem einzigen, höchsten Kriterium. Diese Gegenüberstellung muss zweimal erfüllt werden: gesondert für das Ziel und gesondert für das Mittel, sodass sie immer zwei Schlussfolgerungen ergibt und, vielleicht, zwei direkt entgegengesetzte Schlussfolgerungen. Es gibt keine anderen Wege für die Bestimmung des sittlichen Ziels des Mittels. Das Mittel und das Ziel sind miteinander überhaupt nicht durch die Verbindung der sittlichen Gegebenheit verbunden, sondern erstens durch die *motivierende* und zweitens durch die *genetische* Verbindung: So ruft erstens – in dem inneren Erleben der menschlichen Seele, weil ihr Wunsch auf das Ziel gerichtet ist, ihre Vorstellung aber die passenden Mittel sucht – der Wille zum Ziel und motiviert sich zum Mittel und zu seiner Realisierung, und dabei deswegen, weil der Mensch die ursächliche Verbindung zwischen ihnen ahnt, die Verbindung, die ihrem Wesen nach nicht von ihrem sittlichen Wert abhängig ist; ferner wird zweitens in dem Prozess der Realisierung das Mittel zur Ursache, das Ziel aber zur Folge, und diese genetische Verbindung ist überhaupt nicht abhängig von dem sittlichen Wert der beiden Seiten. Die Zweckmäßigkeit des Mittels ist davon abhängig, ob es die notwendige und hinreichende Ursache in Beziehung zum Ziel ist; die Frage nach der sittlichen Rechtschaffenheit des Mittels aber wird hierdurch überhaupt nicht präjudiziert: Diese Frage unterliegt einer besonderen, nicht praktisch-auswählenden, sondern theoretisch-bewertenden Untersuchung.

Eben deswegen kann die moralische Würde des Ziels in keiner Weise sich selbst auf das Mittel übertragen, ganz ähnlich, wie das sittlich würdige Mittel auch einem widerlichen Ziel dienen kann. Es ist gut, einem Armen zu helfen, jedoch nicht, um dadurch seine Stimme für die Wahlen zu erkaufen; oder ein anderes Beispiel: Derjenige, der seinen Freund für Geld verrät, vollzieht ein niederträchtiges Werk selbst dann, wenn er dadurch seine Frau und Kinder vor dem Verhungern retten will.

Das gute Ziel „rechtfertigt" und „heiligt" nicht das ungerechte Mittel.[251]

Auf diese Weise wird die Unrichtigkeit beider extremen Entscheidungen entlarvt; der ersten, welche das Grundziel des Kampfes verrät, um die ungerechten Mittel (Widerstandslosigkeit!) zu vermeiden; und der zweiten, welche sich von der Betrachtung der Vollkommenheit abwendet, um unnatürlich und sicher sich ungerechter Mittel zu bedienen. Der erste Ausweg erschafft *die Illusion der Rechtschaffenheit,* verschafft dem Bösen einen leichten Triumph und enttäuscht den Menschen in der lebendigen Kraft der Rechtschaffenheit und des Guten: Im Endeffekt festigt sich die Auffassung, dass „die Rechtschaffenheit lebensunfähig" und „die Tugend für die törichten Menschen bestimmt" wäre. Der zweite Ausweg erschafft *die Illusion der*

[251] Die Lehre darüber, dass das gute Ziel die törichten Mittel „rechtfertigt" und „heiligt", wurde nicht selten im Laufe der letzten Jahrhunderte den Jesuiten zugeschrieben. Dabei sehen diejenigen, die sie den Jesuiten zuschreiben, die Tatsache nicht, dass die Jesuiten in ihren Traktaten nicht über „die Gerechtigkeit" und nicht über „die Heiligkeit" sprechen, sondern lediglich über „die Sündenlosigkeit" und „die Zulässigkeit": In der Tat erlauben sie um des guten Ziels willen nicht selten als sündenlose verschiedene törichte Mittel; doch, wie von mir [I. A. Iljin] bereits bemerkt wurde, ist das Zulässige bei weitem noch nicht das Gerechte, und das Sündenlose ist nicht das Heilige. Die Position der Jesuiten in diesem Streit wäre überaus kompliziert, wenn ihre Gegner nicht über „die Rechtfertigung" der törichten Mittel sprechen würden, sondern über ihre Zulässigkeit. Im diesem Kontext kann bei Jesuiten leicht die Lehre über die Rechtfertigung der törichten Handlungen (nicht der Mittel!) durch das gute Ziel gefunden werden. Hierzu siehe z. B. bei Escobar et Mendoza, *Universae Theologiae moralis...* Volumen Quartum. Lugdini. MDCLXIII. Liber XXIII. Caput XX. Probl. LXV. Indem dieser gelehrte Jesuit über die Handlungen spricht, die törichten „ex natura sua" [im Original lateinisch; übersetzt: „aus ihrer Natur"], formuliert er folgende Auffassung: „Finis enim dat specificationem actibus[,] et ex bono, vel malo fine boni, vet mali redduntur" (buchstäblich: „Denn das Ziel verleiht den Handlungen ihren spezifischen Wert, und abhängig von dem guten oder törichten Ziel werden die Handlungen gut oder töricht."). Darauf schreibt Escobar diese Ansicht neun angesehenen jesuitischen Theologen zu, unter anderem Soto, Tolet, Vasquez, Lessius, Sanchez. Vermutlich vertritt er selbst diese Ansicht; vgl. „primam amplector sententiam", „probabiorem esse iudico" [im Original lateinisch; übersetzt: „Ich heiße den ersten Satz gut", „ich urteile, daß er der anerkennenswertere ist"].

Zweckmäßigkeit und *die Illusion des Sieges des Guten*, trennt unauffällig den Kämpfenden von seinem Haupt- und endgültigen Ziel und verkehrt seine Seele durch die Idee der allgemeinen Zulässigkeit: Im Endeffekt beginnen die törichten Mittel, den törichten Zielen zu dienen, und es entsteht die Auffassung, es wäre „nur das Sündhafte lebensfähig" und „für den klugen Menschen die Sünde nicht schrecklich". Es ist klar, dass diese beiden Auswege im Endeffekt zu ein und demselben führen – zu der allgemeinen Demoralisierung.

„Schlacht auf dem Kulikowo-Feld“
2005, Öl auf Leinwand. 1500 x 2300 (Ausschnitt)
von Pawel Wiktorowitsch Ryschenko

21.
Über den geistigen Kompromiss

Die Frage nach dem Widerstand gegen das Böse – ob man sich ihm widersetzen soll und auf welche Weise eben – ist weder eine Frage der Stimmung noch der Willkür noch des Geschmacks und des Temperaments, sondern eine Frage *des Charakters* und *der Religiosität,* eine Frage *des religiösen Charakters;* dies ist eine Frage der grundlegenden religiösen *Kraft – der Liebe,* und dabei *der weltakzeptierenden Liebe.* Das ganze Grundproblem unserer Untersuchung hat keinen Sinn für denjenigen, der die Welt ablehnt, der ihren Wert nicht anerkennt, der die in ihr eingelegten göttlichen Kräfte und Aufgaben nicht sieht und sie durch seinen Willen nicht akzeptiert. Die äußeren Manifestationen des Bösen, gegen die man kämpfen muss, sind in die Materie der abgelehnten Welt selbst eingeflochten, und wenn es in der Welt nichts gibt, was man vor dem boshaften Angriff schützen sollte, wenn sie nur wert ist, dass man sie ablehnt, sich von ihr abwendet und weggeht, dann entfällt unausweichlich auch das Problem der Kraft und des Schwertes selbst und wird beseitigt.[252] Das Problem des Schwertes ist ein praktisches Problem, und seine Auflösung ist von einer praktischen Maßnahme abhängig, sodass derjenige, der die Welt ablehnt, auch das Schwert ablehnt (jedoch nicht umgekehrt). Jedoch hat derjenige, der nicht nur den Worten nach, nicht in Form einer Phrase, sondern in der Tat die Welt ablehnt, auch keine Grundlage, seine Person in ihrer Struktur zu erhalten; denn solange der Mensch zustimmt, in dieser Welt zu leben, akzeptiert er sie auf diese Weise, weil er von der Welt selbst Gebrauch nimmt, durch den Gebrauch ihrer Güter und ihrer Möglichkeiten. Keine Zurückgezogenheit, kein Verweilen in der Einöde, keine Reduzierung der Bedürfnisse drückt eine konsequente Weltablehnung aus; im Gegenteil bleibt all dies

[252] Siehe Kapitel acht und 12.

eine besondere Art der Weltakzeptanz, und dabei eine sehr feine Weltakzeptanz desjenigen, der eine strenge Wahl trifft, um eine neue Stufe der Schau zu erlangen. Kurz: Jeder Mensch, der sich selbst nicht tötet, *akzeptiert die Welt*, und deswegen hat das Problem des Schwertes für ihn Sinn und Bedeutung.

Für den Christen wird die Frage der Weltakzeptanz in der Nachfolge Christi gelöst. Der Christ ist dazu berufen, in Dessen Stapfen zu treten: wie Er die Welt anzunehmen und das Böse in der Welt abzulehnen; wie Er *das Böse* anzunehmen, es zu erforschen und zu erkennen, jedoch nicht es zu akzeptieren und gegen das Böse keinen Kampf auf Leben und Tod zu führen. Und eben in dieser Nachfolge Christi haben die echten Christen immer die Bürde der Welt und die Qual der Welt angenommen, und mit diesem zusammen auch die Qual des Bösen, und die Bürde des Kampfes gegen das Böse – sowohl in sich selbst als auch in den anderen. Und indem sie diese Qual und diesen Kampf auf sich nahmen, bereiteten sie sich auch auf die Vollendung ihres Kreuzweges vor: zu *der Annahme des Todes* im Kampf durch die Hand des abgelehnten Bösen.

Um würdig die Welt zu akzeptieren, muss man mit Gewissheit das Werk Gottes auf der Erde erkennen und es schöpferisch wie sein eigenes mit seiner ganzen Kraft und seinem Willen und seiner Tätigkeit annehmen; nicht sein Werk als das Göttliche ausgeben, sondern das göttliche Werk wie das eigene annehmen. Und je nachdem das göttliche Werk dem Menschen gelingt, wird er das Problem des Schwertes richtig aufstellen und richtig lösen …

Derjenige, der das Schwert ablehnt, besteht darauf, dass der Weg des Schwertes ein ungerechter Weg ist. Dies ist richtig im Sinne der absoluten sittlichen Bewertung; dies ist falsch im Sinne der Anleitung des praktischen Auswegs. Verständlich ist *der Traum* davon, dass es für einen sittlich-vollkommenen Menschen keine unüberwindbaren Schranken in dem reingeistigen Kampf gegen das Böse gibt, sodass er jeden Übeltäter allein durch seinen Blick, sein Wort und seine Bemühung aufhalten und verklären kann. Dieser Traum ist verständlich – er ist die Spiegelung zweier sich überkreuzender Ideen, der Idee der Gottähnlichkeit des sittlich-vollkommenen Menschen und der Idee der Allmacht Gottes: Er beruft sich quasi darauf, dass der wahrhaft tugendhafte Mensch sich der göttlichen Vollkommenheit nähert, wodurch seine geistige Macht vergrößert wird, sodass es vor dem Angesicht dieser geistigen Macht dem Übeltäter immer schwerer fällt, standzuhalten. Dies ist ein edler, jedoch naiver Traum. Und seine Haltlosigkeit wird sofort entlarvt, wenn man versucht, ihn in eine universelle Verhaltensregel zu verwandeln. Dieser Traum ist deshalb geistig haltlos, weil die Bekehrung und Verklärung des Übeltäters sein eigener, selbständiger Akt, die Flamme *seiner eigenen Freiheit* sein muss, und nicht der Glanz der fremden Vollkommenheit; und wenn dies anders hätte sein können, dann hätte der Übeltäter sich schon lange durch den Hauch der Lippen Gottes verklärt. Dieser Traum ist auch *historisch* haltlos: Die geistige Kraft des Gerechten hat ihre Grenze vor dem Angesicht der realen Bosheit. Und es scheint so, dass es eben für den Christen sich nicht gezieme, diesen Traum überzubewerten, indem er vor seinen Augen die Gestalten einer Vielzahl der Heiligen hat, die von den unbekehrten und unverklärten Übeltätern gemartert wurden …

Der Weg des Schwertes ist ein ungerechter Weg; doch wer ist der Mensch, der diese Ungerechtigkeit fürchtet, der sie für eine „Übeltat“ erklärt und vor ihr davonläuft? Dies ist derselbe Mensch, der sich im Laufe seines ganzen Lebens nicht nur mit jeglicher Ungerechtigkeit versöhnte, weil sie für ihn „nötig“ oder „nützlich“ war, sondern auch nun immerfort mit beruhigter Seele sündigt, der „zu seinem Nutzen“ sündigt und sich dessen sogar nicht bewusst ist. Und plötzlich, als es nötig ist, die Bürde der Staatlichkeit auf sich zu nehmen, des Dienstes, der gemäß dem tiefsinnigen Worte Peters des Großen authentisch „das Werk Gottes“ ist und deswegen keine „Nachlässigkeit“ duldet, – erinnert er sich daran, dass er unbedingt ein sündenloser Gerechter sein muss, gerät in Furcht, und erklärt im Affekt diese Ungerechtigkeit für eine „Sünde“ und sich für „abwesend“ …

Ja, der Weg des Schwertes ist ein ungerechter Weg, doch kein geistiges Gesetz belegt, dass derjenige, der durch Ungerechtigkeit geht, zur *Sünde* geht … Wenn es so wäre, dann wären alle Menschen, die fortwährend durch die Ungerechtigkeit und sogar durch die Sünde gehen, zum ausweglosen Untergang verdammt, denn Sünde würde sich auf Sünde häufen und diese unüberwindbare Last würde den Menschen in den Abgrund ziehen. Nein, die Lebensweisheit besteht nicht in der scheinbaren Rechtschaffenheit, sondern darin, dass man sich entsprechend der Notwendigkeit mannhaft der Ungerechtigkeit bedient, indem man *durch* sie geht, jedoch nicht zu ihr, [sondern] indem man sie betritt, um *aus* ihr herauszutreten.

Ja, der Weg der Kraft und des Schwertes ist kein gerechter Weg. Doch gibt es einen anderen, gerechten Weg? Doch nicht etwa jener sentimentale Weg der Widerstandslosigkeit, der bereits oben als der Weg des Verrats der Schwachen, der Mitwirkung mit den Übeltätern, der „Mitschuld" mit den Unterdrückern und schließlich als der Weg der naiv-heuchlerischen Selbstgenügsamkeit erörtert wurde? Natürlich hat dieser Weg etwas weitaus „Ruhigeres", etwas weitaus „Anständigeres" und dem äußeren Anschein nach ein Aussehen, das weniger Blutvergießen fordert; jedoch nur Leichtsinnigkeit und böse Torheit können nicht wahrnehmen, um welchen Preis diese „Ruhe" und diese „Anständigkeit" erkauft wurden …

Derjenige, der vor dem Angesicht der aggressiven Übeltat den gemäß seiner Vollkommenheit „idealen" sittlichen Ausweg fordert und keinen anderen akzeptiert, der erkennt die grundlegende Lebenstragödie nicht: Sie besteht darin, dass es aus dieser Situation *keinen idealen Ausweg* gibt. Bereits das einfache Vorhandensein des antigeistigen, antiliebenden und verbitterten Willens in der Seele des anderen Menschen macht einen solchen bedingungslosen rechtschaffenen Ausweg äußerst schwierig und problematisch: Denn wie soll man nicht richten und nicht verurteilen? Wie soll man nicht aus der Fülle der Liebe heraustreten und sich im Geist nicht empören? Wie soll man nicht sich entreißen und nicht sich widersetzen? Jedoch wird beim Vorhandensein der echten Bosheit, die sich *in den äußeren bösen Taten* manifestiert, der ideale rechtschaffene Ausweg zur *scheinbaren, falschen* Aufgabe. Diesen Ausweg gibt es nicht, und es kann ihn nicht geben, denn das Dilemma, in dem der Mensch sich befindet, lässt keinen Platz dafür übrig. Es formiert jenen großen Zusammenstoß zwischen *der geistigen Berufung* des Menschen und seiner *sittlichen Vollkommenheit*, die den Menschen in den Bedingungen seines irdischen Lebens stets verfolgen. Das göttliche Werk muss *frei* erkannt und freiwillig von jedem von uns angenommen werden; doch es reicht nicht aus, sich in dessen Dienst zu festigen, man muss auch *in dessen Verteidigung* stark sein. Es ist immer möglich, dass sich Menschen finden, vielleicht auch Personen, Verbünde, Organisationen der Menschen, die „freiwillig" das göttliche Werk ablehnen, sich in dem Gegensätzlichen festigen und einen Angriff durchführen.[253] Und so stellt der Übeltäter, der die geistige Berufung des Menschen mit Füßen getreten hat und dazu andere Menschen nötigt, jeden, der das göttliche Werk angenommen hat, vor das Dilemma, entweder das Werk Gottes zu verraten und von seiner geistigen und religiösen Berufung abzufallen, indem man seine eigene „Rechtschaffenheit" bewahrt, – oder Gott und seiner Berufung treu zu bleiben, indem man den ungerechten Weg auswählt und realisiert. Aus dieser Position gibt es keinen rechtschaffenen Ausweg: Denn derjenige, der das göttliche Werk verrät und seiner geistigen Berufung untreu wird, kann nur gemäß seiner Unkenntnis seinen Ausweg für rechtschaffen erachten. Und diese Abwesenheit der sittlich-vollkommenen Gestalt der Handlungen vor dem Angesicht des angreifenden Übeltäters muss man verstehen und zu Ende denken.

Bei der objektiven Abwesenheit des rechtschaffenen Auswegs erweist sich sein Problem selbst als falsch, seine Suche selbst wird zum hoffnungslosen Werk, und hinter seiner Hoffnungslosigkeit verbirgt sich manchmal mit Erfolg Zaghaf-

---

[253] Siehe Kapitel sieben.

tigkeit sowie eine verkehrte Seele. Die Mannhaftigkeit und Ehrlichkeit fordern hingegen hier die Akzeptanz *des geistigen Kompromisses.*

Wenn im alltäglichen Leben und im gewöhnlichen Wortgebrauch der Kompromiss im kalkulierten Zugeständnis des Menschen besteht, der seine persönlichen (oder Gruppen-) Interessen bewahrt und hofft, dass das geringere Opfer den größeren Nutzen bringt, so vollzieht sich der von uns aufgestellte *geistige Kompromiss* nicht aus persönlichen Interessen und strebt nach keinem Nutzen. Dies ist eine *uneigennützige Annahme seiner persönlichen Ungerechtigkeit im Kampfe gegen den Übeltäter,* wie gegen einen Feind des göttlichen Werkes. Derjenige, der den geistigen Kompromiss annimmt, denkt nicht an sich, sondern an den Gegenstand; und wenn er an sich denkt, dann nicht gemäß seines Lebensinteresses, sondern gemäß seiner geistigen und sittlichen Anstrengungen; und wenn er dennoch an sich denkt, so weniger als derjenige, der sich versteckt und vor der eigenen scheinbaren Rechtschaffenheit zittert. Der Kompromiss des Schwertträgers besteht darin, dass er *bewusst* und *freiwillig mit seinem Willen den sittlich-ungerechten Ausweg* als den geistig-notwendigen akzeptiert; und wenn jegliche Abweichungen von der sittlichen Vollkommenheit *Ungerechtigkeit* sind, so nimmt er die Ungerechtigkeit auf sich; und wenn jegliche bewusste, freiwillige Zulässigkeit der Ungerechtigkeit durch den Willen die Schuld mit sich bringt, so nimmt er auch *die Schuld* seiner Entscheidung auf sich. Wenn ihm bisher das höchste Glück zugänglich war – zu leben und sich den Forderungen des Gewissens anzunähern –, so lehnt er jetzt dieses Glück als unmögliches ab. Vor dem Angesicht des echten Bösen ruft das Gewissen den Menschen zu solchen Taten, die allein der Gottheit und Seiner Allmacht zugänglich sind und für die weder der Gedanke noch die Sprache des Menschen weder Begriffe noch Bezeichnungen finden können. Wenn diese Taten möglich wären, würden sie die Methode der Zerspaltung des Daseins selbst leugnen, die den Menschen auf Erden eigen ist, und die Möglichkeit dessen voraussetzen, dass der Gerechte, indem er er selbst bleibt, in die Seele des Übeltäters eintritt und zu ihm, dem Übeltäter, wird, ohne bis zum Ende ein Übeltäter zu werden, damit er aufhört, in ihm ein Übeltäter zu sein, und aus ihm heraustritt, indem er ihn in einen Gerechten verwandelt … Doch diese Taten sind dem Menschen unzugänglich, anders jedoch Gott; davon zu träumen, bleibt auf Erden praktisch unfruchtbar.

Angesichts dieser Unmöglichkeit muss derjenige, der sich widersetzt, sich zu einem geistig notwendigen, jedoch auch ungerechten Weg entschließen. Er muss die vorhandene sittliche Ausweglosigkeit annehmen und sie durch Gefühl, durch Willen, durch Gedanken, durch Wort und Handlung vertreiben. Indem er das Gute wünscht, dem Guten ergeben ist, sieht er sich gezwungen, im Namen seines religiös-richtigen Ziels die Ungerechtigkeit auf sich zu nehmen und vielleicht die Schuld, und quasi von dem Guten abzutreten; und dabei in vollem Bewusstsein dessen, was er vollzieht. Seine Lage erweist sich als *sittlich-tragisch*, und es ist verständlich, dass der Ausweg aus dieser Lage nur von den starken Menschen beschritten werden kann. Jedoch behauptet der starke Mensch seine Kraft eben darin, dass er nicht aus dem Konflikt in die scheinbar-tugendhafte Passivität flieht und seine Augen nicht gegenüber dessen tragischer Natur verschließt, indem er durch Kleinmut in die Verkehrtheit gerät; der starke Mensch sieht die Tragödie seiner Lage und geht ihr entgegen, um in sie hineinzutreten und sie zu vertreiben. Er nimmt zwar die Ungerechtigkeit auf sich, jedoch nicht um seiner selbst, sondern um des Namens des göttlichen Werkes willen. Und das, was er in diesem Kampf tut, erweist sich als seine eigene Handlung, seine eigene Tätigkeit, die er auch nicht beabsichtigt, Gott zuzuschreiben. Dies ist sein *menschlicher* Ausweg, den er selbst als geistigen Kompromiss anerkennt und der gleichzeitig seine *Heldentat* ist; denn dies ist die große, gegenständliche Anstrengung seines Willens, der den Kampf für das Gute führt. Die Heldentat besteht nicht nur im Führen dieses Kampfes selbst, sondern auch in jener geistigen Anstrengung, die für die offene und maßvolle *Annah-*

me der möglichen *Schuld* notwendig ist. Die Anstrengung des Geistes ist hier nicht nur dafür nötig, den Übeltäter zu töten, sondern auch dafür, seine eigene Handlung auszuhalten und das vollkommene Werk im Leben zu vollbringen, seine eigene Handlung durch kleinmütige Abkehr nicht aufzugeben, jedoch auch nicht deren sittlichen Inhalt zu idealisieren.

Die Tragödie des Übels und des Kampfes dagegen wird eben durch Annahme und Realisierung dieser *Heldentat* gelöst. Und die Heldentat selbst erweist sich als umso größer, je lebendiger in demjenigen, der sie vollzieht, die Fähigkeit bestehen bleibt, die Heldentat durch den Strahl der göttlichen Vollkommenheit zu erleuchten. Man darf nicht nur die Notwendigkeit seiner Anstrengung und Tätigkeit sehen, sondern auch jene menschliche Ausweglosigkeit, die sie hervorbrachte. Nicht der zweckmäßige psychische *Mechanismus* des Schwertes ist nötig, sondern der geistige *Organismus*, einsichtig in seiner Entscheidung und stark genug, um diese Einsicht beibehalten zu können; um nicht nur seine Handlung auszuführen, sondern auch sie darauf durch den göttlichen Strahl zu erleuchten; und um bei erneutem Betrachten der Ungerechtigkeit erneut die geistige Notwendigkeit seiner Handlung zu erblicken, und um erneut gemäß dieser Notwendigkeit seine Handlung auszuführen; und um all dies nicht aus persönlichen Motiven anzunehmen, sondern gemäß der religiösen Ordnung.

Der Kampf gegen das Böse fordert immer *Heroismus*. Nicht nur dann, wenn dieser Kampf in Form innerer Anstrengungen geführt wird, die den Menschen erziehen und die seine geistigen Flügel wachsen lassen, sondern auch dann, wenn dieser Kampf in Form des nötigenden und unterdrückenden Schwertes geführt wird. Der Heroismus des Schwertes besteht nicht nur darin, dass sein Werk schwer ist, unruhig, voll von Entbehrungen, Gefahren und Leiden, sondern auch darin, dass der Schwertträger besondere geistige Anstrengungen zum Schutz seines eigenen geistigen Kremls nötig hat: Denn sein Heroismus ist *der Heroismus einer bewussten und überzeugt angenommen Ungerechtigkeit*. Außerdem ist der Mensch, der das Schwert in dem keine andere Möglichkeit bietenden Kampf gegen den Übeltäter ergreift, deswegen heroisch, weil er *dadurch die Bürde der Welt auf sich nimmt.* Indem er vor dem tragischen Grunddilemma steht, das ihm keinen sittlichen Ausweg übriglässt, akzeptiert er diese Ausweglosigkeit auf religiöse Weise, und indem er den am wenigsten ungerechten und weitaus schwierigeren Weg des Schwertes wählt, akzeptiert er diesen Weg als *sein Schicksal.*

Die religiöse Akzeptanz des eigenen Schicksals ist jener Grundheroismus, zu welchem jeder Mensch berufen ist, nicht zur Akzeptanz des Schicksals im Sinne des Quietismus oder des Determinismus oder der Willenlosigkeit oder des Fatalismus, sondern zu der *willentlichen, lebendig-tätigen* und *religiös-ergebenen* Akzeptanz, welche das Leben als *einen Dienst* betrachtet, es durch den Strahl *der Berufung* erleuchtet und *die ganze persönliche Kraft* dem religiösen Dienst an dieser religiösen Berufung zukommen lässt. Das Schicksal des Menschen besteht darin, dass es im Leben auf Erden eine Konfrontation mit dem Wüten eines unerbittlichen Bösen gibt. Man darf sich nicht von diesem Schicksal abwenden; so gibt es nur zwei Möglichkeiten: entweder sich unwürdig davon abzuwenden und es unwürdig in der Blindheit und Kleinmütigkeit zu verscheuchen – oder es würdig zu akzeptieren, indem man diese Akzeptanz als Dienst begreift und seiner Berufung treu bleibt. Doch dies bedeutet auch die Annahme des Schwertes im Namen des göttlichen Werkes.

In dieser Akzeptanz des eigenen Schicksals und des Schwertes „gibt der Mensch *seine Seele* hin", festigt jedoch seinen Geist und seine Würde. Er gibt seine Seele nicht nur in jenem niederen Sinne hin, indem er einverstanden ist, sein irdisches Leben im Kampf gegen das Böse zu opfern, sondern auch noch in jenem höheren Sinne, indem er das Vollziehen der Werke auf sich nimmt, deren Bürde er später trägt, vielleicht sein ganzes Leben lang, und er gerät in Erschütterung und in Abscheu allein in unmittelbarer Erinnerung an diese. Er nimmt nicht nur *die Bürde des Todes* auf sich, sondern auch *die Bürde des Tötens;* und in der Bürde des Tötens liegt nicht nur die Schwierigkeit des Aktes selbst, sondern auch die Schwierigkeit der Entscheidung, der Verantwortung und vielleicht der Schuld. Sein geistiges Schicksal führt ihn zum Schwert, er akzeptiert es, und *das Schwert wird zu seinem Schicksal.* Und in diesem Ausweg, in dieser heroischen Auflösung des tragischen Grunddilemmas ist er nicht gerecht, sondern *im Recht.*

Christus lehrte nicht das Schwert, er lehrte die Liebe. Jedoch hat er kein einziges Mal und mit keinem einzigen Wort das Schwert verurteilt, weder im Sinne der organisierten Staatlichkeit, für welche das Schwert sich als die letzte Sanktion erweist, noch im Sinne des militärischen Amtes und Werkes. Und bereits die ersten seiner Jünger, Apostel Petrus und Paulus (1 Petr 2,13-17; Röm 13,1-7), betonten den positiven Sinn dieser Nicht-Verurteilung. Es ist wahr, den Aposteln war die Anweisung gegeben, dass das Schwert nicht ihre Sache sei und dass „alle, die das Schwert ergreifen, durch das Schwert umkommen" (Mt 26,52); und Christus hat für sich kriegerische Verteidigung nicht gewollt; doch eben in dieser Ablehnung der Verteidigung, und in der Frage über das Bezahlen der Steuer (Mt 22,17-21; Mk 12,14-17), und in dem Gespräch mit Pilatus (Joh 18,33-38 und 19,9-11) weht jener Geist der freien, königlichen Loyalität, den später die Apostel bekräftigten, und den später solche Weltverleugner wie Athenagoras und Tertullian und andere nicht begriffen und verloren haben. Und so bleibt der irdische Untergang durch das ergriffene Schwert höchste evangelische „Strafe", die über den Schwertträger vorausgesagt wurde.

Christus lehrte die Liebe, doch eben die Liebe kann vieles auf sich nehmen: sowohl das Opfer der Ungerechtigkeiten als auch das Opfer des Lebens. Jawohl, derjenige, der das Schwert ergreift, kommt durch das Schwert um; jedoch kann eben die Liebe den Menschen dazu motivieren, auch diesen Untergang anzunehmen. Derjenige, der das Schwert ergriffen hat, ist bereit zu töten, jedoch muss er auch dazu bereit sein, selbst getötet zu werden; eben deswegen ist das Ergreifen des Schwertes die Akzeptanz des Todes, und derjenige, der den Tod fürchtet, der darf das Schwert nicht ergreifen. Jedoch fällt in der Liebe nicht nur die Angst des Todes weg, sondern es eröffnen sich jene Grundlagen und Motivationen, welche zum Schwert führen. Der Tod ist nicht nur die „Strafe", die in das Schwert selbst gelegt ist; er ist ferner das lebendige Maß für die Akzeptanz des Schwertes. Denn es hat Sinn, das Schwert nur für das zu ergreifen, wofür es sich für den Menschen tatsächlich zu sterben lohnt: für das Werk Gottes auf Erden. Sinnlos ist es für denjenigen, das Schwert zu ergreifen, der außer sich selbst und seinem eigenen Leben nichts kennt noch hat: Denn für ihn ist es richtiger, das Schwert niederzulegen und sich zu retten, auch wenn er dadurch zum Verräter wird und sich in den erniedrigenden Gehorsam gegenüber den Übeltätern begibt. Jedoch hat es einen Sinn, für das göttliche Werk – in sich selbst, in den anderen und in der Welt – in den Tod zu gehen. Denn derjenige, der dafür stirbt, opfert das Geringere für das Größere, das Persönliche für das Überpersönliche, das Sterbliche für das Unsterbliche, das Menschliche für das Göttliche. Und eben in dieser Aufopferung, eben durch diese Aufopferung macht er sein Geringeres zum Größeren, sein Persönliches zum Überpersönlichen, sein Sterbliches zum Unsterblichen; denn er verleiht sich, dem Menschen, die Würde des göttlichen Knechts. Eben in diesem Sinne ist der Tod das Maß für die Akzeptanz des Schwertes.

Dieser ganze von uns erörterte und bekräftigte geistige Kompromiss ist für den Menschen in seinem irdischen Leben unausweichlich. Der Ursprung der äußerlichen nötigenden Staatlichkeit wird nicht auf ihn reduziert,[254] jedoch ruht er auf ihm in der letzten Instanz: Das staatliche Werk darf man nicht auf das Schwert reduzieren, doch das Schwert ist seine letzte und notwendige Stütze. Derjenige, der das Schwert nicht akzeptiert, der zerstört den Staat; doch vergeblich denkt er, dass er sich von dem Kompromiss befreit: Denn er zieht nur den willenlosen, feigen, verräterischen und heuchlerischen Kompromiss dem willensstarken, mannhaften, selbstverleugnenden und ehrlichen Kompromiss vor. Das Schwert, als das Sym-

[254] Siehe Kapitel fünf.

bol der menschlichen Spaltung auf Leben und Tod, ist natürlich nicht das „sittlich Bessere" in der Beziehung zwischen dem einen und dem anderen Menschen. Jedoch ist dieses „sittlich Nicht-Bessere" in dem Leben der Menschen geistig notwendig. Nicht jeder ist in der Lage, das Schwert zu ergreifen, damit zu kämpfen und in diesem Kampf auf der geistigen Höhe zu verbleiben. Dafür sind nicht die schlimmsten Menschen nötig, sondern die *besten* Menschen, diejenigen Menschen, die in sich Edelmut und Kraft vereinen, denn die Schwachen werden diese Bürde nicht ertragen, die Bösen aber werden der Berufung des Schwertes selbst untreu …

So sieht eines der tragischen Paradoxa aus dem menschlichen irdischen Leben aus: Eben *die besten Menschen* sind dazu berufen, den Kampf gegen die Übeltäter zu führen. Ihnen steht es zu, mit ihnen in unausweichliche Wechselwirkung zu treten, ihren bösen Willen zu nötigen, ihre böse Tätigkeit zu unterdrücken und dabei diesen Kampf *nicht mit den besten Mitteln* zu führen, unter denen das Schwert immer noch das weitaus direkteste und edelste Mittel sein wird. Den staatlichen Kampf gegen die Übeltäter zu führen, ist eine notwendige und geistig richtige Aufgabe, doch die Wege und die Mittel dieses Kampfes können und werden notwendigerweise ungerecht sein. Und so sind nur die besten Menschen fähig, diese Ungerechtigkeit zu ertragen, ohne sich von ihr infizieren zu lassen, das notwendige Maß in ihr zu finden, an ihre Ungerechtigkeit und ihre geistige Gefahr zu denken, und für sie das persönliche und gemeinschaftliche Gegengift zu finden. Verglichen mit staatlichen Regierungsinhabern sind die Mönche, Gelehrten, Künstler und Betrachter glücklich: Ihnen ist es gegeben, ein reines Werk mit reinen Händen zu vollziehen. Doch sie dürfen die Politiker und Krieger weder dem Gericht noch der Verurteilung ausliefern, sondern müssen ihnen Dankbarkeit erweisen, für sie beten, sie mit Weisheit und Läuterung unterstützen; denn sie müssen verstehen, dass ihre Hände für ihr reines Werk eben deswegen rein sind, weil sich andere reine Hände für eine unreine Tat fanden. Sie müssen daran denken, dass wenn alle

Menschen sich vor der Sünde mehr ängstigten als sie die Liebe zum Guten bewahren würden, das Leben auf der Erde dann unmöglich wäre.

In einem seiner Briefe erzählt der Heilige Ambrosius von Mailand von jener Trauer,[255] welche die Engel erfasst, wenn sie gezwungen sind, die Seligkeit der himmlischen Betrachtung mit ihrer Ruhe und Reinheit zu verlassen und gemäß dem Willen Gottes auf die Erde zu fliegen, indem sie den Übeltätern das Gericht, die Strafe und das Feuer des göttlichen Zorns bringen; freudlos und bitter ist es, für ein gütiges Wesen aus der Fülle (*πλήρωμα*) herauszutreten, sich an das Böse zu wenden und ihm gemäß der Gerechtigkeit zu vergelten … Und eben in dieser Gestalt muss jeder edle Träger der Macht und des Schwertes für sich den Trost und die Quelle der Kraft finden.

255 S. Ambrosii Mediolanensis. *Opera Omnia*. Vol. V. Mediolani. 1883. Epistolae Prima Classis. Ep. XXXIV. Scripta acque circa annum 387. Punctum 10.

„Der Segen des heiligen Sergij von Radonesch"
2005, Öl auf Leinwand, 1000 x 600
von Pawel Wiktorowitsch Ryschenko

22. ÜBER DIE LÄUTERUNG DER SEELE

Das bewusste, absichtliche Abweichen von der sittlichen Vollkommenheit zeugt nicht immer von der Verdorbenheit des menschlichen Herzens. Es gibt Situationen, bei denen ein solches Abweichen die Tiefe der Ergebenheit eines solchen Herzens und die Reife seiner Entscheidungen zeigt. Eben so beschaffen ist der geistige Kompromiss, der in dem Kampf gegen die Übeltäter notwendig und durch das religiös durchdachte Rechtsbewusstsein realisierbar ist.

Der geistige Kompromiss besteht nicht darin, dass der Mensch die Idee der Heiligkeit und der sittlichen Vollkommenheit untergräbt, ablehnt oder ihr untreu wird, sondern darin, dass er, indem er sich entscheidet, sich der Kraft zuzuwenden und das Schwert anzunehmen, weiß, dass das Schwert nicht das Höchste, das Heilige und das Vollkommene ist, es trotzdem annimmt, ohne die Idee der sittlichen Vollkommenheit und der Heiligkeit zu untergraben, abzulehnen oder ihr untreu zu werden. Der geistige Kompromiss löscht in der Seele nicht die Stimme des Gewissens aus, welche zur sittlichen Vollkommenheit ruft; er verzerrt sie überhaupt nicht und schwächt sie nicht; außerdem raubt er sie nicht der Seele.

Jeder Mensch hat die Stimme des Gewissens nötig, vor allen Menschen aber ein Herrscher und ein Krieger. Und eben deswegen, weil das Hauptwerk ihres Lebens sie zwingt, die Sorge um ihre eigene Gerechtigkeit gleichsam in den Hintergrund zu verlagern. Die Aufgabe des Herrschers fordert nicht nur Weisheit, Treue, Gerechtigkeit und festen Willen, sondern auch Verschlossenheit, Flexibilität und die Fähigkeit, gegen die Volksfeinde zu kämpfen. Die Aufgabe des Kriegers fordert nicht nur Ergebenheit, das Gefühl der Ehre, Selbstbeherrschung und Mut, sondern auch die Fähigkeit zu töten, die Fähigkeit zu kriegerischer Grausamkeit und Unerbittlichkeit. Es ist schlecht, wenn sich bei einem Herrscher und Krieger nicht die für sie notwendigen negativen Eigenschaften finden lassen, doch es ist bei weitem schlimmer, wenn in ihren Seelen die notwendigen positiven Eigenschaften verschwinden, und die Idealisierung der negativen Eigenschaften und ihre Überhandnahme beginnt, wenn sie anfangen, das Törichte für das Gute zu halten, das ausschließlich Törichte zu kultivieren und darauf ihr ganze Tätigkeit aufzubauen. Ein Herrscher oder ein Krieger, deren Gewissen erstickt oder verzerrt ist, sind zu nichts zu gebrauchen – weder für ein Werk noch für die Menschen noch für Gott; dies ist kein Herrscher – sondern ein tyrannischer Übeltäter; dies ist kein Krieger – sondern ein Marodeur und Verbrecher. Ihre Rettung findet sich eben in der Stimme des Gewissens. Sie müssen ganz genau wissen, wo, worin und warum ihre Tätigkeit von den Geboten der Gerechtigkeit abweicht, und diese Reihe von Taten und Vereinbarungen nur soweit zulassen, als dies die Notwendigkeit des Kampfes gegen die Übeltäter verlangt. Die Herrscher müssen verstehen, dass wenn die Staatlichkeit beginnt, auf Spionage der Bürger und auf Intrigen reduziert zu werden, indem sie den Geist des Bürgerkriegs füttert, sie so sich selbst und die gemeinschaftliche Sittlichkeit vernichten wird, und dann wird sie nicht mehr gegen das Böse kämpfen, sondern ihm dienen; doch indem die Herrscher dies verstehen, dürfen sie weder die Geheimpolizei noch die Diplomatie, weder die Spionageabwehr noch den Apparat der Unterdrückung und des Krieges beseitigen. Alle diese Funktionen müssen jedoch in den Händen der ehrlichen, gewissenhaften und religiös erfahrenen Menschen sein. In der Seele des Kriegers müssen große, unzugängliche Grenzen vorhanden sein, die das Verbindliche von dem Verbotenen trennen, und diese Grenzen können nicht allein durch mechanische Disziplin unterstützt werden: Hier ist *die geistige Autonomie* notwendig, welche die Disziplin durch die Ursprünge *des Glaubens, der Ergebenheit, des Gewissens und der Ehre* begreift, sodass der Krieger verstehen soll, warum der Feind im Kampf und ein Rebell im Aufstand getötet werden, das private Eigentum seiner Familie aber unberührt bleiben muss, und warum die erfindungsreiche Spionageabwehr in einer feindlichen Region eine Manifestation des Mutes, aber eine Intrige im Feldlager und im gemeinschaftlichen Leben – eine Manifestation der Niederträchtigkeit ist.

In streng bestimmten Beziehungen und Fällen muss der Mensch der Macht und des Schwertes die Handlungen vollziehen können, die seinem eigenen Ideal der Heiligkeit und der Vollkommenheit eindeutig nicht entsprechen; er muss in sich die Kraft haben, seine innere „Unstimmigkeit" außer Acht zu lassen, seinen eigenen „Protest" zu zügeln, in sich die mögliche „Abscheu" zu besiegen und das Notwendige zu vollziehen, und dies nicht nur aus Disziplin und aus Berufung – denn er selbst kann sich immer in der Position des Initiators und Befehlshabers vorfinden –, er muss *aus religiösen Gefühlen und geistiger Überzeugung* dazu fähig sein, die Verantwortung der Entscheidung und des Befehls auf sich zu nehmen, zu verhaften, zu verurteilen und zu erschießen. Doch eben diese Energie des geistigen Kompromisses kann und muss sein Gewissen wachrütteln. Indem er im Bewusstsein der geistigen Notwendigkeit handelt, darf er nicht zur Zeit der Handlung sich selbst durch die Reflexion über das Ideale schwächen oder sich den vorzeitigen Gewissensbissen ausliefern: Derjenige, der auf einem Seil in den Höhen balanciert und beginnt, unzeitig zurückzublicken, fällt nach unten und verletzt sich. Er muss sich für den geistigen Kompromiss bereits vorher vorbereiten: Alles abwägen, überdenken, durchfühlen und eine Entscheidung treffen; und im Moment der Handlung muss er sich bereits in seinem Dienst gefestigt fühlen, in dem Gefühl der Verantwortung und der Pflicht, und als einer, der die geistige Notwendigkeit in dem Maß der Bevollmächtigung, des Befehls und seines äußersten Verständnisses tut. Doch außerhalb der Handlung ist es für ihn natürlich und notwendig, sich durch den göttlichen Strahl umstrahlen zu lassen. Es ist möglich und notwendig, dass außerhalb der Handlung in dem Zustand der verschärften Empfindlichkeit und der überhöhten Feinfühligkeit alle edlen Kräfte des menschlichen Geistes in ihm in Bewegung kommen: die Beziehung zu Gott, das Gewissensgericht, der Wille zur bedingungslosen Gerechtigkeit. Dies ist für ihn nicht dafür notwendig, um seine Taten „zu verurteilen", die quasi als beschämende Taten zur Zeit des Kampfes vollzogen wurden, sondern dafür, um in sich die Fähigkeit des *geistigen* Kompromisses *zu festigen*: Denn der Kompromiss ist nur dann geistig, wenn er die geistige Grundlage des Menschen nicht erschüttert, die Wände seines geistigen Kremls nicht zerstört, ihn von Gott nicht trennt und das Gewissen nicht erstickt …

Je tiefer die Religiosität des Menschen, je stärker in ihm die Liebe und das Gefühl der geistigen Würde, je freier in ihm der Hauch des Gewissens – desto mehr eignet sich für ihn die Last des geistigen Kompromisses, desto weniger wird ihm ein Schaden durch die Auseinandersetzung mit dem Übeltäter zugefügt, desto weniger zerstören die erzwungene Bösartigkeit und Grausamkeit seine geistige Persönlichkeit, desto trefflicher findet er auch *das Maß* des notwendigen Kompromisses selbst. Es ist unmöglich, dieses Maß durch irgendwelche abstrakten Prinzipien vorher zu bestimmen: Dieses Maß wird im Prozess des Kampfes und der Tätigkeit selbst für jeden einzelnen Fall, mit der Hilfe des lebendigen Ermessens und des äußersten Verständnisses aufgefunden. Doch eben deswegen ist jene geistige Grundeinstellung des Menschen ausgesprochen wichtig, mit welcher er sich an das Ereignis wendet und infolge deren er erkennt, erwägt und entscheidet. Und diese Einstellung wird keinem der Menschen gemäß Willkür, leicht und einfach, ohne vorherige, vorbereitende geistige Arbeit zuteil. *Die Authentizität, Reinheit und Tiefe des guten Willens* ist die erste Grundbedingung, ohne welche der richtige und siegreiche Kampf gegen den Übeltäter unmöglich ist, das Erlangen dieses Willens aber fordert einen fortwährenden, lang andauernden und anstrengenden Kampf für seine geistige Läuterung.

Der *handelnde* Mensch bleibt immer auf jener Höhe, auf welcher er tatsächlich *vor* der seine Seele versuchenden und überprüfenden Handlung lebte. Die Frage wird nicht durch den äußeren, durch den für andere, vielleicht auch für ihn selbst trügerischen Schein seines Lebens gelöst, sondern durch den Zustand jener strebsamen seelischen Tiefe, deren Beziehung zum Geist und zu Gott die ganze menschliche Person bestimmt. Die Notwendigkeit der heroischen Handlung – Gefahr, Versuchung, Unglück – ruft in der menschlichen Seele nichts Unmögliches hervor und kann weder ihre Eigenschaften noch ihre Kräfte verändern: Sie konstatiert streng nur das Vorhandene und fasst unerbittlich das ganze Vermögen zusammen, indem sie das Schlafende erweckt, das Unsichtbare ausfindig macht und das Verborgene zum Vorschein bringt. Die Handlung des Menschen ist sein realisiertes Dasein. Es ist naiv, die Grundlagen seines geistigen Daseins zu verschmähen und zu denken, dass in dem Moment der Versuchung die Taten sich „irgendwie selbst" als auf der Höhe herausstellen. Es ist naiv, vor sich selbst seine echten Motive, Beweggründe, Neigungen und Leidenschaften zu verbergen und sich vorzustellen, dass „das Unbemerkbare" kraftlos in der Seele sei, und dass die verborgenen Leidenschaften sich nicht in den Taten manifestieren, sie nicht ihrem Wesen nach entstellen, sie nicht mit „unerwartetem" Inhalt erfüllen, und sie nicht durch Schattierungen der verborgenen Bosheit verdunkeln. Keine einzige Handlung des Menschen ist zufällig; jede Handlung ist das reife Resultat seines ganzen vorherigen Lebens, die Manifestation seiner ganzen persönlichen Disposition. Und deswegen vollzieht jeder von uns seine Handlung nicht nur durch Anstrengungen, welche faktisch die Handlung realisieren, sondern auch durch den ganzen Prozess seines vorherigen Lebens.

Wenn die Seele des Menschen rein ist, so wird auch ihre Handlung richtig sein, unabhängig von der sichtbaren Abweichung von den Gesetzen der Gerechtigkeit, und sogar die gerechtesten Taten der unreinen Seele werden nicht richtig sein. Und wenn dies sich auf *jeden* Menschen bezieht, so bekommt dies für einen Herrscher und Krieger eine vollkommen besondere Bedeutung. Gemäß der alten und grundlegenden Auffassung der Orthodoxen Kirche besitzen die Menschen, die im Besitz der Macht und des Schwertes sind, diese nicht als Privileg, sondern als eine Art religiös bewussten Dienst: Dieser Dienst verleiht den Menschen die besondere Bürde der Verpflichtungen und die besondere Bürde der Verantwortung; und unter diesen Pflichten ist die Pflicht des Kampfes und der Hinrichtung die schwerste; und zurechtkommen mit dieser Bürde der Verantwortung kann man nur bei unaufhörlicher Sorge um die religiöse Läuterung seiner Seele und seines Willens.

Es ist dem Menschen unmöglich, auf der Erde zu leben und das Werk Gottes zu erbauen, ohne den geistigen Kompromiss anzunehmen, doch eben der geistige Kompromiss fordert die religiöse und sittliche Läuterung.

Der geistige Kompromiss sucht und findet den gerechtesten Ausweg unter allen gegebenen ungerechten Auswegen. Doch auch dieser gerechte unter den ungerechten Auswegen bleibt natürlich ungerecht, abgesehen von seinem ganzen Heroismus, von seiner ganzen religiösen Verständigkeit und geistigen Schönheit. Allein durch sein aggressives Dasein führt das Böse den gerechten Menschen aus seinem geistigen Gleichgewicht, aus seiner sittlichen Fülle (πλήρωμα) hinaus und lässt ihm keinen bedingungslos gerechten Ausweg übrig. Darin könnte man den Sieg der Bosheit erkennen; denn deren Sieg kann entweder darin bestehen, dass die menschliche Seele sich durch deren Antigeistigkeit und Antiliebe infiziert, oder darin, dass sie ihr geistiges Gleichgewicht und ihre sittliche Fülle (πλήρωμα) durch den Prozess der Reaktion auf eine Übeltat verliert. Der Mensch, der mit Kraft und Schwert auf die Aggressivität des Übeltäters reagiert, kann unmöglich das geistige Gleichgewicht und die sittliche Fülle (πλήρωμα) nicht verlieren – und damit wird dem Bösen immer ein gewisser Schein des inneren, seelisch-geistigen „Sieges“ gewährleistet; in diesem Sinne hat das Böse immer „Erfolg“ – sowohl dann, wenn der willenlose Moralist den Weg der feigen Verborgenheit und der verräterischen Eigenliebe betritt, als auch dann, wenn der starke, dem Werk ergebene Mensch den Weg der verneinenden Liebe und des gerechten Schwertes erwählt; und die Übeltäter eines solchen „psychologischen“ Erfolgs berauben kann man nur im Rahmen einer konsequenten Weltablehnung, die an die buddhistische Selbstauslöschung oder an direkten Selbstmord heranrückt; dabei ist es selbstverständlich, dass die persönliche Flucht vor der Wahrnehmung des Bösen das Problem des Bösen selbst in seiner objektiven, die Welt betreffenden Bedeutung nicht löst.

Eben deswegen kann und muss der gegenwärtige Kampf gegen das Böse eben in der Vereinigung *des geistigen Kompromisses und der religiös-sittlichen Läuterung* geführt werden. Eben der Prozess der Läuterung, der auf die Heldentat der Ungerechtigkeit folgt, raubt dem Bösen den letzten Schein des Erfolges und des Sieges.

Die religiös-sittliche Läuterung – die reuige, tiefgründig vollzogene Reflexion seiner Zustände und Inhalte, und die neue Teilhabe an der göttlichen Fülle (*πλήρωμα*) – ist für den Herrscher und Krieger allein deswegen notwendig, weil sie Menschen sind und „es gibt keinen Menschen, der nicht gesündigt hat"; und weil überhaupt jeder Mensch die Reue nötig hat – sowohl jener, der einfach die Bürde der Herrschaft und des Schwertes nicht annahm, als auch jener, der im Rahmen seines eigenen lebendigen Vermögens den Weg freigiebiger Nachgiebigkeit geht, die durch das Evangelium festgelegt wurde. Jeder Mensch ist dazu berufen, für die Reinheit seines guten Willens und für die Reinheit dessen bewusster und unbewusster Motive zu kämpfen, und diese Berufung endet für ihn auf Erden nur im Moment seines irdischen Todes.

Doch für einen Herrscher und Krieger ist die Läuterung in besonderer Bedeutung notwendig, und diese Bedeutung wird durch ihre Berufung, ihren Kampf und ihre Verantwortung bestimmt. Die Läuterung ist für sie notwendig sowohl vor dem unmittelbaren Kampf, für den Kampf und nach dem Ausgang des Kampfes als auch für sich sowie für die Fortsetzung des Kampfes.[256]

Die Seele, die sich dem Bösen mittels der Kraft und mittels des Schwertes widersetzt, hat die reinigenden Anstrengungen

[256] Siehe Kapitel 19.

bereits *bei der Wahrnehmung* des Bösen selbst nötig, um sich nach Möglichkeit von den aufwühlenden Leidenschaften, von der Verlockung, der Verwirrung, vom Ungleichgewicht und von vorzeitiger Explosion, von jeglicher Begierde und jeglicher unkluger seelischer Bewegung zu befreien.

Die Seele hat diese Anstrengungen *vor dem Beginn des Kampfes* nötig, um sich *in der geistigen Liebe* als der Haupt- oder sogar der einzigen Quelle ihres Widerstandes zu festigen: damit der Widerstand aus Ergebenheit gegenüber dem göttlichen Werk, aus Patriotismus, aus religiösem Eifer geführt wird – und nicht aus Habsucht, persönlichem Hass, aus Rache und anderen gegenstandslosen Motiven; damit sogar dann, wenn der Mensch den Kampf für sich selbst führt, für sein Hab und Gut oder für seine eigenen Rechte, er sein Recht in diesem Kampf wahrt, sich als Teilnehmer des göttlichen Werks fühlt, und von sich aus für die echte Sache kämpft, die viel größer als er selbst und seine persönliche Sache ist. Das richtige und reine *Motiv* des Kampfes ist der erste Unterpfand seiner Würde: jener Ebene, auf welcher der Kampf geführt wird, jenes Maßes, bis zu welchem er geführt wird, und bis zu jener Errungenschaft, welche dadurch erlangt wird.

Doch für den Kampf gegen die Übeltäter braucht der Mensch nicht nur eine gegenständliche Quelle und ein Motiv, sondern auch *die richtige Schau*: Die reinigende Arbeit benötigt der Kämpfer deswegen, um richtig unterscheiden und das echte Übel sehen zu können, um dessen Ziele, dessen Arbeit und dessen Mittel richtig zu erfassen, und um von seiner Seite aus die notwendigen und tatkräftigen Maßnahmen des Widerstandes zu wählen. Der uneigennützige Kampf mit dem scheinbaren Bösen und mit scheinbaren Übeltätern ist „Don-Quijotismus" – eine tragisch-komische Vermischung der Erhabenheit und naiven Blindheit, im Endeffekt etwas, was nur für die Übeltäter nützlich ist.

Die Läuterung der Seele ist auch *nach dem Ausgang des Kampfes* nicht weniger notwendig. Und vor allem, um in sich alle möglichen Spuren der sich unbemerkt eingeschlichenen

Infektionen *unschädlich zu machen und auszulöschen*: alle diese seelischen Ablagerungen, Spuren, den Nachhall des geführten Kampfes, beginnend mit entbrannter Blutrünstigkeit, mit Hass und Feindseligkeit, und endend mit nicht beseitigten Kapazitäten an Intrige und Arglist. Alle diese Überbleibsel, die nicht geheiligt und unschädlich gemacht worden sind, lagern in der Seele wie Knäule bösartigen Nebels in den Schluchten und Siedlungen und vergiften unauffällig das Gefühl, den Willen und das Denken des Menschen. Sie haben die Eigenschaft, sich in der seelischen Atmosphäre zu assimilieren; und wenn diese Assimilation sich vollzieht, so vermischen sie sich natürlich mit den eigenen törichten Neigungen des Menschen, sie nähren sich daran, festigen sie von sich aus und erschweren im Geiste stark das Führen des anstehenden Kampfes mit ihnen.

Doch die Läuterung der Seele ist vor allem deswegen notwendig, um die Seele von der möglichen *Verhärtung und Verbitterung* zu befreien, die mit der Annahme des Bösen, mit dem Widerstand ihm gegenüber und mit allen Arten der Nötigung und Unterdrückung verbunden ist. Die Seele des Kämpfers darf im Kampf seine höchsten Zustände und Möglichkeiten nicht verlieren; sie muss sich fortwährend die Fähigkeit zum geistigen Gleichgewicht, zur Fülle der positiven Liebe, zur gewissenhaften Fülle (*πλήρωμα*), zum erbauenden Gebet für die Seele und zu gefühlsechter Freude zurückgeben: Denn auch die Engel (über die der heilige Ambrosius schreibt) kehren, nachdem sie ihre schwere Mission des Zorns und der Vergeltung vollendet haben, zu der Betrachtung des Antlitzes Gottes zurück und werden erneut Seines Lichtes teilhaftig.

Und schließlich kann und muss derselbe Prozess der geistigen Läuterung der Seele des Kämpfers *jene Beruhigung* und *jene Kraft* geben, die er für den neuen Kampf, für neue Anstrengungen und Heldentaten benötigt. Denn die echte Läuterung der Seele schwächt sie nicht, sondern festigt sie. Und wenn der Mensch, der den Kampf mit dem Schwert führte, die äußere Gestalt seiner Tätigkeit nicht ertragen konnte und erschüttert wurde durch die Gestalt der Angst, des Todes und des Blutes, schwach und kraftlos wurde, so muss er sicher sein, dass diese Kraftlosigkeit nicht durch Idealisierung des Vollbrachten, nicht durch eine Flucht zum Gewissen überwunden werden kann, aber auch nicht durch kleinmütige Distanzierung von dem Vollbrachten, sondern nur auf dem Wege der tiefgründigen Läuterung der Seele, denn in dem Mysterium der Beichte wird nicht nur das Chaos der Leidenschaften befriedet, sondern dem Geiste wird die ihm nötige Macht und Kraft gegeben.

Jener, der sich den Übeltätern mittels der Kraft und des Schwertes widersetzt, muss *reiner und höher als sein Kampf* sein; andernfalls wird nicht er den Kampf führen und nicht er wird ihn mit einem Sieg abschließen, sondern der Kampf wird ihn führen, wird seine Gestalt entstellen und ihn als einen gebrochenen, erdrückten und verdorbenen niederwerfen. Die Kraft und das Schwert zu beherrschen, kann nur jener, der sich selbst beherrscht, d. h. seine Leidenschaften und seine Schau; denn wenn der Mensch sich selbst nicht beherrscht, so werden das Schwert und die Kraft ihn beherrschen, und nicht sie werden seine Waffe und sein Mittel sein, sondern er wird zu ihrem Mittel und zu ihrer Waffe, und dann „wird er durch das Schwert umkommen", nicht physisch, sondern sittlich und geistig: Seine Kräfte werden aufgebraucht sein, seine Seele wird verunstaltet und sein Kampf wird verloren sein. Eben deswegen ist die Läuterung der Seele die Grundbedingung des Sieges im Kampfe gegen das Böse.

Das Problem des geistigen Kompromisses wird dadurch gelöst, dass die Kraft der persönlichen Ergebenheit dem göttlichen Werk und dem göttlichen Gebote gegenüber, die im Prozess der religiösen Läuterung vertieft und gefestigt wird, alle Verlockungen, Gefahren, Anstrengungen und Abweichungen überwindet, die der Seele schaden können, und sie nicht als eine schwache, sondern als eine mächtige und treue aus dem anstrengenden Kampf hinausführt. Der aktive äußere Kampf gegen die Übeltäter ist nur jenem zugänglich, der in sich die Kraft des geistigen, und schließlich des stets *religiösen Charakters* wachsen ließ und erzog; diese Erziehung aber fordert vor allem Anstrengungen der eigenen Läuterung. Der schwache, religiös-grundlose Charakter ist von der Bürde des geistigen Kompromisses überfordert, von der Bürde, die groben, grausamen und listigen Mittel des Kampfes zu benutzen; und dabei deswegen, weil er nicht beherrschen kann, was er erreicht hat, und weil er sich nicht darin festigen kann, was er sich angeeignet hat; er ist vergleichbar mit einer schwachen, und ungefestigten „Burg", mit einer untreuen und ängstlichen Garnison. Je stärker dagegen die Burg gefestigt und bewaffnet ist, und je treuer und beseelter ihre Beschützer, einen desto schwereren und gefährlicheren Ausbruch kann ihr Kommandant unternehmen; und je stärker und ganzheitlicher entsprechend der religiöse Charakter des Menschen ist, desto einfacher und ungefährlicher ist für ihn das Heraustreten aus der religiösen und sittlichen Fülle (*πλήρωμα*) im Prozess des Kampfes gegen die Übeltäter.

Eben deswegen ist dem Zar vor allem die Kraft des religiösen Charakters nötig. Nicht nur *der Wille* zur Macht, sondern auch *die Kraft der Ergebenheit* dem göttlichen Werk gegenüber, dem sein Volk dient; nicht nur *die Kraft* des Willens, sondern auch dessen religiös-staatliche *Reinheit;* nicht nur die Reinheit *des Willens,* sondern auch die Reinheit *der Schau.* Ein Zar mit einer feigen, willenlosen, religiös-indifferenten und niederträchtigen Seele ist Unglück und Fluch für sein Volk; und die erste Verpflichtung eines solchen Zaren besteht darin, dass er sich bewusst wird, dass er seiner Berufung nicht entspricht und geistig haltlos ist; und deswegen muss er sein Amt ablegen. Das religiöse Begreifen und Heiligen der königlichen Macht und ferner des ganzen staatlichen Handelns und Dienstes birgt in sich die echte, tiefgründige und rettende Wahrheit. Und eben deswegen sollte man nicht für eine Trennung der Kirche vom Staat Sorge tragen – der religiösen Reinheit von dem Dienst, der in dem geistigen Kompromiss verweilte –, sondern für deren richtige Vereinigung und Kooperation.

Die gleiche Tiefe und Rettung erblickt man auch in der Idee „des Christus liebenden Heeres". Der Krieger wird nicht nur deswegen „Christus liebend" genannt, weil er ein Mitglied des christlichen Staates ist, weil seine Heimat ihn im christlichen Geiste erzieht, und weil er selbst zur Verteidigung des christlichen Glaubens berufen ist, sondern auch deswegen, weil er in Liebe zu Christus und zu der von Ihm dargebotenen Fülle der Vollkommenheit die lebendige Grundlage seines eigenen Geistes hat, dadurch die Heiligkeit seines eigenen Kremls festigt, aus ihr die für ihn notwendige Kraft der Heldentat und Läuterung schöpft. Hier gibt es nicht jenen inneren Widerspruch, welchen die sentimentalen Moralisten zu entdecken versuchen; im Gegenteil, das Schwert ist dem Menschen im irdischen Kampfe für das Werk Gottes geistig notwendig; jedoch kann nur jener die Bürde, die mit seelischen und körperlichen Gefahren und Leiden verbunden ist, auf sich nehmen, der seine Liebe, sein Leben und seine Tätigkeit in dem Strahl des göttlichen Lichtes und der Vollkommenheit festigt.

Und wenn man so den gesamten staatlichen Ursprung der Nötigung und der Unterdrückung in der Gestalt *des Kriegers* vereinigt, den Ursprung der religiösen Läuterung aber, die Gebete und die Gerechtigkeit in der Gestalt *des Mönchs*, so wird die Lösung des Problems sich im Anerkennen deren gegenseitiger Notwendigkeit manifestieren.

Ein Krieger, als ein Träger des Schwertes und des die Welt akzeptierenden Kompromisses, benötigt einen Mönch als geistigen Vater, als Quelle der lebendigen Reinheit, der religiösen Weisheit, der sittlichen Fülle (*πλήρωμα*): Hier wird er der Gnade in dem Mysterium teilhaftig und bekommt die Kraft für seine Errungenschaft; hier festigt er sein Gewissen, prüft das Ziel seines Dienstes und reinigt seine Seele. Und sein Schwert selbst wird zu einem *brennenden Gebet.*

So beschaffen ist Dmitri Donskoj unter der geistigen Führung des Heiligen Sergij vor der Schlacht auf dem Kulikowo pole.

Der Mönch als ein lebendiger Beschützer der Reinheit und Gerechtigkeit nimmt durch den Krieger an dessen Leiden, dessen heroischer Ungerechtigkeit und an der Bürde der Welt teil; er spricht sich nicht mehr los und verschließt sich nicht in seiner Gerechtigkeit; er bewahrt und baut sie nicht für sich; er wendet sich nicht vom Bösen und von bösen Umständen ab, sondern tritt in den Kampf gegen sie ein, indem er zum Mitstreiter des Kriegers wird, indem er seine Leiden teilt, indem er segnet und dessen Errungenschaft begreift, indem er für ihn die Reinheit und Weisheit bewahrt. Der Mönch tritt als ein Schutzengel des Kriegers auf; und sein Gebet selbst wird dem *brennenden Schwert* ähnlich. So beschaffen war der Heilige Sergij, der Dmitri Donskoi gesegnet und ihm zwei schwerttragende Novizen [Pereswet und Osljabja] als Begleiter gegeben hat.

Die altrussische orthodoxe Tradition löste richtig und tiefgründig die Frage der Wechselbeziehung zwischen Kirche und Staat – in der Aufteilung ihrer Bereiche und in der organischen Absprache ihrer Ziele und ihrer Bemühungen, in der gegenseitigen Unabhängigkeit ihrer Organisationen bei gegenseitiger Achtung ihrer Grenzen, in der freiwilligen Annahme der geistigen, weisen Belehrung des Mönchs durch den Krieger, und in der nicht geforderten Spende der notwendigen irdischen Güter an den Mönch durch den Krieger. Und der Krieger fiel nicht unter seiner Bürde, und auch der Mönch wendete sich nicht von der Bürde der Welt ab. Der Widerstand gegen das Böse wurde als der aktive, organisierte Dienst am Werk Gottes auf Erden ausgeführt und angesehen, und das staatliche Werk galt nicht als ein Zustand außerhalb der christlichen Liebe, sondern innerhalb ihrer Grenzen. Und es war vielleicht eine der größten und rührendsten Sitten dieser Ordnung, dass der orthodoxe Zar, indem er das Heranrücken seines Todes spürte, die monastische Weihe wie die endgültige Rückkehr von seinem ungerechten Dienst in die Fülle (*πλήρωμα*) der gerechten Läuterung an sich vollziehen ließ.

Die Notwendigkeit der geistig-sittlichen Läuterung ist im Evangelium direkt vorausgesagt und festgelegt, und dabei eben für jene, die sich dem Kampf der fremden Bosheit und der fremden Übeltaten widmen. Jener, der nicht fähig ist „den Balken aus seinem Auge" herausziehen (Mt 7,3-5; Lk 6,41-42), der wird auch den Stummel aus dem Auge seines Bruders nicht herausziehen können; und sein ganzes Urteilen wird sich in Heuchelei verwandeln. Nur ein reines Auge ist fähig, richtig zu sehen, wo sich in der fremden Seele Schwäche, wo Krankheit und wo Bosheit befindet; nur ein reines Auge ist fähig, ein richtiges „Urteil" und richtiges „Maß" zu erblicken und zu finden (Mt 7,1-2; Lk 6,37-38), jenes „Urteil" und jenes „Maß", mit denen er selbst gerne „beurteilt" und „gemessen" wird. Jedoch kann nur jenes Auge rein sein, um dessen Reinheit sein Inhaber sich immer sorgt; denn „niemand ist heilig, allein nur Gott". Derjenige, der urteilt, der muss auch selbst zum Gericht über sich selbst bereit sein; und dies bedeutet, dass er immer über sich selbst so urteilen muss, wie er über einen Übeltäter urteilt. Das Maß der Urteilskompetenz wird bestimmt durch das Maß dessen, der die Selbstläuterung vollzieht; ein Übeltäter soll nicht über einen anderen Übeltäter urteilen; und demjenigen, der in den leidenschaftlichen Schwächen dreckig wurde, ist es nicht gegeben, mit Steinen einen schwachen und leidenschaftlichen Sünder zu bewerfen (Joh 8,3-11); doch „zieh zuerst den Balken aus deinem Auge" (Mt 7,5; Lk 6,42) und dann wirst du sehen …

Und dann wirst du sehen, ob das Schwert notwendig ist und wo eben; und wenn es notwendig ist, dann wirst du in dir die Kraft finden, es gegen den Übeltäter zu erheben und seine Übeltaten zu unterdrücken, zu unterdrücken, ohne Angst davor zu haben, dass das Schwert sich gegen dein Haupt richtet, ohne Angst vor dem Heraustreten aus der sittlichen Fülle (*πλήρωμα*) und ohne Angst vor dem menschlichen Urteil. Denn es hat niemand Angst vor dem Tod, der aus Liebe zum göttlichen Werke ihm entgegengeht; und *es hat niemand Angst vor der zeitlichen Abweichung von der Gerechtigkeit, der die Liebe zu Gott nicht verlässt*; und es hat niemand Angst vor dem Urteil der Blinden und Gefühlskalten, der sich selbst durch das Licht Gottes beurteilt und selbst als erster weiß, wo er von der „Humanität" aus Liebe zum Göttlichen abgewichen ist. Es ist dem Menschen nicht gegeben, jemanden wegen einer *solchen* Liebe und wegen eines *solchen* Dienstes zu verurteilen; dem Menschen ist es nicht gegeben, sondern Gott. Vor Ihm aber wird der richtige Träger des Schwertes „am Tage des Gerichts" mit jenem „Vertrauen" stehen (1 Joh 4,17), das durch die echte Liebe gegeben wird.

„Christi Auferstehung"
2008, Öl auf Leinwand , 2100 x 2400
von Pawel Wiktorowitsch Ryschenko

Literaturverzeichnis

Dieses Verzeichnis enthält alle von Iljin im Fließtext oder den Fußnoten erwähnten Autoren und zitierten Werke (außer den gesondert aufgeführten Bibelstellen), möglichst in deutscher Übersetzung. Tolstois Name wird unterschiedlich transkribiert und je nach Schreibweise der angegebenen Ausgabe angeführt; die Sortierung seiner Werke folgt daher alphabetisch seinen Werktiteln. Die Fußnoten, unter denen Tolstois Werke zitiert sind, werden aufgrund der großen Zitathäufigkeit nicht aufgeführt.

1. Authore P. Petro **Alagona**, Theologo Societatis Jesu, *Sancti Thomae Aquinatis Summae Theologicae compendium.* Cum gemino Indice, Quaestionum ac Rerum notabilium. Lutetiae: apud Petrum Le Faucheur MDCXX, Ex prima Secundae. Quaestio XCIIII: De lege Naturali, Articulum 5, pagina 244 [offenbar nicht ins Deutsche übersetzt]. (Fußnote 248).
2. **Ambrosius** von Mailand, *Epistolarum classis I. Epistola XXX IV*. In: *S. Ambrosii Mediolanensis episcopi Opera Omnia*: editio prae aliis omnibus completa, quarum instar haberi potest; ad manuscriptos codices Vaticanos, Gallicanos, Belgicos, etc., necnon ad veteres editiones, maxime vero ad Benedictinianam recensita et emendata; notis lectionibusque variantibus, textui subjacentibus, continenter illustrata; variis insuper opusculis quae vel omisere vel ne memoravere quidem eruditi Benedictini, locupletata (= Patrologiae cursus completus etc., Series prima, in qua prodeunt patres, doctores scriptoresque ecclesiae latinae a Tertulliano ad Gregorium Magnum. Accurante J.-P. Migne, Cursuum Completorum in singulos scientiae ecclesiasticae ramos editore. Patrologiae tomus XVI. S. Ambrosii tomi secundi et ultimi pars prior [2.1]). Parisiis, excudebat Vrayet, in via dicta d´Amboise, pres la Barriere d´enfer, ou Petit-Montrouge 1945, columnae 1074-1077, hier: Columna 1077, Punctum 10 [offenbar nicht

ins Deutsche übersetzt]. (Fußnote 255, S.293).

3. **Athanasius** der Große, *De Saint Athanase évèque d'Alexandrie Lettre au moine Ammoun.* Griechisch - Französisch. In: *Discipline générale antique (IVe - IXe s.)* par Périclès-Pierre Joannou professeur à l'Université de Munich (= Fonti: Fascicolo IX. Pontificia Commissione par la Redazione del Codice di Diritto Canonico Orientale, 2 tomes). Grottaferrata (Roma): Tipografia Italo-Orientale „S. Nilo" 1963, tome II: Les canons des Pères Grecs, pages 63-71, hier: page 68 [offenbar nicht ins Deutsche übersetzt]. (Fußnote 239).
4. **Athenagoras** von Athen (in Fußnote 52 als Einfluss auf L. Tolstoi erwähnt, im Fließtext Seite 280 als „Weltverleugner" bezeichnet).
5. Aurelius **Augustinus**, *Epistolarum classis III. De correctione Donatistarum liber seu Epistola CLXXXV.* In: *Sancti Aurelii Augustini Hipponensis episcopi Opera Omnia:* post Lovaniensium theologorum recensionem, castigata denuo ad manuscriptos codices Gallicos, Vaticanos, Belgicos, etc., necnon editiones antiquiores et castigatiores, opera et studio monachorum ordinis Sancti Benedicti e congregatione S. Mauri. Editio novissima, emendata et auctior, accurante J.-P. Migne, bibliothecae cleri universae, sive cursuum completorum in singulos scientiae ecclesiasticae ramos editore. (= Patrologiae cursus completus etc., Series prima, in qua prodeunt patres, doctores scriptoresque ecclesiae latinae a Tertulliano ad Gregorium Magnum. Accurante J.-P. Migne, [etc.]. Patrologiae tomus XXXIII. Sancti Aurelii Augustini tomus secundus). Parisiis, venit apud editorem in vico dicto Montrouge, juxta Portam inferni. Gallice: près la Barrière d´Enfer 1845 [1841], columnae 792-815, hier: columna 802, Caput VI, Punctum 21 [offenbar nicht ins Deutsche übersetzt]. (Zitat: *„timore vel dolore"*, Fließtext Seite 223).
6. Marcus **Aurelius**, *Selbstbetrachtungen.* Griechisch - Deutsch. Herausgegeben und übersetzt von Rainer Nickel (= Sammlung Tusculum). Mannheim: Artemis & Winkler 2010, Seite 209 (Fußnote 55).

7. **Basilius** der Große (Caesariensis), *LVII. (Mariner-Ausgabe Nr. 188). Kanonischer Brief I. An Amphilochius über Kanones.* In: *Des Heiligen Kirchenlehrers Basilius des Grossen Bischofs von Cäsarea Ausgewählte Briefe.* Aus dem griechischen Urtext übersetzt, mit Einleitung und Anmerkungen versehen von Dr. Anton Stegmann Stadtpfarrer von Heilbronn (= Bibliothek der Kirchenväter: eine Auswahl patristischer Werke in deutscher Übersetzung. Herausgegeben von Geh.-Rat. Prof. Dr. O. Bardenhewer, Geh.-Rat. Prof. Dr. K. Weyman, Prof. Dr. J. Zellinger. Bände 46 und 47 bzw. I und II). München: Kösel und Pustet 1925, Band I, Seiten 187-200, hier: Seite 195 (Achte Regel) und Seiten 198-199 (13. Regel). (Fußnote 239).
8. Hermanni **Busenbaum**, Soc. Jesu, *Medulla theologiae moralis.* Tomus I. Editio nova. Ingolstadii, et Aug. Vind.: Sumptibus Joann. Franc. Xav. Crätz Bibliopol. Academ. 1768, Liber III, Tractatus IV, Caput I, Dubium IV, pagina 189 [offenbar nicht ins Deutsche übersetzt]. (Fußnote 247).
9. Johannes **Cassian**, *Unterredungen mit den Vätern: Collationes patrum.* Teil 1: Collationes 1 bis 10 übersetzt und erläutert von Gabriele Ziegler. Mit einer Einleitung und farbigen Abbildungen von Georges Descœudres (= Quellen der Spiritualität, Band 5). Münsterschwarzach: Vier-Türme-Verlag 2011, Seite 221 (Zitat: „Niemand kann vom Diabolus getäuscht werden außer dem, der ihm freiwillig die Zustimmung seines Willens schenkt", bei Iljin: dass „niemand vom Teufel verlockt werden kann außer jenem, *der selbst sich dazu entschließt, ihm Freiraum dafür zu geben*", Fließtext Seite 40f.) (und andere ihn stützende Kirchenväter wie Antonius der Große, Makarius der Große, Markus der Asket, Ephräm der Syrer, Johannes Klimakos). Siehe auch Fußnote 9.
10. Metropolit Antonij (**Chrapowizkij**), *Der Versuch eines christlich-orthodoxen Katechismus* (Опыт Христианского Православного Катехизиса, Opit Christianskogo Pravoslavnogo Katechizisa) = bei Iljin: Orthodoxer

Katechismus des Metropoliten Antonij [Chrapowizkij] (Православном Катехизисе Митрополита Антония [Храповицкого], Pravoslavnom Katechizise Mitropolita Antonija [Chrapovickogo]). Сремски Карловци: Српска Манастирска Штампарија (Sremski Karlovci: Srpska Manastirska Štamparija = Karlowitz: Serbische Klosterdruckerei) 1924 [offenbar nicht ins Deutsche übersetzt] (Fußnote 239).

11. **Clemens** von Rom, *Der erste Klemensbrief* = bei Iljin: Epist. ad Cor. In: *Das Neue Testament und frühchristliche Schriften*. Übersetzt und kommentiert von Klaus Berger und Christiane Nord. Frankfurt: Insel 1999, Seiten 685-722, hier Seite 707 (Fußnote 8).
12. ***Die Regeln** der Heiligen Apostel und Heiligen Väter, der Heiligen Ökumenischen Konzile, der Heiligen Lokalen Konzile mit Deutungen* (Правила святых Апостолов и святых Отец, Святых Вселенских Соборов, Святых Поместных Соборов с толкованиями, Pravila swjatych Apostolov i swjatych Otets, Swjatych Vselenskich Soborov, Swjatych Pomestnych Soborov s tolkovanijami). Редактор: [Никодим Милаш,] Л. А.Чуткова, в 3-х книгах, Москва, Изд. Сибирская Благозвонница (Redaktor: [Nikodim Milasch,] L. A. Tschutkova, v 3-ch knigach, Moskva, izd. Sibirskaja Blagozvonnitsa = Herausgeber: [Nikodim Milasch,] L. A. Tschutkova. 3 Bände. Moskau: Verlag Sibirskaja Blagozvonnitsa) 2011 [offenbar nicht ins Deutsche übersetzt]. Diese Ausgabe war nicht zugänglich; das Zitat findet sich in der online einsehbaren Vorgängerausgabe unter https://azbyka.ru/otechnik/Nikodim_Milash/pravila-svjatyh-apostolov-i-vselenskih-soborov-s-tolkovanijami/83; Zugriff am 18. August 2017 (Fußnote 239).
13. Fjodor **Dostojewski**, *Die Brüder Karamasow*. Roman. Aus dem Russischen übertragen von E. K. Rahsin. Mit einem Nachwort von Ilma Rakusa, Namensverzeichnis, Anmerkungen, Auswahlbibliographie und biographischen

Daten. Der Text dieser Ausgabe folgt – mit Ausnahme des Anhangs – seitengleich der 1952 von E. K. Rahsin durchgesehenen Ausgabe. München: Piper 1992 (Lizenzausgabe mit freundlicher Genehmigung des Piper Verlages für Zweitausendeins, Postfach, D-60381 Frankfurt am Main), Seite 230 („das eine Geschmeiß wird das andere Geschmeiß verschlingen", bei Iljin korrekt: „eine Schlange frisst die andere Schlange", Fließtext auf Seite 173).

14. R. P. Antonii de **Escobar** et Mendoza, Vallisoletani, Societatis Jesu Theologi, *Universae Theologiae Moralis, Receptiores Absque Lite Sententiae nec non Controversae Disquisitiones.* Volumen quartum, Decalogi Præcepta: Octo Libris de Religione, de Iuramento, de Voto, de Festorum observatione, de Homicidio, de Luxuria, de Furto, de Detractione, de Iudicio temerario & c. Materias discutio. Lugduni: Sumptibus Philippi Borde, Laurentii Arnaud, Petri Borde, et Guill. Barbier MDCLXIII, Liber XXXIII, Caput XX, Probl. LXV, pagina 336 [offenbar nicht ins Deutsche übersetzt]. (Fußnote 251).
15. **Heraklit**, *Fragmente.* In: *Die Fragmente der Vorsokratiker.* Griechisch und Deutsch von Hermann Diels, 1. Band. Berlin: Weidmannsche Buchhandlung [4]1922, Seite 86, und ihn zitierende Autoren wie Aetius und Sextus [Empiricus] (Fußnoten 194 und 198).
16. Thomas **Hobbes**, *Vom Menschen. Vom Bürger. Elemente der Philosophie II/III.* Eingeleitet und herausgegeben von Günter Gawlick. Hamburg: Meiner 1994, Seite 83 („*bellum omnium contra omnes*", ohne Namensnennung, Fließtext Seite 227).
17. Immanuel **Kant** (Erwähnung seiner „Methode" des Kategorischen Imperativs im Fließtext Seite 255).
18. Nikolai I. **Kostomarow**, *Russische Geschichte in Biographien.* Die Herrschaft des Hauses Wladimirs des Heiligen, X. bis XVI. Jahrhundert. Nach der 2. Auflage des russischen Originals übersetzt von Wilhelm Henckel, Band I. Gießen: J. Ricker´sche Buchhandlung 1891, Seiten 26-27 (Fußnote 207).
19. Peter **Kropotkin**, *Gegenseitige Hilfe in der Tier- und Menschenwelt* = Über die gegenseitige Hilfe bei Menschen

und Tieren. Übersetzt von Gustav Landauer. Mit einem Vorwort von Franz M. Wuketits. [Frankfurt, M.]: Trotzdem - Aschaffenburg: Alibri 2011 (Fußnote 82).

20. Martin **Luther**, *Ob Kriegsleute auch in seligem Stande sein können*. Hrsg. im Auftrag des Evangelischen Militärbischofs von Angelika Dörfler-Dierken und Matthias Rogg. Ins heutige Deutsch übertragen von Hubert Kirchner. Delitzsch: Edition Akanthus 2014, Seite 19 (Fußnote 244) und Seite 14 (Fußnoten 245 und 246).
21. **Peter** der Große: *Das geistliche Reglement, durch den Eifer und auf Befehl der allherrlichen, mächtigen Majestät Peters des Ersten, des Kaisers und allrussischen Herrschers* (Духовный регламент, тщанием и повелением всепресветлейшего, державнейшего государя Петра Первого, императора и самодержца всероссийского, Duchovnij reglament, tschchaniem i poveleniem vsepresvetlejshego, derschavnejschego gosudarja Petra Pervogo, imperatora i samoderschtsa vserossijskogo). Москва: Книга по Требованию (Moskva: Kniga po Trebovaniju = Moskau: Books on Demand) 2015 [offenbar nicht ins Deutsche übersetzt]. Diese Ausgabe war nicht zugänglich; das Zitat findet sich in der online einsehbaren Ausgabe unter http://monasterium.by/ustavy_i_dokumenty/dokumenty/dukhovnyy-reglament-petra-i-1721-ujl/ (übersetzt: „Verflucht sei jeder, der das Werk Gottes mit Nachlässigkeit vollbringt, in jeglicher Tätigkeit der regierenden Versammlung", bei Iljin: „des Dienstes, der [...] »das Werk Gottes« ist und deswegen keine »Nachlässigkeit« duldet", Fließtext auf Seite 273).
22. Alexander **Puschkin**, (wahrscheinlich meint Iljin in Fußnote 194 das Gedicht) *Der Prophet*. In: Ders., *Die Gedichte*. Aus dem Russischen übertragen von Michael Engelhard. Herausgegeben von Rolf-Dietrich Keil. Frankfurt: Insel 1999, Seiten 278-279.
23. Jean-Jacques **Rousseau** (im Fließtext Seite 63 als geistiger Vertreter eines „sentimentalen Optimismus" bezeichnet)

24. Wassili A. **Schukowski** (Vasilij A. Žukovskij), *Über die Todesstrafe* (О смертной казни, O smertnoj kazni). Полн. собр.соч., т.10. СПб, изд. А.Ф.Маркса (Poln. sobr. sotsch. t. 10. SPb, izd. A. F. Marksa = Gesammelte Werke, Band 10. Sankt Petersburg: A. F. Marx) 1902 [offenbar nicht ins Deutsche übersetzt]. (Fußnote 211).
25. L. Annaeus **Seneca**, *Philosophische Schriften*. Lateinisch und deutsch. Übersetzt, eingeleitet und mit Anmerkungen versehen von Manfred Rosenbach. Sonderausgabe in fünf Bänden. Darmstadt: WBG 2011 (Fußnote 12).
26. **Tatianus** (in Fußnote 52 als Einfluss auf L. Tolstoi erwähnt).
27. **Tertullian** (im Fließtext Seite 280 als „Weltverleugner" bezeichnet).
28. Leo N. **Tolstoi**, *An die Frauen* = das ursprünglich gesondert publizierte Kapitel 40 von *Was sollen wir denn tun?* (ebenda, Band 4, Seiten 244 [ab: „Wie es in der Bibel heißt..."]-263).
29. Leo N. Tolstoi, *Angst vor dem Tode* = die ursprünglich gesondert publizierten Kapitel 27 - 33 (außer 30) von *Das Leben* (ebenda, Seiten 188-239 außer 211-215).
30. Lew Tolstoi, *Auferstehung*. Übersetzt und kommentiert von Barbara Conrad. München: Hanser 2016.
31. Leo N. Tolstoi, *Bruchstücke aus einem Privatbrief aus Anlaß einer Entgegnung auf den Artikel »An die Frauen«* = Anhang von *Was sollen wir denn tun?* (ebenda, Band 4, Seiten 265-271).
32. Leo N. Tolstoi, *Das Gesetz der Gewalt und das Gesetz der Liebe*. Aus dem Russischen von Aron Steinberg. Berlin: Bondy 1909.
33. Leo N. Tolstoi, *Das Leben* = Über das Leben (bei Iljin). Aus dem Russischen von Raphael Löwenfeld. Leipzig: Diederichs, 1902; durchgesehene Neuausgabe mit Anmerkungen und mit einem Nachwort von Paul H. Dörr (= Religions- und gesellschaftskritische Schriften, Band 5). München: Diederichs 1992.
34. Lew N. Tolstoi, *Das Märchen von Iwan dem Dummkopf und seinen beiden Brüdern: dem Haudegen Semjon und dem Dickwanst Taras und ihrer stummen Schwester Malanja, vom alten Teufel*

und den drei Teufelchen. In: Ders., *Volkserzählungen*. Aus dem Russischen von Barbara Conrad und Annelore Nitschke. Mit einem Nachwort, Anmerkungen, Glossar und Zeittafel herausgegeben von Barbara Conrad. Düsseldorf: Artemis & Winkler 2006, Seiten 219-251.

35. Graf Leo Tolstoi, *Das Nichtsthun*. Mit einer Vorrede von Emile Zola und einem Briefe von Alexander Dumas. Berlin: Steinitz 1901.
36. Leo N. Tolstoi, *Das Reich Gottes ist inwendig in Euch oder das Christentum als eine neue Lebensauffassung, nicht als eine mystische Lehre*. Aus dem Russischen von Raphael Löwenfeld (= Gesammelte Werke, II. Serie, Band 8 und 9). Jena: Diederichs 1911.
37. Lew N. Tolstoi, *Der Patensohn*. In: Der., *Volkserzählungen*. Aus dem Russischen von Barbara Conrad und Annelore Nitschke. Mit einem Nachwort, Anmerkungen, Glossar und Zeittafel herausgegeben von Barbara Conrad. Düsseldorf: Artemis & Winkler 2006, Seiten 274-294.
38. Lev N. Tolstoj, *Der Uhrmacher*. Anmerkungen zu diesem Werk von W. Sreznewski unter http://prochtu.ru/text.php?avtor=221&kniga=54&f=html&p=view: „Das Werk entstammte dem Brief L. Tolstojs an Nik. Luk. Osmidow vom 4. Oktober 1886. Zum ersten Mal wurde »Der Uhrmacher« im Jahr 1901 in der Zeitung »Libawskie Nowosti« publiziert. In der Ausgabe von S. A. Tolstoj (»Werke Graf L. N. Tolstojs«, 1911) ist dieses Werk auf das Jahr 1891 datiert, wobei es mit dem Zusatz »Aus nicht veröffentlichten Werken« versehen ist. In den »Gesammelten Werken« aus der Redaktion von P. I. Birjukow (1913) gibt es den Untertitel »Aus den Briefen an W. G. Tschertkow«, datiert auf 1886" [offenbar nicht ins Deutsche übersetzt].
39. Lew N. Tolstoi, *Die Kerze*. In: Ders., *Volkserzählungen*. Aus dem Russischen von Barbara Conrad und Annelore Nitschke. Mit einem Nachwort, Anmerkungen, Glossar und Zeittafel herausgegeben von Barbara Conrad. Düsseldorf: Artemis & Winkler 2006, Seiten 184-194.

40. Leo N. Tolstoi, *Die Leiden* = die ursprünglich gesondert publizierten Kapitel 34 und 35 von *Das Leben* (ebenda, Seiten 240-261).
41. Lew N. Tolstoi, *Drei Gleichnisse*. In: Ders., *Volkserzählungen*. Aus dem Russischen von Barbara Conrad und Annelore Nitschke. Mit einem Nachwort, Anmerkungen, Glossar und Zeittafel herausgegeben von Barbara Conrad. Düsseldorf: Artemis & Winkler 2006, Seiten 329-339.
42. Lew N. Tolstoi, *Ein Roggenkorn so groß wie ein Hühnerei*. In: Ders., *Volkserzählungen*. Aus dem Russischen von Barbara Conrad und Annelore Nitschke. Mit einem Nachwort, Anmerkungen, Glossar und Zeittafel herausgegeben von Barbara Conrad. Düsseldorf: Artemis & Winkler 2006, Seiten 295-298.
43. Lew Tolstoi, *Es ist beschämend*. In: Ders., *Philosophische und sozialkritische Schriften*. Aus dem Russischen übersetzt von Günter Dalitz. Verantwortlicher Herausgeber: Gerhard Dudek. Das Namen- und Werkregister wurde zusammengestellt von Ulrike Hirschberg. (= Gesammelte Werke in zwanzig Bänden. Herausgegeben von Eberhard Dieckmann und Gerhard Dudek, Band 15). Berlin: Rütten und Loening 1974, Seiten 513-519.
44. Leo N. Tolstoi, *Kritik der dogmatischen Theologie* Übersetzt von Karl Ritter (= Sämtliche Werke. Von dem Verfasser genehmigte Ausgabe von Raphael Löwenfeld. II. Serie: Theologische Schriften, zwei Bände). Leipzig: Diederichs 1904.
45. Lew Tolstoi, *Lesekreis* = Für alle Tage (bei Iljin): Ein Lebensbuch von Leo Tolstoi, herausgegeben von Eugen Heinrich Schmitt und Albert Škarvan. Aus dem Russischen von Albert Škarvan. 2 Bände, Dresden: Reißner, 1906-07; Neuausgabe mit einem Geleitwort von Volker Schlöndorf und einem Nachwort von Ulrich Schmid. Auf Grundlage der russischen Ausgabe letzter Hand revidiert und ergänzt von Christiane Körner. München: Beck 2010.
46. Leo N. Tolstoi, *Mein Glaube* = Worin besteht mein Glaube (bei Iljin). Aus dem Russischen von Raphael Löwenfeld.

Leipzig: Diederichs, 1902; durchgesehene Neuausgabe mit Anmerkungen von Evelies Schmidt (= Religions- und gesellschaftskritische Schriften, Band 2). München: Diederichs 1990.

47. Leo N. Tolstoi, *Nachwort zur Kreutzersonate*. Übersetzt von Marie Stellzig, überarbeitet von Josef Hahn. In: Ders., *Die Erzählungen. Band II: Späte Erzählungen 1886-1910*. Aus dem Russischen von Josef Hahn, Marianne Kegel, Marie Stellzig und Mila Stucken. Neu herausgegeben und mit einem Nachwort, Anmerkungen und Zeittafel von Barbara Conrad. Düsseldorf: Artemis & Winkler 2001, Seiten 207-222.
48. Lev Tolstoj, *Religion und Sittlichkeit*. In: Martin George, Jens Herlth, Christian Münch, Ulrich Schmid (Hg.): *Tolstoj als theologischer Denker und Kirchenkritiker*. Übersetzung der Tolstoj-Texte von Olga Radetzkaja und Dorothea Trottenberg, Kommentierung von Daniel Riniker. Göttingen: Vandenhoek & Ruprecht 2014, Seiten 188-210.
49. Lev N. Tolstoj, *Über den Briefwechsel in Moskau* (О переписи в Москве, O perepisi v Moskve). [Москва]: тип. „Соврем. изв." (Moskva: tip. „Sovrem. izv." = Moskau: Verlag „Moderne Nachrichten") 1882 [offenbar nicht ins Deutsche übersetzt].
50. Leo N. Tolstoi, *Über die Bestimmung von Wissenschaft und Kunst* = die ursprünglich gesondert publizierten Kapitel 33-37 von *Was sollen wir denn tun?* (ebenda, Band 4, Seiten 116-172).
51. Lev N. Tolstoj, *Über die Frage der Willensfreiheit* (К вопросу о свободе воли, K voprosu o svobode voli). Москва: „Звезда" Н.Н. Орфенова (Moskva: „Zvezda" N.N. Orfenova = Moskau: „Stern" N. N. Orfenova) 1917 [offenbar nicht ins Deutsche übersetzt].
52. Leo N. Tolstoi, *Verschiedene Gedanken* = die ursprünglich gesondert publizierten Kapitel 12 und 13 sowie andere Teile von *Das Leben* (ebenda, Seiten 98-110 und andere).
53. Lew Tolstoi, *Vorwort zu dem Sammelband »Der Blumengarten«*. In: Ders., *Ästhetische Schriften*. Aus dem Russischen

übersetzt von Günter Dalitz. Verantwortlicher Herausgeber: Gerhard Dudek. (= Gesammelte Werke in zwanzig Bänden. Herausgegeben von Eberhard Dieckmann und Gerhard Dudek, Band 14). Berlin: Rütten und Loening 1984, Seiten 303-305.

54. Lew Tolstoi, *Vorwort zu den Werken Guy de Maupassants*. In: Ders., *Ästhetische Schriften*. Aus dem Russischen übersetzt von Günter Dalitz. Verantwortlicher Herausgeber: Gerhard Dudek. (= Gesammelte Werke in zwanzig Bänden. Herausgegeben von Eberhard Dieckmann und Gerhard Dudek, Band 14). Berlin: Rütten und Loening 1984, Seiten 306-329.
55. Lev N. Tolstoj, *Vorwort zum Artikel Carpenters „Moderne Wissenschaft"* (Предисловие к статье Эдуарда Карпентера «Современная наука», Predislovie k statje Eduarda Karpentera «Sovremennaja nauka».) In: „Северный вестник" („Severnyj vestnik" = „Der nördliche Verkünder"), Nr. 3, 1. März 1898, St. Petersburg, Seiten 199-206 [offenbar nicht ins Deutsche übersetzt].
56. Lew Tolstoi, *Vorwort zu W. von Polenz´ Roman »Der Büttnerbauer«*. In: Ders., *Ästhetische Schriften*. Aus dem Russischen übersetzt von Günter Dalitz. Verantwortlicher Herausgeber: Gerhard Dudek. (= Gesammelte Werke in zwanzig Bänden. Herausgegeben von Eberhard Dieckmann und Gerhard Dudek, Band 14). Berlin: Rütten und Loening 1984, Seiten 336-344.
57. Lew N. Tolstoi, *Was ist Kunst?* In: Ders., *Über Literatur und Kunst*. Aus dem Russischen. Übersetzung von Günter Dalitz. Auswahl und Nachwort von Gerhard Dudek. Frankfurt am Main: Röderberg 1980, Seiten 7-198.
58. Leo N. Tolstoi, *Was sollen wir denn tun?* Aus dem Russischen von Raphael Löwenfeld. Leipzig: Diederichs, 1902; durchgesehene Neuausgabe mit Anmerkungen und einem Nachwort von Paul H. Dörr (= Religions- und gesellschaftskritische Schriften, Band 3 und 4). München: Diederichs 1991.

59. Leo N. Tolstoi, *Wissenschaft und Moral* = wahrscheinlich die ursprünglich gesondert publizierte Einleitung von *Das Leben* (nicht bestätigt).
60. Leo N. Tolstoi, *Worin besteht das Glück?* = das ursprünglich gesondert publizierte Kapitel 10 von *Mein Glaube* (ebenda, Seiten 229-272).
61. **Unbekannt** (russisches Sprichwort): „Die fremde Seele ist eine Finsternis" (Fließtext Seite 203f.).
62. Leonardo da **Vinci**, *The Literary Works of Leonardo da Vinci*. Compiled and edited from the original manuscripts by Jean Paul Richter. 2 volumes. London: Sampson Low, Marston, Searle & Rivington 1883. Volume II, page 310 (Maxime Nr. 1219: „Why did nature not ordain that one animal should not live by the death of another?", bei Iljin: „Die Menschen [leben] auf Kosten des Lebens der anderen", Fließtext Seite 243).

Schriftstellenverzeichnis

Markus

Lukas

Nikolai P. Poltorazkij:

„Pro et Contra“ Die Polemik um die Ideen I. A. Iljins über den gewaltsamen Widerstand gegen das Böse

I.
Das Buch und die Ideen Iljins.
Die Etappen der Polemik.

1.

Einige wenige Informationen, die sich auf die Entstehungsgeschichte seines Buches beziehen, kann man in den noch nicht publizierten Erinnerungen Iljins finden. Dort erfahren wir, dass Iljin etwa ein Jahr nach seiner Verbannung aus dem sowjetischen Russland an der Grippe erkrankte. Er konnte lange nicht genesen, und im Frühling 1924 diagnostizierten die Ärzte bei ihm eine Lungenentzündung (eine Folge der Krankheit von 1916). Iljin musste mit seiner Frau aus Berlin nach Süden fahren, nach Österreich und Italien, und diese Reise dauerte von Mai 1924 bis März 1925. Auf dieser Reise, seit Juli 1924, begann er, das Buch „Über den gewaltsamen Widerstand gegen das Böse" zu schreiben. Die für diese Arbeit notwendige jesuitische Literatur fand Iljin zum Teil in der Bibliothek Uffizi in Florenz und in der Bibliothek Sanremo. Er arbeitete ebenfalls in Siusi und Meran. Eben damals, am 26. August 1924, hat der Künstler Georgij Georgiewitsch Gabritschewskij in Siusi auch das Portrait Iljins angefertigt, welches man in der zweiten Ausgabe seines Buchs finden kann.

Im Frühling war das Buch fertig und wurde in Berlin am 27. Juni 1925 veröffentlicht.

2.

Wie Iljin im Vorwort erklärt, waren der Grund für das Abfassen seines Buches die schrecklichen und schicksalsbestimmenden Ereignisse, die Russland heimgesucht haben und „alle falschen Grundlagen, Verirrungen und Vorurteile, auf denen die Ideologie der ehemaligen russischen Intelligenz errichtet wurde," niedergestürzt haben, und welche Russland „zur Verwesung und zum Niedergang" geführt haben. Seine Aufgabe sah der Autor darin, diese falschen Grundlagen, Veränderungen und Vorurteile zu entlarven und ihnen die religiöse und staatliche Weisheit und Kraft „der östlichen Orthodoxie und besonders der russischen Orthodoxie" entgegenzusetzen.

Produkt dieses gleichzeitig negativen und positiven Ansatzes wurde auch dieses Buch, das formal aus 22 Kapiteln besteht (faktisch aus der „Einführung" und 21 Kapiteln), die im Ganzen eine Reihe verschiedener Themen behandeln, die sich auf ein Gesamtproblem des gewaltsamen Widerstands gegen das Böse beziehen.

Kurz nach der Veröffentlichung des Buches erfuhr Iljin, dass P. B. Struwe im Begriff war, in „Wozroschdenie" („Возрождение") einen Artikel darüber zu schreiben, und Iljin schrieb in einem noch nicht publizierten Brief an Struwe vom 19. Juli 1925 das, was er selbst einen „kleinen Kommentar" zu seinem Buch nannte. Dieser Kommentar kann als eine Art Schlüssel zum Buch dienen, der es erlaubt, seine innere Struktur und die Gesamtidee noch besser zu verstehen.

Iljin schrieb, dass das Buch in vier Teile gegliedert ist:

1) Kapitel 1–8 (d. h. „Einführung", „Über die Selbstauslieferung an das Böse", „Über das Gute und das Böse", „Über die Erzwingung und die Gewalt", „Über die psychische Nötigung", „Über die physische Nötigung und Unterdrückung", „Über die Kraft und das Böse", „Die Problemstellung") – dies ist „die Reinigung des Weges von dem Müll, es ist Erklärung, Verfeinerung, Wegfegen des Unkrauts aus den Gedanken, Gefühlen und dem Willen; die Aufstellung des Problems";

2) Kapitel 9–12 („Über die Moral der Flucht", „Über die Sentimentalität und den Genuss", „Über den Nihilismus und

das Mitleid", „Über die weltablehnende Religion") – dies ist „die Bestattung des einbalsamierten Tolstoi";

3) Kapitel 13–18 („Die elementaren Grundlagen", „Über den Betrachtungsgegenstand Liebe", „Über die Grenzen der Liebe", „Über die Artveränderungen der Liebe", „Über die Verbindungen der Menschen im Guten und Bösen", „Die Begründung der sich widersetzenden Kraft") sind „Lösung des Problems – Beginn: Schlag zu, doch wann? Jedoch bis wann? Ab wann? Wen? Warum? Weshalb?";

4) Kapitel 19–22 („Über das Schwert und die Gerechtigkeit", „Über die falschen Lösungsansätze des Problems", „Über den geistigen Kompromiss", „Über die Reinigung der Seele") sind „Lösung des Problems – Ende: Reinige dich, jedoch wovon? Warum? Wozu?". Iljin ergänzt hier: „Im Kapitel 20 (‚Über die falschen Lösungsansätze des Problems') gibt es eine Distanzierung von der Verlockung Luthers und der Jesuiten. Der Hauptunterschied dieses Kapitels – ‚Ungerechtigkeit', ‚Sünde' – wird von mir bewusst eingeführt, in ihm liegt die Wurzel der ganzen Lösung …".

Dieser Plan seines Buches zeigt eindeutig, dass – wie Iljin scherzhaft formulierte – „die Bestattung des einbalsamierten Tolstoi" nicht das Hauptanliegen des Autors war. In demselben Brief spricht Iljin direkt, indem er seine Grundidee äußerst deutlich und genau formuliert:

„Das Buch ist nicht als Antithese zu Tolstoi gedacht, sondern wie Antithese + Synthese der richtigen Lösung:

Widerstehe immer mittels der Liebe:

a. durch Selbstvervollkommnung
b. durch Geistige Erziehung der anderen
c. durch das Schwert.

Ich suchte nicht nur Tolstoi zu widerlegen, sondern auch den Beweis dafür zu bringen, dass der Schwertträger zur Liebe nicht weniger, sondern mehr fähig ist als der Widerstandslose. Kurz, ich suchte die Lösung auf die Fragen, die Lösung, die vor dem Antlitz Gottes religiös richtig ist; ich denke, dass sie in dem alten Geiste der Orthodoxie enthalten war".

Bereits aus diesem Kommentar Iljins ist deutlich sichtbar, wie aufrichtig und tiefgründig das ganze Problem der Widerstandslosigkeit und des Widerstandes gegen das Böse mittels der Kraft von ihm analysiert wurde. Es erstaunt die außergewöhnliche Methodik bei der Erörterung und Lösung dieses Problems. Iljin beginnt mit der Klärung der Grundbegriffe; er ebnet quasi den Weg für die Fragestellung. Und indem er den Weg geebnet hat, formuliert er die Frage selbst. Und darauf erörtert er Kapitel für Kapitel verschiedene Seiten des Problems und findet dessen richtige Lösung.

Wie war die Reaktion der russischen Leser auf Iljins Buch „Über den gewaltsamen Widerstand gegen das Böse"?

3.

Wie zu erwarten war, war die Reaktion nicht einheitlich und führte zu einer heftigen Polemik. Die Polemik gegen die Ideen und das Buch Iljins entstand allerdings bereits noch vor der Veröffentlichung des Buches und durchlief vier Grundetappen.

Die erste Etappe begann damit, dass Iljin, indem er seine sittlich-philosophische Untersuchung beendete, daraus praktische Schlussfolgerungen im Hinblick auf die jüngste russische Geschichte zog. Zu Beginn des Sommers 1925 trat er mit öffentlichen Vorträgen in verschiedenen Ländern der russischen Diaspora auf, und darauf, am 17. Juni, veröffentlichte er in der 15. Zeitungsausgabe von „Wozroschdenie" („Возрождение") den Artikel „Die Idee Kornilows. Auszüge aus der in Prag, Berlin und Paris vorgetragenen Rede". In diesem Artikel erwähnte Iljin die bevorstehende Veröffentlichung seines Buches und stellte einige seiner Grundideen vor. Da eben die Vorträge und der Artikel als Signal zu der ganzen Polemik dienten, werden wir deren Inhalt nach Möglichkeit etwas ausführlicher darlegen.

Iljin beginnt seinen Artikel mit der allgemeinen Charakteristik des Helden und seiner Bedeutung für das Volk, das ihn hervorgebracht hat. Iljin zählt Lawr Georgijewitsch Kornilow zu den russischen Nationalhelden und warnt, dass er nicht über das Leben und die Persönlichkeit Kornilows sprechen werde, sondern über seine Idee. Die Idee Kornilows ist für Iljin die Idee des orthodoxen Schwertes.

Iljin nimmt an, dass einer der Gründe, weswegen Russland vom Unglück heimgesucht wurde, die falsche Konstitution des russischen Charakters und der russischen Ideologie war, hauptsächlich bei der Intelligenz. Besonders schädlich gemäß den Folgen sei die Lehre Tolstois über die Widerstandslosigkeit gegenüber dem Bösen gewesen. „Indem sie sich den listigen Schein der einzig richtigen Deutung der christlichen Offenbarung verlieh, hat diese Lehre lange Zeit sehr vielen Menschen eingeflößt, dass die Liebe humane Anteilnahme sei; dass die Liebe das Schwert ausschließe; dass jeglicher Widerstand gegen einen Übeltäter mittels der Kraft bösartige und verbrecherische Gewalt sei; dass nicht derjenige liebe, der kämpft, sondern derjenige, der den Kampf flieht; dass lebendige und patriotische Desertion die Manifestation der Heiligkeit sei; dass man das Werk Gottes um der eigenen moralischen Gerechtigkeit willen verraten könne und solle …“ Die Aufgabe seiner Untersuchung sah Iljin zum Teil darin, dass er „versucht, den richtigen Ausweg und die richtige Lösung der Frage zu finden, ein für alle Mal diese Tolstoi-Seite der russischen nihilistischen Moral umzuwälzen und die alte russisch-orthodoxe Lehre über das Schwert in all ihrer Kraft und Herrlichkeit wiederherzustellen …“.

Iljin musste zuerst die christliche Lehre über die Liebe, über die Menschenliebe vor allem, von dem sentimentalen Moralismus reinigen. Das Christentum ruft dazu auf, den Menschen zu lieben, dabei sieht es jedoch in dem Menschen „kein leidendes, sondern ein geistiges Wesen, das sich zu Gott als zu seinem himmlischen Vater wendet. Das Evangelium lehrt, vor allem und mit allen Kräften Gott zu lieben; und dies ist das erste, das große Gebot; die Liebe zum Menschen steht lediglich an zweiter Stelle. Und dies jedoch nicht deswegen, weil Gott höher ist als der Mensch, sondern auch noch deshalb, weil nur in Gott und durch Gott der Mensch seinen Nächsten, seinen Bruder, in dem einen himmlischen Vater findet". Der Appell Christi, die Feinde zu lieben, hat sich auf die Feinde des Menschen bezogen, jedoch nicht auf die Feinde Gottes. Der Appell, die Beleidigungen zu verzeihen, bezog sich auf persönliche Beleidigungen. „Niemand ist berechtigt, fremde Beleidigungen zu verzeihen, oder den Übeltätern die Möglichkeit zu geben, die Schwachen zu kränken, die Kinder zu verderben, die Kirchen zu entheiligen und die Heimat zu zerstören". So hat die christliche Liebe nicht nur eine festigende, sondern auch eine verneinende Gestalt. Ein Christ muss daran denken, „dass in jenem großen historischen Moment die göttliche Liebe in der Gestalt des Zorns und der Geisel aus dem Tempel die blasphemisch-niederträchtige Schar vertrieb; ferner muss er auch daran denken, dass alle Propheten, Herrscher, Richter, Erzieher und Krieger vor ihrem geistigen Auge die Gestalt dieses gerechten Zorns haben müssen und nicht an der Gerechtigkeit ihrer Tat zweifeln dürfen". Der von der Liebe zu Gott, zu den Heiligtümern, zur Heimat und zum Nächsten inspirierte Kampf gegen die Übeltäter ist notwendig. Und im Kampf darf nicht „das Schwert verurteilt werden, sondern böse und eigennützige Gefühle in der Seele des Kriegers. Die Liebe lehnt nicht den unterdrückenden Kampf gegen den Übeltäter ab, sondern nur bösartige Wünsche in diesem Kampf".

Diese Auffassung von der Idee der Liebe und des Schwertes ist weiterhin mit leitenden Gestalten des Erzengels Michael und Georgs des Drachentöters verbunden, und sie wurde durch die Lippen des Vertreters der alten russischen Orthodoxie, des Heiligen Feodosij von Kiew ausgesprochen: „Lebt in Frieden nicht nur mit euren Freunden, sondern auch mit euren Feinden; jedoch nur mit den eigenen Feinden, aber nicht mit den Feinden Gottes". Iljin fügt hinzu: „Eben diese Liebe lehrten uns unsere Hierarchen und Gottgefälligen; auf diese Weise trugen die russischen orthodoxen Zaren und ihre treuen Bojaren ihr Schwert; auf diese Weise dienten und gaben die orthodoxen Krieger ihr Leben hin" – unter ihnen auch der russische Nationalheld Lawr Georgijewitsch Kornilow. „Und wir werden dann siegen", sagt Iljin zum Schluss, „wenn unser Schwert wie Liebe und Gebet sein wird, unser Gebet und unsere Liebe aber das Schwert! ...".

Auf diese Weise waren das Problem und dessen Lösung durch Iljin scharf und nicht doppeldeutig ausformuliert. Die Reaktion folgte unaufhaltsam.

4.

Die erste uns bekannte, polemische Reaktion gegen die Ideen Iljins war der Artikel eines nicht ausländischen, sondern sowjetischen Autors – Michael Kolzow – in der Moskauer Zeitung der Bolschewiki „Pravda" („Правда") vom 19. Juni 1925. Es gab eine Reaktion – jedoch nicht in den öffentlichen Medien – von Maxim Gorki. In der ausländischen russischen Presse reagierte als erstes, wie auch zu erwarten war, der Hauptkontrahent der Zeitung „Wozroschdenie" („Возрождение"), die Zeitung des P. N. Miljukow „Poslednie novosti" („Последние новости"). In ihr erschienen zwei Artikel von I. Demidow, die durch einen weiteren Artikel von N. P. Wakar unterstützt wurden. Zweimal trat auch Leonid Dobronrawow in der wöchentlichen Zeitung „Rodnaja zemlja" („Родная земля") gegen Iljin auf.

Die positiven Reaktionen auf die Ideen Iljins über den gewaltsamen Widerstand kamen auf der ersten Etappe von einem anonymen Autor in der Zeitung „Russkaja gazeta" („Русская газета"), von P. B. Struwe (in „Wozroschdenie", „Возрождение"), W. Ardennskij (in „Novie russkie westi", „Новые русские вести"), W. M. und W. Dawatc (in „Russ", „Русь"), von einem weiteren anonymen Autor (in „Eschenedelnik Vis-schego monarchitscheskogo soveta", „Еженедельник Высшего монархического совета") und von P. Petropawlow (in „Revelskoe slovo", „Ревельское слово").

Im Herbst des Jahres 1925 ruhte die Polemik ein wenig. Ihre zweite Etappe begann mit dem Erscheinen des Artikels von S. N. Hippius in „Poslednie novosti“ („Последние новости“) vom 25. Februar 1926. Dieses Mal waren die „Poslednie novosti“ („Последние новости“) noch zusätzlich unterstützt von A. F. Kerenskij's Zeitung „Dni“ („Дни“; und weitere Artikel von anonymen Autoren). Doch die Hauptrolle beanspruchte für sich die Zeitschrift „Put“ („Путь“; Nikolaj Berdjajew) und „Sovremennie zapiski“ („Современные записки“; S. N. Hippius, F. A. Stepun und W. W. Zenkowski). Berdjajew wurde vorbehaltslos von J. Eichenwald unterstützt. Zum Schutz Iljins und seiner Ideen fühlten sich in „Wozroschdenie“ („Возрождение“) Peter Struwe und Prof. A. Bilimowitsch verpflichtet.

Die dritte Etappe der Polemik ist damit verbunden, dass Iljin am 9. März 1931 in Riga den Vortrag mit dem Titel „Über den Widerstand gegen das Böse mittels der Kraft“ hielt. In der Zeitung „Segodnja wetscherom“ („Сегодня вечером“) gab es eine Reaktion darauf von Kejchel und einem gewissen F. S..

Die vierte Etappe dieser Polemik findet in den 40er und 50er Jahren des 20. Jahrhunderts statt, als Iljin und seine Opponenten Schlussfolgerungen aus der Polemik zogen. Die wesentlichen Momente auf dieser Etappe waren die Veröffentlichungen zweier Grundwerke über die Geschichte der russischen Philosophie von W. Zenkowski und N. O. Losskij, und der Tod Iljins im Jahr 1954, welcher der Presse einen Anlass zur Veröffentlichung eines zusammenfassenden Artikels über ihn gab.

Ihr Apogäum erreichte die Polemik natürlich auf ihrer zweiten Etappe, im Jahr 1926, als sich alle – jedoch mit der wesentlichen Ausnahme von N. O. Losskij – in dieser Thematik überaus kompetenten Personen aussprachen.

Iljin antwortete seinen Opponenten in der Presse dreimal: gesondert an I. Demidow und an N. A. Berdjajew in „Wozroschdenie“ („Возрождение“), und zusammenfassend in der Zeitung „Novoe vremja“ („Новое время“). Doch er kehrte auch später nicht selten zum Problem des Widerstands gegen das Böse mittels der Kraft zurück – nicht nur in seinem Riga-Vortrag, sondern auch beiläufig in seinen vielen Artikeln und Büchern.

Zum Zwecke einer vollen und systematischen Wiedergabe der Ideen der Teilnehmer dieser Polemik wollen wir im Folgenden von dem chronologischen Prinzip abweichen und alle Veröffentlichungen auf drei Grundkategorien reduzieren: Contra, Pro, und die Antworten Iljins.

II.
Contra

Die Ideengegner Iljins kann man in drei Hauptlager aufteilen – das Lager der Bolschewiki, das republikanisch-demokratische Lager und das religiös-philosophische Lager:

1.

Das Lager der Bolschewiki. Zu der Zeit, als das Buch Iljins veröffentlicht wurde, herrschte im sowjetischen Russland noch die Ordnung der Neuen Ökonomischen Politik (Abkürzung NEP). Im Unterschied zu den folgenden 30er Jahren der Stalinregierung, in der selbst über das Faktum der Existenz der russischen Emigration zu schreiben nicht erlaubt war, achtete die sowjetische Presse in den 20er Jahren mit besonderer Aufmerksamkeit auf die Emigration und reagierte schnell auf einige Ereignisse in deren Leben.

1) Bereits am 19. Juni 1925 erschien in der Zeitung „Pravda" („Правда"; Nr. 137) der Artikel von Michail Kolzow „Omoloschennoe evangelie" („Омоложенное евангелие"; Übersetzung: „Das erneuerte Evangelium") – bezogen auf den Vortrag von Iljin über die Ideen Kornilows. Kolzow bezeichnet diesen Vortrag als „theologisch-ethisch" und dessen Pointe wird darauf reduziert, dass der Dienst gegenüber Gott „Rücksichtslosigkeit gegenüber dem Menschen fordert. Das Mitleid gegenüber dem Menschen aber erweist

sich manchmal als Verrat an der göttlichen Sache“, denn der Mensch, der in sich die Gestalt Gottes vernichtet hat, hat nicht Wohlwollen nötig, sondern Zorn. Mit dem Erscheinen des „religiösen Reformators“ Iljin, schreibt Kolzow, werden alle früheren „widerstandslosen Dingsda in der Kirche aufgehoben“, und „eine neue christliche Theorie: über den Widerstand gegen das Böse“ wird postuliert, die bestätigt, dass „es Menschen gibt, für die es besser ist, zu sterben“, und dass „die Liebe dort endet, wo das Böse beginnt!“. Doch bei Iljin „gibt es außer den geistigen auch noch weltliche Verpflichtungen“. Und wenn er „den tadellosen Mord“ predigt, lehrt er: „Wir sind weder die Linken noch die Rechten! Wir sind russische Patrioten!“ – und postuliert tatsächlich zusammen mit Peter Struwe, „einen neuen Brand der patentierten Orthodoxie, mit der Rechtfertigung des Judenpogroms, des Bürgerkriegs und des weißen Terrors“.
So heftig und falsch stellte Michail Kolzow, einer der populärsten sowjetischen Feuilletonisten, den Lesern der „Prawda“ („Правда“) die Ideen Iljins vor.

2) Zur selben Zeit befindet sich der Sturmvogel der russischen Revolution, Maxim Gorki, noch in Italien, in Sorrento, und formell gehörte er zur Emigration, doch im Geiste war er bereits ganz und gar auf der Seite der sowjetischen Regierung, soweit es bekannt ist. Gorki hat sich in der Presse über die Ideen Iljins nicht ausgesprochen. Jedoch reagierte er auf das Buch Iljins in nicht veröffentlichten Artikeln und Briefen.
So schrieb Gorki in seinem Brief an K. Fedin vom 17. Dezember 1925, dass „Professor Iljin ‚eine Religion der Rache‘ ausgedacht hat, indem er sich auf das Evangelium stützte“. Später, in einem Brief an M. M. Prischwin vom 15. Mai 1927, hat Gorki diesen Gedanken verändert und ihn weiter auseinandergelegt: „Professor Iljin schreibt und erdichtet, indem er sich auf das kanonische Evangelium, auf die Kirchenväter, auf die Theologen und auf seinen verfaulten, jedoch scharfen Verstand stützt, das Evangelium der Rache, in wel-

chem er beweist, dass man Menschen nicht töten darf, außer sie sind Kommunisten". [...]

2.

Das republikanisch-demokratische Lager. Dieses Lager in der russischen ausländischen Presse war in erster Linie durch die Zeitung „Poslednie novosti" („Последние новости") und „Dni" („Дни") vertreten.

1) Soweit man feststellen konnte, war die erste feindliche ausländische Reaktion auf die Ideen Iljins über den Widerstand gegen das Böse mittels der Kraft der Artikel von I. Demidow „Tworimaja legenda" („Творимая легенда", Übersetzung: „Die erschaffene Legende") in der Zeitung „Poslednie novosti" („Последние новости") vom 25. Juni 1925. Igor Platonowitsch Demidow (1837–1947), in der Vergangenheit Kadett und Mitglied der vierten Staatsduma, war in der Emigration die rechte Hand von P. N. Miljukow in seiner Zeitung „Poslednie novosti" („Последние новости").
In dem Artikel Iljins „Ideja Kornilova" („Идея Корнилова", Übersetzung: „Die Idee Kornilows") erblickte Demidow den erneuten Versuch – es hatte schon mehrere in der Geschichte gegeben, einschließlich der Zeit der Kreuzritter –, „nicht nur das Schwert aus der christlichen Perspektive zu rechtfertigen, sondern auch es zu kanonisieren – das Kreuz in das Schwert zu verwandeln und es in die Hand der Menschheit zu legen, als eine Waffe, welche Christus für den Kampf gegen das Böse vermachte". Indem Iljin die Gestalt Christi anführt, welche die Händler aus dem Tempel vertrieb, gibt er das Recht auf die Geißel und auf das Schwert allen Propheten, Herrschern, Richtern, Erziehern und Kriegern, welche er der verderblich-blasphemischen Schar entgegensetzt. Demidow setzt fort: „Dies geziemt auch einem neuerschienenen, taktischen Nachfolger der Bolschewiki, der ebenfalls offen anerkennt, dass ‚die organisierte klassische

Minderheit' notwendigerweise immer das Recht hat, einer verderblich-blasphemischen Schar Vorschriften zu geben“. Die ganze schwierige religiös-philosophische Prozedur, auf welche Iljin sich bezieht, braucht er, wie Demidow bestätigt, allein „zur Erleuchtung“ der Gestalt der Monarchie und zur Verunglimpfung der Idee der Demokratie. Es wird gefordert: „Wir mögen durch das Erbarmen Gottes bestehen...“. Demidow zieht die Schlussfolgerung und lehnt kategorisch die Idee des geweihten Schwertes in jeglicher Bedeutung ab, ob diese Idee nun „christlich-kirchlich oder christlich-national oder christlich-staatlich“ sei. Seiner Meinung nach ist die Moral, gegen welche Iljin kämpft, nicht die Tolstois, sondern die authentische christliche Moral, diejenige des Neuen Testaments. Und wie beschaffen das versprochene Buch Iljins auch sein mag, „eine Lüge bleibt immer eine Lüge“.
Auf diesen Artikel Demidows reagierte in „Wozroschdenie“ („Возрождение“) P. B. Struwe. Er war empört, dass Demidow Iljin in einen taktischen Nachfolger der Bolschewiki verwandelte und über die Sünden der Kreuzritter schrieb, anstelle „sich und uns“ zu erklären, „welches – aus seiner Perspektive – Schwert der Gottselige Sergij von Radonesch segnete und mit welchem Schwert die Mönche Pereswet und Osljabja den Kampf führen?“
Demidow antwortete Struwe mit dem Artikel „Put utschenitschestva“ („Путь ученичества“, Übersetzung: „Der Weg der Belehrung“) in der Zeitung „Poslednie novosti“ („Последние новости“) vom 2. Juli. Er behauptete, dass er nur über die Taktik Iljins und der Bolschewiki spreche, und dass er den Gottseligen Sergij „mit seiner ganzen Seele“ annehme. Unterdessen erklärte er gleichzeitig, dass sowohl die Kreuzritter als auch der Gottselige Sergij auf gleiche Weise „uns über das Schwert erzählen, welches von der Kirche gesegnet war. Man darf das eine nicht wegwerfen, das andere aber annehmen, ... hier handelt es sich nicht um das eine und um das andere, sondern um ein und dasselbe“. Indem Demidow wieder auf Iljin zu sprechen kommt, bezieht er sich

jetzt nicht nur auf dessen Artikel „Ideja Kornilova" („Идея Корнилова", Übersetzung: „Die Idee Kornilows"), sondern auch auf die Auszüge aus dessen Rede „O soprotevlenii zlu" („О сопротевлении злу", Übersetzung: „Über den Widerstand gegen das Böse"), veröffentlicht in der Ausgabe Nr. 1571 der „Poslednie novosti" („Последние новости") vom 9. Juni. Demidow meint, dass Iljin in dieser Rede „nicht nur über das Schwert des Kriegers, sondern auch über das Schwert des Henkers" spricht, und die Hinrichtung nicht einfach als ein Faktum anerkennt, sondern sich bemüht, sie „zu heiligen und zu segnen", indem er dadurch „nicht zur christlichen, sondern zur antichristlichen Schlussfolgerung" gelangt, die eine Ablehnung der neutestamentarischen Lehre über die Liebe bedeutet.

2) Die Reaktion Demidows blieb nicht ohne eine Antwort Iljins (darüber an einer anderen Stelle). Dies verleitete einen anderen Mitarbeiter der Zeitung „Poslednie novosti" („Последние новости"), N. P. Wakar (er emigrierte in die Vereinigten Staaten, wo er zum Professor wurde), dazu, in der Ausgabe Nr. 1623 der „Poslednie novosti" („Последние новости") vom 9. August 1925 einen Artikel mit dem Titel „Po povodu ‚metscha'" („По поводу ‚меча'", Übersetzung: „Bezüglich ‚des Schwertes'") zu veröffentlichen.
Wakar behauptet, dass Iljin den Kampf gegen das Böse „nur als Widerstand" begreift. Die Erklärungen Iljins darüber, dass die orthodoxe „Beweisgrundlage" des Schwertes nicht dasselbe wie dessen „Rechtfertigung" oder „Heiligung" sei, fügen, nach der Meinung Wakars, dessen Grundbehauptung Schaden zu. „Die Beweisgrundlage" für das Schwert und die Hinrichtung werden bei Iljin ihrem Wesen nach „lediglich auf ihre Zulassung durch das christliche Bewusstsein reduziert, was offensichtlich nicht ein und dasselbe ist". Und wenn es sich lediglich um die Zulassung handelt, „weshalb im Grunde dann der Aufwand: das christliche Bewusstsein ist in den letzten 17 Jahrhunderten noch viel wei-

ter gegangen und hat nicht nur ‚zugelassen', sondern predigte auch selbst durch die Lippen der Kirche“, sowohl im Katholizismus als auch in der russischen Orthodoxie, „die Bewaffnung mit dem Schwert“.
Doch hinter dem „Widerstand gegen das Böse“ und „dem Schwert“ Iljins verbirgt sich in der Tat „ein anderes Problem, ein bei weitem wesentlicheres und bedeutenderes“: „Wie soll man dieser Welt dienen, dem Mammon, und ein ruhiges Gewissen vor dem Herrgott bewahren?“ Die Lösung dieses Problems bei Iljin, wie Wakar feststellt, ist nicht neu. Doch Iljin verleiht den Worten des Apostels Paulus (Röm 13,3-5) einen „formal-normativen Sinn“, und indem er das 13. Kapitel zitiert, lässt er das 12. Kapitel außer Acht. Bei Apostel Paulus (Röm 12,20-21) gibt es „keinen Widerstand gegen das Böse (Altes Testament), sondern die Überwindung und Verwandlung des Bösen und die Verklärung des Übeltäters (Neues Testament).“ Iljin aber erhebt „die menschliche Hilfe zum christlichen Gebot“.

3) Ebenso wie „Poslednie novosti“ („Последние новости“) trat in die Polemik gegen Iljin und „Wozroschdenie“ („Возрождение“) auch eine weitaus weniger bekannte Zeitung, A. F. Kerenskij's „Dni“ („Дни“), ein. Als auf der zweiten Etappe, Ende Februar 1926, in „Poslednie novosti“ („Последние новости“) der Hippius-Artikel „Predostereschenie“ („Предостережение“, Übersetzung: „Die Vorwarnung“) erschien, veröffentlichte „Dni“ („Дни“) sofort den Artikel „Woenno-polevoe bogoslovie“ („Военно-полевое богословие“, Übersetzung: „Die militärische Feldherrntheologie“, von einem anonymen Autor), in welchem man den Lesern mitteilte, dass Hippius „die schon längst verdiente Schmährede an den Pseudophilosophen, Herrn Iljin, präsentiert habe, der auf den Seiten von „Wozroschdenie“ („Возрождение“) vor sich her plappere“. „Dni“ („Дни“) benutzten mit zusätzlichen Kommentaren Hippius' Worte, welche angeblich davon zeugten, dass Iljin sich

„in der Inkubationsphase der Besessenheit" befunden habe, was ebenfalls Anlass dazu gebe, sich um die Gesundheit des namhaften Komsomolzen zu sorgen, welcher „Wozroschdenie" („Возрождение") editiert, und dass die neueste Aufgabe Iljins die militärische Feldherrntheologie und Henkerstätigkeit sei. „Dni" („Дни") äußerten im Schlussteil: „Wir hatten bereits die Möglichkeit, die besonderen Eigenschaften der ‚Religiosität' der wozroschdeniskaja Zeitung [Wortspiel mit dem Namen der Zeitung; soviel wie: Erneuerungszeitung] anzumerken. Die Henkerstätigkeit des Herrn Iljin vervollkommnet und schmückt lediglich die Religion der Schatztruhe des K. Saizew". Auf diese Weise wurden gleichzeitig die drei publizistischen Ideensäulen der damaligen Zeitung „Wozroschdenie" („Возрождение"), I. A. Iljin, P. B. Struwe und K. I. Saizew (später Archimandrit Konstantin), zu Schanden gemacht.

4) Der Artikel Berdjajews in „Put" („Путь"), Ausgabe Nr. 4 von 1926 (darüber und auch über den Artikel von Hippius soll später gesprochen werden) gab Anlass und Grund für einen Angriff auf Iljin in einer Sommerausgabe von „Put" („Путь") durch einen anonymen Autor, der sich hinter dem Namen „Zerkownik" („Церковник") verbarg. Sein Artikel besteht fast ausschließlich aus sehr ausführlichen Zitaten und Nacherzählungen einiger überaus „schlagfertiger" Stellen aus dem Artikel Berdjajews. Doch es gibt auch politische Ergänzungen. So schreibt „Zerkownik" („Церковник") zum Beispiel: „Professor I. A. Iljin hat die Ideologen-Rolle der rechten Emigration auf sich genommen und macht den Versuch, aus der Perspektive der Philosophie, der Religion und der Heiligen Schrift die Authentizität der Bemühungen der Rechten zur Macht und Authentizität ihrer Methode des Kampfes gegen ‚die Bosheit der Revolution' zu begründen". Indem „Zerkownik" („Церковник") den allgemeinen Sinn des Artikels Berdjajews über das Buch Iljins, in den Worten Berdjajews: „WeTscheKa" [bolschewistische

Staatspolizei] im Namen Gottes, für weitaus widerwärtiger erachtet als „WeTscheKa“ im Namen des Teufels, macht er ohne jegliches Zögern auch den nächsten Schritt, und indem er von WeTscheKa zum Tschekisten gelangt, betitelt er seinen Artikel mit „Tschekist im Namen Gottes“. Dabei setzt er diesen Titel in Anführungsstriche, als ob dies ein direktes Zitat von Berdjajew wäre. Der Artikel von „Zerkownik“ („Церковник“) endet nicht weniger energisch: „Das Buch von I. A. Iljin ist die Schmähung des Geistes!“

5) Im Herbst, am 30. Oktober 1926, kehrte „Dni“ („Дни“) erneut auf Iljin zurück, jedoch beiläufig. „Dni“ („Дни“) sprach über „die Russische Agrargruppe in der Tschechoslowakei“, [...] über die Kommentare dazu in der Zeitung „Wozroschdenie“ („Возрождение“) und beendete den Artikel unerwartet mit folgenden Worten: „In Struwes Zeitung wird Faschismus gepredigt – ‚eine Armee in Gehröcken‘ Schulgins und Fanatismus –, die mystische Rechtfertigung der Geißel des Herrn Iljin, ferner auch die äußere und innere Unterdrückung“.

6) Außer solchen linken russischen Veröffentlichungen wie „Poslednie novosti“ („Последние новости“) und „Dni“ („Дни“), die in der Hauptstadt der russischen Emigration, in Paris, erschienen, hatten ebenfalls auch einige provinziale Editionen eine bestimmte Bedeutung, die Zeitungen „Segodnja“ („Сегодня“) und „Segodnja vetscherom“ („Сегодня вечером“) aus Riga mit eingeschlossen.
Als auf der dritten Etappe der Polemik Iljin in Riga im März 1931 mit einer Reihe von Vorträgen auftrat, unter anderem über den Widerstand gegen das Böse mittels der Kraft, erschienen in „Segodnja vetscherom“ („Сегодня вечером“) zwei Artikel von verwirrender Eigenschaft. Ungeachtet einiger mitfühlender und sogar lobender Bemerkungen in Bezug auf Iljin muss man diese Artikel zu der Kategorie der negativen Rezeption hinzuzählen.

So schreibt Keichel, indem er sich auf das Buch Iljins und insbesondere auf dessen Epigraph bezieht (Artikelname: „Мыслитель воли. К лекциям проф. И. А. Ильина в Риге“, Übersetzung: „Der Denker des Willens. Zu den Lektionen des Prof. I. A. Iljin in Riga“): „der zornige, um sich schlagende Christus ist dem Herzen des Autors scheinbar weitaus näher. Dieses einseitige, angespannt-schreckliche Verständnis des Christentums zeigt, natürlich, sektenartige sowie verbreitete sentimentale ‚rosafarbene‘ und viele andere Neigungen ...“

7) Wenn auch der Autor des anderen Artikels („O soprotevlenii slu siloi. Tschetvertaja lekzija prof. I. A. Iljina“, „О сопротевлении злу силой. Четрертая лекция проф. И. А. Ильина“, Übersetzung: „Über den gewaltsamen Widerstand gegen das Böse. Die vierte Lektion des Prof. I. A. Ilijn“) vom 10. März 1931, mit Initialen F. S., am Anfang anmerkt, dass die Lektion Iljins „mit Ovationen eines überfüllten Saals“ endete, beendet er seinen Bericht auf folgende Weise: „Die ganze Lektion wurde in leidenschaftlich aufgebauten Paradoxen vorgetragen. Gemäß seiner Fähigkeit, die äußerlich logische Linie zu zeichnen, erweist sich Prof. Iljin als ausschließlich flexibler Theoretiker. Diesem umstrittenen Prediger gelang es, sogar Christentum und Gewalt in eine logische Verbindung zu bringen – eine Aufgabe, die nur ein begabter Redner bewältigen kann – der Schöpfer der schwierigsten Schemata“.

3.

Das religiös-philosophische Lager. Auf der ersten Etappe der Polemik haben an ihr überwiegend Publizisten und Journalisten teilgenommen, die in kirchlichen, religiösen und philosophischen Fragen wenig Autorität besaßen. Das „professionelle“ religiös-philosophische Lager schwieg noch, vermutlich nicht nur deshalb, weil es weniger operativ war als das politische Lager, sondern auch deshalb, weil es sich zuerst über die philosophische Untersuchung Iljins informieren wollte, und nicht nur anhand seiner publizistischen Vorträge. Schließlich, als dieses Lager zu reden begann, ließ sich das Lager auch – ähnlich dem Lager der Bolschewiki und dem republikanisch-demokratischen Lager – in die politische Polemik verstricken, in einigen Fällen sogar mehr als in die philosophische und religiöse.

1) Wie bereits erwähnt, begann die zweite Etappe der Polemik rund um die Ideen Iljins über den gewaltsamen Widerstand gegen das Böse mit einem besonders heftigen, um nicht zu sagen unanständigen, Artikel „Predostereschenie“ („Предостережение“, Übersetzung: „Die Vorwarnung“) von S. N. Hippius in der Zeitung „Poslednie novosti“ („Последние новости“) vom 25. Februar 1926. Der äußere Anlass für die Veröffentlichung war der Artikel „Duch prestuplenija“ („Дух преступления“, Übersetzung: „Der Geist des Verbrechens“) von I. A. Iljin, der vorher in der Zeitung „Wozroschdenie“ („Возрождение“) veröffentlicht wurde, jedoch war die Front des Angriffs faktisch weitaus breiter: Die Autorin rief die Leser dazu auf, sich „aufmerksamer“ gegenüber allen letzten Veröffentlichungen Iljins und seinem Feuilletonteil in „Wozroschdenie“ („Возрождение“) zu verhalten. Insbesondere traf der folgende Syllogismus Hippius' Nerv, der angeblich von Iljin präsentiert wird: die Revolution = Bolschewismus; Bolschewiki = Verbrecher; und auf diese Weise: Revolution = Verbrechen. Hippius war nicht deshalb entrüstet, weil die Bolschewiki sich als Revolutionäre-Verbrecher erwiesen, sondern deshalb, weil quasi „die ganze russische Intelligenz zu einer verbrecherischen Bande der Räuber, Mörder und ihren Komplizen wurde.“
Gekränkt im Namen der ganzen russischen Intelligenz und insbesondere selbst, schmähte Hippius ebenfalls Struwe („Hat ihn etwa nicht auch jene Infektion angesteckt? Ist Struwe selbst noch Struwe?“) und erklärte Iljin zum *Ex-*

Philosophen, der keine Rechenschaft vor den Bedingungen des gesunden Verstandes ablegt, der besessen ist, der ein Mensch mit Schaum vor dem Mund ist, der nicht schreibt, sondern sich im Wahn befindet, „der seine unordentlichen Flüche und Drohungen erbricht", und „der mit Flüchen irgendwelche ‚christlichen' Worte vermischt". Damit sie ihren Schlussfolgerungen noch mehr Gewicht verlieh, bezog sich Hippius – ohne jedoch Namen zu nennen – auf andere Kritiker: „Ich hatte die Möglichkeit, von in diesem Gebiet angesehenen Personen zwei kurze Definitionen der jüngsten ‚Tätigkeit' Iljins zu hören: *‚die militärische Feldherrntheologie'* und, – besonders vortrefflich, – *‚Henkerstätigkeit'*". Im Schlussteil sagte Hippius: „Iljin schreibt weder als Philosoph Bücher, noch als Publizist Feuilletons: dies ist das Wüten eines Besessenen".

Hippius nimmt kein Blatt vor den Mund bei ihrem Angriff auf Iljin und seine Ideen. Noch früher, im September 1925, schrieb sie und veröffentlichte im Jahr 1926 den Artikel „Metsch i krest" („Меч и крест", Übersetzung: „Das Schwert und das Kreuz"), in welchem sie unmittelbar Iljins Buch „Über den gewaltsamen Widerstand gegen das Böse" charakterisiert.

Der Artikel beginnt mit dem Epigraph (Lk 9,54-56), aus welchem hervorgeht, dass der Menschensohn nicht gekommen ist, um die menschliche Seele zu zerstören, sondern um sie zu erretten. Hippius liefert ihr eigenes Verständnis zur Problematik des „Mordes", sie reduziert ihren Sinn auf wenige [im Russischen drei] Wörter: „es ist nicht erlaubt und notwendig", sie erweitert diese Formel: „es ist nicht erlaubt, jedoch weiterhin notwendig. Es ist niemals erlaubt, doch zuweilen noch notwendig", und schreibt, dass sie sich nicht für „die theoretische Grundlage" im Buch Iljins interessiert, „auch nicht für große Worte, sondern für das Wesentliche: seinen Geist". Hippius behauptet, dass Tolstoi viel näher „am Geist des Christentums" steht als Iljin, in welchem sie den Geist des eifersüchtigen Gottes vom Blute Jahwe erkennt, der we-

der den Sohn noch Christus kannte. Überhaupt: „Gewalt ist Gewalt, Mord ist Mord, und zu beweisen, dass aus christlicher Perspektive dies keine ‚Sünde' ist, sondern irgendeine ‚sündenlose Ungerechtigkeit', – darf man nicht, wie viel man sich auch anzustrengen vermag".
Hippius geht zur Kriegsfrage über und vergleicht Iljin und Tolstoi, sie findet „eine direkte Antwort sowohl für Tolstoi als auch für Iljin" in den Aussagen W. Solowjews. Im Unterschied zu dem letzteren, „setzt Iljin die ehrliche Gewalt des Kriegers mit unehrlicher Gewalt des Henkers gleich", ohne sogar „die Gegensätzlichkeit ihrer Handlungen" zu bemerken.
Darauf, im Übrigen abgewichen von der Autorität Solowjews (wie eine Vertreterin noch weitaus reiferen geistigen Alters), beschloss Hippius, dass, nachdem sie soweit in ihren Überlegungen gekommen ist, „nun Tacheles gesprochen werden muss". Man kann sie nicht hinters Licht führen: „Über den gewaltsamen Widerstand gegen das Böse" sei kein abstrakt-philosophischer Traktat, sondern ein rein *politisches* Monarchie-Propaganda-Buch. Das Unglück Iljins bestehe jedoch darin, dass bei ihm die Politik nicht mit der Religion verbunden ist, wie bei W. Solowjew, sondern so verstrickt und vernetzt, dass die Religion für politische Zwecke missbraucht werde. Iljin hätte auch kein notwendiges geistiges Kriterium, welches ihm erlauben würde, das echte Übel des Kommunismus zu entlarven, und eben deswegen sei sein Kampf gegen die Kommunisten zum Scheitern verurteilt. Ein solcher Kampf gegen das Böse „ist selbst *eine böse Tat*". Hippius zieht die Schlussfolgerung: Das Schwert „kann zu einem frommen Kreuz werden, doch ein Schwert wird niemals ein Gebet sein".

2) Wie heftig Hippius' Angriffe auch sein mochten, muss man vermutlich den Artikel Berdjajews „Koschmar slogo dobra. O knige I. Iljina ‚O soprotivlenii slu silcju'" („Кошмар злого добра. О книге И. Ильина ‚О сопротивлении злу

силою'", Übersetzung: „Der Alptraum des bösen Guten. Über das Buch I. Iljins ‚Über den gewaltsamen Widerstand gegen das Böse'") als temperamentvollsten und bekanntesten – und ebenso überaus ungerechten (darüber etwas später) – Angriff auf Iljin und sein Buch zählen. Dieser Artikel erschien in der Zeitschrift „Put" („Путь"; Nr. 4, Juni/Juli 1926), die den Untertitel „Organ russkoj religiosnoi misli" („Орган русской религиозной мысли", Übersetzung: „Das Organ des russischen religiösen Gedankens") hatte, und in Paris unter der Redaktion Berdjajews publiziert wurde.

Gemäß seiner inneren Struktur besteht der Artikel Berdjajews quasi aus zwei Grundteilen. Im ersten Teil gibt es eine allgemeine Charakteristik Iljins und seines Buchs, im zweiten Teil werden die Ansichten Iljins im Bezug auf den Staat, die Freiheit, den Menschen und die Liebe erörtert und widerlegt. Es gibt noch einen Epigraph und so etwas wie ein Fazit.

Es werden alle beleidigenden Ansichten über Iljin und sein Buch aufgeführt. Hier haben wir keine Möglichkeit, diese Beleidigungen anzuführen (zum Teil wird darüber die Rede sein, wenn wir die Antworten Iljins auf diese Kritik vorstellen), doch man muss eine zentrale Stelle des Artikels unterstreichen: „‚WeTscheKa' im Namen Gottes ist weitaus widerwärtiger [sic] als ‚WeTscheKa' im Namen des Teufels". Und eben darin erweist sich Iljin als schuldig. In der Übereinstimmung damit erweisen sich die Ansichten Iljins in Bezug auf den Staat, die Freiheit, den Menschen und die Liebe ebenfalls als „vollkommen nicht christlich und antichristlich".

Der Grundfehler Iljins, wie Berdjajew behauptet, besteht darin, dass er das Relative verabsolutiert, er „vermischt den Staat mit der Kirche und schreibt dem Staat Ziele zu, welche allein durch die Kirche realisiert werden können". Das Böse zu besiegen, kann nur die Kirche, nur die Freiheit und die Gnade in ihrer Wechselbeziehung. Man muss „nicht nur die

Freiheit des Guten anerkennen, sondern auch eine gewisse Freiheit des Bösen... Die Ablehnung der Freiheit des Bösen macht das Gute zu einer Zwangsmaßnahme“ Für Iljin aber ist die Freiheit eine Erscheinung des Normativen – die erzwungene Organisation des Guten in der Welt durch das staatliche System. Die Wurzel liegt hier in der falschen Beziehung zum Problem des Menschen.

Iljin ist ein Monist, ein Monophysit und ein Monophelit. Er erachtet die menschliche Natur und die menschliche Freiheit „lediglich für eine Manifestation der göttlichen Natur und der göttlichen Freiheit – anstatt davon auszugehen, dass das Mysterium des Gottmenschen das zentrale Mysterium des Christentums ist. Man muss auch den sündigen Menschen lieben, und nicht nur den Gott im Menschen, sondern auch den Menschen in Gott“. Iljin aber erachtet den Menschen lediglich für ein Werkzeug des Guten, für ihn ist das Gute ewig, nicht der Mensch. Dabei will er nicht so sehr das Gute tun, als das Böse vernichten. „Das Widerwärtigste an dem Buch Iljins ist sein pathetischer Hymnus an die Todesstrafe“, welche er als einen Akt der Liebe präsentiert.

Im letzten Teil seines Artikels kehrt Berdjajew erneut zu der allgemeinen negativen Charakteristik Iljins zurück, er spricht ihn von „den besten Traditionen unseres Nationalgedankens frei und bezeichnet ihn als Vertreter der aussterbenden Epoche der neuen Geschichte“.

3) Dieser Artikel Berdjajews diente als eine bequeme Grundlage und Ursache für Angriffe anderer Autoren auf Iljin. Über einen solchen Autor, der sich in der Zeitung „Dni“ („Дни“) hinter dem Pseudonym „Zerkownik“ („Церковник“) versteckte, haben wir schon gesprochen. Eine andere Person, die sich mit der Autorität Berdjajews schmückte, war der bekannte Literaturkritiker *Julij Eichenwald*. Bald nachdem Berdjajews Artikel in der Zeitung „Put“ („Путь“) erschienen war, wurde der Artikel Eichenwalds in der Rigaer Zeitung „Segodnja“ („Сегодня“, Ausgabe Nr. 196 vom 3. September

1926) veröffentlicht, der mit dem Titel „Sloe dobro“ („Злое добро“, Übersetzung: „Das böse Gute“, im Original ebenfalls in Anführungsstrichen) versehen wurde, – was direkt ein Verweis auf Berdjajew war.
Eichenwald schreibt: „Man kann kein Gegner der Hinrichtung sein, man kann und soll sich für die gewaltsame Unterdrückung des Bösen einsetzen; doch darf man nicht die Hinrichtung und die Liebe versöhnen und im Henker einen Mitarbeiter Christi sehen“. Iljin verschwendet alle Kräfte seiner philosophischen Begabung „darauf, dass er den Galgen, den Henkersblock und die Munition mit dem Heiligenschein der Liebe versieht“, damit man von Golgatha letztendlich zum Schafott und von dem Alpha Christi zum Omega des Henkers herabsteigt. Eichenwald bestätigt, dass Iljin „siegreich in der Widerlegung der Widerstandslosigkeit ist, d. h. im unbestreitbaren Bereich“, und denkt, dass Iljin „stattdessen seine Hauptaufgabe nicht löst, nämlich, die Rechtfertigung des ‚orthodoxen Schwertes' und das Erheben des strafenden Staates auf die Höhe des christlichen Ideals“. Entgegen den Ideen in Iljins Buch, und auch nach ihrer Zeit *„bleibt das Christentum für sich selbst, und der Staat bleibt ebenfalls für sich selbst.* Niemandem ist es bisher gelungen, das wird es auch nicht und es wird nicht gelingen können, den Kaiser und den Galiläer in Einklang zu bringen“. Indem Eichenwald weiter in diesem Geiste seine Ansicht im Bezug auf den Staat, das Gute, das Böse, die Liebe und die Hinrichtung entwickelt, schlussfolgert er: „Es gibt das Gute und es gibt das Böse. *Sie haben nichts Gemeinsames.* Daher weckt auch das Buch Iljins einen solchen Protest, in welchem der Versuch unternommen wird, das Böse und das Gute innerlich zu vereinigen, die Hinrichtung mit Liebe zu verknüpfen, den Henker zu heiligen und denselben sogar in Christus. Es gibt das Gute und es gibt das Böse. Das böse Gute gibt es jedoch nicht.“

4) Die Autorität Berdjajews wurde nicht nur von Eichenwald und „Zerkownik“ („Церковник“) benutzt, sondern auch

von einer Person, die scheinbar in diesen Fragen ihr eigenes Ansehen besaß – F. A. Stepun. Uns ist nichts über irgendein spezielles Auftreten Stepuns im Zusammenhang mit der Buchveröffentlichung Iljins bekannt. Doch in einem Artikel der Zeitung „Put“ („Путь“); im Sammelband „Sovremennie sapiski“ („Современные записки“, Nr. XXIX, 1926) erwähnt Stepun unter anderem auch das Buch Iljins. Er zeigt sich vollkommen solidarisch mit dem Artikel Berdjajews in der Zeitung „Put“ („Путь“). Indem Stepun über christliche Gefühle spricht, die Berdjajew in seinem Artikel inspirieren, schlussfolgert er: „Die Schmährede, welche N. Berdjajew von diesem Gefühl verleitet Iljin widmet (anlässlich dessen Begeisterung für das ‚orthodoxe Schwert‘), ist sowohl gemäß ihrer persönlichen Leidenschaft als auch gemäß ihrer objektiven Besorgnis sowie gemäß ihrer gegenständlichen Relevanz hervorragend“. Diese Schlussfolgerung ist allem Anschein nach für Stepun hinreichend, so dass er sich nur darauf beschränkt und selbst nichts Gegenständliches, Wesentliches über Iljins Buch sagt.

5) In derselben Ausgabe der „Sovremennie sapiski“ (im Sammelband „Современные записки“, Nr. XXIX, 1926), wo Stepuns Artikel erschien, wurde auch Zenkowskis Artikel mit dem Titel „Po povodu knigi I. A. Iljina ‚O soprotevlenii slu siloi‘“ („По поводу книги И. А. Ильина «О сопротивлении злу силой“, Übersetzung: „Bezüglich des Buchs I. A. Iljins ‚Über den gewaltsamen Widerstand gegen das Böse‘“) veröffentlicht.
Indem Zenkowski die Grundfragen berührt, mit denen sich das Buch beschäftigt, schreibt er, dass das christliche Bewusstsein unmöglich keinen Zwiespalt erleben kann, der von der Zugehörigkeit des Christen zu zwei Welten bestimmt wird, zur natürlichen und zur gnadenvollen Welt. Hier gibt es zwei Gefahren – „entweder Akosmismus, der Zerfall der Welt in ihre Elemente, in ihre natürlichen Kräfte, oder eben christlicher Naturalismus, d. h. – das Anerken-

nen des Gegebenen, des Zeitlichen, des Eingeschränkten als des Geweihten und Verklärten, des Ewigen und des Universellen". An diesen Zwiespalt des christlichen Bewusstseins und diese zwei drohenden Gefahren muss man denken, wenn man die Frage über die Beziehung der Orthodoxie zum gesamten rechtlichen, staatlichen, nationalen, kulturellen und privaten Leben löst. Besonders problematisch ist die Beziehung der Kirche zum Krieg, welche „die Verbindung der höchsten Ungerechtigkeit mit der unbestreitbaren Gerechtigkeit ist". Das Christentum ist der größte Gegner des Krieges – und gleichzeitig „segnet es diejenigen, die in den Krieg ziehen. Doch dieser Segen der Kirche bedeutet nicht die Rechtfertigung des Krieges. Eben deswegen klingen die Worte über ‚das orthodoxe Schwert' blasphemisch und inakzeptabel, doch einen tiefen Sinn hat das kirchliche Wort über ‚das Christus liebende Heer'. Dies ist nicht eine verschiedenartige Akzentuierung ein und derselben Idee, das sind zwei verschiedene Ideen". Ihre Verwechslung ist unzulässig, sie bedeutet eine Aberration im religiösen Bewusstsein. Eine solche Aberration ist auch die Verbesserung in der Lehre über die Liebe – als Iljin behauptet, dass „die Liebe *per se* schwach, blind und sogar gegenstandslos ist". Die Eingebung der Liebe in ein rationales zusammengesetztes Prinzip zu verwandeln, bedeutet, sich vom Christentum zu entfernen, welches ein System der mystischen Ethik ist. Überhaupt, das Christentum bleibt gnadenvoll und kosmisch, ohne naturalistisch zu werden. Dies eben berücksichtigt Iljin nicht mit seiner „Aufklärung", indem er einen „engen und dürftigen Rationalismus in das Mysterium unseres Verweilens auf der Erde als Christen hinzufügt". Das Christentum akzeptiert die Welt, die Kultur, den Staat, die natürlichen Bewegungen zum Guten und zur Gerechtigkeit, doch das Christentum rechtfertigt nicht die Welt in ihrer Ungerechtigkeit.

Ferner widmet Zenkowski sehr viel Aufmerksamkeit der „Weißen Idee", welche die Mitglieder der Weißen Bewegung dazu verleitet, gegen die Bolschewiki zu kämpfen. Er wertet diese Idee positiv, doch gleichzeitig sieht er bei Iljin und seinen Gleichgesinnten einen Versuch, „einen heiligen Sinn der Sache zu verleihen, die das religiöse Bewusstsein für Ungerechtigkeit erachtet“.

Am Ende des Artikels verfeinert Zenkowski seine eigene Position. Er schreibt: „Es naht die Zeit der großen Religionssynthese, welche die russische Intelligenz von ihrer Vergangenheit, ihren Bestrebungen und sogar von ihren Verirrungen nicht trennen darf...; Mehr noch: *Man muss außerdem mutig sagen, dass nun die Zeit gekommen ist, jenes psychologische Abweichen von den Ideen – von den Ideen der Freiheit, der Volksliebe, der Demokratie und des Liberalismus – zu überwinden, in welchen die russische Intelligenz lebte.*“

Auf dieser Note endete damals im Grunde der öffentliche Angriff der Vertreter des religiös-philosophischen Lagers.

6) Etwas abseits, jedoch ziemlich nahe am religions-philosophischen Lager, steht die Veröffentlichung von Leonid Dobronrawow, die noch auf der ersten Etappe der Polemik erschien. Sein Artikel mit dem Titel „Edinii put“ („Единый путь“, Übersetzung: „Der einzige Weg“), dem Untertitel „Opravdanie metscha i ubijstva“ („Оправдание меча и убийства“, Übersetzung: „Die Rechtfertigung des Schwertes und Mordes“), erschien in „Rodnaja semlja“ („Родная земля“, Nr. 26 vom 10. August 1925).

Dobronrawow tritt in den Streit zwischen Demidow und Iljin ein, bezieht sich überwiegend auf Iljins Artikel „Ortizateljam metscha“ („Отрицателям меча“, Übersetzung: „Den Verleugnern des Schwertes“) in „Wozroschdenie“ („Возрождение“, Nr. 57), und lehnt jeden Versuch ab, auf der Basis der Orthodoxie für einen Christen die Akzeptanz der Staatlichkeit, des Schwertes und des Widerstandes gegen die Übeltäter mittels der Kraft zu begründen. Er setzt Christus den Aposteln entgegen, das Evangelium den apostolischen Briefen. Als Christus, dessen Königreich nicht von dieser Welt ist, sagte, dass man, was des Kaisers ist, dem Kaiser und das, was Gottes ist, Gott geben soll, hat er eine unüberbrückbare Grenze „zwischen dem Königreich, welches auf der Gewalt, Unterdrückung und Ungerechtigkeit ruht, und dem Königreich der Liebe, des Verzeihens und der Freiheit gezogen". Als jedoch der Apostel Paulus in dem Brief an die Römer schrieb: „Jedermann unterwerfe sich der obrigkeitlichen Gewalt! Denn es gibt keine Gewalt außer von Gott... Wer demnach sich der obrigkeitlichen Gewalt widersetzt, der widersetzt sich der Anordnung Gottes", – so unterwarf er nicht einfach den Christen dem Kaiser. „Hier geht es um mehr: seine Anerkennung [des Reichs des Kaisers] ist wesensgleich dem Königreich Gottes, – hier ist der Anfang einer versteckten Kapitulation des Christentums vor dem Königreich ‚dieser Welt'". Doch man dürfe hier nicht dem Apostel folgen, sondern man müsse Christus folgen. Für Christus sei die irdische Macht über die Königreiche die Macht des Teufels. Das Königreich des Kaisers sei das Böse, und gegen das Böse müsse man kämpfen, damit man es in das Gute verwandelt, doch in dem Königreich Gottes gebe es nur „du sollst nicht töten!".

Dieser Artikel Dobronrawows erhielt Kritik in der Zeitung „Wozroschdenie" („Возрождение"), welche uns leider nicht überliefert wurde. Daher veröffentlichte Dobronrawow in der folgenden Ausgabe der „Rodnaja semlja" („Родная земля", Nr. 27 vom 17. August 1925) seine Antwort auf diese Kritik. Er schrieb, dass sein Artikel kein polemisches Ziel verfolgte, er betonte „lediglich *faktische* Ungenauigkeiten, welche vom Professor I. Iljin zugelassen wurden: die willkürliche Deutung der Texte und den für einen Professor erstaunlichen Leichtsinn in der Frage über die Hinrichtung...". Der Kritiker aus „Wozroschdenie" („Возрождение") fand bei Dobronrawow eine Neigung zum Protestantismus, was wiederum Dobronrawow als „einen bekannten Trick" entlarvte. „Zu diesem Trick nimmt man immer dann Zuflucht, wenn die Fragestellung über das Abweichen der Orthodoxie vom Evangelium sich als problematisch erweist."

III. Pro

In dieser Polemik um die Ideen über den gewaltsamen Widerstand gegen das Böse, die im Zusammenhang mit den öffentlichen Lektionen, Artikeln und dem Buch Professor Iljins entstand, war die positive Rezeption weniger häufig und lenkte weniger Aufmerksamkeit auf sich als die negative.

1.

Als die erste uns überlieferte positive Rezeption in Bezug auf die Position Iljins kann man den Artikel von Boris Suworin ansehen, der den Titel „Doklad prof. Iljina" („Доклад проф. Ильина", Übersetzung: „Der Vortrag Prof. Iljins") trug, und in der Pariser „Russkaja gazeta" („Русская газета") am 10. Juni 1925 erschien. Der Autor des (anonym publizierten) Artikels betonte, dass der große überfüllte Saal zwei Stunden lang die Lektion des Professors Iljin mit dem Titel „Über die Widerstandslosigkeit gegenüber dem Bösen" in Paris mit angespannter Aufmerksamkeit hörte. Suworin nimmt zwar an, dass es „unklar" ist, inwieweit es Iljin gelang, die bereits nicht nur einer einzigen Generation der russischen Intelligenz eingetrichterte, fehlerhafte und schädliche Tolstoi Deutung der christlichen Liebe zu zerschlagen, doch er bestätigt: „Es bleibt jedoch ohne Zweifel, dass die vom Lektor vorgebrachten Schlussfolgerungen jeden ernsthaft zum Nachdenken über diese Frage verleitet, welcher der Verlockung zum Opfer fiel, die Idee des tätigen Guten und der Nächstenliebe, wie sie vom Christentum gefordert werden, durch das sentimentale und schlaffe Gefühl der geduldigen und gutmütigen Rücksicht vor der Macht des Bösen im Namen des angeblich christlichen Verzeihens, der Nicht-Verurteilung und der Widerstandslosigkeit gegenüber dem Bösen zu ersetzen. Eine solche passive und wenn auch liebevolle Beziehung des Menschen zu seinem Nächsten ist nicht nur keine christliche Liebe, sondern im Gegenteil, Unterstützung des Übeltäters, kein Dienst an Christus, sondern am Teufel". Der Autor des Artikels führte ferner eine ganze Reihe der Grundannahmen Iljins an, die uns aus Iljins Artikel „Ideja Kornilova" („Идея Корнилова", Übersetzung: „Die Idee Kornilows") bekannt sind.

2.

Die echte Polemik begann jedoch nur nach dem Erscheinen des Artikels „Ideja Kornilova" („Идея Корнилова", Übersetzung: „Die Idee Kornilows") von Iljin und die Reaktion darauf durch Demidow in der Zeitung „Poslednie novosti" („Последние новости"). Und als die erste polemische Reaktion zur Verteidigung Iljins und seiner Ideen muss man deswegen den Artikel von Peter Struwe anerkennen. Struwes Artikel erschien in „Wozroschdenie" („Возрождение", Nr. 7, vom 25. Juni 1925), trug den Titel „Dnevnik politika" („Дневник политика", Übersetzung: „Das Tagebuchs des Politikers"), und war eine Antwort auf Demidows Artikel „Tworimaja legenda" („Творимая легенда", Übersetzung: „Die erschaffene Legende").

Struwe schrieb, dass Demidows Charakteristik von Iljin als „eines neuerschienen taktischen Nachfolgers der Bolschewiki" nichts anderes als „offensichtliches und objektives Unverständnis und Gefühlslosigkeit" ist. Struwe betont, dass „die Bolschewiki eben deswegen stark und schrecklich sind, weil sie nicht nur eine Taktik haben, wie man es bei P. N. Miljukow und seinen Nachfolgern sehen kann, sondern eine ganze Weltansicht", und er gelangt zum Hauptpunkt des Streites: zur Beziehung des Christentums zum Schwert und dem Staat. Er stimmt dem zu, dass man „das Christentum im Sinne der Widerstandslosigkeit und der absoluten Trennung von der Staatlichkeit verstehen kann", d. h. so, wie es Tolstoi verstanden hat. Struwe erinnert, dass Tolstoi hierbei „Folgerichtigkeit und Kühnheit besaß, keine kirchliche (einschließlich der orthodoxen) Lehre und Überlieferung zu akzeptieren“.

Wie es schon oben erwähnt wurde, rief Struwe Demidow dazu auf, anstelle davon, allgemein bekannte Sachen über die Sünden der Kreuzritter zu nennen, die für die russisch-orthodoxe Seele „akute Grundfrage“ zu beantworten, „welches – aus seiner Perspektive – Schwert der Gottselige Sergij von Radonesch segnete und mit welchem Schwert die Mönche Pereswet und Osljabja den Kampf führten?“. Denn die orthodoxen Seelen „können keine doppelte Buchhaltung vertragen“, die den religiösen Eifer mit gleichgültiger Beziehung zur Heimat und Staatlichkeit verbinden“.

Struwe betonte nicht nur die Unfähigkeit Demidows, der „weder die genaue Form der akuten Grundfrage, die das orthodoxe Bewusstsein beschäftigt, aufzustellen, noch sie bis zu Ende zu denken vermag“, sondern auch den großen Beitrag Iljins, dem es, Struwes Worten nach, gelang, *„das Problem aufzustellen und in einem bestimmten christlichen Sinne das Problem des Widerstandes gegen das Böse mittels der Kraft zu lösen“*. (Das Kursivformatierte stammt von mir. N. Poltorazkij).

Struwe kommt auf Iljin und dessen Ideen eigens in der Zeitung „Wozroschdenie“ („Возрождение“) zurück, im Artikel „Dnevnik politika“ („Дневник политика“, Übersetzung: „Das Tagebuchs des Politikers“; Nr. 82, Herbstausgabe, 1926), mit dem weiteren Titel „O broschuere I. A. Iljina i o nem samom“ („О брошюре И. А. Ильина и о нем самом“, Übersetzung: „Über die Broschüre I. A. Iljins und über ihn selbst“). Der Grund für das Abfassen des Artikels war der Umstand, dass Struwe die Aufmerksamkeit der Leser auf „die vortreffliche, sehr präzise verfasste Broschüre Iljins ‚Rodina i mi‘“ („Родина и мы“, Übersetzung: „Die Heimat und wir“) lenken wollte. Die Veröffentlichung dieser Broschüre erlaubte Struwe eine allgemeine Charakteristik Iljins, seiner Talente und Verdienste zu geben. Struwe schrieb: „I. A. Iljin ist ein interessantes und erhabenes Phänomen in der Geschichte der russischen Bildung. Formell ist er ein Jurist, doch seinem Wesen nach ein Philosoph, d. h.

ein Denker, der Form nach aber – ein hervorragender Orator oder Rhetor in dem guten antiken Sinne dieses Wortes... Einen solchen wie ihn hat die russische Kultur noch nicht hervorgebracht, und er wird in ihre Geschichte mit seinen eigenen, besonderen, unnachahmlichen, originellen, starken und heftigen in jedem Sinne Gaben eingehen".

Nachdem Struwe eine allgemeine Wertung Iljins und seiner Broschüre präsentiert hat, berührt er im letzten Teil des Artikels gesondert auch das Buch Iljins „Über den gewaltsamen Widerstand gegen das Böse". Struwe schrieb: „Die gleichen Charakterzüge des Eigentümlichen und des Einzigartigen in der Geschichte russischer Bildung hoben die ‚Oratorgabe' Iljins nicht nur in seiner Broschüre ‚Rodina i mi' (‚Родина и мы', Übersetzung: ‚Die Heimat und wir') hervor, sondern auch in seinem ausgezeichneten Buch ‚Über den gewaltsamen Widerstand gegen das Böse'. Die Hauptgedanken seines Buches legte Iljin auf den Seiten der Zeitung ‚Wozroschdenie' (‚Возрождение') dar. Doch in Anbetracht dessen, dass dieses glänzende, aber schwierige Buch zu einem schwierigen und anstrengenden, sittlich-politischen Thema dem Autor in unserer Presse törichte und unwürdige Angriffe einbracht hat, werden wir auf dieses Buch und dieses Thema auf den Seiten von ‚Wozroschdenie' (‚Возрождение') zurückkehren".

Einen gesonderten Artikel zu diesem Thema seitens Struwes hat es, soweit man urteilen kann, in der Zukunft nicht gegeben (teilweise wahrscheinlich deswegen, weil die Beziehung zwischen Struwe und dem Herausgeber der Zeitung Gukasow kompliziert war; diese Beziehung endete damit, dass Struwe seinen Posten als Redakteur verließ und das Arbeitsverhältnis in der Zeitung kündigte). Doch eine vorbehaltlos positive Bewertung des Buches von Iljin war bereits klar und eindeutig von Struwe in den zwei von uns hier zitierten Artikeln formuliert.

3.

Eine andere positive Rezeption von Iljins Buch war die Rezension „O knige, korotuju sleduet prochitat" („О книге, которую следует прочитать", Übersetzung: „Über das Buch, das man lesen sollte") von V. Ardennskij, welche in einer Helsinkier Zeitung (Finnland) namens „Novie russkie vesti" („Новые русские вести", Nr. 481, vom 1. August 1925) erschien.

Der Autor schreibt, dass das Buch Iljins „unbestreitbar ein Recht auf Aufmerksamkeit" bereits allein wegen seiner Einführung verdient, welche „die alte, jedoch ewig lebendige Frage aufstellt: Kann etwa der Mensch, der die moralische Vollkommenheit anstrebt, sich dem Bösen mit Kraft und Schwert widersetzen?". Ardennskij zitiert ferner mit Anteilnahme und ausführlich die Worte Iljins über die Erfahrung des echten Bösen, welche zum ersten Mal in unserer Zeit dem menschlichen Geist mit einer solchen Stärke und Offenheit gegeben wurde, ebenso auch über die Lehre Tolstois, ihre Gefahren und über die für die russische religiöse und politische Kultur schädlichen Folgen („die Lehre, welche die Schwäche legitimiert, den Egozentrismus hochpreist, der Willenlosigkeit frönt, von den Schultern der Seele die gesellschaftlichen und bürgerlichen Verpflichtungen, und was noch schlimmer ist, die tragische Bürde der Weltschöpfung abwälzt").

4.

Zur gleichen Zeit, im August 1925, erschien in der Zeitung „Revelskoe slovo" („Ревельское слово") auch die Rezension „Protiv L. Tolstogo" („Против Л. Толстого", Übersetzung: „Gegen L. Tolstoi") von A. Petropawlow. Im Unterschied zum Titel bemerkt Petropawlow in der Rezension selbst vollkommen richtig, dass in Iljins Buch zwei Probleme aufgestellt und gelöst werden. „Als erstes unterzieht Iljin die Lehre und die Weltansicht Tolstois einer vernichtenden Kritik und entlarvt ihre ganze Haltlosigkeit und Einseitigkeit. Und daraus leitet er auch das falsche Prinzip ‚der Widerstandslosigkeit gegenüber dem Bösen' ab; und zweitens, auf der Basis der religiösen Weltanschauung und Orthodoxie, auf dem Weg der logischen und psychologischen Analyse bekräftigt und bestätigt er die Notwendigkeit des Kampfes gegen das Böse mittels der Kraft".

Petropawlow führt zahlreiche Zitate aus Iljins Werk an und schreibt: „[...] Ich wünsche mir, dass sehr viele Leser dieses nützliche Buch kennenlernen. Die Zeit ist gekommen, sich von der Torheit der ‚Widerstandslosigkeit' zu verabschieden".

5.

Am entgegengesetzten Ende Europas, in der Sofiaer Zeitung „Rus" („Русь", Nr. 709, vom 14. August 1925), unter der Rubrik „Knischnaja polka" („Книжная полка", Übersetzung: „Bücherregal"), erhielt Iljins Buch eine Rezension, unter der die Initialen W. M. standen. Der Rezensent äußerte sich mit Anteilnahme zur Kritik der falschen Grundlage der Ideologien der ehemaligen russischen Intelligenz, welche I. A. Iljin „mit der ihm eigentümlichen Aufrichtigkeit und Impulsivität" in seinem Buch präsentierte. Der Verfasser mit den Initialen W. M. schreibt: „Die von Iljin angeführten Stellen aus solchen Werken Tolstois, wie ‚Zakon nasilija' (‚Закон насилия', Übersetzung: ‚Das Gesetz der Gewalt...'), ‚Zarstvo Boschie' (‚Царство Божие', Übersetzung: ‚Das Reich Gottes...'), ‚V tschem moja vera' (‚В чем моя вера', Übersetzung: ‚Worin mein Glaube besteht' [Mein Glaube]) etc., erzeugen in der Gegenüberstellung wahrhaftig einen bedrückenden Eindruck und müssen tatsächlich als solche anerkannt werden, die lediglich für die Vorbereitung der Zerstörer und nicht für die Erbauer des Staates nützlich sind". Dadurch, dass die Lehre Tolstois sich selbst die listige Gestalt der Übereinstimmung mit dem Geiste der christlichen Lehre verlieh, vergiftete sie in der Tat die russische religiöse und politische Kultur. W. M. beendet seine Rezension mit den Worten: „Ein schönes, kluges, klar verfasstes Buch, ausschließlich angenehme Erscheinung, und deren Veröffentlichung begrüßen wir mit Freude".

6.

Unter denen, die auf das Buch Iljins in höchstem Maße positiv reagierten, war auch der in Jugoslawien lebende Professor W. H. Dawatc. In seinem Artikel „Iskanija ducha" („Искания духа", Übersetzung: „Die Suche des Geistes"), veröffentlicht in der Zeitung „Rus" („Русь", Nr. 711, Sofia, vom 16. August 1925), beschloss er jedoch das Buch Iljins nicht aus der theologischen oder philosophischen Perspektive zu betrachten, sondern aus der psychologischen und alltäglichen Perspektive. Jenes Faktum, dass man „das Buch, auch wenn es ohne jegliche politische Tendenz verfasst wurde, bereits zum ‚rechten Lager' zählte, den Autor selbst aber (es musste als Beleidigung wirken!) mit Pobedonoszew verglich", bestätigt nur, wie groß die Wirkung Tolstois und des vulgären Humanismus auf die russische Intelligenz war. Dawatc erinnert sich an die Worte seines Mitstreiters aus der Weißen Bewegung: „Höher als das Ideal des einigen Russlands (auch die Bolschewiki kämpfen für ein einiges Russland) ist das Ideal der Wahrheit und des Guten, wofür wir kämpfen, einzuschätzen", – und meint, dass die Verpflichtung, in dem Kampf gegen das Böse teilzunehmen, von einem höheren Wert sei auch „außerhalb der Beziehung nicht nur zu der Politik, sondern auch zu Russland selbst". Die These Iljins über unsere Verpflichtung, gegen das Böse zu kämpfen, die Verantwortung für ungerechte Wege auf sich zu nehmen, auch wenn keine gerechten Wege übrigbleiben, sein Appell zur tragischen Annahme des heroischen Kampfes, – ist die Antwort auf die Anforderungen des Geistes, und nicht der Politik.

In diesem Zusammenhang erinnert sich Dawatc an einen Artikel, der in der zweiten Ausgabe der Zeitschrift „Kornilovez" („Корниловец", Sofia, April 1922) erschienen war. In diesem Artikel wurde der Gedanke ausgesprochen, dass die ehemaligen Mitglieder der Weißen Bewegung einen Ritterorden in ihrem Kreise begründen wollten, denn das geistige Schwert war nun wichtiger als das materielle Schwert. Dawatc schrieb: „Daher freut es besonders, zu sehen, dass ein gelehrter Philosoph und ein Offizier Kornilows zu ein und derselben Schlussfolgerung über die Notwendigkeit nicht des blinden, sondern des vergeistigten Kampfes gekommen sind“. [...]

7.

Positive Rückmeldung erhielt die Buchveröffentlichung Iljins durch die Zeitung „Eschenedelnik Vis-schego monarchitscheskogo soveta“ („Еженедельник Высшего монархического совета“) vom 16. August 1925.

Der Autor der Rezension (Anonymus) schrieb, dass allein der Titel des Werks von Professor Iljin „ausreichend war, damit die russische Gesellschaft, die an der veralteten progressiven Paralyse litt, zum Kochen kam und sich über den talentierten Autor empörte, der so dreist war, nicht nur das Götzenbild der russischen Widerstandslosigkeit Tolstois zu entlarven, sondern auch die ganze Notwendigkeit und Gerechtigkeit des Urteils, der Bestrafung und der Hinrichtung wissenschaftlich, moralisch und religiös zu beweisen“. Der Rezensent war „nicht mit allen Positionen dieses nicht nur gründlich durchdachten, sondern auch heftig lodernden Buches“ einverstanden. Dies ändert jedoch nichts an der allgemein positiven Bewertung des Buches. Am Ende schreibt der Autor der Rezension: „Obwohl das Buch Iljins lediglich 221 Seiten umfasst, entspricht das Buch gemäß der Reichhaltigkeit der Gedanken und Interessen einem vielbändigen Werk... Wir raten allen Lesern, welche sich mit der Frage über das Gute und das Böse, über die Kraft und die Gewalt, über die Sentimentalität und die Rechtschaffenheit, über die vergeistigte und die verneinende Liebe, über das Recht des Schwertes und über das Schwert des Rechts etc. beschäftigen – das Buch des Professors Iljin anzuschaffen und gründlich durchzulesen“.

8.

Den wesentlichen Auftritt auf der zweiten Etappe der Polemik, der die Ideenposition Iljins verteidigte, bildete, außer dem Artikel von Struwe, ebenfalls der Artikel von Professor A. Bilimowitsch. Der Artikel trug den Titel „Kritikam I. A. Iljina“ („Критикам И. А. Ильина“, Übersetzung: „Den Kritikern I. A. Iljins“; dieser Artikel erschien in der Zeitung „Wozroschdenie“, „Возрождение“, vom 18. November 1926). Professor A. Bilimowitsch bemerkt, dass kein einziges anderes zeitgenössisches russisches Buch einen solchen heftigen Angriff hervorgerufen hat wie das Buch des Professors Iljin. Diese Angriffe zeigten „sehr viel Böses, das an den Autor und die von ihm verteidigten Ideen adressiert war“, dabei „wird diese ganze Bosheit im Namen des Christentums ausgeschüttet“. Bilimowitsch sieht „tiefgreifende Falschheit“ in den Angriffen auf Iljin und seine Ideen seitens Berdjajews, Stepuns und Zenkowskis. Die religiösen Schriftsteller, Glaubenslehrer und weltlichen Propheten dieser Ausrichtung vergaßen die christliche Liebe und Gutmütigkeit, als die Sache zum Beispiel die „Duma narodnogo gnewa“ („Думы народного гнева“, Übersetzung: „Die Duma des Volkszorns“) betraf, aber den Appell Iljins zu dem heiligen Kampf gegen die Bolschewiki rechnen sie beinahe zur Blasphemie. Bilimowitsch weiter: „Warum erinnerten sich die Mitarbeiter der ‚Sovremennie zapiski‘ (‚Современные записки‘), welche nun die christliche Liebe fordern, nicht an diese Liebe, als ihre Genossen in der Zeitschrift, wenn auch nicht in der Partei, es als möglich anerkannten, Bomben auf die die Kirche verlassenden Gouverneure zu werfen und dabei auch die unschuldigen Betenden zu zersprengen? Eben diese zwei Maßstäbe zerstören bei den betrachteten Schriftstellern jegliches Vertrauen zu ihren Schriften und zu ihren Verweisen auf das Christentum“. Professor Bilimowitsch akzeptiert die Entgegenstellung der Begriffe „das Christus liebende Heer“ und „das orthodoxe Schwert“. Er schreibt: „Die Übereinstimmung dieser Begriffe wurde vielfältig in der russischen Geschichte belegt". Er erinnert an die Rolle des Heiligen Sergius von Radonesch und anderer Vertreter der russischen orthodoxen Geistlichkeit und schlussfolgert: „Ist dies etwa keine Vereinigung, die Vereinigung des ‚Christus liebenden Heeres' und des ‚orthodoxen Schwertes', die durch das Blut dieser Diener der Kirche und durch das Blut der Krieger verewigt wurde?" Eben auf diese Weise wurde Russland erbaut und gegründet, auf diese Weise wird es auch wiedergeboren werden – dann, wenn „das versammelte Heer mit dem Schwert, gesegnet mit dem orthodoxen Kreuz, erneut den Kampf für die Befreiung seines orthodoxen Russlands anfängt".

9.

Im Unterschied zu W. Zenkowski, der über Iljin in seiner „Istorija russkoi filosofii" („История русской философии", Übersetzung: „Geschichte der russischen Philosophie") spricht, das Problem des Bösen und des Widerstandes gegen das Böse gänzlich außer Acht lässt und Iljin respektlos behandelt, äußert sich N. O. Losskij hingegen in seiner englischen Ausgabe der „History of Russian Philosophy" (International Universities Press, New York, 1951) äußerst positiv gegenüber Iljin, seinem Buch und seinen Ideen. Losskij würdigt Iljin als einen wichtigen Vertreter der russischen religions-philosophischen Renaissance der ersten Hälfte des XX. Jahrhunderts und als Autor der zwei-bändigen Untersuchung über Hegel (Seite 52: „eines der besten Werke über Hegel" in der philosophischen Literatur der Welt). Doch am meisten weckt die Untersuchung Iljins „Über den gewaltsamen Widerstand gegen das Böse" sein Interesse, die er als ein „wertvolles Werk" bezeichnet. Indem Losskij sich auf eine ganze Reihe von Seiten aus Iljins Buch bezieht (S. 29 f., 54, 195 f., 197, 209, 219 [der Originalausgabe von 1925]) und Zitate anführt, spricht er mit wahrer Anteilnahme sowohl über den kritischen Teil des Buches von Iljin, welcher sich gegen die Lehre über die Widerstandslosigkeit bei Tolstoi richtet, als auch über den konstruktiven Teil, welchem er besondere Aufmerksamkeit schenkt.

Losskij führt Urteile Iljins darüber an, dass nicht jede Kraftanwendung Gewalt sei; dass man zuerst zu den seelischen und geistigen Mitteln Zuflucht nehmen sollte, um das Böse zu überwinden, doch wenn dies möglich ist, so auch zur psychologischen und physischen Nötigung und Unterdrückung; dass es Fälle gäbe, in denen die Anwendung der Kraft bedingungslos richtig und für die Erlösung förderlich sei; dass es nicht dann erlaubt wäre, sich dem Bösen mit Kraft und Schwert zu widersetzen, wenn es möglich, sondern wenn es notwendig ist; denn andere Mittel gibt es nicht – und dann hat der Mensch nicht nur Recht, diesen Weg der Kraft und des Schwertes zu beschreiten, sondern auch die Verpflichtung, auch wenn dies zum Tod des Übeltäters führt.

Würde dies etwa bedeuten, führt Losskij die Idee Iljins voller Anteilnahme weiter aus, dass das Ziel die Mittel rechtfertige? Natürlich nicht. Die physische Nötigung und Unterdrückung werden selbst dann nicht zu etwas Gutem führen, wenn sie dem Zweck dienen, ein gutes Ziel zu erreichen. Der in solchen Fällen verpflichtende Weg der Kraft und des Schwertes bleibt ungerecht, und ihn auszuhalten vermögen nur die besten Menschen. Symbolisch jedoch sind der Krieger und der Mönch auf gleiche Weise notwendig; die Mönche, Gelehrte, Künstler und Menschen, die sich der Schau verpflichtet haben, können deswegen saubere Hände für ein sauberes Werk bewahren, weil Krieger und staatliche Funktionäre saubere Hände für eine unsaubere Tat finden. *Eine sittliche Tragödie* des Menschen besteht auch darin, dass es Positionen gibt, welche notwendigerweise zum Konflikt zwischen einem guten Ziel und unvollkommenen Mitteln führen.

Wir beenden hiermit die Übersicht der negativen und positiven Rezeption der Ideen und des Buchs Iljins, und gehen nun über zu seinen eigenen Antworten auf die Artikel seiner Opponenten, und ebenso zu seinen weitaus späteren Stellungnahmen hinsichtlich der hier berührten Fragen.

IV.
Die Antworten Iljins

Wie wir schon angemerkt haben, ist Iljin selbst auf den ersten beiden Etappen der Polemik in der Presse dreimal aufgetreten.

1.

Das erste Auftreten Iljins war sein Artikel „Ortizateljam metscha“ („Отрицателям меча“, Übersetzung „Den Verleugnern des Schwertes“) in „Wozroschdenie“ („Возрождение“, Nr. 57) vom 29. Juli 1925. Diesen Artikel verfasste er als eine Antwort auf die Artikel Demidows in der Zeitung „Poslednie novosti“ („Последние новости“) vom 25. Juni und vom 2. Juli im Zusammenhang mit dem öffentlichen Vortrag Iljins „Über den gewaltsamen Widerstand gegen das Böse“ und mit seinem Artikel „Ideja Kornilova“ („Идея Корнилова“, Übersetzung „Die Idee Kornilows“).

Iljins ist erstaunt über die Unredlichkeit seines Opponenten.

Iljin schrieb: „Demidow selbst hat nicht nur jene Sichtweise erdichtet, welche er als die Meinige darlegte, sondern hat sich auch alle überspitzten Zitate, die er mir zuschrieb, *vollkommen ausgedacht*“. Ebenso standen auch einzelne Iljin zugeschriebene Positionen zuweilen direkt im Widerspruch zu dem, was Iljin behauptet hat. Iljin sagt: „Meine ganze Untersuchung belegt, dass das Schwert weder ‚heilig‘ noch ‚gerecht‘ ist, dass das Kreuz weder das Schwert ist und dass das Schwert nicht die Waffe Christi ist; dass auch die Nötigung des Schwertes absolut ungenügend für den Kampf gegen das Böse ist; dass das Böse und der böse Mensch überhaupt nicht ein und dasselbe sind etc. Doch Demidow schreibt mir all dies und vieles mehr zu. In meiner Untersuchung berühre ich weder die Frage über ‚die Mehrheit‘ und ‚die Minderheit‘, noch die Frage über ‚die Demokratie‘, noch die Frage über ‚die Monarchie von Gottes

Gnaden'; jedoch behandle ich ausführlich den Unterschied – erstens, zwischen ‚der Erzwingung', ‚der Nötigung' und ‚der Gewalt', und zweitens, zwischen ‚der Ungerechtigkeit' und ‚der Sünde'. Und alles das, was Herr Demidow aufgegriffen hat, und das nur dem äußeren Anschein nach, ist das Faktum, dass ich die Staatlichkeit und das Schwert für den orthodoxen Christen für akzeptabel halte. Das Übrige ist sein Hirngespinst." Mitgefühl für die Taktik der Bolschewiki Iljin zuzuschreiben, ist absolute *Insinuation*, im Übrigen ganz im Geiste von „Poslednie novosti" („Последние новости") und ihrem Redakteur.

Im zweiten Teil seines Artikels wendet sich Iljin unmittelbar an jene Leser, die gewissenhaft nach der Wahrheit suchen. Er schreibt: „Ja, ich behaupte, dass die Staatlichkeit, das Schwert und der Widerstand gegen den Übeltäter mittels der Kraft für den orthodoxen Christen akzeptabel sind. Und wenn ich über das orthodoxe Schwert spreche, dann meine ich das Schwert, das *orthodox begründet ist* (überhaupt nicht ‚gerechtfertigt', noch ‚geweiht', noch ‚geheiligt')." Eine solche Begründung gab es bereits in den apostolischen Briefen – bei Apostel Petrus (1 Petr 2,13-16) und bei Apostel Paulus (Röm 13,3-5). Nach dem Zitieren dieser Briefe erklärt Iljin: „In den angeführten weisen Worten der Apostel ist alles bestimmt und nicht zweideutig ausgesprochen worden: sowohl die Aufgabe des Herrschers, als auch das Ziel, zu welchem er das Schwert trägt, sowie das Kriterium des wahren Regierens, auch die Zulässigkeit der Hinrichtung und die Maßnahme der Anwendung des Schwertes. ... Und es möge auch die sentimentale Vorstellung bei dem Wort ‚Henker' in Schrecken geraten und zur Widerstandslosigkeit aufrufen, – die Todesstrafe für einen Übeltäter ist *als Notwendigkeit zulässig.*" Und man muss sich dessen ganz genau eingedenk sein, die Sache darf weder zweideutig noch an irgendwelche Bedingungen geknüpft werden. „Etwas als eine Notwendigkeit zuzulassen, bedeutet nicht, dies ‚zu rechtfertigen'. Die Hinrichtung ist hier nicht gerechtfertigt, nicht geweiht und nicht geheiligt. Sie ist lediglich *zulässig*, d. h. nicht verboten und nicht abgelehnt und nicht verflucht, sondern gemäß ihrer Notwendigkeit *direkt vorgeschrieben* und auf die Übeltäter anwendbar. Und man muss *alles* tun, damit das Schwert und der Henker nicht nötig sind; und wenn sie trotzdem notwendig sind, muss man sie akzeptieren."

Damit man in diesen tatsächlich sehr schweren und komplizierten Fragen sich zurecht findet, müsste man, so Iljin, „die Ungerechtigkeit" und „die Sünde" unterscheiden. Um zu verstehen, ob der Krieg „eine Sünde" ist, muss man sich an die gesamte Literatur der Heiligen Väter in Bezug auf diese Frage wenden (z. B. Johannes Chrysostomos, Ambrosius von Mailand, Basilius der Große, Athanasius der Große etc.), ebenso zu den russischen Quellen, die auf der Literatur der Heiligen Väter gründen, teils zum orthodoxen Kasualienbuch, zum kleinen Katechismus von Metropolit Philaret [Drosdow], der speziell für „das Militär" verfasst wurde, zu den Aufsätzen des Metropoliten Antonij (Chrapowizkij), die für die Soldaten geschrieben wurden, und zu seinem Katechismus etc. Iljin fragt: „Wer von den großen, russisch-orthodoxen Erleuchtern [heiligen Hierarchen, die sich um die Erleuchtung des Volkes bemühen], die Russland erbaut haben, lehrte die Widerstandslosigkeit? Waren es etwa die Bischöfe, die dem Heiligen Wladimir rieten, die Verbrecher hinzurichten (S. Solowjew, Istorija Rossii, t. I, gl. 7; С. Соловьев. История России, т. I, гл. 7; Übersetzung: Siehe Solowjew, Geschichte Russlands, Band I, Kap. 7)? War es etwa Sergij von Radonesch, oder Petr, Alexej, Iona oder Filipp [die heiligen Metropoliten von Moskau]? War es etwa Germogen, Filaret oder Nikon [die heiligen Patriarchen von Moskau]? War es etwa Serafin von Sarow? Waren es etwa die Starzen unserer Tage?"

All diesem kann der sentimentale apolitische Tolstojanhänger und Widerstandslose allein sein „ich akzeptiere es nicht" entgegensetzen, das lediglich eine autobiografische Bedeutung hat. Die Verweise auf die Räubereien der Kreuzritter und darauf, dass die Waffen in der Geschichte auch für das Böse eingesetzt wurden, beweisen in keiner Weise, dass die Waffen nicht für das Gute verwendet werden können.

2.

Den Artikel Berdjajews „Koschmar slogo dobra" („Кошмар злого добра", Übersetzung „Der Alptraum des bösen Guten"), der im Sommer 1926 erschien, las Iljin anscheinend erst im Herbst. Er antwortete darauf mit einem besonderen Artikel, der am 26. Oktober 1926 in „Wozroschdenie" („Возрождение") unter dem Titel „Koschmar N. A. Berdjajewa. Neobchodimaja oborona" („Кошмар Н. А. Бердяева. Необходимая оборона", Übersetzung; „Der Alptraum Berdjajews. Die notwendige Verteidigung" erschien.

Iljin betont vor allem den allgemeinen *Ton* des Artikels von Berdjajew, der im Ideenstreit überhaupt nicht angemessen ist. „Der Artikel Berdjajews wurde im Ton eines pathologischen Affekts verfasst; er selbst charakterisiert auch öffentlich seinen eigenen Zustand als ‚Alptraum', ‚Erwürgen', ‚Folterkammer', ‚Ekel' etc." In diesem nicht normalen Zustand hatte Berdjajew einen Alptraum: Vor ihm erschien ein ganzes System der Ideen, das er Iljin zuschrieb, das jedoch Iljin nicht gehört, und das Iljin selbst ebenfalls für würdig hält, abgelehnt zu werden. Ganz im Gegenteil zu denjenigen, die denken, dass der Staat die absolute Macht über den Menschen und seinen Geist besitzt, behauptet Iljin, dass *„der geistige Ursprung im Menschen für seine Realisierung auf Erden eben eine eigene, freie, freiwillige, nicht erzwungene und nicht genötigte Hinwendung der Seele zum Gegenstand und zu Gott fordert…* Letztendlich vollzieht sich die geistige Hinwendung des Menschen entweder zu ihnen, aus seiner Freiheit, in der Tiefe seines eigenständigen geistigen Wesens, oder sie vollzieht sich überhaupt nicht". Eben von dieser Überzeugung geht Iljin in seinem Buch aus, indem er dies oft wiederholt (siehe Seite 13, 20, 21, 22, 23, 28, 40, 45, 46, 49, 50, 112, 114, 115, 116, 156, 162, 166, 167, 169, 187 [der Originalausgabe von 1925 wie auch im Folgenden]).

Die allgemeine, prinzipielle Beziehung Iljins zum Staat ist zwiefältig: „Wenn *die Ablehnung* der staatlichen Aufgabe töricht, boshaft und falsch ist, so ist *das Überbewerten* der staatlichen Aufgabe unzulässig, gefährlich und verhängnisvoll." Iljin schreibt: „Die staatliche Aufgabe erweist sich, meiner Überzeugung nach, im vollen Sinne des Wortes als zweitrangig, von vornherein negativ, nicht absolut und nicht gerecht; und trotzdem notwendig, verantwortungsvoll und mächtig. Der Untersuchung dieser Notwendigkeit und der Grenzen dieser Macht ist auch mein Buch gewidmet."

Ferner führt Iljin „lebendige Beispiele" des von Berdjajew kreierten Bildes an, das Iljin für „ideologische Insinuation" hält. Solche Bespiele sind sieben an der Zahl. Indem Iljin diese Bespiele anführt, beginnt er zunächst mit seinen Ansichten, darauf aber stellt er sie den Behauptungen Berdjajews entgegen. Da uns bereits die grundlegenden Kritikpunkte Berdjajews bekannt sind, wollen wir uns an die umgekehrte Ordnung halten: Wir werden zuerst daran erinnern, was Berdjajew schrieb, darauf aber werden wir die Behauptungen Iljins zitieren.

1) Berdjajew schreibt, dass Iljin die Kirche und den Staat gänzlich vermischt und sie gleichsetzt. *De facto* aber behauptet Iljin ganz etwas anderes, nämlich, dass der „religiös-kirchliche Geist den Weg des Kaisers nicht verurteilt, sondern begreift und erleuchtet (S. 162); dass die echte Wechselbeziehung der Kirche und des Staates sich im Geiste der altrussischen orthodoxen Tradition findet: sie besteht aus der gegenseitigen Unabhängigkeit ihrer Organisationen, unter der geistigen Führung und Mitwirkung der Kirche und ihrem loyalen Sich-Enthalten von den weltlichen Angelegenheiten (S. 220)."

2) Berdjajew sieht in seinem Alptraum, dass Iljin „mit Vergnügen" die Hinrichtung rechtfertigt und begreift nicht die gnadenvolle Kraft des Mysteriums der Beichte. *De facto* aber beweist das ganze Buch Iljins und insbesondere in dessen Haupt- und letzten Kapitel, „dass die Menschentötung *unter keinen Umständen* ein gerechtes Werk sein wird; dass die staatliche Notwendigkeit *eine Tragödie* ist und zum geistigen

Kompromiss führt, der dem Herrscher und Krieger die Pflicht der reuigen Selbstläuterung auferlegt (z. B. S. 215).“

3) Berdjajew schreibt, dass Iljin „nicht so sehr das Gute tun, als das Böse vernichten will“. *De facto* aber ist die Aufgabe, welche das Buch Iljins lösen will, eine ganz andere. Iljin schreibt: „Ich untersuche in meinem Buch nicht die Wege des inneren, religiösen und sittlichen (d. h. des Haupt- und geweihten) Prozesses der Wiedergeburt der menschlichen Seele. Mein Problem beschränkt sich bewusst auf die Untersuchung der sozialen Wege der gegenseitigen Erziehung, denn meine Aufmerksamkeit richtet sich auf die Notwendigkeit und die Grenzen der staatlichen Einwirkung.“

4) Berdjajew sagt, dass Iljin „sehr leicht jegliche Folter eines Menschen als die Manifestation der Liebe anerkennt.“ *De facto* aber beweist Iljin, dass „der Staat verpflichtet ist, jegliche Methoden der Einwirkung auf den Verbrecher zu meiden, die ihn ‚verhärten‘, ‚erbosen‘, seiner körperlichen, seelischen oder geistigen Gesundheit Schaden zufügen (S. 114, 115).“

5) Berdjajew sieht das Eigenlob Iljins dort, wo *de facto* das wichtige, geistig-methodologische Problem darüber geklärt wird, in wessen Namen die Frage über den gewaltsamen Widerstand gegen das Böse aufgestellt werden muss. Natürlich nicht im Namen der Verbrecher und boshafter Menschen: „Das Problem der sittlichen und religiösen Gerechtigkeit kümmert den Übeltäter nicht, er hat sich bereits alles erlaubt. Man muss die Frage aus der Perspektive des Menschen stellen, der wirklich das Gute wünscht, d. h. aus der Perspektive eines *edlen* Menschen, der sich seiner Sündhaftigkeit bewusst ist (S. 173, 174), und der trotzdem in den Kampf gegen den Gewalttäter zieht.“

6) Berdjajew sieht ferner, dass Iljin sich selbst und seinen „unerhörten geistigen Stolz“ dort rühmt, wo *de facto* Iljin in

seinem Buch „die mögliche Fülle der christlichen geistigen Liebe" beschreibt, „die für das Erfassen und Realisieren der Gebote Christi notwendig ist".

7) Berdjajew erklärt, dass Iljin seine Kräfte „für geistige und moralische Unterweisung den Organisationen der Spionageabwehr, den Schutztruppen, dem Polizeidepartement, der Hauptgefängnisaufsicht, den militärischen Feldgerichten zur Verfügung gestellt hat", dass er „WeTscheKa im Namen Gottes" predige, – und all dies nur deswegen, weil Iljin seine Untersuchung der russischen Weißen Armee und ihren Anführern gewidmet hat.
Iljin schlussfolgert und wundert sich nicht, dass seine Ansichten von Berdjajew als Alpträume anerkennt werden: „Es ist klar, dass diese Ansichten nicht meine sind, sondern *der von ihm selbst erschaffene Alptraum*. Ihm selbst erschien ‚der Alptraum des bösen Guten'; er aber reagiert auf ihn wie auf eine objektive Tatsache. Und mit welcher Bosheit… Die letzten Seiten seines Artikels… machen einen solchen Eindruck, als ob der Mensch sich beeilte, möglichst viele Unannehmlichkeiten und Dreistigkeiten auszusprechen…"
Im Anschluss charakterisiert Iljin das philosophische Veröffentlichungsschaffen Berdjajews im Ganzen. Er hat es immer als die Publizistik wahrgenommen, die nicht eine behutsam gereifte geistige Erfahrung und verständige Askese durchlief. Unabhängig davon, ob Berdjajew irgendetwas schmäht oder das, was er dabei erschafft, lobt, dies bleibt immer „seine subjektive Chimäre". Und deswegen „wird derjenige weise handeln, der ihn mit äußerster Vorsicht lesen und hören wird".

3.

In seinem Artikel „Koschmar N. A. Berdjajewa. Neobchodimaja oborona" („Кошмар Н. А. Бердяева. Необходимая оборона", Übersetzung; „Der Alptraum Berdjajews. Die notwendige Verteidigung" verwies Iljin darauf, dass, da ja Berdjajew im Zustand des Alptraums verweilt, er keinen Sinn sieht, mit ihm zu streiten, und so richtet er seine Behauptungen und Beweise nicht an Berdjajew, sondern „an den Leser, der die Gerechtigkeit anerkennt und die objektive Wahrheit sucht; und vor allem an den gleichgesinnten Leser und Freund". Der gleiche Ansatz ist noch mehr in dem Artikel Iljins „Über den Widerstand gegen das Böse" (Der offene Brief an W. H. Dawatc) betont (veröffentlicht in drei November-Ausgaben der Zeitung „Novoe vremja", „Новое время").

Iljin richtet seine Worte an Prof. Dawatc, der selbst das Muster des Widerstandes gegen das Böse „mittels seines Wortes, seiner Taten und seines Lebens" gezeigt hat. Iljin vergleicht das Auftreten Demidows im Jahr 1925 mit dem Auftreten Berdjajews und Eichenwalds im Jahr 1926 und betont „die Übereinstimmung des Tons und der Methode der Argumentation". Deren Aufgabe und die Aufgabe ihnen ähnlicher Autoren besteht darin, „die ihnen unpassenden und daraufhin kompromittierten Ideen und nach Möglichkeit auch die Person des Gegners auf widerwärtige Weise darzustellen". Auf dieser Basis entsteht eine gewisse einheitliche Front unter den christlichen Widerstandslosen und der russischen linken Presse in Paris, die quasi im Namen der christlichen Liebe auftritt. Diese Liebe beziehen die Widerstandslosen „sowohl auf die Bolschewiki, als auch auf die Übeltäter, und auf jegliche menschliche Seele", jedoch keineswegs auf Iljin, in Bezug auf den alles erlaubt ist.

Iljin geht über zum Kernproblem seiner Ideendiskrepanz mit den neuen Widerstandslosen und schreibt, dass die zentrale Frage hier die Frage über den Staat und über die Beziehung des Christen zu ihm ist. Bei dieser Frage ist Ehrlichkeit, Festigkeit und keine Zweideutigkeit notwendig. Ohne die Kirche und den Staat zu vermischen (entgegen den Behauptungen Berdjajews) und ohne den Staat in die Kirche zu verwandeln, noch die Kirchen in den Staat, meint Iljin, dass der Staat notwendigerweise akzeptiert werden muss, indem man selbst Christ bleibt, und indem man den Staat mit einer etwas anderen, als in der Kirche, jedoch trotzdem christlichen Liebe begreift (worüber Iljin extra in dem Kapitel 22 seines Buches „Über den gewaltsamen Widerstand gegen das Böse" schreibt). Ein solcher Ansatz in Bezug auf den Staat ist christlich, orthodox und russisch, frei vom jeglichen Kaiserpapsttum und Papstkaisertum, was direkt von Eichenwald („das Christentum bleibt für sich selbst, und der Staat für sich selbst") und besonders nachdrücklich von Berdjajew abgelehnt wird. Iljin sagt, dass Berdjajew „es vorzieht, die zentrale Frage über den Staat und die Liebe zu umgehen", jedoch „lehnt er kategorisch jene positive, erzieherische Aufgabe des Staates ab, welche Apostel Paulus fordert".

Iljin führt eine ganze Reihe von Argumenten an, die mit dem Problem des Kampfes gegen den Kommunismus verbunden sind (..., die für Dawatc und andere Teilnehmer der Weißen Bewegung besonders wichtig sind), und geht über zu der Frage, womit er seinen Ansatz in Bezug auf den Staat und die Hinrichtung bestätigen könnte, ausgehend von der Heiligen Schrift des Neuen Testaments. Iljin erinnert daran, dass er in seinem Buch „ein philosophisches Problem formulierte, und kein theologisches". Er meint, dass aus rein theologischer Perspektive die entsprechenden Stellen des Evangeliums von den weltlichen Menschen nicht gedeutet werden dürfen, sondern von den Geistlichen, die Autorität besitzen, welche mit ihrem Amt verbunden ist. Iljin schreibt, dass er in seinem Buch „sich gänzlich enthielt, Deutungen dieser Stellen anzubieten", jene Deutungen aber, welche er anführte, hat er „vorher bei Autoritätspersonen prüfen lassen, um eigene Willkür und Missdeutung zu vermeiden".

Iljin versteht, dass die Wurzel aller Angriffe auf ihn seitens der Widerstandslosen darin besteht, dass er sich „die staatliche Aufgabe, und zusammen mit ihr das Schwert und die Hinrichtung (weil sie notwendig sind), als einen Dienst an Gott und dabei am Gott der Liebe, an Christus, dem Sohn Gottes" denkt. Iljin zitiert ferner buchstäblich das, was im Zusammenhang mit dieser Frage im 13. Kapitel des Paulus-Briefes an die Römer (Röm 13,1-10), im zweiten Kapitel des ersten Petrus-Briefes (1

Petr 2,13-17) gesagt worden ist, und er bezieht sich ebenfalls auf den Paulus-Brief an Titus (Tit 3,1) und auch auf die Weisungen, auf die apostolischen Erklärungen und Bestimmungen, die in seinem Buch (S. 162, 192, 207) enthalten sind. Iljin schreibt: „Wenn alle diese Weisungen der Apostel für unsere humane Epoche veraltet sind, und alle Bücher des Neuen Testaments einer Überarbeitung im Geiste des zeitgenössischen Humanismus benötigen, dann ist es notwendig, dies auch offen auszusprechen, was jedoch Berdjajew und seine Gleichgesinnten nicht tun."

Im Laufe ihrer ganzen Geschichte, spricht Iljin, verstand die christliche orthodoxe Kirche die Worte der Apostel „direkt und unmittelbar, ohne sich auf irgendwelche bildlichen Deutungen zu beziehen". So beschaffen ist auch der Ansatz in der Literatur der Heiligen Väter: „Man möge allein die Deutung des Johannes Chrysostomos zum Matthäus-Evangelium (Bd. 1) nachlesen, besonders jene Stelle, wo er über die Liebe spricht, welche die Übeltäter ins Gefängnis einsperrt..." So beschaffen war auch der Ansatz bei den russischen Erleuchtern. Nachdem Iljin eine ganze Reihe an Beispielen aus der russischen Geschichte aufgezählt hat, schlussfolgert er, dass all dies zweifelsohne die alte, orthodoxe, russisch-nationale Tradition ist, gegen welche „die Herren, die zweideutigen Widerstandslosen, lediglich die Tradition der russischen sentimentalen Intelligenz des 19. Jahrhunderts, einschließlich Berdjajews und Eichenwalds", vorbringen können.

Indem Iljin die Einwände seiner Ideengegner summiert, reduziert er sie auf drei Positionen. „Erstens, meine Ansicht widerspricht dem Christentum. Zweitens, wenn sie dem Christentum nicht widerspricht, dann ist es nicht zeitgemäß, darüber zu sprechen. Wenn es aber sogar zeitgemäß ist, dann drittens, erniedrigt es die Würde eines Philosophen..." Die nächste Etappe ist bereits die Verwandlung der Ideenpolemik in eine persönliche Insinuation.

Iljin charakterisiert ferner die Stimmung der russischen sentimental-widerstandslosen Intelligenz, die selbst in das gefährlichste Extrem verfällt, in das Extrem im Guten. Diese Stimmung legt keine Rechenschaft vor der gegebenen Tragödie der Welt wie vor der willentlichen Aufgabe ab und führt zur religiösen Desertion. Iljin bemerkt: „Man stelle sich nur vor, die russische Intelligenz des 19. Jahrhunderts ist humaner als Apostel Paulus und gottseliger als Sergij, barmherziger als Apostel Petrus und überschwänglicher an Liebe als der Patriarch Germogen... Und die Tradition unserer großen Heiligen, die nun vorgestellt wurde, erweist sich als die Tradition eines ‚bösen Guten'..." Die Gefahr dieser kleinmütigen Humanität liegt darin, dass sie sich zur Humanität der Verräter entwickelt, „sobald ein tragischer Kampf gegen das Böse sie vor die Notwendigkeit stellt, *Ungerechtigkeit im Namen der Liebe zu vollziehen*".

Im abschließenden Teil seines Artikels berührt Iljin auch die politische Seite der Fragestellung, die von seinen Opponenten in der Polemik angesprochen wurde. Iljin schreibt: „Meine Leser mögen wissen und daran denken, dass meine Untersuchung in keiner Weise und durch nichts ‚politische Losungen' und ‚taktische Wege' vorwegnimmt und vorausbestimmt."

Diese drei Artikel erschöpfen die Auftritte Iljins in der Presse auf den ersten beiden Etappen der Polemik. Fünf Jahre danach kehrte Iljin zu dieser Problematik bei einem öffentlichen Vortrag zurück, der jedoch in der Presse erschien. [...]

4.

Am Anfang des März 1931 hielt Iljin eine Reihe von Vorträgen in Riga. Der vierte Vortrag mit dem Titel „Über den gewaltsamen Widerstand gegen das Böse" wurde am 9. März gehalten. Der Vortrag bestand aus zwei Teilen. Im ersten Teil sprach Iljin über die unrichtige Entwicklung des russischen philosophischen und religiös-philosophischen Denkens des 19. Jahrhunderts, über die richtige Problemstellung im Zusammenhang mit der Frage über den Widerstand gegen das Böse mittels der Kraft und über die Forderung des historischen Moments. Gesondert verweilte Iljin bei Tolstoi und betonte, dass

„Tolstoi ein solches Verständnis von Gut und Böse einführte, welches religiös auf die Ablehnung der Welt, praktisch aber auf die Widerstandslosigkeit reduziert wird". Iljin beschränkte sich jedoch nur darauf, kurz die Hauptpositionen in der Lehre Tolstois darzulegen, indem er seine Zuhörer auf die Kapitel 9-12 seines Buches verwies, in denen er ausführlich die Struktur dieser Lehre, deren religions-philosophische Wurzeln, deren Argumente und Fehler auseinandergelegt hat.

Die richtige Auflösung der Frage über den gewaltsamen Widerstand gegen das Böse, spricht ferner Iljin, ist nur bei der richtigen Fragestellung möglich. Diese aber wird wie folgt formuliert: „Kann etwa der Mensch, der die sittliche Vollkommenheit anstrebt, sich dem Bösen mit Kraft und Schwert widersetzen? Kann etwa der Mensch, der religiös Gott annimmt, der Dessen Weltschöpfung und seinen eigenen Platz in der Welt akzeptiert, sich dem Bösen, wenn es notwendig ist, mittels des Schwertes nicht widersetzen?" Damit man darauf eine richtige Antwort gibt, ist es nötig, sich daran zu erinnern, „dass das Gute und das Böse seelische, geistige und innere Zustände sind, die in der geheimnisvollen Tiefe der eigenen Seele entstehen und gedeihen, und deswegen nicht von außen hervorzulocken und auszumerzen sind".

Der Widerstand gegen das Böse mittels der physischen Nötigung und der Unterdrückung fordert deswegen das Vorhandensein bestimmter Bedingungen. Iljin verweilt ausführlich auf diesen fünf Bedingungen. Es müssen folgende Bedingungen vorhanden sein: Erstens, *das echte Böse*, das sich in äußeren Taten manifestiert; zweitens, *die richtige Wahrnehmung des Bösen*; drittens, *die echte Liebe zum Guten*; viertens, die willentliche Beziehung zum Weltgeschehen; und fünftens, klares Bewusstsein dessen, dass bei gegebenem Zusammentreffen der Umstände die physische Einwirkung sich als *das einzig wirksame Mittel* erweist. Denn das Wesen des Problems des Widerstands gegen das Böse mittels der Kraft besteht „eben darin, dass dem Menschen praktisch nur zwei Methoden, lediglich zwei Auswege gegeben werden: entweder die dem Übeltäter frönende

Untätigkeit, oder physischer Widerstand". Solche richtige Fragestellung gab es weder bei Tolstoi, noch bei den seinem Denken nahestehenden russischen Philosophen und Publizisten.

Den zweiten Teil seines Vortrags begann Iljin mit dem Verweis auf jene Verfolgung, die sich auf sein Buch von der Seite der russischen ausländischen Publizistik erhob. Indem Iljin mit allen diesen Literaturexzessen vertraut wurde, schlussfolgerte er, dass „kein einziger Kritiker seine Untersuchung gelesen hat", und die Kampagne gegen sein Buch der Anweisung bestimmter Zentren folgte, die beschlossen haben, dass sein Buch voll von für sie unerwünschten politischen Folgen ist. Jedoch ist diese Untersuchung hauptsächlich für die jungen Generationen geschrieben, die keine Schuld am russischen Zusammenbruch haben. Indem Iljin sich an sie richtet, unterstreicht er die hauptsächliche, christlich-orthodox richtige und philosophisch begründete Problemlösung, welche seine Kritiker aus der Emigration „deswegen übersehen haben, weil sie von politischen Ängsten und von der für die Intelligenz typischen Voreingenommenheit beherrscht wurden".

Der Grundgedanke der Behauptungen Iljins besteht nicht nur darin, dass die Menschheit ohne die staatlich organisierte Nötigung und Unterdrückung nicht leben kann, sondern auch darin, dass 1) „die Drohung, das Gefängnis und die Hinrichtung *weder heilige noch gerechte Mittel sind*"; dass 2) „sie die Verklärung des bösen Willens nicht bewirken"; dass 3) „sie nur dann zulässig, wenn sie gemäß dem Gewissen notwendig und einzig zweckmäßig sind"; dass 4) „die Seele des Menschen, der sich ihrer bedient, sich fortwährend um ihre innere, geistige Läuterung kümmern muss".

Darauf las Iljin in seinem Vortrag dem Auditorium die Seiten 201-209 seines Buchs „Über den gewaltsamen Widerstand gegen das Böse" (Kapitel 21 – „Über den geistigen Kompromiss") vor, die seine Idee von der sittlichen Tragödie besonders ausführlich schildern, die mit der Annahme des geistigen Kompromisses verbunden ist. Obschon Iljin in seinem Buch schreibt, dass der Weg des Schwertes ein ungerechter Weg ist,

„gibt es jedoch kein solches geistiges Gesetz, dass derjenige, der *durch* die Ungerechtigkeit geht, *zur Sünde* geht" und „die Lebensweisheit besteht nicht in der scheinbaren Rechtschaffenheit, sondern darin, dass man sich entsprechend der Notwendigkeit mannhaft der Ungerechtigkeit bedient, indem man *durch* sie geht, jedoch nicht zu ihr, [sondern] indem man sie betritt, um *aus* ihr herauszutreten.". Es gibt keinen anderen, gerechten Weg, der den ungerechten Weg der Kraft und des Schwertes ersetzen würde. Die grundlegende Lebenstragödie besteht eben darin, dass es „aus dieser Situation *keinen idealen Ausweg* gibt", und deswegen fordern „Mut und Ehrlichkeit hier die offene Akzeptanz *des geistigen Kompromisses*". Ein solcher geistiger Kompromiss darf keine persönlichen Interessen verfolgen, er ist *„die uneigennützige Akzeptanz seiner eigenen Ungerechtigkeit im Kampf gegen den Übeltäter* wie gegen den Feind des göttlichen Werks". Der Mensch, der bewusst und überzeugt die Ungerechtigkeit und *die Bürde der Welt* auf sich nimmt, der religiös sein Schicksal akzeptiert und das Schwert im Namen des göttlichen Werkes ergreift, „opfert *seine Seele* hin", festigt jedoch *„seinen Geist* und dessen Würde"; indem er so handelt, ist er „nicht gerecht, sondern im Recht".

Indem Iljin zu den evangelischen Zeugnissen übergeht, schreibt er: „Christus lehrte nicht das Schwert, er lehrte die Liebe. Jedoch hat er kein einziges Mal und mit keinem einzigen Wort das Schwert verurteilt, weder im Sinne der organisierten Staatlichkeit, für welche das Schwert sich als die letzte Sanktion erweist, noch im Sinne des militärischen Amtes und Werkes. Und bereits die ersten seiner Jünger, Apostel Petrus und Paulus (1 Petr 2,13-17; Röm 13,1-7), betonten den positiven Sinn dieser Nicht-Verurteilung." (S. 207).

Iljin las die Seiten 201-209 seines Buches vollständig vor und rief das junge Auditorium dazu auf, einen ganzheitlichen Charakter herauszubilden, und ebenso zur [im Sinne der Donnersöhne Johannes und Jakobus] donnernden Liebe und zum flexiblen Kampfe auf. Er schlussfolgerte: „Lernt die christliche Liebe von dem Gottseligen Sergij, dem Patriarch Germogen und Alexander Newski; und nicht von Lew Tolstoi und seinen Nachfolgern."

5.

Nach dem Vortrag in Riga im Jahr 1931 kehrte Iljin nicht selten zu der Frage über das Böse und über den Widerstand mittels der Kraft auch in seinen Vorträgen zu anderen Themen zurück. Aus Platzgründen können wir diese Vorträge hier nicht vorstellen. Daher werden wir uns nun dem letzten Abschnitt des Lebens und des Schaffens Iljins widmen.

Im Jahr 1953, in Paris, erschien die zweibändige Untersuchung Iljins „Aksiomi religiosnogo opita" („Аксиомы религиозного опыта", Übersetzung „Die Axiome der religiösen Erfahrung", ferner abgekürzt „Axiome..."), die Iljin im Laufe von 30 Jahren schrieb (Dezember 1919 - Dezember 1951). Im zweiten Band dieses Werks, im Kapitel 27, das den Titel „Die tragischen Probleme der religiösen Erfahrung" trägt, gibt es die Unterkapitel fünf und sechs (S. 206-211, [Originalausgabe Paris 1953]), die speziell dem tragischen Problem des Bösen und dem Widerstand gegen das Böse gewidmet sind. Iljin verweist auf sein Buch „Über den gewaltsamen Widerstand gegen das Böse", teils auf die Kapitel acht, neun, zehn, elf und 12, in denen seine Kritik der Lehre Tolstois über die Widerstandslosigkeit dargelegt wird und die Elemente der „moralischen Flucht", der „Sentimentalität", des „geistigen Nihilismus" und der „religiösen Weltablehnung" erörtert werden. Ferner berührt Iljin in den „Axiomen..." eine ganze Reihe Fragen, die in diesen Kontext gehören.

Iljin betont die Notwendigkeit, das Böse zu verhindern. Doch man kann nicht immer das Böse verhindern, daher bekommt zuweilen das Problem des Widerstands gegen das Böse tragische Züge und fordert die heroische Lösung. Die Tragödie besteht darin, dass „der Mensch, der sich zur geistigen Religion bekennt, hier keinen gerechten Ausweg finden kann". Dieser religiöse Mensch wird die tragische Natur dieses Konflikts erkennen, und er wird gezwungen sein, entweder in den Kampf gegen das Böse einzutreten, oder das Böse zu meiden. Jedoch sind alle Versuche, sich der geistigen, religiösen und sittlichen Verantwortung zu entziehen einfach illusorisch.

Dadurch wird die Frage nicht gelöst. „Die richtige Lösung dieser großen und für die ganze menschliche Kultur unausweichlichen Frage, der richtige Ausweg aus dieser tragischen Situation besteht in dem notwendigen Widerstand gegen das Böse mittels der Kraft, in der Akzeptanz *der Verantwortung für die eigene Lösung und Tat, und in der unerlässlichen nachfolgenden, fortwährenden sittlich-religiösen Läuterung*. Dies ist der Ausweg, den das orthodoxe Christentum anzeigt."

Bei dem Widerstand gegen das Böse muss man weder vom „Recht" ausgehen noch von der „Möglichkeit" oder der „Realisierbarkeit", sondern von der „*Unausweichlichkeit*". „Man muss sich dem Bösen im Bewusstsein dessen widersetzen, dass dieses Mittel *das einzig übriggebliebene*, äußerste und ungerechte ist; dass dieses Mittel weder ‚gerechtfertigt' noch ‚geheiligt' ist, *sondern im Rahmen des geistigen Kompromisses akzeptiert wird; und dass man deswegen bei erster Gelegenheit davon ablassen* und es durch ziemlich geistige, überzeugende und die Liebe betreffende Mittel ersetzen sollte. ... Denn der Geist des Menschen wird durch die Liebe, Freiheit, Überzeugung, durch das Beispiel und die Erziehung verklärt, nicht aber durch Kraftanwendung. Die Kraftanwendung bildet nicht den Geist, sondern unterdrückt lediglich die angreifende Antigeistigkeit."

Wir alle sind zur religiösen Katharsis berufen, aber die Menschen des tragisch-heroischen Dienstes umso mehr: „Der Staatsherrscher, der Krieger, der Richter und alle, die, gemäß den Wortes des Apostels Paulus (Röm 13,6), immer mit dieser Aufgabe beschäftig sind, müssen sich stets um die geistige und religiöse Läuterung ihrer Seelen kümmern. .. Jener, der sich den Übeltätern mittels der Kraft und des Schwertes widersetzt, muss immer *reiner und höher sein als sein Kampf*, damit die Tiefe, die sich in jedem und auch noch so uneigennützigen Kompromiss verbirgt, ihn nicht verschlingt. Sein Schwert muss wie ein Gebet sein; sein Gebet aber muss die Kraft des Schwertes haben. Und je vollkommener sein Gebet, desto unwahrscheinlicher kommt es zum Einsatz des Schwertes."

Zu jedem Kapitel seiner „Axiome..." liefert Iljins eine breite „bibliographische Ergänzung". Dem Kapitel 27 (mit dem Titel „Die tragischen Probleme der religiösen Erfahrung") geht das Epigraph Mt 11,29 voraus: „Nehmet mein Joch auf euch". Nach dem Anführen eines großen Literaturmaterials für die restlichen Kapitel schreibt Iljin: „Das Literaturmaterial zur Frage über die Zulässigkeit des ‚Widerstands gegen das Böse mittels der Kraft' ist von mir in meinem Buch mit dem gleichnamigen Titel angeführt (siehe besonders S. 180-199)."

Die Frage über den Widerstand gegen das Böse mittels der Kraft beschäftigte Iljin auch in anderen grundlegenden Werken, teils im Buch „O suschnosti pravososnanija" („О сущности правосознания", Übersetzung „Über das Wesen des Rechtsbewusstseins", München 1956), in welchem die Kapitel 12 („Das Wesen des Staates") und 21 („Rechtsbewusstsein und Religiosität") für unser Thema wesentlich sind.

V.
Ergänzungen und Ergebnisse

[...]

„Donnernde Liebe“: Iwan Iljins christliche Widerstandstheorie heute

In hoc signo vinces.

Die Frage nach der Rechtfertigung von Gewalt im weitesten Sinn als der Anwendung psychischen, physischen oder sonstigen Zwangs auf Andere, im Extremfall in Form des Krieges, ist eine äußerst wichtige Frage der Ethik, also der Sittlichkeit, einem der praktischen Teile der Philosophie. Sie ist für Deutsche nach dem Beitritt der DDR zum Geltungsbereich des (westdeutschen) Grundgesetzes und den Kriegseinsätzen der Berliner Republik wieder aktuell geworden. Die Frage betrifft aber nicht nur klassische, sondern auch „molekulare“ Konflikte, wie sie in Zukunft in ganz Westeuropa zu erwarten sind, und letztlich jeden einzelnen Menschen.

In Iwan Iljins *Über den gewaltsamen Widerstand gegen das Böse* geht es nicht eigentlich um „Gewalt“, denn diese wird von ihm als *„voreingenommene Erzwingung“* (Seite 58) des Bösen definiert. Worum es ihm geht, ist die psychische und physische Nötigung zum Guten bzw. um dem Bösen zu wehren, das, was er „tatkräftigen Widerstand“ (Seite 53) nennt. Das Bild auf dem Einband dieses Buches zeigt den Heiligen Georg, wie er den Drachen, das Sinnbild des Bösen, durchbohrt und damit die Königstochter rettet, die dem Drachen geopfert werden sollte. Iljin erinnert an diesen Heiligen, denn er weiß, dass nicht nur „geistige Erziehung“ oder Tatkraft, sondern manchmal auch Waffengewalt bis zum Krieg notwendig ist, um dem Bösen zu widerstehen.

Im ersten Teil dieses Nachworts zur deutschen Erstübersetzung seines Werks wird nach der Vorstellung westlich-christlicher, säkularer und christlich-orthodoxer Positionen zum Thema sowie des radikalen Pazifismus Leo Tolstois mit der Entgegnung Wladimir Solowjews auf die zu den vorgenannten Positionen in vielerlei Hinsicht differente, neuartige Sicht Iwan Iljins eingegangen. Die Diskussion der Aktualität von Iljins Konzeption bildet den abschließenden zweiten Teil. Da diese Ausführungen als Abhandlung konzipiert sind und sich daher immer wieder direkt auf das hier vorgestellte Werk beziehen sowie bemühen, ihre Aussagen sorgfältig zu untermauern, sind Zitate und Literaturangaben unvermeidlich.

Die westlich-christliche Lehre des gerechten Kriegs

Im (christlichen) Westen gibt es eine lange Tradition der Lehre vom so genannten „gerechten Krieg“. Man könnte sie als „christlichen Realismus“ bezeichnen, der möglicherweise durch die Integration von germanischen Kriegerkulturen in das ursprünglich radikalpazifistische Christentum gefördert wurde. Sie wurde zuerst von Aurelianus Augustinus kodifiziert und später von Thomas von Aquin und anderen christlichen Philosophen wie Francisco Suárez ausgearbeitet. Die Theorie erlangte ihre moderne, säkularisierte Form nach Revisionen durch Denker wie den Völkerrechtler Hugo Grotius. Seitdem gibt es einen akzeptierten Kriterienkatalog, der erfüllt sein muss, damit ein Krieg als „gerecht“ betrachtet werden kann. Die Teilnahme an ihm gilt dann sogar als moralisch „gut“. (Nebenbei ist die Lehre vom gerechten Krieg einer der unzähligen Beweise für die Richtigkeit der These, dass die säkularisierte abendländische Moderne vor allem auf christlichen Voraussetzungen beruht.) Zwei Aspekte des Krieges werden dabei abgedeckt: sein Beginn (*ius ad bellum*) und die Aktionen, die man während seiner Dauer unternehmen kann (*ius in bello*). (Das *ius post bellum* wird nicht berücksichtigt, da es den Krieg nicht mehr direkt betrifft.[1])

[1] Martin Frank, „Ius post bellum. Überlegungen zum Verhältnis der drei Teile der Theorie des gerechten Krieges“. In: Rainer Forst, Martin Hartmann, Rahel Jaeggi und Martin Saar (Hg.), *Sozialphilosophie und Kritik*. Frankfurt: Suhrkamp 2009, Seiten 229-249.

Der Katalog enthält folgende Kriterien (zitiert nach Brendan Howe[2] und der *New Catholic Encyclopedia*[3]); für das *ius ad bellum* sind gefordert:

- ein *gerechter Grund*, also etwa Widerstand gegen Aggression, die Wiederherstellung verletzter Rechte oder die Verteidigung gegen ungerechtfertigte Ansprüche;
- eine *gute Absicht*, also das Vermeiden von Rache, dem Stillen von Blutdurst oder imperialen Ambitionen;
- eine *legitime Autorität*, die den Krieg offen und legal erklären kann;
- eine vernünftige *Aussicht auf Erfolg*;
- eine *Verhältnismäßigkeit der Zwecke*, so etwa das Abwägen der Kriegsfolgen zu den Folgen eines Nichteingreifens;
- die Ausschöpfung aller alternativen Möglichkeiten (das *„Prinzip des letzten Auswegs"*);
- die *vergleichende Gerechtigkeit*, das heißt welcher der Kontrahenten hinlänglich recht hat, sich über die Grundannahme gegen den Einsatz von Gewalt hinwegzusetzen;
- das *Ziel des Friedens* und einer gerechten Nachkriegsordnung.

Für das *ius in bello* gelten

- die Doktrin der *Verhältnismäßigkeit der Mittel*, also ob das Ausmaß der angewendeten Gewalt zum angestrebten Ziel proportional ist;
- die Forderung der *Diskriminierung* bezüglich der angegriffenen Ziele, insbesondere die *Immunität von Nichtkombattanten*;
- der Grundsatz der *Limitierung* des Krieges, etwa das Ver-

2 „Conflicting Normative Dimensions of Justification: The Gulf War". In: Paul Robinson (ed.), *Just War in Comparative Perspective*. London and New York: Routledge 2016, Seiten 200-217, hier Seiten 201f. und 208ff.

3 [R. A. McCormick/D. Christiansen], „War, Morality of". In: *New Catholic Encyclopedia*, Volume 14, Detroit und andere: Thomson Gale ²2003, Seiten 635-644, hier Seite 637.

meiden der völligen Erniedrigung des Besiegten durch den Sieger.

Im *Katechismus der katholischen Kirche*[4] (KKK Nr. 2309) sind einige dieser Kriterien aufgezählt; allerdings gelten sie ausschließlich für den Selbstverteidigungsfall. Es sind dies die Verhältnismäßigkeit der Zwecke, das „Prinzip des letzten Auswegs", die Aussicht auf Erfolg und die Doktrin der Verhältnismäßigkeit der Mittel.

„Es wäre jedoch [...] verfehlt anzunehmen, dass die Soziallehre der katholischen Kirche eindeutig für eine Ethik des gerechten Kriegs ist"[5], was schon aus der genannten Einschränkung auf die Selbstverteidigung folgert. Im Gegenteil ist der Status der Lehre vom gerechten Krieg innerhalb des römischen Katholizismus abhängig von der vorherrschenden Friedensethik (vergleiche KKK Nr. 2302-2305 mit dem zentralen Satz Jesu: „Selig, die Frieden stiften" [Mt 5,9]), der Vermittlung zwischen jener Lehre und einer gänzlich kontrastierenden katholischen Einstellung zur Kriegführung, nämlich dem gewaltlosen Widerstand (vergleiche KKK Nr. 2306) sowie dem Konsens innerhalb des universalen Episkopats in dieser Frage[6]. Insbesondere resultiert die Verpflichtung zum Frieden aus der Liebe zum Nächsten als einer Person „nach dem Bild Gottes", wie von der Pastoralkonstitution über die Kirche in der Welt von heute „*Gaudium et spes*" betont wurde (Art. 24[7]); jüngst wurde die Vergebung als Voraussetzung der Gerechtigkeit hervorgehoben[8]. Allerdings musste

4 Neuübersetzung aufgrund der Editio typica Latina. München und andere: Oldenbourg und andere 2005.

5 Paul Deary, „Catholicism and the Just War Tradition: The Experience of Moral Value in Warfare". In: Paul Robinson (ed.), *Just War in Comparative Perspective*. London and New York: Routledge 2016, Seiten 24-39, hier Seite 24.

6 Ebenda, Seite 25-30.

7 Heinrich Denzinger, *Kompendium der Glaubensbekenntnisse und kirchlichen Lehrentscheidungen*. Verbessert, erweitert, ins Deutsche übertragen und unter Mitarbeit von Helmut Hoping herausgegeben von Peter Hünermann. Freiburg und andere: Herder [44]2014, Seite 1209.

8 „Botschaft Seiner Heiligkeit Papst Johannes Paul II. zur Feier des Weltfriedenstags: Kein Friede ohne Gerechtigkeit, keine Gerechtigkeit ohne Vergebung vom 1. Januar

der polnische Papst in seiner Enzyklika „*Veritatis splendor*" auch schon den bei Theologen und Episkopat verbreiteten moralischen Relativismus und Konsequentialismus, der kein *intrinsece malum* („in sich Böses") mehr anerkennt, bekämpfen[9].

Das Konzept des „heiligen" Krieges, der in der Ausführung von Gottes Willen oder (säkular gesprochen) der rechtschaffenen Verfolgung eines höheren moralischen Wertes besteht, spielte im Christentum im Gegensatz zu anderen Religionen praktisch keine Rolle, „auch im Kontext der Kreuzzüge" nicht[10], die ein gerechter Krieg der Verteidigung des Christentums gegen islamische Angriffe waren.

Die urchristlich-katholische Position eines radikalen Pazifismus ist im bekannten Sonett Reinhold Schneiders (1936) gültig ausgedrückt, das gottergeben nur den inneren Widerstand gegen den Nationalsozialismus gutheißt:

„Allein den Betern kann es noch gelingen,
Das Schwert ob unsern Häuptern aufzuhalten
Und diese Welt den richtenden Gewalten
Durch ein geheiligt Leben abzuringen.

Denn Täter werden nie den Himmel zwingen:
Was sie vereinen, wird sich wieder spalten,
Was sie erneuern, über Nacht veralten,
Und was sie stiften, Not und Unheil bringen."[11]

Problematisch an der westlich-christlichen Position zur Lehre des gerechten Krieges ist ihre Ambivalenz, besonders der ungeklärte Widerspruch zum Relativismus und zu radikalpazifis-

---

2002" (http://w2.vatican.va/content/john-paul-ii/de/messages/peace/documents/hf_jp-ii_mes_20011211_xxxv-world-day-for-peace.html).

9 http://w2.vatican.va/content/john-paul-ii/de/encyclicals/documents/hf_jp-ii_enc_06081993_veritatis-splendor.html, Artikel 75.

10 Andreas Holzem, „Theologische Kriegstheorien". In: Thomas Jäger und Rasmus Beckmann (Hg.), *Handbuch Kriegstheorien*. Wiesbaden: VS Verlag für Sozialwissenschaften 2011, Seiten 123-143, hier Seite 133.

11 *Die Sonette von Leben und Zeit, dem Glauben und der Geschichte*. Köln und Olten: Hegner 1954, Seite 86.

tischen Positionen, wie sie in der Auffassung vom gewaltlosen Widerstand und der Pflicht zu Frieden und Vergebung ausgedrückt sind, mit einer damit in Kauf genommenen vollkommenen, gleichsam märtyrerhaften Wehrlosigkeit auch gegenüber Angreifern und schreiendem Unrecht. Beide, Relativismus und Pazifismus, führen heute zu der weltfremden, weitgehend passiven Haltung der westlich-christlichen Kirchen gegenüber der modernen Christenverfolgung in aller Welt und dem vor allem durch Immigration bewirkten direktionalen Wertewandel in Westeuropa, durch den (übrigens auch für Atheisten) Verhältnisse geschaffen werden, die nicht mehr mit echtem Frieden vereinbar sind.

Die Lehre vom gerechten Krieg benützt nämlich die Sprache von *Gerechtigkeit* und Ungerechtigkeit, was die Bevorzugung einer geordneten Gerechtigkeit gegenüber einem Frieden favorisiert, der nicht immer gerecht ist; so erfreuen sich Menschen keines wahren Friedens, wenn sie unter einer ungerechten Ordnung leiden. (Dass Frieden nicht nur in der Abwesenheit von Krieg besteht, betont übrigens auch der KKK Nr. 2304.) Die in seiner *Summa Theologiae* (IIa-IIae, q.40) ausgearbeitete Auffassung des Thomas von Aquin lautet zusammengefasst: „Krieg ist ein Mittel, um echten (gerechten) Frieden zu erzielen und ein Mittel, um einen falschen (ungerechten) Frieden zu brechen“[12]. Martin Luther argumentierte hier ähnlich[13].

12 Darrell Cole, „Thomas Aquinas on Virtuous Warfare“. *Journal of Religious Ethics* 1999;27(1):57-80, hier Seite 65.

13 *Ob Kriegsleute auch in seligem Stande sein können.* Hrsg. im Auftrag des Evangelischen Militärbischofs von Angelika Dörfler-Dierken und Matthias Rogg. Ins heutige Deutsch übertragen von Hubert Kirchner. Delitzsch: Edition Akanthus 2014, Seiten 18f.

Eine aktuelle westlich-säkulare Position

Die Inkonsequenz der westlichen Position zeigt sich auch bei einer vom Selbstverständnis her säkular-universalistisch begründeten, wie sie kürzlich der Philosoph Wilfried Hinsch vorgelegt hat und die er (wegen der aus der Vergangenheit begründeten deutschen Wehrunwilligkeit) einen „aufgeklärten Pazifismus“ nennt, weil er zwar militärische Gewalt moralisch rechtfertigt, aber ihren macht- und wirtschaftspolitischen Missbrauch ausschließen will. Dies ist jedoch überhaupt nicht „pazifistisch“, sondern entspricht der oben genannten „guten Absicht“ als einem der Kriterien für einen gerechten Krieg. Er selbst stellt „fünf Grundsätze für eine „Moral des Krieges“ vor[14], die dem oben genannten Katalog entsprechen; lediglich fasst er die vernünftige Aussicht auf Erfolg, die Verhältnismäßigkeit der Zwecke und das „Notwendigkeit“ genannte „Prinzip des letzten Auswegs“ als „Abwägungsbedingungen“ und die Punkte des *ius in bello* unter dem Oberbegriff der „rechtmäßigen Durchführung“ zusammen. Neue asymmetrische und hybride Formen von Krieg im 21. Jahrhundert, so Hinsch, machen diese Grundsätze ebenso wenig wie „humanitäre“ Interventionen obsolet. Er ist kein Bellizist, obwohl er Mahatma Gandhis radikalen (von Leo Tolstoi übernommenen) Pazifismus ablehnt, denn er weist vorsichtig darauf hin, dass letztlich immer im konkreten Einzelfall unter Kenntnis aller fallbezogenen Erwägungen und verfügbaren empirischen Informationen entschieden werden muss. Aber er entgeht dem Vorwurf nicht, sich nicht zur unverkennbar christlich-universalistischen Herkunft seiner „Moral des Krieges“ zu bekennen. Er offenbart unvermeidlich seine Weltanschauung, wenn er bei Beispielen für Menschenrechtsverletzungen einseitig „postkolonial“, prokommunistisch oder „antifaschistisch“ argumentiert. So unterschlägt er die im Vergleich zu den Opfern der Franzosen

[14] *Die Moral des Krieges: für einen aufgeklärten Pazifismus.* München und andere: Piper 2017, Seiten 184f.

wesentlich höheren Opferzahlen durch die „Nationale Befreiungsfront“ FLN im Algerienkrieg und die mit der Androhung des Völkermords erzwungene ethnische Säuberung Algeriens nach der Unabhängigkeit[15]. So liest man auch einigermaßen fassungslos: „Es waren Länder wie China und die Sowjetunion, die sich zu machtvollen Sprechern des Antikolonialismus und damit der Freiheit und Gleichheit aller Menschen machten.“[16] Dies zeigt auch für unsere weitere Argumentation, dass immer von einem weltanschaulichen Standpunkt aus argumentiert wird: Es kommt auf die Qualität der Argumente an.

Die christlich-orthodoxe Ethik des höchstens „gerechtfertigten“ Kriegs

Die orthodoxen Kirchen rechtfertigen den Krieg im Gegensatz zur westlichen Position, wenn überhaupt, nicht mit Gerechtigkeit, sondern mit *Notwendigkeit*. Es gibt daher keine systematische Lehre vom gerechten Krieg. Obwohl nämlich aufgrund der gefallenen menschlichen Natur und der Unvollkommenheit der Welt Situationen entstehen können, die jemandem keine andere praktische Option übrig lassen, als seine Zuflucht zu Gewalt und Krieg zu nehmen, *rechtfertigt* dies lediglich den Krieg, macht ihn aber nie „gerecht“ und nie „gut“, weil er Taten beinhaltet, die „in sich schlecht“ sind. Auch „ist Gewalt erlaubt bei der Verteidigung von Anderen, aber verboten bei der Selbstverteidigung“[17]; ein weiterer Unterschied zur westlichen Sicht und damit näher bei den Evangelien.

Die orthodoxe Ethik beruft sich auf dabei außer auf bibli-

15 Siehe dazu Egon Flaig, *Die Niederlage der politischen Vernunft: Wie wir die Errungenschaften der Aufklärung verspielen*. Springe: zu Klampen 2017, Seiten 124ff.

16 *Die Moral des Krieges...*, am angegebenen Ort, Seite 252 (Satzfehler korrigiert).

17 Paul Robinson, „The Justification of War in Russian History and Philosophy“. In: Paul Robinson (ed.), *Just War in Comparative Perspective*. London and New York: Routledge 2016, Seiten 62-75, hier Seite 70.

sche auf patristische, kanonische, hagiographische und weitere Zeugen[18], die im Wesentlichen die Sichtweise des „gerechtfertigten" Krieges maximal als eines *geringeren von zwei Übeln* gemein haben. Um nur bei der Bibel zu bleiben: Gott führt entsprechend einer „Erlösungsgeschichte" sein Volk von der primitiven Barbarei zur Zeit der Eroberung Kanaans zu einer komplexeren ethischen Zivilisation nach der Rückkehr aus dem babylonischen Exil bis hin zu der pazifistischen Sichtweise des Neuen Testaments[19], wo es heißt: „Wehrt euch nicht gegen den Bösen; sondern wer dich auf deine rechte Wange schlägt, dem halte auch die andere hin" (Mt 5,39 nach der sogenannten „Pattloch-Bibel"[20] wie auch im Folgenden). Die häufig böswillig von Atheisten, die dem Christentum eine grundsätzliche Anfälligkeit für Gewaltmissbrauch vorwerfen, zitierten Worte Jesu („Ich bin nicht gekommen, Frieden zu bringen, sondern das Schwert. Denn ich bin gekommen, einen Menschen zu entzweien mit seinem Vater, die Tochter mit ihrer Mutter und die Schwiegertochter mit ihrer Schwiegermutter"; Mt 10,34) deuten, wie schon die Parallelstelle bei Lk 12,51 zeigt, wo statt vom „Schwert" von „Entzweiung" die Rede ist, auf die interindividuelle Sprengkraft seiner Lehre und die nachteiligen Folgen von Glauben und Liebe für die Jünger Jesu durch die Welt[21]. Auch das Wort Jesu in Lk 22,36-37 vom „Schwert", das die Jünger statt eines Mantels kaufen sollen, damit Jesus von der Welt „unter die Verbrecher gerechnet" wird, dient nicht dem Angriff, ja kaum der Verteidigung, wie spätestens in der Nacht von Gethsemani klar wird (Lk 22,49-51). Im Römerbrief 3,8 fordert Paulus die Verhältnismäßigkeit moralisch guter Mittel zu moralisch guten Zwecken, man darf also nicht Böses tun, um Gutes zu erreichen.

---

18 Alexander F. C. Webster, „Justifiable War in Eastern Orthodox Christianity", ebenda, Seiten 40-61, hier Seite 56.

19 Ebenda, Seite 44.

20 *Die Heilige Schrift des Alten und Neuen Testamentes.* Vollständige Ausgabe nach den Grundtexten übersetzt und herausgegeben von Prof. Dr. Vinzenz Hamp, Prof. Dr. Meinrad Stenzel, Prof. Dr. Josef Kürzinger. Aschaffenburg: Pattloch 1966.

21 Alexander F. C. Webster, am angegebenen Ort, Seiten 40-61, hier Seite 45.

Dieses, wörtlich genommen, etwas donquichottische Ideal kann (wie der gewaltlose Widerstand) zu dem „Versäumnis“ führen, „die Unschuldigen zu verteidigen“, womit es „paradoxerweise ihrer Vernichtung zustimmt und zu ihr beiträgt“[22]. In der russischen Geschichte hat die orthodoxe Kirche tatsächlich während des furchtbaren Mongolenjochs, allerdings auch deshalb, um weiter von Abgaben befreit zu bleiben, im Sinne von Unterwerfung und Nichtwiderstand gepredigt, was zur sprichwörtlichen russischen Duldungsfähigkeit beigetragen haben mag. Später wurden in der politischen Praxis „Heidentum“ (zum Beispiel muslimische Tataren und Türken) und die Verteidigung des territorialen Erbes zwar als gerechte Gründe zur Kriegführung betrachtet, aber keine ausgefeilte Theorie dazu formuliert; vor allem unterblieb weitgehend jede Berufung auf einen „heiligen Krieg“ wie auch eine moralische Erörterung, sodass von einem außerhalb der moralischen Sphäre bleibenden „klassischen Realismus“ gesprochen werden kann. (Dazu passt auch, dass es kaum russische Erörterungen zu einem *ius in bello* gibt[23]). In der westlichen Tradition ist, wie gezeigt, *ein* gerechter Grund alleine nicht ausreichend, um einen Krieg als „gerecht“ erscheinen zu lassen, weitere Kriterien sind erforderlich. Dann aber ist er auch „gut“.

22 Stanley S. Harakas, „Thinking About Peace and War as Orthodox Christians“, *Praxis* (Quarterly Journal of the Department of Religious Education of the Greek Orthodox Archdiocese of America) 2002;3(1):26-27, hier Seite 27.

23 Paul Robinson, am angegebenen Ort, Seiten 73ff.

Leo Tolstois radikaler Pazifismus und Wladimir Solowjews Antwort

Schon 1884 in seinem Werk *Mein Glaube*[24], aber vor allem in seinem Buch *Das Reich Gottes ist inwendig in Euch* (1894) hat der russische Schriftsteller und Denker Leo Tolstoi, ausgehend von dem oben genannten Zitat Mt 5,39, das übersetzt wurde: „Du sollst nicht widerstreben dem Uebel"[25], einen radikalen Pazifismus formuliert. Ausgehend von verschiedenen amerikanischen, den Quäkern nahestehenden Autoren wie William L. Garrison und Adin Balu, unterstützte er folgende, von letzterem vertretene Position: „Einen anderen beleidigen, weil er uns beleidigt hat, mit dem Vorwande, das Uebel aus der Welt zu schaffen, heißt [...] eben den Dämon erzeugen oder wenigstens befreien – begünstigen, den wir auszutreiben vorgeben. [...] Wahrhaftes Nicht-Widerstreben ist das einzige wirkliche Widerstreben gegen das Uebel. [...] Das Nicht-Widerstreben tötet und tilgt endlich das Uebelwollen aus."[26]. Gewaltsamer Widerstand gegen das Übel (oder Böse) würde dieses nur endlos fortsetzen und vergrößern. Dieser Lehre dienten auch viele Texte Tolstois aus seinen populären *Volkserzählungen*[27] und dem *Lesekreis* (auch *Für alle Tage* genannt), seinem in der Fassung von 1908 letzten großen Werk[28], in dem er eigene und frem-

---

[24] Leo N. Tolstoi, *Mein Glaube*. Aus dem Russischen von R. Löwenfeld. Leipzig: Diederichs, 1902; neu herausgegeben und durchgesehen von Evelies Schmidt (= Religions- und gesellschaftskritische Schriften, Band 2). München: Diederichs 1990, Seiten 25ff.

[25] Leo N. Tolstoi, *Das Reich Gottes ist inwendig in Euch oder das Christentum als eine neue Lebensauffassung, nicht als eine mystische Lehre*. Aus dem Russischen von Raphael Löwenfeld (= Gesammelte Werke, II. Serie, Band 8 und 9). Jena: Diederichs 1911, Band 1, Seite 24.

[26] Ebenda, Seite 26.

[27] Lew N. Tolstoi, *Volkserzählungen*. Aus dem Russischen von Barbara Conrad und Annelore Nitschke. Mit einem Nachwort und anderem herausgegeben von Barbara Conrad. Düsseldorf: Artemis & Winkler 2006.

[28] Lew Tolstoi, *Für alle Tage: Ein Lebensbuch*, herausgegeben von Eugen Heinrich Schmitt und Albert Škarvan. Aus dem Russischen von Albert Škarvan. 2 Bände, Dresden: Reißner, 1906-07; Neuausgabe mit einem Geleitwort von Volker Schlöndorf

de Gedanken und Einsichten nach Themen wie vor allem Gewaltlosigkeit, Ablehnung des Krieges und des Kriegsdienstes, Ablehnung des Eigentums und bedingungslose Nächstenliebe sortiert den 365 Tagen des Jahres zuordnete. „Alles ist der Moralität untergeordnet" (Seite 112): In einer säkularisierten Form beherrscht diese hypermoralistische Auffassung heute den entsprechenden Diskurs vor allem in Deutschland (vergleiche Iljins Ausführungen in den Kapiteln neun bis 12).

Gegen diesen bedingungslosen Pazifismus erhob sich Widerspruch. Besonders scharf kritisierte der Philosoph Wladimir Solowjew die Position Tolstois in seinem 1900 erschienenen Buch *Drei Gespräche*. In einer fiktiven Diskussion von fünf Russen, deren einer Solowjews Meinung repräsentiert, über die Rechtfertigung von Krieg bezeichnete er Tolstois Ansichten als im Grunde buddhistisches Plagiat, das nicht nur falsch, sondern unheilvoll sei, denn es würde zum Triumph des Bösen führen. Nicht-Widerstreben sei nichts Anderes als selbst ein Übel, das sich als moralisch gut maskiert habe: Insofern sei Tolstoi ein Antichrist, der durch einen gutmenschlichen Schwindel jeden Verteidigungswillen unterminiere, indem er sich als Christ „im vorzüglichen Sinne" präsentiere, „während ihm gerade das fehlt, was den Vorzug des Christentums ausmacht."[29]. Jemand, der die Sünde des Tötens nicht einmal dann begehen wolle, um einen Dritten zu verteidigen, würde seine eigene Seele höher schätzen als das Wohlergehen einer anderen Person. Solowjew ist überzeugt, dass „der Krieg *nicht* ein unbedingtes Übel und

und einem Nachwort von Ulrich Schmid. Auf Grundlage der russischen Ausgabe letzter Hand revidiert und ergänzt von Christiane Körner. München: Beck 2010.

[29] Wladimir Solowjew, „Drei Gespräche über Krieg, Fortschritt und das Ende der Weltgeschichte mit Einschluss einer kurzen Erzählung vom Antichrist". In: Derselbe, *Sonntags- und Osterbriefe; Drei Gespräche über Krieg, Fortschritt und das Ende der Weltgeschichte mit Einschluss einer kurzen Erzählung vom Antichrist; Kleine Schriften der letzten Jahre*. Herausgegeben von Wladimir Szyłkarski, Wilhelm Lettenbauer und Ludolf Müller unter Mitwirkung von Nikolaj Lossky, Wsewolod Setschkareff, Johannes Strauch und Erwin Wedel (= Deutsche Gesamtausgabe der Werke von Wladimir Solowjew, Band 8). München: Wewel 1979, Seiten 115-294, hier Seite 218.

der Friede nicht ein unbedingtes Gut ist, oder, einfacher gesagt, dass ein *guter* Krieg möglich ist und vorkommt, dass ein *schlechter* Friede möglich ist und vorkommt."[30] Damit ist Solowjew bei der Position des Thomas von Aquin angekommen, wodurch er einer der wenigen Russen ist, die das Konzept des „gerechten" Krieges ansatzweise denken.

Iwan Iljins *Über den gewaltsamen Widerstand gegen das Böse* im Kontext der Kriegsethik

Nachdem Iljin als konservativer Denker 1922 in einem der „Philosophenschiffe" von den Bolschewisten aus Russland vertrieben worden und in Berlin sogleich mit General Pjotr Nikolajewitsch Wrangel, bis 1920 einem der Führer der „weißen" Bürgerkriegsarmeen gegen die kommunistischen Putschisten Sowjetrusslands, in Kontakt gekommen war, brachte er schon 1925 in der Berliner Druckerei der Gesellschaft „Presse" sein Buch Über den gewaltsamen *Widerstand gegen das Böse* heraus, das er zuvor in einigen Vorträgen in Prag, Berlin und Paris der Öffentlichkeit vorgetragen hatte. In russischen Emigrantenkreisen wurde mittlerweile schon resignativ über eine Neubelebung des bewaffneten Kampfes gegen die Sowjets nachgedacht.

Der Historiker Paul Robinson, dessen Untersuchung zu Iljin[31] in diesem Abschnitt weitgehend gefolgt wird, betont: „Das Buch ist nicht ausdrücklich über Krieg, sondern umfasst eher den Gebrauch von Kraft (force) im allgemeinen, sowohl auf einer individuellen als auch einer staatlichen Ebene. [...] Nichtsdestotrotz zeigen sein Veröffentlichungszeitpunkt als auch seine empfangene Rezeption, dass Iljin mit seinem Werk vorhatte, eine philosophische Grundlage für den Widerstand der Weißen

[30] Ebenda, Seite 139.

[31] „On Resistance to Evil by Force: Ivan Il′in and the Necessity of War". Journal of Military Ethics 2003;2(2):145-159.

gegen die Bolschewisten im Bürgerkrieg zu liefern und die Wiederaufnahme des Kampfes in der Zukunft zu rechtfertigen.“[32] Das Buch ist deshalb auch den „weißen Kämpfern“ in bewegenden Worten gewidmet. Doch trägt die umfassende Breite und Tiefe, mit der die Gewaltfrage in ihm behandelt wird, dazu bei, dass Iljins Antworten auch heute und zukünftig, in ganz anderen Kontexten, sinnvoll und hilfreich sind. In diesem Abschnitt soll zum Vergleich mit den oben behandelten Kriegsethiken verkürzt von Krieg die Rede sein.

Das grundlegende Argument Iljins ist, dass Krieg weniger „zulässig“ als „notwendig“ ist (Seite 167). Menschen haben die Pflicht, andere zu schützen, den Sieg des Bösen zu verhindern und das Unterminieren der eigenen Seele durch das Böse zu vermeiden, das bei Nichtwiderstand eintritt. Nach Ausschöpfung alternativer praktikabler Mittel *muss* Gewalt angewendet werden. Doch ist Krieg in jedem Fall eine *moralische Tragödie,* denn nach Iljin ist jede Person in irgendeiner Weise für den Krieg verantwortlich, in dem sie kämpft, und die Handlungen im Krieg können nie als gerecht bezeichnet werden. Es handelt sich um einen „geistigen Kompromiss“ (Kapitel 21), weil der gewaltsame Kampf gegen das Böse *„keine sündhafte* (!) Ausführung der Ungerechtigkeit“ (Seite 260) darstellt. Sich dies ständig in einem Prozess der Selbstreinigung klar zu machen, kann das Unterminieren der eigenen moralischen Verfassung durch die Brutalität der Gewalt verhindern.

Iljins Position der moralischen Tragödie kann mindestens von zwei anderen ethischen Standpunkten aus angegriffen werden: Der Konsequentialismus wird dasjenige von zwei Übeln, das zu einem besseren Ergebnis führt, als „gut“ bezeichnen, während eine deontologische Ethik wie der moralische Absolutismus von Handlungen ausgeht, die „in sich böse“ sind, und daher ein Argument, es gäbe Handlungen, die „notwendig, aber ungerecht“ sind, ablehnt. (Eine utilitaristische Position, wie sie heute zum Beispiel der australische Philosoph Peter A.

[32] Ebenda, Seite 150.

D. Singer vertritt, ist für Iljin von vorneherein ausgeschlossen.)

Iljin lehnt beide Einwände (im sechsten und 20. Kapitel) ab. Weder sei der moralische Wert einer Handlung dieser intrinsisch noch hänge er von den Konsequenzen der Handlung ab. Er betont die Wichtigkeit der Intention einer Handlung, die aus *„vergeistigter Liebe“* (Seite 174) zu geschehen habe (in der „Idee der Heiligkeit und der sittlichen Vollkommenheit“ [Seite 285] vor dem Antlitz Gottes). Das erinnert entfernt an das so genannte „Prinzip der Doppelwirkung“[33], ohne mit ihm identisch zu sein. Dieses besagt vereinfacht, dass eine moralisch gute oder zumindest indifferente Handlung sowohl eine intendierte positive und eine nicht intendierte negative Konsequenz haben kann. Der positive Effekt muss unmittelbar aus der Handlung (und nicht der negativen Konsequenz) resultieren und wünschenswert genug sein, um die negative Konsequenz aufzuwiegen, die demnach zwar bedauerlich ist, aber, weil ungewollt, akzeptabel. Mögliche Einwände lauten natürlich, dass der negative Effekt ungerecht sein kann und unabhängig von der Intention eine negative Konsequenz vorliegt. Aber das „Prinzip der Doppelwirkung“ zeigt, wie man (wie Iljin auf anderem Wege) zu der Schlussfolgerung kommen kann, dass eine Handlung gleichzeitig notwendig und ungerecht sein kann.

Obwohl es hypokritisch sei, nicht für Andere sündigen zu wollen, indem man tötet, um sie zu schützen, werde nach Iljin der Kämpfer gegen das Böse aus den genannten Gründen doch immer schuldig. Aber er hat keinen gerechten Ausweg. Deshalb muss er bei Anwendung von Gewalt heroisch akzeptieren, dass sittlich unvollkommen ist, was er tut, doch entscheidet er sich nicht aus ungenügender Kraft zum Guten für ein Übel, sondern aus geistiger Notwendigkeit für den Dienst als Knecht Gottes, weshalb, was er tut, keine Sünde ist.

Dabei handelt es sich nicht um Machiavellismus, der vom Fürsten bekanntlich fordert, Ungerechtes zu tun, wenn es not-

---

33 [F. J. Connell], „Double Effect, Principle of“. In: *New Catholic Encyclopedia*, Volume 4, Detroit und andere: Thomson Gale [2]2003, Seiten 880–881.

wendig ist[34] und sich damit über die Moral erhebt, indem er sie ignoriert. Iljin verlangt aber gerade, dass der Held sich den moralischen Folgen seiner Handlung stellt, worin sein Heldentum recht eigentlich besteht. Durch den kontinuierlichen Prozess der Selbstreinigung vermeidet er, dass er den Zweck, nämlich den Nutzen für andere, aus den Augen verliert. Damit liefert Iljin eine, wenn auch ethisch sehr anspruchsvolle, Verbesserung gegenüber der Lehre vom gerechten Krieg, indem er eine Selbstkontrolle („gemäß der Notwendigkeit“, Seite 163) einbaut und fordert, „immer [...] nach dem Moment und nach den Bedingungen [zu] suchen“ (Seite 171), unter welchen der Kampf eingestellt werden kann. Denn derjenige, der in einem einmal als gerecht erkannten Krieg kämpft, könnte für die furchtbaren Folgen seines Handelns blind werden, weil er glaubt, im „gerechten Krieg“ sei alles erlaubt. Hier geht Iljin über das westliche *ius in bello* hinaus.

Tolstois „Nicht-Widerstreben“ komme, so Iljin ähnlich wie Solowjew, der Anerkennung des Bösen gleich, weshalb er es vehement ablehnt. Aber auch die westliche Lehre vom gerechten Krieg mit ihrem Kriterienkatalog weist er zurück (vor allem Kapitel 20), indem er betont, dass Krieg immer ungerecht sei. Obwohl er die orthodoxe Lehre, dass der immer ungerechte Krieg durch Notwendigkeit erlaubt sein könne, übernimmt, spitzt er sie doch zu, weil er sagt, dass gewaltsamer Widerstand gegen das Böse, wenn notwendig, zur *Pflicht* wird („...hat er nicht das Recht, sich [der physischen Unterdrückung und Nötigung] zu enthalten“, Seite 235).

Iljin gibt im achten Kapitel fünf Bedingungen an, unter denen der „Widerstand gegen das Böse mittels der physischen Nötigung und Unterdrückung“ korrekt berücksichtigt werden kann:

- das echte Böse (ein menschlicher Wille, „antigeistig“ und „gegen die Liebe“), das sich in äußeren Taten ma-

[34] Niccolò Machiavelli, *Der Fürst. Il Principe*. Übersetzt und herausgegeben von Rudolf Zorn. Stuttgart: Kröner 1972, Seiten 12ff.

nifestiert;

- die richtige Wahrnehmung des Bösen (Erkennen und Ablehnen in der „verneinenden Liebe");
- die echte Liebe zum Guten (der Sieg des Guten als existentielle Frage);
- die starke willentliche Beziehung zum Weltgeschehen (Wille zum Widerstand auch außerhalb der Grenzen der eigenen Persönlichkeit);
- ein klares Bewusstsein dessen, dass bei gegebenem Zusammentreffen der Umstände die physische Einwirkung sich als das einzig wirksame Mittel erweist (– was in etwa dem „Prinzip des letzten Auswegs" entspricht).

Besonders der starke Wille zum Widerstreben ist jüngst in westlichen Militärdoktrinen den Kriterien für einen gerechten Krieg hinzugefügt worden. Die in den 80er und 90er Jahren des vergangenen Jahrhunderts gültige US-amerikanische „Weinberger-Powell-Doktrin"[35] zum Beispiel betonte unter anderem den unbedingten Siegeswillen durch überwältigenden Einsatz von Truppen und Gerät; heute ist bei so genannten „humanitären" Einsätzen der Nachweis des starken Willens erforderlich, das Böse tatsächlich zu bekämpfen, um dessentwillen der Einsatz überhaupt begonnen wurde.

Es muss hervorgehoben werden, dass Iljin immer auch die spirituelle Seite des Widerstands betont. Der physische Zwang darf nie um seiner selbst willen angewandt werden, sondern dient dazu, geistigen Einfluss auszuüben. Um die Bolschewisten zu besiegen, müssten auch die geistigen Krankheiten, die ihn hervorgebracht haben, behoben werden. Heute wird genau dasselbe in der Theorie der Aufstandsbekämpfung[36] betont: Einen Aufstand kann man nicht nur mit militärischen Mitteln besiegen, sondern man muss auch die zugrundeliegenden Be-

35 https://de.wikipedia.org/wiki/Weinberger-Powell-Doktrin.

36 Siehe zum Beispiel Jochen Hippler, „Counterinsurgency – Theorien unkonventioneller Kriegführung: Callwell, Thompson, Smith, und das US Army Field Manual 3-24". In: Thomas Jäger und Rasmus Beckmann (Hg.), am angegebenen Ort, Seiten 256-283.

schwerdeursachen beheben. Für den Kämpfer gegen das Böse wiederum ist es entscheidend, den Kampf niemals als gerecht, sondern als „geistigen Kompromiss“ zu sehen, um nicht vom „Schwert beherrscht“ (Seite 294) zu werden, also reines Werkzeug des Krieges zu werden und so die Verantwortung auf Gott oder andere abzuschieben. Der kontinuierliche Prozess der Selbstreinigung des Kämpfers macht aus ihm eine Kombination von Soldat und Mönch, denn nur der Reinste kann in seinem Kampf gerechtfertigt werden. Iljin bekommt durch diesen hohen moralischen Standard Ähnlichkeit mit einem alttestamentarischen Propheten, einem zornigen Mahner, der aufrütteln will.

Iljins Lehre stellt insgesamt eine Herausforderung für die probabilistisch-katholische bzw. westliche Lehre vom gerechten Krieg dar, indem sie die Sprache der Gerechtigkeit in diesem Kontext grundsätzlich hinterfragt, eine Selbstkontrolle des Gewaltanwenders fordert, die ein Fehlverhalten minimieren helfen soll, und trotzdem auch einer pazifistisch eingestellten Gesellschaft eine ethisch hochstehende Anleitung zum rechtzeitigen tatkräftigen Widerstand gegen das Böse bietet.

Die Debatte um Iljins
Über den gewaltsamen Widerstand gegen das Böse

In russischen Emigrantenkreisen entfachte die Publikation des Werkes einen wahren Sturm der Entrüstung, der im vorliegenden Band in Nikolai Poltorazkijs „Pro et Contra" beschrieben wird. Die jeweiligen politischen Überzeugungen – und weniger die Argumente – der Autoren bestimmten die Ergebnisse der Debatte. Die meisten Kritiker meinten, der Geist seines Buches sei unchristlich, Iljin lasse inquisitorische Gewalt im Namen Christi wiederaufleben, er habe die Gewalt nicht nur als notwendiges Übel, sondern als moralisch Gutes dargestellt. Dabei handelte es sich um Unterstellungen, wie die genaue Lektüre zeigt. Der größere Teil der russisch-orthodoxen Kirche in der Emigration hingegen hat sich positiv geäußert.

In der „Prawda" wurde Iljin der Auffassung beschuldigt, der Dienst vor Gott fordere Rücksichtslosigkeit dem Menschen gegenüber. Auch Maxim Gorki sprach von einem „Evangelium der Rache". Kurze Zeit später endete – bis auf einen verunglimpfenden Artikel in der großen Sowjet-Enzyklopädie von 1933 – die Rezeption Iljins in der Sowjetunion bis zum Tode Stalins völlig[37], um erst weitere knapp 40 Jahre später wieder aufzuleben.

---

[37] Nach Wolfgang Offermanns, *Mensch, werde wesentlich! Das Lebenswerk des russischen religiösen Denkers Ivan Iljin* für die Erneuerung der geistigen Grundlagen der Menschheit (= Oikonomia: Quellen und Studien zur orthodoxen Theologie unter Mitarbeit von Erich Bryner und Karl Christian Felmy hrsg. von Fairy von Lilienfeld, Band 11). Erlangen: Lehrstuhl für Geschichte und Theologie des Christlichen Ostens an der Theologischen Fakultät 1979, Seite 252.

Das Böse in Iljins Theorie der Gewalt

Es gibt im Wesentlichen zwei theoretische Probleme bei Iljins Lehre, nämlich (vor allem) die Definition des Bösen und (weniger) die Beurteilung, wann der Einsatz von Gewalt notwendig ist, die beide subjektiv zu sein scheinen. Um mit dem zweiten Problem zu beginnen: Iljin gibt grundsätzlich das krasse Missverhältnis zwischen der *„geistige[n] Haltlosigkeit“* des dem Bösen Verfallenen und der *„geistige[n] Waffenlosigkeit“* des ihm Widerstehenden (Seite 167) als *terminus a quo* an, das einen gewaltlosen Ausweg verunmöglicht, wobei aber kein einzelnes Kriterium in einer definierten historischen Situation existieren kann.

Immerhin nennt Iljin für den tatkräftigen Widerstand ein konkretes Ziel: das Böse. Dieses ist für ihn keineswegs im manichäischen Sinne eine „kosmische Macht, die alle bösen Handlungen verursacht und bewirkt“[38], sondern eine *„seelische Neigung“* (Seite 37) des Menschen, der er sich ausgeliefert hat, eine „innere Krankheit“ (Seite 39), also ein moralisches Übel. Doch ist das Böse ein grundsätzlich schillernder Begriff, der von Philosophen fast schon ironisch bestimmt wird als der „Gegensatz zum Guten, nach dessen jeweiliger Auffassung sich die des Bösen richtet.“[39] Aber auch Immanuel Kant hat sich nicht gescheut, den Begriff des „radikalen Bösen“ zu verwenden[40]. Verhaltensforschung und Neuro-Soziobiologie wiederum sind keine Hilfe, denn sie stellen experimentell wie zum Beispiel mit der Wir/Sie-Gruppenbildung verbundene Verhaltenswei-

38 Egon Flaig, am angegebenen Ort, Seite 13.

39 Heinrich Schmidt, *Philosophisches Wörterbuch*. Neu bearbeitet von Georgi Schischkoff. Stuttgart: Kröner 1982, Seite 80.

40 „Die Religion innerhalb der Grenzen der bloßen Vernunft“. Herausgegeben von Georg Wobbermin. Unveränderter photomechanischer Abdruck des Textes von „Kants gesammelte Schriften. Herausgegeben von der Königlich Preußischen Akademie der Wissenschaften“ Band VI 1907/14. In: Derselbe, *Die Religion innerhalb der Grenzen der bloßen Vernunft. Die Metaphysik der Sitten*. (= Kants Werke. Akademie-Textausgabe Band VI.) Berlin: de Gruyter 1968, Seiten 1-202, hier Seiten 17ff.

sen fest, die sie nicht werten können, weil ihnen die Maßstäbe dazu fehlen[41].

Der Begriff des „Guten" spielt meist in metaphysischen religiösen Kontexten eine Rolle, ist aber auch deontologisch oder teleologisch gedacht worden, je nachdem, ob das Gute im „guten" Willen besteht oder ein ihn transzendierendes Ziel hat, letztlich Gott als das absolut Gute. „Wenn es keinen Gott gibt, dann ist alles erlaubt", schrieb Fjodor Dostojewski und fand – mit unterschiedlicher Konsequenz – bei Friedrich Nietzsche und den Existentialisten Beifall. Der Deutsche wollte nach dem Tod Gottes und der „Umwertung aller Werte" dem Individuum „jenseits von Gut und Böse" seine Freiheit triumphal zurückgeben; dagegen müsse für Denker wie Jean-Paul Sartre der Mensch nunmehr illusionslos aushalten, dass es keine Rechtfertigungen und Entschuldigungen für sein Handeln mehr gibt. Es wundert nicht, dass eine aktuelle philosophische Richtung Kategorien wie „Gut" und „Böse" gegenüber ihrer Diskursethik als irrationale Willensqualitäten bezeichnet; für die heute allseits herrschende relativistische Postmoderne wiederum gibt es überhaupt „keine festen Grundsätze, Maßstäbe und Standards. [...] Es gibt keine objektive Realität, alles ist konstruiert und besteht nur relativ zu sozio-kulturellem und historischem Kontext."[42] Jeder Missbrauch und jede Gewalt in fremden Kulturen können mit der „Differenz" gerechtfertigt und mit der Kritik am „Logozentrismus" alle westlichen Ideologien abgelehnt werden[43]. Es ist aber unlogisch, wenn Widersprüchliches gleichzeitig wahr sein soll. Diesen philosophischen Irr-

---

41 So jüngst Robert Sapolsky, *Gewalt und Mitgefühl: Die Biologie des menschlichen Verhaltens*. Aus dem Englischen von Hainer Kober. München: Hanser 2017, Seiten 619-671.

42 Alexander Ulfig, „Mit innerparteilicher Demokratie gegen Lobby- und Klientelpolitik". In: Derselbe, *Wege aus der Beliebigkeit: Alternativen zu Nihilismus, Postmoderne und Gender-Mainstreaming*. Baden-Baden: Deutscher Wissenschaftsverlag 2016, Seiten 117-124, hier Seite 117.

43 Siehe die Kapitel zu Michel Foucault und Jacques Derrida in Mark Lilla, *Der hemmungslose Geist: Die Tyrannophilie der Intellektuellen*. Aus dem Amerikanischen von Elisabeth Liebl. München: Kösel 2015.

tümern der Gegenwart ist mit Nachdruck entgegenzuhalten, dass die Erkenntnis von Wahrheit sehr wohl möglich ist.[44]

Diese (mit Iljins Worten letztlich „geistig nihilistischen und indifferenten“ [Seite 98]) philosophischen Richtungen, die für die Leidenschaften der relevanten geistigen Konflikte kein Gespür haben, können also das Böse nicht erkennen, sondern stellen, wenn sie in sozioökonomischen Kategorien denken, Kapitalismus und Neoliberalismus als das dar, das es primär zu bekämpfen gilt; „diese Wirtschaft töte“[45] angeblich durch die ihr zugeschriebene ungerechte Verteilung des Reichtums und durch ihre vermuteten negativen Auswirkungen auf das Weltklima. Doch hat sich dieses Wirtschaften bei den unterschiedlichsten geistigen Kräften der Menschheit durchgesetzt. Zudem gibt es seriöse Sichtweisen, die gerade diesem Wirtschaften den nachweislich weltweit zunehmenden Wohlstand zuschreiben. Weder kann die für den tatkräftigen Widerstand notwendige *„voreingenommene Erzwingung,* [...] die von einer bösen Seele herrührt oder auf das Böse zielt“ (Seite 58), bei ihm einwandfrei erkannt werden noch ist es „in sich böse“. Doch selbst wenn man alle Fehler bejaht, ist eigentlich der Konsumismus das grundlegende Problem, das nach Iljin durch *„Selbstzwang“* zu bekämpfen ist. Wenn aber in der Kategorie einer überall verborgen wirksamen „Macht“ gedacht wird, sind „die Regierung“ oder eine Unzahl weiterer „Dispositive“ an allem schuld. Doch so richtig es ist, jene Disziplinierungsmaßnahmen und politischen Techniken, die als „Biomacht“ und „Psychopolitik“ bezeichnet die Freiheit bedrohen, kritisch offenzulegen, so richtig ist es auch, nicht mit der „Gewalt“ der „Revolte“ zu antworten, sondern mit der *„geistigen Erziehung*

---

44 Siehe zum Beispiel Daniel von Wachter, *Die kausale Struktur der Welt: Eine philosophische Untersuchung über Verursachung, Naturgesetze, freie Handlungen, Möglichkeit und Gottes Wirken in der Welt.* Freiburg und München: Alber 2009, Seiten 43, 55f. und 329-334.

45 Apostolisches Schreiben „*Evangelii gaudium*“ (http://w2.vatican.va/content/francesco/de/apost_exhortations/documents/papa-francesco_esortazione-ap_20131124_evangelii-gaudium.html), Artikel 53.

[...] Mauern des individuellen Kreml" (Seite 37) dagegen zu errichten. An beidem, „Selbstzwang" und „geistiger Erziehung", fehlt es jedoch in liberal-relativistischen Gesellschaften[46].

Iljin lehnt feste Kriterien für das Böse als zu theoretisch ab, fordert jedoch die Entscheidung aufgrund der geistigen Erfahrung des Bösen (Seite 104) – und mit diesem „richtigen" Erkennen des Bösen ist im Grunde die entscheidende Voraussetzung für die Notwendigkeit zum Handeln gegeben: „Unserer Generation aber ist die Erfahrung des Bösen zum ersten Mal mit besonderer Kraft gegeben worden, wie nie zuvor. [...] Niemals hat die menschliche Geschichte etwas auf gleiche Weise Starkes und Verdorbenes gesehen, oder sie erinnert sich zumindest nicht daran." (Seite 29). Iljin weigert sich, den Namen des „geistigen Unglück[s], welches sich über die Welt im ersten Viertel des 20. Jahrhunderts ausbreitete" (Seite 40), zu nennen, auch weil er allgemeingültig formulieren will; heute dürfen wir es nennen: Er meint die atheistische kommunistische Ideologie, besonders den konkreten Fall des Bolschewismus. Damit aber kann „das Böse", das er meint, schon recht gut definiert werden.

All den genannten wahrheitsleugnenden materialistischen Lehren stellt Iljin seine geistige Schau entgegen. Von ihr aus kann er das Böse als „geistige Blindheit" (Seite 49), „*antigeistige Feindschaft*", als „blinde Kraft des Hasses" beschreiben und sagen, es sei „gemäß seiner Natur antireligiös" (Seite 48). Besonders der nihilistische Marxismus wirft als Ausfluss der „Aufklärung" Religionen unterschiedslos verdummenden Obskurantismus vor, trennt damit den Menschen von Gott und hat das „Gute" und das „Böse" nicht nur relativiert, sondern als angeblich bürgerliche Kategorien von seinem bewusst einseitigen Klassenstandpunkt aus ganz eliminiert. Mit der diesseitigen Erlösung in der klassenlosen Gesellschaft werden solche Unterscheidungen ohnehin obsolet. Krieg ist ein unver-

46 Zur „Logik des Minimalismus" siehe Ryszard Legutko, *Der Dämon der Demokratie: Totalitäre Strömungen in liberalen Gesellschaften*. Wien: Karolinger 2017, Seiten 38-45.

meidlicher Teil des Klassenkampfes und hat mit Gerechtigkeit nichts zu tun. Alle angeblich sentimentalen, antiegalitären und freiheitsfeindlichen menschlichen Bindungen wie Ehe, Familie, Volk und Nation, die auf dem Weg zur klassenlosen Gesellschaft stören, sollen beseitigt werden; das Individuum ist dem Kollektiv gegenüber bedeutungslos.

Die Geschichte hat Iljin in seiner Beurteilung des Kommunismus als lange Zeit unvergleichlich „authentischer Bosheit" (Seite 29) recht gegeben[47]. Den Faschismus bzw. Nationalsozialismus konnte er nur in einer sehr kurzen historischen Phase (wie andere Intellektuelle auch) als mögliches Gegengift gegen den Bolschewismus sehen, bevor er in ihm erschrocken dessen versteckten Bruder erkannte, was die feindliche Einstellung zur Religion, die Diktatur, den militärischen Chauvinismus oder das Monopol einer Partei anging[48]; den nazistischen Rassismus, der dem kommunistischen Klassenhass entsprach, lehnte Iljin ebenfalls ab. Das theoretisch kalt begründete Böse wurde tatsächlich umgesetzt und unter anderem als Demozid kopierbar[49], dem „Klassenmord" der Bolschewiki folgte der „Rassenmord" der Nationalsozialisten. Der gewaltsame Widerstand gegen diese Ideologien war im Sinne Iljins tatsächlich Pflicht.

Nach beider Untergang konnte jedoch der Kommunismus, anders als der Faschismus, durch Verzicht auf revolutionäre Gewalt und die Annahme intelligenterer Taktiken, wie sie die Frankfurter Schule und insbesondere die Postmoderne anboten, und verkleidet als Sozialismus das „Ende der Illusion"[50]

---

[47] Stéphane Courtois, Nicolas Werth, Jean-Louis Panné, Andrzej Paczkowski, Karel Bartosek, Jean-Louis Margolin und andere, *Das Schwarzbuch des Kommunismus: Unterdrückung, Verbrechen und Terror. Mit dem Kapitel „Die Aufarbeitung des Sozialismus in der DDR" von Joachim Gauck und Ehrhart Neubert.* Aus dem Französischen von Irmela Arnsperger und anderen. München und Zürich: Piper 1998.

[48] http://gosudarstvo.voskres.ru/ilin/nz/nz-37.htm, Übersetzung: https://souloftheeast.org/2013/12/27/ivan-ilyin-on-fascism/ (Zugriff online am 29. September 2017).

[49] Manfred Henningsen, „Das Jahrhundert der Demozide", Die Zeit, 4. Juni 1998.

[50] François Furet, *Das Ende der Illusion: Der Kommunismus im 20. Jahrhundert.* Aus

überleben und im Westen, ohne wesentliche inhaltliche Änderung seines Programms, kulturrevolutionär weiterwirken[51]. Sogar im globalistischen Turbo-Kapitalismus des 21. Jahrhunderts kann er den „besseren[n], effektivere[n], [...] logischere[n] Kommunismus“[52] sehen, den Erfüller des egalistischen Traums von der Befriedigung aller materiellen Wünsche unter Zerstörung von Überlieferung, Schönheit, Transzendenz, weshalb er auch ihn für die eigenen Zwecke einspannt. Die Pflicht zum geistigen Widerstand gegen diesen bösen menschlichen Willen bleibt bestehen. Diese „ewige Linke“ (Ernst Nolte) setzt ihren Angriff auf das Christentum – aber auch auf die freien Gesellschaften überhaupt – fort, mit „äußeren Handlungen“ wie drastischen Änderungen des traditionellen Ehe- und Familienrechts und der forcierten Umsetzung des Multikulturalismus mit Migranten als Ersatz für das revolutionäre Proletariat oder die postkolonialen Verdammten dieser Erde[53]. Dabei hat die Linke kurzzeitig einen neuen Verbündeten gefunden, der statt ihrer offen gewaltbereit ist. Vielleicht sogar einen Nachfolger: Denn auch dieser ist auf seine Weise „Egalitarier“ und will über den Multikulturalismus „zu der (tendenziell) egalitären und insofern völlig monokulturellen Weltgesellschaft“[54].

---

dem Französischen von Karola Bartsch und anderen. München und Zürich: Piper 1996.

51 Günter Rohrmoser, *Kulturrevolution in Deutschland: Philosophische Interpretationen der geistigen Situation unserer Zeit*. Gräfelfing: Resch 2008.

52 Ulrich Schacht, „Das Zeitalter des dritten Totalitarismus – Warum entfesselter Kapitalismus nicht Feind, sondern Erfüller des Kommunismus ist“. In: Hamid Reza Yousefi (Hg.), *Jahrbuch des Denkens* 1, Nordhausen: Bautz 2017, Seiten 101-105, hier Seite 103.

53 Siehe Pascal Bruckner, „Islamophobie: Imaginärer Rassismus“, NZZ, 21. April 2017 (https://www.nzz.ch/feuilleton/islamophobie-imaginaerer-rassismus-ld.1287872).

54 Ernst Nolte, *Späte Reflexionen: Über den Weltbürgerkrieg des 20. Jahrhunderts*. Wien und Leipzig: Karolinger 2011, Seite 183.

Das authentische Böse Iljins heute und seine schwierige Erkenntnis

Viele humanistisch und materialistisch erzogene Menschen werden Iljin bei seiner Diagnose nur zögernd, wenn überhaupt, folgen. Zu fremd ist ihnen die Kategorie des Bösen, oder sie sympathisieren ohnehin mit dem Sozialismus. Nun kann kein Zweifel daran bestehen, dass Iljin ein christlicher Philosoph war. Er behauptet nicht, einen „neutralen“ Standpunkt zu haben, wie ihn säkulare Philosophen für sich reklamieren und den es in Wahrheit nicht gibt. Vor allem seit der so genannten „Aufklärung“ und durch Ideologien wie die aus dem Marxismus hervorgegangene Postmoderne sollen Menschen von der Frage nach der Wahrheit und damit nach Gott, besonders aber vom Christentum abgebracht werden.[55] In Kapitel 17 hat Iljin den Mechanismus dieser „Infektion“ genau beschrieben. All diese Lehren laufen „auf ein einziges Ziel hinaus: die Überwindung jener Einheit von Gott und Welt, Gott und Mensch, verwirklicht durch die Fleischwerdung Christi, die die Grundlage des Christentums ist“[56]. Deshalb können die meisten dergestalt sozialisierten Europäer, auch wenn sie „(Tauf-)Scheinchristen“ sind, das Böse nicht mehr erkennen. Das ist aber laut Iljin eine der Grundbedingungen, ohne deren Erfüllung es sinnlos sei, das Problem des Widerstands überhaupt anzugehen; ansonsten bleibt nur billigendes Nichtstun.

Die Erkenntnis ist umso schwerer, als das Böse nie in einer reinen Form sich offenbart, sondern Facetten aufweist, die es erträglicher erscheinen lassen. Manchmal klopft es an die Tür „in der Gestalt eines verletzten, leidenden Raben“ und erweckt

---

[55] Daniel von Wachter, „Die Aufklärung existiert nicht“. In: Hamid Reza Yousefi (Hg.), *Jahrbuch des Denkens* 1, Nordhausen: Bautz 2017, Seiten 25-41 sowie „Christlicher Wahrheitsanspruch im Zeitalter des Postmodernismus“ (Vortrag vom 5. November 2016; https://www.youtube.com/watch?v=NoBYXWV2NCs).

[56] Igor R. Schafarewitsch, *Der Todestrieb in der Geschichte: Erscheinungsformen des Sozialismus*. Aus dem Russischen übersetzt von Anton Manzella. Grevenbroich : Lichtschlag ²2016, Seite 140.

das „blinde, sentimentale Mitleid" (Seite 183), das wehrlos macht dem Bösen gegenüber, dem gleichzeitig immer mehr Platz zugestanden wird. Niemals sind auch alle, die am Bösen mitarbeiten, selbst genuin böse, aber ihre Duldung des Bösen hat sie zu dessen Werkzeugen gemacht, mit der Konsequenz der „qualitative[n] Pervertierung und architektonische[n] Verwesung des lebendigen Geistes" (Seite 91). Entscheidend ist nach Iljin, ob der geistige Kern verdorben ist.

Der Gedanke, dass Gott Mensch geworden ist, ist zwar auch für einen Atheisten wie den Philosophen Herbert Schnädelbach „das Tiefsinnigste [...], was das Christentum hervorgebracht hat." Darin ist er sich mit Georg W. F. Hegel einig, für den das Erscheinen Gottes in der Geschichte der Dreh- und Angelpunkt war, auf die alle gewesene und zukünftige Geschichte bezogen ist. Doch Schnädelbach weiß: „Ein Gott, der zu den Menschen kommt – für die damaligen griechischen Philosophen war das ein Skandal, ein Irrsinn!"[57]. Joh 15,18-23 sagt Jesus: „Wenn die Welt euch hasst, so wisset, sie hat mich vor euch gehasst. [...] Haben sie mich verfolgt, werden sie auch euch verfolgen, [...] weil sie den nicht kennen, der mich gesandt hat. [...] Wer mich hasst, hasst auch meinen Vater." So ist es geblieben, was heutzutage zu den furchtbarsten Verfolgungen überhaupt, denen irgendeine Gruppe derzeit ausgesetzt ist, geführt hat: Über 100 Millionen Christen sind von Verfolgung und Tod bedroht, nur weil sie Christen sind[58]. Es fällt schwer, dieser Tatsache einer massenmörderischen „Christianophobie" mit relativistischen Floskeln beizukommen; wie so oft stößt sich die Theorie an der Realität. Empirisch muss hier sehr wohl von einem Übel oder Bösen gesprochen werden, dem tatkräftig widerstanden werden müsste. Bleiben wir zunächst bei Iljins *christlicher* Perspek-

57 „Das große Streitgespräch im Vorfeld der Evangelisation ProChrist: Evangelist kontra Atheist. Herr Professor, was müsste geschehen, damit Sie als Atheist Christ werden?". idea Spektrum: Nachrichten und Meinungen aus der evangelischen Welt 2009;13:16-19, hier Seite 18.

58 John L. Allen, *Krieg gegen Christen.* Gütersloh: Gütersloher Verlagshaus 2014, Seite 16.

tive: Was könnte nach seinen Kriterien heute das authentische Böse sein, das so viele Menschen bedroht?

Obwohl die physische Bedrohung der Christen durch den offenen Kommunismus weitgehend beendet ist, ist es die geistige des Christentums durch den versteckten keineswegs. Der Hinduismus wiederum als Religionstradition des indischen Subkontinents scheint sich zunehmend Lehren zuzuwenden, die eine kriegerische Haltung als moralische Pflicht ansehen, wobei Gewalt nur Auswirkungen auf den Körper, nicht auf die Seele habe. Diese Lehre fördert natürlich die Gewaltbereitschaft. Der Hinduismus scheint keine „reife Religion" (Seite 40) im Sinne Iljins zu sein. Neben anderen Gruppen werden Christen verfolgt, weil sie angeblich das westliche Wertesystem einführen wollen, obwohl dieses nun keineswegs mit dem christlichen identisch ist, und aus religiösen Gründen wie der Reinkarnation.

Doch sind all diese Bedrohungen sekundär im Vergleich zu einer als Religion verkleideten Ideologie, die dem Christentum – doch nicht nur ihm! – seit ihrem Beginn feindlich gegenüber stand. Den Anhängern dieser religiösen Herrschaftskultur ist besonders der Gedanke der Menschwerdung Gottes eine Blasphemie. Der Theologe und Philosoph Martin Rhonheimer sagt deshalb zu Recht, es handle sich nicht um „eine Religion, die Jesus Christus nicht kennt. Sondern eine Religion, für die gerade wesentlich ist, Jesus als Erlöser des Menschen zu leugnen."[59] Sie ist also, nicht nur in dieser Hinsicht, die eigentliche Antithese zum Christentum; letztlich ist sie dezidiert anti-christlich und, so wie sie formuliert, gotteslästerlich, denn es ist abseits des Glaubens an eine geoffenbarte Wahrheit vernünftigerweise als wahrscheinlich anzunehmen, dass ein Gott, der die Liebe ist, trinitarisch sein muss.[60] Demgegenüber gebietet natürlich

[59] „Der Islam ist die Antithese zum Christentum". Die Freie Welt, 14. November 2014 (www.freiewelt.net/interview/der-islam-ist-die-antithese-zum-christentum-10047235/).

[60] So unter anderem Richard Swinburne, *Was Jesus God?* Oxford: Oxford University Press 2008, Seiten 28-38. Auch Iljin betont den Gegensatz des neutestamentlichen

die exklusive Einzigkeit Gottes, die jenes perfekte religiöse Unterdrückungssystem lehrt und mit der von allem, was nicht einzig ist, abstrahiert wird, die ganze Welt diesem Einzigkeitsanspruch zu unterwerfen und jede politische, ökonomische und sozial definierte Situation auf diesen Gott hin zu öffnen. Die uns in Liebe geschenkte Einheit von Gott und Mensch, die überhaupt erst Freiheit eröffnet, soll durch die Unfreiheit der Unterwerfung ersetzt werden.

Die Geistigkeit des Menschen besteht nach Iljin nämlich „darin, dass er selbst *autonom* sucht, wünscht und seinen Blick auf *die objektive Vollkommenheit* richtet, indem er sich zu dieser Schau [...] erzieht" (Seite 81). Unter dem Mantel der Gottesfurcht findet sich nun eine religiöse Ideologie, die keine abwägende Gewissensbildung zulässt, weil sie absoluten Gehorsam, ja, Unterwerfung fordert und ganz auf das äußere Verhalten in allen Lebensbereichen setzt, auf einen abzuarbeitenden Regelkanon als psychologischem Dressurinstrument statt auf die „innere, *qualitative* Umwandlung der Seele" (Seite 46) – gewissermaßen eine Selbsterlösung durch einen Handel mit Gott. Konsequent gelebt, ist damit nicht nur geistiges Sehen, sondern auch ein (nach Kant) pflichtgemäßes Handeln in Freiheit unmöglich, antwortete doch ihr Gründer auf die Frage eines Mannes: „Wenn ich nur die Pflichtgebete verrichte, [...] faste, das Erlaubte tue und mich vom Verbotenen fernhalte und nicht mehr tue als das, komme ich dann ins Paradies?" mit Ja.[61] Damit hat Iljin nicht gerechnet, dass eine „Ergebenheit gegenüber dem Göttlichen" (Seite 48) nicht in ein „geistiges Sehvermögen" verklärt werden könne, denn „eine solche Verklärung kann nur in der inneren, geistigen Selbsttätigkeit des Menschen realisiert werden, denn die Liebe kann auf einen fremden Befehl hin sich nicht entflammen und vergeistigen, die Spiritualität aber kann nur in der dauerhaften, religiös-moralischen

Gottes der Liebe zu jenem Gott des Alten Testaments oder des Korans, der von der Kraft her gedacht wird.

61 *Prophetische Maxime: 40 ausgewählte Sprüche des Propheten Muhammad.* Aachen: Islamisches Zentrum ²2000, Seite 26 (Muslim/ṣaḥīḥ).

Selbstläuterung der Seele erblühen". (Seite 49) Diese wird aber, weil scheinbar unnötig, unterlassen, gibt es doch „keinen Anlass zum Zweifel"[62]. Auch ist das Sehvermögen allein schon deshalb getrübt, weil die Lüge diesem System wie allen Ideologien konstitutiv ist.[63] So bleibt in aller Regel der „Zerfall der Spiritualität" (Seite 39) mit den gut dokumentierten „Ausbrüchen des Größen- und Verfolgungswahns" (Seite 40) sowie als Grundsatz die „blinde Kraft des Hasses" (Seite 48) auf alle, die diese Doktrin nicht teilen.[64]

Und damit löst sich das Rätsel auf, wie Iljins These, dass das Böse „gemäß seiner Natur antireligiös" sei, auf diese politische Religion angewendet werden kann und muss. Der Schriftsteller C. S. Lewis hat in seiner „Perelandra"-Trilogie gezeigt, dass, mit den Worten Günter Rohrmosers, „Kulturzerstörung letzt-

---

[62] Die ungefähre Bedeutung des *Al Qur'ān Al Karīm* in deutscher Sprache aus dem Arabischen von Abu-r-Riḍā' Muhammad ibn Ahmad ibn Rassoul. 5. überarbeitete Auflage. Köln: [Hg. Ibrahim Abou Nagie] 2012, Sure 2:1. Für die Korrektheit der hier und im Folgenden verwendeten Koranzitate spielt die Ausgabe keine Rolle.

[63] Dies betrifft nicht nur direkt das erlaubte Lügen, also unter anderem Taḳīyya (entschuldbare Bekenntnisverletzung bei Lebensgefahr, auch listige Täuschung von „Ungläubigen"; R. Strothmann und Moktar Djebli, „Taḳiyya". In: *Encyclopaedia of Islam, Second Edition.* Edited by P. Bearman, Th. Bianquis, C. E. Bosworth, E. van Donzel, W. P. Heinrichs. Zugriff online am 6. Mai 2017 <http://dx.doi.org/10.1163/1573-3912_islam_SIM_7341>. Erste Online-Publikation: 2012. Erste Printausgabe: ISBN: 9789004161214, 1960-2007), sondern Lehren der Täuschung wie die Abrogation (Aufhebung friedlicher und toleranter Koranverse durch kriegerische und intolerante; dabei sind häufig erstere im Zustand der Schwäche und letztere im Zustand der Stärke der Gemeinschaft gültig; J. Burton, „Nasḵh". Am angegebenen Ort. Zugriff online am 6. Mai 2017 <http://dx.doi.org/10.1163/1573-3912_islam_SIM_5832>) und das wider besseres Wissen Festhalten an der erwiesenermaßen historisch falschen traditionellen Heilsgeschichte und Koranentstehung (siehe unter anderem Inârah, http://inarah.de/). Aber schon der Gott Allah ist der „beste Listenschmied" (Die ungefähre Bedeutung des *Al Qur'ān* .., am angegebenen Ort, Sure 3:54), wobei die traditionelle Heilsgeschichte List im Sinne von Täuschung und Betrug bestätigt.

[64] Das islamische Prinzip „Al Wala'a wa al Bara'a": „Loyalität und Lossagung", das heißt Liebe nur für ihren Gott und Hass auf alle, die nicht an ihn glauben. Wie alle Doktrinen des Islam ist auch diese umstritten, was an der fehlenden Lehrautorität liegt. Die aus dieser Unsicherheit resultierenden Schulen und Sekten sorgen jedoch ebenso wie die Gottunmittelbarkeit jedes Muslims dafür, dass solche Doktrinen immer gültig bleiben dürften.

lich ein Kampf gegen das Christentum ist. Alles [...] kulminiert am Ende der »bösen Macht« in einer Art Aufnahmeprüfung, in welcher der Adept von den Repräsentanten eines totalitären Systems dazu gebracht werden soll, im Auftrag jener »bösen Macht« ein am Boden liegendes Kreuz zu treten."[65] Darin, in dieser Blasphemie, gleichen sich der Kommunismus, der Nationalsozialismus und diese politische Religion vollkommen.

In welchen äußeren Taten manifestiert sich letztere? In diesem erfolgreichsten totalitären System aller Zeiten gibt es keine Religionsfreiheit, keine Freiheit der Rede, keine Freiheit der Gedanken, keine Freiheit des künstlerischen Ausdrucks, keine freie Presse, es gibt wegen seiner dualistischen Ethik, die zwischen „Gläubigen" und „Ungläubigen" unterscheidet, keinen gleichwertigen rechtlichen Schutz für alle Menschen, ja, kein universelles Menschenbild, denn alle, die außerhalb dieser Gemeinschaft stehen, sind „keine vollwertigen Menschen. [Es] kann deshalb keine prinzipielle Gleichheit aller Menschen aufgrund ihrer Natur [...] geben"[66], womit auch Diskriminierung und Sklaverei erlaubt sind, keine gleichen Rechte für Frauen, es besteht keine – in einer Rechtsordnung gemeinhin übliche – Möglichkeit, Gesetze zu ändern oder auszulegen, keine „Goldene Regel", der zufolge man andere so behandelt, wie man selbst behandelt werden möchte; dies alles war und ist in diesem System, das die Gemeinschaft über das Individuum stellt, nirgendwo und nie maßgeblich[67]. Alle Regierungen der Welt haben sich dieser Rechtsordnung zu unterwerfen. Der offen vertretene exklusive Überlegenheits- und Führungsanspruch dieser Glaubensgemeinschaft bedeutet einen dauernden, systematischen und groben Verstoß gegen die universalen Men-

---

65 *Kann die Moderne das Christentum überleben? Oder kann die Moderne ohne das Christentum überleben?* Herausgegeben von Harald Seubert unter Mitarbeit von Andreas Späth. Ansbach: Logos 2013, Seite 80 Fußnote 121.

66 Martin Rhonheimer, „Gewalt und theologische Tradition im Islam: Töten im Namen Allahs", NZZ, 6. September 2014 (www.nzz.ch/feuilleton/toeten-im-namen-allahs-1.18378020).

67 Auflistung nach Bill Warner, *Scharia für Nichtmuslime*. Brno: CSPI (Center for the Study of Political Islam International) 2015, Seiten 12f.

schenrechte[68], was auch daran erkannt werden kann, dass die Mitgliedsstaaten ihrer größten Organisation 1990 in Kairo eine eigene, mit der „Allgemeinen Erklärung der Menschenrechte“ konkurrierende Erklärung verabschiedeten, welche dieses partikulare Recht[69] als alleinige Grundlage von „Menschenrechten“ definiert[70]. Dies durchzusetzen wird der Gemeinschaft eine Anstrengung[71] zur Verbreiterung des ideologischen Herrschaftsbereichs abverlangt, die durch ökonomische oder demographische „Erzwingung“ wirken kann, aber vor allem kriegerische Gewalt ist. Folgerichtig kennt diese Eroberungsideologie kein generelles Tötungsverbot[72], sondern hat im Gegenteil eine generelle Tötungslizenz an „Ungläubigen“, was – auch durch das fatale „Vorbild“ ihres Gründers – sogar für ihre gemäßigten Anhänger ein selbstverständlicheres Verhält-

---

[68] Dazu Hartmut Krauss, *Der Islam als grund- und menschenrechtswidrige Weltanschauung: ein analytischer Leitfaden*. Osnabrück: Hintergrund [4]2014 und Karl Albrecht Schachtschneider, *Grenzen der Religionsfreiheit am Beispiel des Islam*. Berlin: Duncker & Humblot [2]2011.

[69] Scharī'a (arabisch: Weg, Recht, religiöses Gesetz); siehe *Reliance of the Traveller: The Classic Manual of Islamic Sacred Law* 'Umdat al-Sālik by Ahmad ibn Naqib al-Misri (d. 769/1368); in Arabic with Facing English Text, Commentary, and Appendices, Edited and Translated by Nuh Ha Mim Keller. Beltsville: Amana (revised Edition) 1994.

[70] Kairoer Erklärung der Menschenrechte im Islam der „Organisation der Islamischen Konferenz“ (http://www.humanrights.ch/upload/pdf/140327_Kairoer_Erklaerung_der_OIC.pdf), Art. 25.

[71] Dschihad (arabisch: Bemühung, Kampf; in seiner eigentlichen Bedeutung: heiliger Krieg. Siehe Thomas Patrick Hughes, *Lexikon des Islam*. Wiesbaden: Fourier 1995, S. 130ff) ist eine Pflicht jedes Gläubigen. Die Bedeutung „Heiliger Krieg“ wird praktisch nur in westlich-akademischen Publikationen bestritten, doch in rechtgläubigen islamischen Publikationen unterschiedlichster Provenienz dem Sinn nach uneingeschränkt anerkannt (zum Beispiel Mohammad Hamidullah, *Der Islam: Geschichte, Religion, Kultur*. Aachen: Islamisches Zentrum [3]1995, Seiten 235f. oder Sayid Mujtaba Musawi Lari, *Westliche Zivilisation und Islam: Muslimische Kritik und Selbstkritik*. Ins Englische übersetzt von J. F. Goulding, hiernach deutsche Übertragung von R. H. Sengler. Qom: Sayyed Mojtaba Musawi Lari Foundation of Islamic C. P. W. ohne Jahresangabe, Seiten 169-178). Siehe auch S. K. Malik, *The Quranic Concept of War*. Lahore: Wajidalis 1979.

[72] Auch Muslime dürfen in drei Fällen getötet werden: bei Mord, Ehebruch und Apostasie (https://www.sahih-bukhari.com/Pages/Bukhari_9_83.php, Band 9, Buch 83, Nummer 17).

nis zur Gewalt zur Folge haben dürfte.

Demzufolge handelt es sich um den „gefährlichsten Rechtsextremismus der Gegenwart“[73] mit einem unbändigen „Willen zur Macht“. Nur einige der mit dem Faschismus gemeinsamen Merkmale sind (nach Stanley Payne[74]): ein die gesamte Gesellschaft erfassender totalitärer Anspruch, ein aus der Gleichsetzung von Menschsein und Gläubigen her rührender Rassismus, Antisemitismus, Ablehnung der modernen Kultur, Antiliberalismus, autoritärer Führungsstil, Betonung des maskulinen Prinzips, Expansionismus, positive Bewertung von Gewalt und prinzipielle Bereitschaft dazu. Es wundert nicht, dass auch Adolf Hitler ein Bewunderer war[75]. Diese Doktrin „ist [ihrem] Wesen nach mehr als eine Religion. [...] ist ein kultisches, politisches und soziales Regelwerk, will religiöse und politisch-soziale Ordnung in einem sein“[76], das alles umfassen will. Das ist in seiner Einfachheit attraktiv, woraus sich der Erfolg dieser Lehre großenteils erklärt. Verglichen mit ihr, war „auf längere Sicht auf das 21. Jahrhundert hin gesehen, die kommunistische Herausforderung [...] ein Kinderspiel“[77]. Uns Heutigen wäre damit, so müsste man mit Iljin folgern, erneut und offen „die Erfahrung des Bösen mit besonderer Kraft gegeben worden“ – trotz seines Alters erneut: weil „die menschliche Geschichte sich nicht daran erinnert“ (Seite 29), sondern es vergaß.

Apologeten dieser Ideologie ähneln in ihrer Realitätsverleugnung jenen des Sozialismus. Die angesehene Religionshistorikerin Annemarie Schimmel hat in aller Unschuld den ara-

---

[73] Egon Flaig, am angegebenen Ort, Seite 368. Flaig schreibt „Scharia-Islam“, meint aber den Islam an sich.

[74] Stanley Payne, *Geschichte des Faschismus. Aufstieg und Fall einer europäischen Bewegung*. Wien: tosa im Verlag Ueberreuter 2006, Seite 15.

[75] *Hitler's Table Talk 1941-1944. His Private Conversations*. Translated by Norman Cameron and R. H. Stevens. Introduced and with a new Preface by H. R. Trevor-Roper. New York: Enigma 2000, Seite 607.

[76] Martin Rhonheimer, am angegebenen Ort.

[77] Günter Rohrmoser, *Glaube und Vernunft am Ausgang der Moderne: Hegel und die Philosophie des Christentums*. Herausgegeben von Harald Seubert. St. Ottilien: Eos 2009, Seite 344.

bischen Eroberer des Industals dafür bewundert, dass er nicht Millionen Hindus wie von seiner Ideologie gefordert ausgerottet, sondern ihren Status umgewidmet hat, um die Verwaltung der eroberten Gebiete nicht zu gefährden – also nicht etwa, um sie aus Menschlichkeit zu schonen[78]. Nichts zeigt deutlicher die Willkür, der so genannte „Ungläubige" unter dieser Theokratie schon immer ausgesetzt waren und die typische Betriebsblindheit dieser Apologetin, die entsprechend auch Verständnis für Mordaufrufe an einem Schriftsteller zeigte. Unbeirrt von allen empirischen Daten ist verantwortungslosen Apologeten wie ihr diese Weltanschauung „barmherzig", obwohl sie überall, wo sie herrscht, Staatsreligion ist und – mal weniger, mal mehr – unterdrückt und mordet. Iljin beschreibt die Apologeten genau: Viele Menschen *„ignorieren,* indem sie von der vorahnenden Notwendigkeit der Antwort im Voraus beschwert werden, das Böse und ziehen es vor, es nicht zu sehen: Sie meiden die heranrückenden Fakten, sie deuten diese »gutmütig« im besten Sinne, sie verstecken sich hinter der Unmöglichkeit und Unzulässigkeit, den Nächsten zu verurteilen, sie verhärten sich im »Glauben«, dass das Böse den Menschen nicht eigen wäre" (Seite 95f.). Heute lauten die gutmütigen Deutungen so: Es gebe auch friedliche Richtungen, es handle sich nicht um ein monolithisches Bedeutungssystem. Das mag sein, doch ist es seit 1400 Jahren rechtgläubig dominiert und hat praktisch immer und ausnahmslos (auch gegenüber den Spirituellen oder den Mitläufern unter seinen Anhängern) totalitär funktioniert. Ihre imperialistische Seite ist für die Ideologie dieser Gemeinschaft essentiell, denn „traditionelle [...] Lehre besagt doch, wer sich" dem Angebot zur übrigens unwiderruflichen Annahme der Lehre „widersetzt, wird damit automatisch zum Angreifer, so dass an sich jeder Eroberungskrieg als Verteidigungskrieg gerechtfertigt werden kann[79]"; dieses Herrschaftssystem „müsste sich [...] von seiner (gewalttätigen; d. Hg.) Gründungsidee dis-

[78] *Die Religion des Islam: Eine Einführung*. Stuttgart: Reclam 1990, Seite 62.

[79] „Der Islam ist die Antithese...“, am angegebenen Ort.

tanzieren, sein politisch-religiöses Doppelwesen aufgeben und sich damit in seiner religiösen Substanz verändern. Solange das nicht geschieht, wird es immer nur eine Frage der konkreten politischen Konstellation sein, ob und in welcher Form e[s] sein gewalttätiges Gesicht zeigt."[80]

Auch die Warnung vor vermeintlicher Pauschalierung durch Hinweis auf die Individuen geht fehl (und würde im Fall nazistischer Überzeugungen gar nicht erst ausgesprochen), denn diese sind wie bei allen Totalitarismen zwar selbstverständlich mehrheitlich friedlich, aber durch eine kleine strenggläubige Elite instrumentalisierbar, die eine Mehrheit, die und weil sie eben von einer totalitären Ideologie, und sei es teilweise und unvollkommen, geprägt ist, zur aktiven – oder, was auch nicht besser ist, passiven – Loyalität im Kampf gegen die und zur Unterdrückung der „Ungläubigen" verpflichten kann. Denn diese repressive Ideologie wird (wie alle Ideologien und Religionen) nicht durch die Mehrheit der ideologischen Analphabeten, hier der „Friedlichen" definiert, die sich kaum in ihr auskennt, sondern durch ihre in diesem Fall im Widerspruch zur Würde des Menschen stehenden Glaubens- und Überzeugungsgrundlagen, sodass dem Individuum moralisch gutes Handeln zwar möglich ist, doch nur im Widerspruch zu ihnen. Die „voreingenommene Erzwingung, [...] die auf das Böse zielt", ist in diesen Grundlagen kodifiziert, und es wäre eine Katastrophe, wenn eine Gemeinschaft mit solchen Grundlagen, und sei es vordergründig friedlich durch demographische „Erzwingung" als Mehrheit in Europa bestimmend würde. Wenn die Träger der europäischen Kultur weichen, weicht mit ihnen auch diese Kultur.

Um die Frage, um die es geht, noch grundsätzlicher zu fassen: In der Maske des Guten würde der Gedanke, „dass die Menschheit nur mit politischer Macht versittlicht werden kann"[81], totalitär verwirklicht. Die angestrebte und durchge-

80 Martin Rhonheimer, am angegebenen Ort.

81 Joseph Ratzinger, „Das Christentum und die Weltreligionen. Im Gespräch mit Antonio Socci (Il Giornale 2003)". In: Derselbe, *Im Gespräch mit der Zeit.* Dritter Teilband (=

setzte Herrschaft dieser Weltanschauung in der ganzen Welt wäre die globale Umsetzung der nach eigenem Verständnis „besten Gemeinschaft“ und damit ein messianischer Weltzustand aus der Kraft des alles richtig machenden Menschen unter Zerstörung von Überlieferung, Schönheit und letztlich auch Transzendenz, mit geordneten Lebensverhältnissen, in denen die wesentliche Entscheidung „nicht mehr zwischen Gut und Böse, sondern zwischen sozial und asozial“[82] gefällt würde und dessen Bürger nicht mehr fragten, weil sie „den Zweifel nicht kennen. An die Stelle von Frage und Antwort müssen Hinnahme und Hingabe treten“[83]. Es ist „ein Mensch, der seinen Nächsten genauso sehr liebt wie sich selbst“[84], aber letztlich nichts hat, was er mehr liebt als sich selbst. Iljins Diagnose der völligen Selbstbezogenheit des „guten Menschen“ stimmt: dieser entspräche der alten Konzeption vom Antichrist. Gottes Reich kann nicht von dieser Welt sein.

Wenden wir uns nun der *nichtchristlichen* Perspektive im Westen zu. Die Moderne beruht vor allem auf einer Bewegung mit unterschiedlichen Namen und Aspekten: „Aufklärung“, Technisierung, Liberalismus, Säkularisierung, Industrialisierung. Sich selbst hat diese Bewegung folgendes zugeschrieben: „Freiheit der Wissenschaft gegen dogmatischen Obskurantismus, Herrschaft der Vernunft gegen Herrschaft der Tradition, Toleranz gegen Unterdrückung, Fortschritt gegen Reaktion, Technik gegen überlieferte Routine, Spontaneität gegen starre Autorität, Selbstbestimmung gegen Despotismus“[85]. Die negativen Zuschreibungen waren Denunziationen vor allem der christlichen Religion und katholischen Kirche durch eine meist

Gesammelte Schriften. Herausgegeben von Gerhard Ludwig Müller in Verbindung mit dem Institut Papst Benedikt XVI., Regensburg: Rudolf Voderholzer, Christian Schaller, Franz-Xaver Heibl. Band 13/3: Im Gespräch mit der Zeit). Freiburg und andere: Herder 2017, Seiten 1412-1420, hier Seite 1417.

82 Reinhard Raffalt, *Der Antichrist*. Feldkirch: Lins-Verlag 1990, Seite 15.

83 Ebenda, Seite 32.

84 Ebenda, Seite 16.

85 Ernst Nolte, *Der Faschismus in seiner Epoche: Die Action française. Der italienische Faschismus. Der Nationalsozialismus*. München: Piper 1963, Seite 63.

atheistische und christianophobe Geschichtswissenschaft und Philosophie. Zwar bewiesen, unter vielen Anderen, bekennende christliche Wissenschaftler wie Kopernikus, Leibniz, Pascal und Newton die Haltlosigkeit der seit Jahrhunderten wiederholten halbwahren und falschen Vorwürfe und Unterstellungen, das Christentum habe Vernunft und Fortschritt behindert, doch erfolgte erst in jüngerer Zeit eine weitgehende wissenschaftliche Korrektur der Selbstbeschreibung der „Aufklärung"[86], die in Wirklichkeit vor allem eines war: eine antichristliche Bewegung. Diese Differenzierung ist aber im öffentlichen Bewusstsein (noch) nicht durchgedrungen.

Man erkennt aus dem bisher Dargelegten, dass säkulare Humanisten und Atheisten, Liberale, Kommunisten und Sozialisten in aller Regel wenig für Christen tun. Doch ihnen sei empfohlen, sich mit besagter politischer Religion zu beschäftigen, denn irgendwann wird sie sich mit ihnen beschäftigen[87]: Durch ihre imperialistische, sklavistische und demozidale Gewaltpraxis sind bis heute vorsichtig geschätzt weit über 200 Millionen Menschen getötet worden[88]; das ist mehr als jeder Einzelne, jedes Land, jede Gruppe oder jedes Weltreich jemals in der Geschichte getötet hat. Iljins Gedanken zum tatkräftigen Widerstand gelten auch für sie. „Der Frieden ist" dieser Ideologie „kein wünschenswerter Dauerzustand, sondern eine befristete strategische Option. Nicht der Frieden wird verherrlicht,

---

[86] Rodney Stark, *Bearing False Witness: Debunking Centuries of Anti-Catholic History*. West Conshohocken: Templeton Press 2016 mit einer überwältigenden Fülle an Literatur zum Thema.

[87] Ein Gläubiger – gleichgültig welcher Richtung – betet fünfmal am Tag und begnügt sich dabei nicht etwa mit Bitten für sich, sondern äußert zugleich siebzehnmal seine Verachtung schon gegenüber Christen und Juden (siehe Sure Al-Fātiḥa); um wie viel mehr wird er Atheisten verachten, die „schlimmer als das Vieh" sind (Die ungefähre Bedeutung des *Al Qur'ān...*, am angegebenen Ort, Sure 8:54). Siehe dazu auch Udo Hildebrand/ Friedrich Rau/Reinhard Wenner, *Freiheit und Islam: Fakten – Fragen – Forderungen. Anregungen und Materialien zur argumentativen Auseinandersetzung mit dem Islam*. Bad Schussenried: Gerhard Hess 2016, Seiten 724-729 und 772-810.

[88] Jean-Jacques Walter, *Islam les vérités interdites*. Ohne Ortsangabe [Paris]: [Jean-Jacques Walter] 2014, Seite 232.

sondern der Krieg“[89]. Es wird (vorerst?) nicht so sein, wie der Philosoph Peter Sloterdijk wie so viele glaubt, dass das Problem sich durch den Fortschritt „nach Gott“ von selbst durch die „Sterilität einer abgelebten Theologie-Kultur“[90] erledigen wird; nein, auch die, die seit der sogenannten „Aufklärung“ die geschichtliche Wahrheit arrogant für sich reklamieren, werden vor die Frage von Sein oder Nichtsein gestellt werden.

Christen stehen derzeit jedoch allein gegen die Gewalt dieses nach Iljins Maßstäben wohl unzweifelhaften Bösen; auch der Staat, auf den er noch vertraut, hilft ihnen nicht. Denn die heute herrschende kulturrevolutionäre Linke, die Feminismus, Laizismus, Skepsis und Religionskritik weitgehend dem „Antirassismus“ geopfert hat, sieht momentan in dieser Doktrin wegen des gemeinsamen Kollektivismus, Amerika-, Israel- und Christenhasses einen starken Verbündeten. Dieser Doktrin geht es auch um die Überwindung der Einheit von Gott und Mensch, nur eben zugunsten der Unterwerfung des Menschen unter Gott. Aber auch das den universalistischen Prinzipien der so genannten „Aufklärung“ verpflichtete liberale, humanistische und mehrheitlich atheistische (West-)Europa ist theoretisch und praktisch dabei, die politische Vernunft einer hypermoralistischen Alltoleranz zu opfern und damit die europäischen säkularen Republiken zu verspielen[91], davon ganz abgesehen, dass selbst ein konsequent gelebter Verfassungspatriotismus das herrschende Sinnvakuum nicht ausfüllen könnte. Zudem führt der Liberalismus zu einer atomisierten Gesellschaft und dem Humanismus ist ausgerechnet der Mensch das fatale Maß aller Dinge, sodass nur das Christentum Individualität und Gemeinschaft ausgeglichen verbinden kann. Die Ansicht, dass mit

---

89 Hamed Abdel-Samad/Mouhanad Khorchide, *Ist der Islam noch zu retten? Eine Streitschrift in 95 Thesen*. München: Droemer 2017, Seite 177.

90 Peter Sloterdijk, *Nach Gott: Glaubens- und Unglaubensversuche*. Berlin: Suhrkamp 2017, Seite 15.

91 Egon Flaig, am angegebenen Ort, Seiten 11ff. Inwieweit jedoch die liberalen Gesellschaften selbst schon links-totalitäre Strömungen aufweisen, muss mit Ryszard Legutko, am angegebenen Ort, gefragt werden.

einem Untergang des Christentums in Europa auch die auf ihm gründende Moderne untergehen wird[92], ist wohlbegründet.

Die Möglichkeit christlichen tatkräftigen Widerstands

Die Katholische Kirche scheint derzeit unter dem Einfluss von Wissenschaftlern wie Louis Massignon großenteils die Orientierung verloren zu haben und spricht von Dialog statt Wahrheit[93]. Schon 1972, sechs Jahre nach dem Ende des Zweiten Vaticanums, sprach Paul VI. davon, dass der „Rauch Satans [...] durch irgendeinen Riss in den Tempel Gottes eingedrungen“ sei. Damit meinte er „den Zweifel, die Unsicherheit, die Infragestellung“[94], die die Kirche voll erfasst hätten. Wie soll sie da Festigkeit zeigen und widerstehen? Doch dürfen Christen niemals verzagen. Eine berühmte Formulierung der Konzilserklärung über das Verhältnis der Kirche zu den nichtchristlichen Religionen „*Nostra aetate*“ (Art. 3[95]) zu der religiösen Gewaltideologie lautet in der offiziellen deutschen Übersetzung: „Mit Hochachtung betrachtet die Kirche [...], die *den alleinigen* Gott anbeten, den lebendigen und in sich seienden, barmherzigen und allmächtigen, den Schöpfer Himmels und der Erde“. Aus dieser Übersetzung könnte man schließen, dass es sich um den gleichen Gott handelt. Freilich kann es denklogisch nur einen Gott geben, doch ist er auch gemeint? Denn der lateinische Originaltext scheint keineswegs so eindeutig zu sein. Das Original („Ecclesia cum aestimatione [...] respicit qui unicum Deum adorant, viventem et subsistentem, misericordem et omnipoten-

---

92 *Kann die Moderne das Christentum überleben? Oder...*, am angegebenen Ort, Seiten 60f. und 86.

93 Gebetsmeinungen des Heiligen Vaters für Januar 2016 (https://www.youtube.com/watch?v=no5mAPHiCYQ).

94 Papst Paul VI. in seiner Predigt beim Pontifikalamt am Hochfest der Apostelfürsten, dem 29. Juni 1972 (http://w2.vatican.va/content/paul-vi/it/homilies/1972/documents/hf_p-vi_hom_19720629.html)

95 Heinrich Denzinger, am angegebenen Ort, S. 1166.

tem, Creatorem caeli et terrae“) kann nämlich auch so übersetzt werden, dass jene nicht zwei oder fünf Götter, sondern *„einen einzigen* Gott“ anbeten, dem zwar die genannten Eigenschaften zugeschrieben werden, bei dem es sich aber doch nicht um den dreieinen Gott handelt, der sich in Christus offenbart hat. Die Formulierung[96] bleibt also zweideutig, sodass hier, in diesem unscheinbaren Detail, dem Wirken Satans, um im Bild Pauls VI. zu bleiben, der Heilige Geist entgegentritt, der die Kirche vor ihren eigenen Modernisten und Verirrungen schützt.

Deshalb ist es für katholische und orthodoxe Christen trotz der Orientierungskrise der westlichen Amtskirche möglich und geboten, in oben geschilderter Herrschaftskultur nicht nur eine Religion zu sehen, sondern sie richtig zu verstehen, nämlich als eine ihnen feindliche totalitäre religiöse Ideologie[97], sie als das Böse zu erkennen, das mit den Geißeln des 20. Jahrhunderts fast alles gemein hat. Tatsache ist die planmäßige Vernichtung des Christentums im Nahen Osten durch Unterdrückung, Versklavung, ethnische Säuberung und Massenmord, – und dies nicht erst als „Reaktion“ auf „westliche Einmischung“[98] –, Tatsache ist die aggressive demographische und kulturelle Unterwanderung traditionell christlicher Gebiete in Europa durch ihre Anhänger mit einer Zunahme von Gewalt und schleichendem Wertewandel – alles mit stillschweigender Zustimmung auch der „Gemäßigten“ innerhalb ihrer Gemeinschaft. Eine einst berühmte, heute wegen ihrer Hellsichtigkeit vergessene Journalistin schrieb vor 15 Jahren: „Es macht für mich keinen Unterschied, ob sie für die Besetzung Kanonen oder Schlauch-

96 So auch bei der Dogmatischen Konstitution über die Kirche „*Lumen gentium*“ (Art. 16), siehe Heinrich Denzinger, am angegebenen Ort, Seite 1112

97 Jaya Gopal, *Gabriels Einflüsterungen: Eine historisch-kritische Bestandsaufnahme des Islam*. Übersetzt und herausgegeben von Fritz Erik Hoevels. (= Reihe: Unerwünschte Bücher zur Kirchen- und Religionsgeschichte Nr. 5). Freiburg: Ahriman ^{4}2014, Seiten 406ff.

98 Siehe dazu Bat Ye´or, *Der Niedergang des orientalischen Christentums unter dem Islam: 7.- 20. Jahrhundert, zwischen Dschihad und Dhimmitude*. Mit einer Einführung von Heribert Busse. Aus dem Französischen übersetzt von Kurt Maier. Gräfelfing: Resch ^{2}2005.

boote benutzen"[99]. All dies könnte im Sinne Iljins zur Erkenntnis führen, mindestens geistigen, wohl auch tatkräftigen Widerstand zu leisten.

Für Christen ist es aber traditionell ein Problem, wie sie sich zur Tatkraft, erst recht zur Gewalt verhalten sollen. Schon Selbstverteidigung wird für sie rechtfertigungsbedürftig, soll man doch seine Feinde lieben und die andere Wange hinhalten. Dabei wird im Christentum das Recht zur Selbstverteidigung aus dem Naturrecht auf Selbsterhaltung abgeleitet. Dieses Recht findet sich in jeder Moraltheologie. Es wird nicht nur individuell bestimmt, sondern kann sich auch auf menschliche Gemeinschaften beziehen, die sich verteidigen müssen. Trotzdem haben sich (im Gegensatz zu den sogenannten „Märtyrern" der beschriebenen Doktrin, die morden, ohne zum Abfall vom Glauben je gezwungen worden zu sein) die christlichen Märtyrer der Antike und in späterer Zeit einem Glaubenszwang tatsächlich durch ihr wehrloses Opfer „widersetzt", das so zum extremen „Zeugnis" für Christus wurde, der sich ja auch für die ganze Welt geopfert hat. Tolstoi hat für alle denkbaren Situationen genauso radikalpazifistisch argumentiert und jede Berechtigung für Gewaltanwendung, erst recht für eine Tötung mit Hinweis auf das fünfte Gebot abgelehnt; viele Pazifisten sind auch heute seiner Ansicht, obwohl sie von denen profitieren, die sie verteidigen. Iljin jedoch korrigiert die radikalpazifistische Interpretation des Jesuswortes von der Feindesliebe (siehe Kapitel 15): es betrifft nur die persönlichen Feinde. Der Missbrauch des (westlichen) Christentums zu seinem Nachteil wird damit unterbunden.

Andererseits haben die frühen Christen sich mit der heidnischen Umwelt arrangiert und sich in ihr als „Salz der Erde" konstruktiv betätigt, solange sie in ihrem Glauben nicht behelligt wurden. Gegner des Christentums führen an dieser Stelle außerdem an, dass beispielsweise die Religions- und Kolonial-

[99] Oriana Fallaci, *Die Wut und der Stolz*. Aus dem Italienischen von Paula Cobrace. München: List 2002, Seite 195.

kriege der frühen Neuzeit keineswegs der Selbstverteidigung gedient haben. Die Lösung des scheinbaren Widerspruchs gründet in der Trennung von Kirche und Staat. Während die genannte archaische Herrschaftskultur, ganz in logischer Weiterführung der Traditionserzählung ihres Propheten, Gesetzgebers und Kriegsherrn, schon bald zur Reichsideologie wurde, was sie bis heute in jedem von ihr beherrschten Staat geblieben ist, führte die Tolerierung des Christentums und seine Erhebung zur Staatsreligion unter den Kaisern Konstantin und Theodosius zu Konflikten mit der Idee seines Ursprungs, die eine Trennung von Religion und Staat vorsah („Was des Kaisers ist, gebt dem Kaiser, und was Gottes ist, Gott"; Mk 12,17). Die katholische (und orthodoxe) Kirche wurde dabei, trotz aller immer wieder erfolgten Verführung zu Komplizenschaft und eigenem machtvollen Auftreten, zum Garanten der Unabhängigkeit der Religion vom Staat, was sich unter anderem in Auseinandersetzungen wie dem Investiturstreit und dem Kulturkampf äußerte. (Das protestantische Staatskirchentum war im Vergleich dazu ein Sündenfall.) Die vielfältigen Verbindungen von Politik und Religion gingen meist nicht von der Kirche, sondern von den weltlichen Machthabern aus. Der Christ als das „Salz der Erde" kommt leichter in Konflikt mit dem politischen Geschehen als zum Beispiel Gläubige einer politischen Religion, die in Übereinstimmung mit einem total von dieser durchtränkten politischen Umfeld agieren. Das Reich Gottes ist nicht von dieser Welt: Nicht jeder Krieg von Staaten, in denen Christen leben, ist daher ein gerechter oder gar ein christlich gerechtfertigter Krieg. Deshalb muss ein Christ nach Iljin genau prüfen, ob und wie er an staatlichen Unternehmungen teilnimmt, die der christlichen Lehre widersprechen – das fängt schon bei der staatlich erlaubten Gewalt gegenüber Ungeborenen an – und wann er zum tatkräftigen Widerstand verpflichtet ist; wenn dieser aber notwendig wird, kann er sich aus Liebe zum Guten nicht entziehen.

Das Christentum hat nämlich eine hohe Ethik, die den Menschen bewusst überfordert. Friedrich Schlegel schrieb schon zu Beginn des 19. Jahrhunderts, dass jene ethisch einfache Gesetzesreligion eine umsetzbare und erfüllbare sei, während das Christentum unerfüllbar sei und sich sogar häufig genug in schreiendem Gegensatz zu den Intentionen seines Gründers befinde. Genau in dieser Utopie aber liege die Stärke des Christentums, das eine Banalisierung, wie sie einer Gesetzesreligion innewohnt, verhindere, wie der Schriftsteller Martin Mosebach betont: „Der menschliche Geist erlahmt, wenn er sich nicht unerfüllbare Ziele setzt."[100] Ganz ähnlich argumentierte im Nachwort zu seiner Novelle *Kreutzersonate*[101] Leo Tolstoi im Zusammenhang mit der Sexualmoral. Eine Vorschrift, die erfüllbar sei, verlöre den notwendig utopischen Charakter. Nur dieser aber könne dem Menschen ein Ziel bieten, das anzustreben sich lohne. Denn indem man das Ideal nie erreiche, schreite man doch immer weiter voran und versuche, sich dem Ideal immer weiter zu nähern. Das hohe Ziel könnte aber auch lähmen, wenn man es so rigoristisch sähe wie Tolstoi, wo doch klar ist, dass hier die Heiligkeit am Horizont aufscheint; doch ist diese nicht identisch mit der Tugend: La vertu ce n´est pas la sainteté. Das Christliche ist utopisch ohne pedantisch zu sein. Und Iljin betont, dass „das Sündenlose [...] nicht das Heilige [ist]" (Fußnote 251) und befreit damit das (westliche) Christentum aus seiner heutigen Weltfremdheit.

Der Fehler Tolstois und seiner Nachfolger liegt darin zu meinen, dass gerade die Gewaltlosigkeit des Opfers den vom Bösen Erfassten von seinem Unrecht überzeugen oder dass der Ideologe schon „vernünftig" werden oder sich durch materielle Anreize ändern würde; eine für uns Heutige, nach der

[100] Matthias Drobinski und Tobias Haberl, „Es wäre eine Katastrophe, wenn die Kirche ihre Grundsätze über Bord werfen würde", SZ Magazin 9/2010 (sz-magazin.sueddeutsche.de/texte/anzeigen/33691/Es-waere-eine-Katastrophe-wenn-die-Kirche-ihre-Grundsaetze-ueber-Bord-werfen-wuerde).

[101] In: Derselbe, *Die Erzählungen. Band II: Späte Erzählungen 1886-1910*. Neu herausgegeben und mit einem Nachwort und anderem von Barbara Conrad. Düsseldorf : Artemis & Winkler 2001, S. 207-222.

Erfahrung von Holodomor, Gulag und Holocaust, unglaublich optimistische, ja naive Erwartung. Zwar war Mahatma Gandhi ein Schüler Tolstois und hat die Unabhängigkeit Indiens mit gewaltlosem Widerstand durchgesetzt. Doch war der Erfolg sowohl der Schwäche Großbritanniens nach dem Zweiten Weltkrieg geschuldet als auch der Tatsache, dass nicht etwa ein Hitler oder Stalin oder Tamerlan der Beherrscher Indiens war. Und während die größten Teile Europas durch friedliche Mission christlich geworden sind, hat der byzantinische Kaiser Manuel recht, den Papst Benedikt XVI. in seiner besten Ansprache (vom 12. September 2006 in der Aula Magna der Universität Regensburg) zitierte, als jener seinen Gesprächspartner fragte, was der Stifter von dessen Lehre „Neues gebracht hat, und da wirst du nur Schlechtes und Inhumanes finden wie dies, dass er vorgeschrieben hat, den Glauben, den er predigte, durch das Schwert zu verbreiten“.[102] Es geht nicht darum, aufzuwiegen: Dass Christen ihren Glauben auch gewaltsam verbreitet haben, steht außer Frage. Doch ebenso unstrittig dürfte sein, dass dies den Intentionen des Gründers zuwiderläuft. Der orientalischen Eroberungsideologie hingegen geht es gar nicht primär um Mission, denn laut ihrer Grundschrift gibt es „keinen Zwang im Glauben“[103], sondern um die Unterwerfung derer, die nicht zur Gemeinschaft gehören, als Menschen dritter Klasse unter das Sonderrecht.

Insgesamt scheint damit reine Selbstverteidigung eine zu unflexible und möglicherweise zu spät ansetzende Waffe gegenüber versteckten oder offenen Bedrohungen. Wenn dies von den früheren Christen durchgehend so gehalten worden wäre, wäre das Christentum heute wahrscheinlich marginal. Man kann es drehen und wenden wie man will: Ohne Reconquista, Kreuzzüge und Türkenkriege wäre das Christentum in Europa schon längst in einem Zustand, der mit jenem im Nahen Osten zu vergleichen wäre. Haben die christlichen Kämp-

102 www.vatican.va/holy_father/benedict_xvi/speeches/2006/september/documents/hf_ben-xvi_spe_20060912_university-regensburg_ge.html.

103 Die ungefähre Bedeutung des *Al Qur'ān*..., am angegebenen Ort, Sure 2:255.

fer gegen die Expansion von Arabern, Mongolen und Türken das Christentum verraten? Keineswegs; Kapitel 16 und 18 dieses Buches entlarven in genau dieser Frage die Scheinchristen von heute schonungslos.

Die berühmte Szene aus Joh 2,15 gibt einen Hinweis, wie Christen das Problem von tatkräftigem Widerstand neu sehen könnten: „In einem großen und fürchterlichen historischen Moment hat der Akt der göttlichen Liebe in der Gestalt des Zornes und der Geißel die blasphemische Schar aus dem Tempel vertrieben. Dieser Akt war und wird das größte Urbild und die Rechtfertigung für alle geistigen und gegenständlich begründeten Manifestationen der verneinenden Liebe sein" (Seite 197). Das Vorbild zeigt auch warnend, im Bösen nicht nur die nackte äußere Gewalt zu sehen, die es mit Maßnahmen der individuellen Strafverfolgung zu überwinden gilt, sondern seine „wesentliche Giftigkeit" (Seite 139) zu erkennen, die still und leise überall einsickert und eine ganze Gesellschaft dem Bösen ausliefern kann. An dieser Stelle soll damit nochmals an die geistige Dimension erinnert werden, die Iljin so wichtig war beim tatkräftigen Widerstand im Kampf gegen das Böse, und die gegenüber den Totalitarismen so wichtig ist: ihre jeder Vernunft widersprechende geistige Krankheit zu heilen. Doch können Erziehung und „psychische Erzwingung" scheitern.

Deshalb gibt Iljin dem Christen mit seiner Argumentation auch eine über die bloße Selbstverteidigung hinausgehende Begründung für den tatkräftigen Widerstand gegen das Böse. Je eher er erfolgt, desto besser. „Ein Christ, der danach strebt, treu im Worte und im Geiste seines Lehrers zu sein, [...] kann auch in diesem Gebot [der Feindesliebe] keine Grundlage sehen, noch einen Vorwand, um den Widerstand gegen den Übeltäter zu meiden. Ihm reicht es, nur zu verstehen, dass der echte, religiös richtige Widerstand gegen die Übeltäter mit ihnen den Kampf eben *nicht wie mit den persönlichen Feinden, sondern wie mit den Feinden des Werkes Gottes auf Erden* führt. [...] Dies bezieht sich ganzheitlich ebenfalls auf das Gebot über *das Verzeihen der Beleidigungen*. (Seite 184f.) [...] Diese Berufung zur Sanftmut und Großzügigkeit in den persönlichen Angelegenheiten als Berufung zur willenlosen Betrachtung der Gewalt und Ungerechtigkeit oder zur Subordination gegenüber den Übeltätern in den Fragen des Guten und des Geistes zu deuten, wäre sinnlos und widernatürlich." (Seite 188) Dieser Widerstand aus Liebe zu Gott, zum Vaterland, zum Nächsten ist kein heiliger Weg, aber Nichtheiligkeit ist keine Sünde. Physische Nötigung und Unterdrückung ist ein Übel, für das der Mensch, der es aus Liebe annimmt, auch den Tod in Kauf nehmen muss. Doch nur Leichtgläubige und Wohlmeinende („naive Hedonisten" [Seite 79] und „sentimentale", letztlich nihilistische „Moralisten" [Kapitel 10]) verspürten nicht, „um welchen Preis diese »Ruhe« und diese »Anständigkeit« [der Pazifisten] erkauft" würden [Seite 274].

Relativisten, denen angeblich alles nur kontextbezogen und gleichwertig ist, verfolgen trotzdem politische Ziele, die interessengeleitet sind, und handeln entsprechend. Dabei fällt auf, dass ihnen die je eigene Position keineswegs immer verhandelbar ist, wie es von den Prämissen her eigentlich sein müsste, und ihre Ablehnung des Christentums so absolut ist wie sie es nur sein kann. Sie sind mit anderen Worten verlogen. Es ist klar, dass Relativisten Überlegungen zu „Gut" und „Böse" nicht folgen können. Aber Christen haben ohnehin Überzeugungen, ja Werte, und sind keine Relativisten. Sie dürfen ihr Schicksal nicht den Politikern, nicht Liberalen, Kommunisten oder Sozialisten überlassen, die das Böse nicht erkennen. Sie müssen sich wieder als Gemeinschaft der Heiligen begreifen, die Gott liebt und die sich die Nächsten sind gegen „die Welt". Es wird ihnen als Konsequenz nichts anderes übrigbleiben, als die Diagnose aus den *Scholien* des kolumbianischen Philosophen Nicolás Gómez Dávila anzuerkennen, sich in diesem Sinne zu organisieren und von daher die existentielle Rettung vorzubereiten: „Die Kirche hat zu viele Ordensbrüder, es fehlen ihr Ordensritter."[104] Genau das dürfte Iljin gemeint haben,

[104] Nicolás Gómez Dávila, *Scholien zu einem inbegriffenen Text.* Wien: Karolinger

wenn er davon sprach, dass nur die Besten in der Lage seien, die Unheiligkeit eines Kampfes, der doch notwendig ist, zu tragen, und damit den Anderen, denen sie ein Beispiel geben, voranzugehen; ein Kampf aus „donnernder Liebe" (Seite 369), die eben nicht gottergeben, sondern wehrhaft ist: „Lernt die christliche Liebe von dem Gottseligen Sergij, dem Patriarch Germogen und Alexander Newski"!

Die Bereitschaft zur Selbstbehauptung eines Europa, an das wir Europäer glauben können[105], gegenüber den alten und den neuen Bedrohungen wie der fortgesetzten Masseneinwanderung mit der parallelen Ausbreitung einer weiteren totalitären Weltanschauung hängt weitgehend von sozialen und politischen Faktoren ab, vor allem aber von der Erkenntnis des Bösen. Die Frage des tatkräftigen Widerstands stellt sich überhaupt nur dann, wenn die Leute wissen oder ahnen, es gebe etwas zu verteidigen. „Werte", sagt der Historiker Egon Flaig, „sind nur darum Werte, weil Menschen bereit sind, für sie Opfer zu bringen. [...] Ob die Werte in einer Gesellschaft etwas taugen, lässt sich sehr genau ablesen an dieser Bereitschaft. Daraus zog Hegel in seiner Dialektik des Kampfes um Anerkennung die unerbittlichste Konsequenz: Frei wird sein, wer die größere Bereitschaft zeigt, sein Leben einzusetzen; Sklave wird sein, wer kapituliert."[106] Iljins *Über den gewaltsamen Widerstand gegen das Böse* sollte Europa helfen können, die pervertierte Alltoleranz, die keine Werte kennt, zu korrigieren, um aus der „Ergebenheit, [...] Feigheit und moralische[n] Debilität, [...] der Unfähigkeit sich zu verteidigen"[107] herauszufinden, und jene kulturelle Amnesie zu heilen, die Goethes Diktum vergisst, der bei allem Interesse für den Orient genau wusste, wo die Grenze zur Selbstaufgabe liegt: „Indessen bleiben wir allen aufgereg-

2006, S. 57.

105 Siehe die „Pariser Erklärung" von Rémi Brague und anderen unter https://thetrueeurope.eu/die-pariser-erklarung/ (Zugriff online am 11. Oktober 2017).

106 Am angegebenen Ort, S. 362.

107 Imre Kertész, *Letzte Einkehr: Tagebücher 2001-2009*. Mit einem Prosafragment. Aus dem Ungarischen von Kristin Schwamm. Hamburg: Rowohlt 2013, S. 361.

ten Wall- und Kreuzfahrern zu Dank verpflichtet, da wir ihrem religiosen Enthusiasmus, ihrem kräftigen, unermüdlichen Widerstreit gegen östliches Zudringen doch eigentlich Beschützung und Erhaltung der gebildeten europäischen Zustände schuldig geworden."[108]

Franzisk Yavtilov,
am Festtag des Erzengels Michael und aller Engel 2017

[108] Johann Wolfgang Goethe, „Noten und Abhandlungen zum besseren Verständnis des west-östlichen Divans“. In: Derselbe, *Epen, West-östlicher Divan, Theatergedichte*. Einführung und Textüberwachung von Hellmuth Freiherrn von Maltzahn (= Gedenkausgabe der Werke, Briefe und Gespräche: 28. August 1949. Herausgegeben von Ernst Beutler. Band 3). Zürich und Stuttgart: Artemis 1948, S. 413-566, hier S. 524.

Philosophia
EURASIA

W.S. Milowatskij:

Das Zivilita-Gestirn

Traktat über die Planetarität der Menschheit und das Projekt Gottes in der Geschichte.

Die Ukraine schrie auf, dass sie nicht Russland sei, dass sie Europa sei, und begann maßlos menschliches Blut zu vergießen. Wenn ihr bewusst geworden wäre, dass sie sogar als eigenständiger Staat einen besonderen Teil der russischen Zivilisation darstellt, dann hätte sie nicht derart besessen gehandelt. Zur gleichen Zeit erklärt sich Westeuropa, angeführt von den USA, militant, sogar aggressiv zu einer hegemonialen, dekretierenden Zivilisation. Die Länder des Westens zogen eine scharfe Linie, welche sie von Russland, der Russischen Zivilisation abgrenzen soll. Unsere häuslich gezüchteten Westler wollten weder Danilewskij, noch Leontjew, noch Dostojewskij glauben, selbst Spengler und Toynbee nicht. Jetzt bringt sie bereits der Westen selbst zur Vernunft: Russland ist eine andere Zivilisation.

Philosophia Eurasia 3

Gleichzeitig macht immer hartnäckiger und aggressiver die Globalisierung ihre Rechte geltend, deren Walze Völker, Länder und Zivilisationen zu Staub zermalmt, mitleidlos alles Eigenartige und Traditionelle zerschlägt.

Politiker greifen sich an den Kopf, Historiker sehen keine Perspektiven, die Völker stöhnen! Was geschieht? Turbulenz, Chaos – gesteuertes oder von elementaren Kräften geleitetes – oder die geheime „Arbeit" der Mächtigen der Welt? All das ist mit unserem Thema verbunden. Was aber ist es für ein Thema? Worin besteht sein Wesen und wie sollen wir es benennen?

Der Name dieses Themas lautet – Das Zivilita-Gestirn und die Planetarität der Menschheit (Erweiterung des Untertitels für die deutschsprachige Ausgabe mit Einverständnis des Autors: Und das Projekt Gottes in der Geschichte). Sein Wesen besteht darin, dass sich jetzt ein aktiver Prozess der Formierung von „Weltzivilisationen" (Terminus von Erassow), anders gesagt – von „Zivilitae" (Terminus des Autors) ereignet. Es bricht eine Ära planetarer Umgestaltung der Menschheit an.

70 S., Broschur, 8,50 Euro